千村故事

生态人居卷

浙江省农业和农村工作办公室
浙江农林大学中国农民发展研究中心
浙江省农民发展研究中心
中国名村变迁与农民发展协同创新中心

本卷主编 王 欣

中国社会科学出版社

图书在版编目（CIP）数据

千村故事. 生态人居卷 / 王欣主编. —北京：中国社会科学出版社，2019. 11
ISBN 978-7-5203-5764-7

Ⅰ.①千…　Ⅱ.①王…　Ⅲ.①村落文化—介绍—中国　Ⅳ.①K928. 5

中国版本图书馆 CIP 数据核字（2019）第 289323 号

出 版 人　赵剑英
责任编辑　宫京蕾
责任校对　李　莉
责任印制　李寡寡

出　　版　中国社会科学出版社
社　　址　北京鼓楼西大街甲 158 号
邮　　编　100720
网　　址　http：//www. csspw. cn
发 行 部　010-84083685
门 市 部　010-84029450
经　　销　新华书店及其他书店

印刷装订　北京君升印刷有限公司
版　　次　2019 年 11 月第 1 版
印　　次　2019 年 11 月第 1 次印刷

开　　本　710×1000　1/16
印　　张　27
插　　页　2
字　　数　442 千字
定　　价　138. 00 元

本书参编人员

主　编

王　欣

副主编

王　瑛　　何嘉丽　　冯　展

编　委

洪　泉　　楼一蕾　　李　烨　　吴一波　　翁群昊

刘琪琪　　储一炜　　刘旻雯　　王小兰　　牛任远

吴素娟　　吕东方　　刘　琦　　胡泽威　　刘佳敏

前　言

"千村故事"书写中国美丽乡村建设浙江新篇章

一　缘起

寻乡愁，
祖宗兴村族规修。
劝农劝学基业定，
礼仪道德孝中求。
生态人居子孙旺，
民风民俗村史留。

寻乡愁，
千村故事话风流。
清廉大义万古传，
名人名流胜封侯。
手技手艺代际承，
特产特品我村优。

寻乡愁，
美丽乡村历史悠。
民族振兴中国梦，
村域发展是重头。
自在安然农民心，
共同富裕写春秋。

一首婉转悠扬的"千村故事"之"一碟影像"主题歌，唱出了浙江人民保护历史文化村落、寻访传统故事、定格乡土印象、回味乡愁记忆的诗意情怀，抒发了浙江人民践行自由平等、建设美丽乡村、奔向共同富裕的壮志豪情。

"《千村故事》'五个一'行动计划"（以下简称"千村故事"）缘起浙江历史文化村落保护、利用工作。"做好历史文化村落的保护利用工作，是彰显美丽乡村地方特色的需要。"① 浙江历史文化村落保护利用工作的启动，标志着浙江以"千村示范、万村整治"为载体的美丽乡村建设跃升到新阶段。这一阶段，是浙江社会主义新农村建设的"美丽成果"转化为农村经济社会发展"资源优势"的重要阶段，是"生产发展、生活宽裕、乡风文明、村容整洁、管理民主"的社会主义新农村建设目标的实现阶段，也是浙江"推动信息化和工业化深度融合、工业化和城镇化良性互动、城镇化和农业现代化相互协调，促进工业化、信息化、城镇化、农业现代化同步发展"和"城乡一体化发展"的大融合阶段。

浙江美丽乡村建设始于 2003 年。是年 6 月，时任中共浙江省委书记习近平启动了浙江"千村示范、万村整治"工程，揭开了中国美丽乡村建设的时代篇章。2005 年 10 月，中共十六届五中全会提出了"建设社会主义新农村"的重大历史任务，将浙江"千村示范、万村整治"融入中国社会主义新农村建设大潮。至 2007 年，浙江省完成了 10303 个建制村的初步整治，其中 1181 个建制村建成"全面小康建设示范村"。2008 年，浙江省安吉县提出"中国美丽乡村"计划。2009 年 9 月，一批国内古建筑和文物保护专家集聚浙江省建德市新叶村，发表了《新叶共识》，希望政府"把遗产保护和民生工程建设结合起来……倡导全社会关注抢救正在日渐消失的中国乡土建筑"。2010 年，浙江省制订了《美丽乡村建设行动计划（2011—2015 年）》，同时，浙江省农业和农村工作办公室（以下简称省农办）、财政厅、住建厅、文化厅、林业厅、省文物局六部门联合开展历史文化村落普查。2012 年 4 月，浙江省贯彻习近平总书记关于"优秀传统文化是一个国家、一个民族传承和发展的根本，如果丢掉了，就割断了历史命脉"的讲话精神，出台了《关于加强历史文化村落保护利用的若干意见》，把修复、保护、传承和永续利用历史文化村落作为美丽乡村建设的重要内容。2012 年 11 月，党的十八大报告提出了"努力建设美丽中国，实现中华民族永续发展"的要求。习近平总书记指出："中

---

① 李强：《在全省历史文化村落保护利用工作现场推进会上的讲话》（2012 年 5 月 9 日）。

国要强，农业必须强；中国要美，农村必须美；中国要富，农民必须富。"建设美丽中国，重点和难点都在农村，美丽乡村建设理所当然地成为当今中国的时代潮流。

"千村故事"在浙江美丽乡村建设跃升阶段应运而生。2014 年 5 月 20 日，浙江省委副书记王辉忠、副秘书长张才方一行到浙江农林大学调研，在听取了中国农民发展研究中心关于"中国名村变迁与农民发展协同创新中心"的工作汇报后，表示要支持协同创新中心开展历史文化村落保护、利用研究，浙江农林大学随即向省委办公厅呈送了书面报告，王辉忠副书记做了批示。2014 年 11 月，浙江省美丽乡村建设现场会和 2015 年 1 月浙江省农村工作会议，先后做出了"挖掘和传承好古村落古民居背后的故事"的部署。2015 年 3 月 2 日，浙江省农业和农村工作办公室根据上述两次会议部署和省领导的指示精神，委派相关负责人到中国农民发展研究中心，共同商讨、制订了"千村故事"行动计划，并于 3 月 24 日呈送浙江省委、省政府。夏宝龙书记、李强省长、王辉忠副书记、黄旭明副省长分别对此做了重要指示：要把这件大事办好，全力创作"精品"。

浙江省委、省政府四位领导批示后，省农办相关负责人多次到浙江农林大学指导、对接和协调，讨论"千村故事"实施方案，部署和推进这项工作。浙江农林大学主要领导要求举全校之力抓好《千村故事》"五个一"行动计划，金佩华和王景新作为总负责和总主编。浙江农林大学中国农民发展研究中心按照上述要求，联络"中国名村变迁与农民发展协同创新中心"及省内外专家，成立了"千村故事"专家委员会，组建了"千村故事"研究团队和工作室，启动了"五个一"行动计划。

二　任务

浙江省提出的"历史文化村落"概念，涵盖了浙江省域内的中国历史文化名村、中国传统村落和古建筑村落、自然生态村落与民俗风情村落。中国历史文化名村是指保存文物特别丰富且具有重大历史价值或纪念意义的，能较完整地反映一些历史时期传统风貌和地方民族特色的村，由住建部和国家文物局共同组织评选。2003 年 10 月至 2014 年 3 月，分 6 批公布了 276 个历史文化名村，其中浙江 28 个，占总数的 10.1%。中国传统村落过去称"古村落"，2012 年，住建部、文化部、国家文物局、财政部联合组成了"传统村落保护和发展专家委员会",此后用"传统村落"替代了"古村落"概念。传统村落是指 1911 年辛亥革命以前建村,保留了较多传统建筑环境、建筑风貌,村落选址未有大的变动,具有独特民俗民风,虽年代久远,但至今仍为人们服务的村落。2012 年至 2014 年 12 月,该委员会分三批公布了"中国传统村落"2555 个,浙江入选 176 个,占总数的 6.9%。2012 年,浙委办〔2012〕38 号文件界定:"历史文化村落包括古建筑村落、自然生态村落和民俗风情村落等。"这份文件把现存古建筑等历史文化实物和非物质文化遗产比较丰富的村落,建筑与自然生态相和谐、历史建筑保护较好的村落,传统民俗风情等非物质文化遗产丰富、民俗文化延续至今、活动频繁的村落,都纳入了"历史文化村落"范畴。

"千村故事"主要针对纳入《浙江省历史文化村落保有数量和名单库》(以下简称"库内村")的 1237 个村,开展"寻访传统故事—编撰一套丛书,触摸历史脉搏—形成一个成果,定格乡土印象—摄制一碟影像,回味乡愁记忆—推出一馆展示,构建精神家园—培育一批基地"活动。

"编撰一套丛书",共 9 卷,其中,《千村故事·古村概览卷》是为"库内村"立档。《千村故事·礼仪道德卷》收集和编撰"库内村"在仁义、慈爱、孝道、勤俭、和睦、善行、清白、诚信、情谊(包括兄弟邻里情谊及民族和谐等)方面的典故。《千村故事·清廉大义卷》收集和编撰"库内村"宗族督导其入仕子孙为官清正廉洁、热爱国家、坚守民族大义的典故。《千村故事·生态人居卷》收集和编撰"库内村"经典的堪舆布局,合理的聚落结构,巧妙的给排水系统,精致的建筑园林,优美的自然景观及其传承、保护等方面的故事。《千村故事:劝农劝学卷》收集和编撰"库内村"戒子戒规、劝农劝学、耕读传家的那人、那事、那典范,弘扬勤奋苦读、乐于农耕、崇勤倡简、勤俭持家,以及自强不息、勤勉坚韧、艰苦奋斗的乡土文化。《千村故事·名人名流卷》收集和编撰"库内村"学而优则仕、则商,学而不优则耕读传家等名仕、名商、名师、名学、名绅的故事,弘扬干一行、爱一行,行行出状元,造福乡梓的优秀文化。《千村故事·民风民俗卷》收集和编撰"库内村"祭祀、婚嫁、丧葬、节庆、季节与农耕、族规乡约、邻里互助等方面的经典故事,弘扬村落民风、民俗、民习,以及村落秩序与基层治理的优秀文化。《千村故事·手技手艺卷》收集和编撰"库内村"独特的工匠技术，石雕、砖雕、木雕、竹雕、竹编、绘画、书法、剪纸、刺绣、女红、戏曲、民歌、武术等乡土非物质文化遗产及其传人的故事，传承乡土手艺、技术和民间艺术。《千村故事·特产特品卷》收集和编撰"库内村"著名农产品、林果蔬产品、畜产品、"老字号"手工产品和特产、名吃及其背后的故事。

"形成一个成果"，就是利用"编撰一套丛书"的调查资料和数据，研究和总结江南历史文化村落变迁（兴衰更替或持续发展）的历史脉络、发展条件、阶段性特征和一般规律，以及文化遗产保护、传承、利用的浙江特色、中国经验。出版《浙江历史文化村落社会经济变迁研究》（专著），提出"浙江历史文化村落保护利用现状和持续发展调研报告"及其"政策建议"，编制"浙江省2016—2020年历史文化村落保护利用规划"。

"摄制一碟影像"，其目的在于用影像手段记忆乡愁，记录"库内村"保护、利用现状，收集和保存"库内村"原有影像资料，宣传千村故事。任务包括：一是收集、整理"库内村"以往的纪录片、宣传片、新闻片，储备"千村故事"之"一馆展示"的馆藏影像资料；二是拍摄"库内村"的人居环境，记录"库内村"民居、宗祠、廊桥等历史建筑修复、保护、利用现状，复活"库内村"民风民俗、手技手艺等非物质文化遗产；三是按照"千村故事"一套丛书的8卷分类，挑选经典、精彩的故事，组织亲历者、传承人和典型代表人物讲述本村、本家和自己的故事，编辑成8集宣传性故事片。

"推出一馆展示"，是以浙江农林大学"浙江名村博物馆"建设为载体，设立浙江历史文化村落变迁展示馆。展示内容包括：一是农耕生产工具、手工业器具、传统生活用具、民间艺术作品等方面的实物；二是历史文化村落的村史、村志，名士、名人、名流传记和作品，档案及散落民间的契约文书等文献资料；三是村庄布局及其变迁的历史图片、碑刻拓片和影像资料；四是农村发展的对比材料，如村落景观对比、村域自然环境对比、农民居住条件对比、农户经济收入对比、生活质量和公共服务水平提升对比等，采集历史文化村落有记载的历史数据、图片、统计年报、农户记账资料、老照片、村集体经济组织所受的表彰及荣誉称号证件等，最终形成浙江历史文化村落数据库。

"培育一批基地"，是结合"库内村"保护利用重点村项目的实施，分"乡土历史文化保护传承示范村""时代印记文化保护传承示范村"两种类型，培育"看得见山、望得见水、记得住乡愁"的示范基地。

上述任务是一个整体，其中，"编撰一套丛书"既是"形成一个成果"的资料源泉、"摄制一碟影像"的脚本、"推出一馆展示"的脉络和线条，又是"培育一批基地"的重要依据。一套丛书、一个成果、一碟影像、一馆展示和一批基地相互支撑，共同托起浙江历史文化村落物质和非物质文化遗存保护利用的历史殿堂。

三 价值

"千村故事"是浙江省在历史文化村落物质文化遗存修复、保护和利用的基础上，对非物质文化遗产抢救性挖掘、整理、记忆和传承的乡土文化建设的重大任务。"千村故事"将为千秋万代留下一份诗意情怀的传统村落变迁史料，将为现代农业中如何继承中华传统农业精华发挥启迪作用，将为世界留下一份悠扬的、具有人文底蕴的中国江南鱼米之乡的乡愁记忆。

中国农村变迁发展以村庄为载体。农村变迁史本质上是村庄变迁史。历史文化村落是中国乡土文化遗产的博物馆，是乡愁记忆的百科全书，也是中国国学的思想宝库。历史文化村落镌刻着古代中国农业、农村和农民发展的历史印记，承载着近现代中国共产党领导新民主主义革命、社会主义革命和建设、改革开放和社会主义现代化建设的伟大功勋，展示着中国农业、农村和农民现代化的巨大业绩，凝聚着无数农民精英的历史贡献。我们从历史文化村落走过，仿佛走进了中国农耕文明、乡土文化及国学精髓的博物馆，走进了中国共产党领导农民革命和社会主义建设的纪念馆，走进了农业、农村和农民现代化的业绩馆，走进了祖宗先辈、农民精英和名人名流的传记馆。但是，"快速发展的工业文明正在疯狂地吞噬着农耕文明，乡村社会正在成片地急剧消失，作为整个人类摇篮的、绵延了数千年的带有中古韵味的原始村落正一个个地被五光十色的现代建筑群所取代"。① 中国历史文化村落保护时不我待，中国历史文化村落社会经济变迁研究时不我待，中国历史文化村落影像资料摄制和农耕文明博物馆建设时不我待！

---

① 王先明：《从东方杂志看近代乡村社会变迁——近代中国乡村史研究的视角及其他》，《史学研究》2004 年第 12 期。

浙江省历来高度重视历史文化村落的保护、利用工作，一直将其作为农村经济社会发展的重要支撑和作为美丽乡村建设的重要内容。2003 年浙江省启动"千村示范、万村整治"工程时，时任中共浙江省委书记习近平就强调："要正确处理保护历史文化与村庄建设的关系，对有价值的古村落、古民居和山水风光进行保护、整治和科学合理地开发利用。"①2012 年，浙江省开全国传统村落保护、利用之先河，在一个省级区域内，有组织、有计划、大规模地展开历史文化村落保护、利用工作。自 2012年始，浙江省委、省政府每年召开一次"全省历史文化村落保护利用工作推进会"，每年投入近 10 亿元资金，② 连续三年（三批）对全省历史文化村落"库内村"中的 130 个重点村、649 个一般村开展了修缮和保护工作。浙江省各级党委、政府做了许许多多的好事、善事，提供了许许多多的新做法、新经验，功在当代、惠及子孙，得到了浙江农村干部和广大农民的肯定、赞扬和积极响应。而今浙委办〔2012〕38 号文件提出的关于"到 2015 年，全省历史文化村落保有集中县规划全覆盖，历史文化村落得到基本修复和保护……的总目标"已经基本实现。

四　方法

"千村故事"是浙江省"政、学、研、民"合作、大规模调研、大团队协同调研的有益尝试。按照上级要求，"千村故事"由省农办组织协调，省财政厅保障相关经费，浙江农林大学联合"中国名村变迁与农民发展协同创新中心"的力量组织实施。

省农办与浙江农林大学研究团队密切合作，将"千村故事"的研究对象、故事收集撰写方法、要求与范本、工作进度等，通过省农办文件形式传达各地。2015 年，省农办为"千村故事"发文、发函就有《关于组织开展"〈千村故事〉'五个一'行动计划"的通知》（浙村整建办〔2015〕11 号）、《关于核对和完善"千村故事"千个历史文化村落名单的通知》（浙村整建办〔2015〕14 号）、《关于组织开展〈千村故事〉丛书基础材料收集、整理编撰工作的通知》（浙村整建办〔2015〕18 号）

---

① 转引自吴坚《箫鼓牵情古风淳——浙江历史文化村落保护利用工作纪实》，《今日浙江》2014 年第 16 期。

② 2013 年，浙江省、市、县三级共投入资金 9.29 亿元，其中省级下拨 2.3 亿元。参见王辉忠《在全省历史文化村落保护利用工作现场会上的讲话》（2014 年 7 月 1 日）。

等。这些文件成为协同各方的重要依据。省农办要求：历史文化村落保有量大、入选"库内村"数量多的县（区、市）也要成立相应的指导委员会。要从县（区、市）文化局（文化馆）、方志办和档案馆等单位抽调专业人员，组成专门工作班子，负责有关乡镇（街道）、村的组织协调以及基础材料、经典故事、影像图片等的收集、整理、撰写、审读、修改和报送等工作。

定点定村是"千村故事"研究和编撰工作展开的基础。省农办以2012年六部门联合普查确定的历史文化村落"库内村"（971个村）为基础，按照"有价值、有形态、有文脉、有故事、有人脉"的标准，对各地历史文化村落的保有数量和名单进行核实、退出或补充。截至2015年年末，全省普查纳入历史文化村落"库内村"1237个。①

浙江农林大学研究团队于2015年4月上旬召开"千村故事"培训会，统一研究思路、方法，随即组织农村经济、建筑、规划、历史、文化、旅游、民俗等方面的专家，两次深入"库内村"开展预调研。其目的为：一是通过预调研拟定"一套丛书"总框架，以及《古村概览卷》和8卷故事的章、节与故事范本，方便基层参与者在收集、整理、编撰千村故事基础材料时参照；二是摸索"政、学、研、民"合作联动的方法，以及研究团队联合攻关机制。至2015年6月下旬，上述目标全部达成，并形成了关于"千村故事"一套丛书编撰总要求、体例和方法等方面的共识。

第一，编撰总要求。一套丛书编撰要按照省政府领导批准的"千村故事"行动计划所列框架破题，展现历史文化村落"那村、那人、那故事"，最终形成一部故事与史志结合的系列编著。一套丛书编撰要坚持"三性"并重原则：故事挖掘、整理和编撰要具有史实性，是历史文化村落里真实存在、广为流传的故事；要体现知识性，可读、可藏、可传；要发挥教育性，弘扬和传承历史文化村落的优秀文化。

第二，编撰对象。"千村故事"研究和编撰对象为浙江历史文化村落"库内村"，非"库内村"若确有经典故事的，亦可选编，但数量要严格控制。凡以人物为中心的故事，必须遵循"生不立传，顺应时代与表现'正能量'，大人物写小事、小人物写大事"等基本原则，如果几个村落撰写同

---

① 浙江历史文化村落"库内村"数量不断调整，三个阶段的数据分别为971个、1123个和1237个，因此，在"千村故事"研究过程中，不同时段撰写的研究成果中，其"库内村"数量不同，特予说明。

一个人物的故事，要合并为一个故事，但要体现这个人物在多个村庄的活动印记。以人物为中心的故事，不能异化为个人传记而见人不见村。

2015 年 6 月 25 日，省农办根据上述共识，下发《关于组织开展〈千村故事〉基础材料收集、整理编撰工作的通知》，要求各县（区、市）农办会同文化、广电、史志、档案等部门，抽调相关专业人员，组成专门工作班子，按照上述要求扎实做好基础材料、影像图片等的收集、整理、编撰、审读、上报工作，于 2015 年 8 月 1 日前，分别上报省农办社会发展处与浙江农林大学"千村故事"工作室。

2015 年 7 月 8 日，浙江省农办社会发展处牵头，项目研究团队协助，召开了省、市、县农办分管领导和"千村故事"基础材料编撰业务骨干培训班（400 余人参加）。一套丛书各卷主编，以及一个成果、一碟影像、一馆展示的主持人，分别宣讲各卷和各项目的主旨、框架、要求、范本、方法及注意事项，省农办分管领导、浙江农林大学分管副校长先后提出要求。省培训会议后，各地用不同方式逐级传达落实。一时间，"千村故事"讲述、编撰、求证等，在浙江历史文化村落里蔚然成风、家喻户晓。

2015 年暑假期间，浙江农林大学研究团队组织 11 个联络组带领百名大学生分赴浙江省 11 个地级市"寻访千村故事"、[①] 调查研究和巡回指导。其具体任务包括：一是选择典型村落，配合各地开展调查研究，寻访历史故事；二是接受邀请，为收集、编撰故事有困难的，特别需要帮助的村落提供援助；三是在编撰一套丛书的同时，收集一个成果、一碟影像、一馆展示和一批基地的资料和实物。

截至 2015 年 8 月 25 日，"千村故事"工作室共收到"历史文化村落信息采集表"1244 份，其中有效信息 1158 个村；故事基础材料 1227 篇，其中《礼仪道德卷》136 篇，《清廉大义卷》130 篇，《生态人居卷》287 篇，《劝农劝学卷》84 篇，《名人名流卷》228 篇，《民风民俗卷》179 篇，《手技手艺卷》99 篇，《特产特品卷》84 篇。8 月 26 日，浙江农林大学研究团队举行了"千村故事"暑期调研汇报交流会，进一步讨论了历史文化村落保护、利用现状及对策，部署各组统计分析历史文化村落本底数据，阅读筛选故事基础材料并提出修改意见。

---

① 浙江农林大学"寻访千村故事"暑期社会实践团，获中宣部、中央文明办、教育部、共青团中央、全国学联组织开展的"2015 年全国大中专学生志愿者暑期'三下乡'社会实践活动优秀团队"荣誉称号。

"千村故事"研究团队调研和巡回指导村落，覆盖全省 11 个地级市、57 个县（区、市）、163 个村落，协助各地区修改或重写的故事达 259 篇。2015 年年末和 2016 年年初，8 卷故事初稿基本完成。2016 年春节（寒假）前后，浙江农林大学研究团队再次进村入户调研，进一步修改、补充和完善历史文化村落的历史故事。2016 年 4 月 8—10 日，浙江农林大学研究团队在湖州市南浔区荻港村召开了"千村故事"统稿会，"千村故事"专家委员会部分成员，中国社会科学出版社领导和相关编辑人员，以及"千村故事"一套丛书各卷主编和其他"四个一"的项目负责人齐聚一堂，审读一套丛书初稿，统一编撰要求，按照"表述精准，真正达到了史实性、知识性和教育性的作品，同时突出重点村，反映浙江区域特色"的原则，遴选《〈千村故事〉精选》（卷一、卷二、卷三）三卷样稿。至此"千村故事"一套丛书调研和编撰工作基本完成。接下来，"一套丛书"交由中国社会科学出版社进入辛苦而繁复的出版程序。

五　梗概

《古村概览卷》厘清了浙江历史文化村落物质文明遗存及其保护利用现状。据历史文化村落基础信息有效采集的 1158 个村的统计数据显示，浙江历史文化村落主要集中在浙西、浙南、浙中的山区和丘陵地区，而杭嘉湖平原地区、宁绍平原地区、海岛地区相对较少，其中丽水市 228 个村、台州市 170 个村、衢州市 159 个村、温州市 150 个村。浙江传统村落历史悠久，唐代及以前始建的村落 160 个，占 13.82%，其中舟山市定海区马岙村被誉为"海上河姆渡"①、"千岛第一村"，嘉兴平湖市曹桥街办马厩村至迟在春秋齐景公时期（前 547—前 489）便有村落；嵊州市华堂村金庭王氏始迁祖王羲之东晋永和十一年（355）三月称病弃官，"携子操之由无锡徙居金庭"；② 宋代始建的村落居多，共有 367 个村，占总数的 31.69%；元代始建的有 103 个村，占 8.89%；明代始建的有 297 个村，占 25.65%；清代始建的有 149 个村，占 12.87%；民国及以后始建的有 82 个村，占 7.08%。所有村落古建筑物质文化遗存中，有文物保护级别

---

① 距今 6000 多年的马岙海岛史前文化遗址，就位于马岙村，其代表性的"具有人造痕迹"的土墩文化群，被认为与宁波余姚境内的河姆渡古文化遗址互相佐证，因此也被称"海上河姆渡"。

② 参见华堂村《金庭王氏族谱》。

的共有 4357 处，其中国家级文物有 375 处，省级文物有 699 处，市级文物有 400 处，县级文物有 2877 处，216 个村文物保护单位是古建筑群。各类古建筑数量主要统计各村的古民宅、古祠堂、古戏台、古牌坊、古桥、古道、古渠、古堰坝、古井泉、古街巷、古城墙、古塔、古寺庙、古墓十四类信息，汇总其数量有 3.6 万多处，其中最多的是古民宅，共 23071 处，古祠堂 1624 处，古城墙 91 处，古塔 69 处。有 1022 个村保存族谱，占"库内村"总数的 82.15%，一村多部族谱也是常见现象，本次调查统计有 4505 部族谱。有 295 个村落保存有古书、名人手稿、字画等文物资源。906 个村有古树名木，占"库内村"总数的 73%，有的村拥有古树名木群。据不完全统计，这些村落中 1000 年以上的古树有 135 棵，如丽水莲都区路湾村有 1600 年的香樟，建德石泉村有 1400 多年的樟树 7 棵，建德乌祥村有 1500 多年树龄的古香榧，余杭山沟沟村汤坑汤氏宗祠前有 1200 多年树龄的红豆杉和银杏，景宁畲族自治县大漈乡西一村有 1500 多年树龄的柳杉王……在村落的非物质文化遗产中，国家级有 89 个，省级有 187 个，市级有 172 个，县级有 237 个。浙江省重视历史文化村落保护和利用，2012 年至今，先后三期批准历史文化村落保护、利用重点建设村和一般村达 779 个，占"库内村"总数的 62.6%。

《礼仪道德卷》述说浙江历史文化村落的价值追求。浙江历史文化村落里的人们，对礼仪道德的重视主要展现在三个方面：第一，有形载体众多。农村礼仪道德故事并不仅仅停留在村民的口耳相传之中，往往化为物质载体，传承着村民的共同记忆。第二，注重传承。许多农村礼仪道德故事对于村民而言并不仅仅是一个传说，而是化为族规家训，通过教育在子孙后代中传承。第三，影响深远。农村礼仪道德故事对于村民而言并非遥远的往事，而是真实地存在于村民的生活之中，影响着每一个人。浙江历史文化村落礼仪道德故事中，以下几个方面显得尤为丰富：一是慈爱孝悌。浙江历史文化村落有大量父慈子孝的故事，许多村庄将"孝"作为立村之本。慈孝故事可分为严父慈母的故事、寸草春晖的故事、慈孝传家的故事、节孝流芳的故事四类。慈孝故事在传统农村社会最为丰富，影响深远，对民风的端正起到了极大的作用。二是贵和尚中。浙江历史文化村落里的和谐故事大致可分为三类：第一类为家和事兴，第二类为乌鹊通巢，第三类为民族和睦。三是见利思义。浙江历史文化村落的见利思义故事也可分为三类：第一类为勤俭诚信的故事，第二类为公而忘私的故事，第三类为积善得报的故事。四是乐善好施。乐善好施是浙江历史文化村落美德故事的重大主题，总体可分为三类：第一类为回报桑梓的故事，第二类为扶危济困的故事，第三类为造福一方的故事。这些都是中国传统农村社会注重礼仪道德典型的体现，这些传统美德与农村社会生活密切相联，它们是农民创造的宝贵精神财富，是农村社会持续发展的不竭精神动力。

《清廉大义卷》传颂浙江"忠义廉正、光昭史策"的如林贤哲。忠诚爱国、廉洁奉公、心系天下是他们为官从政的基本价值取向，也是他们为官做宰的基本要求。他们在其位谋其政，勤于政事，为民请命，爱民如子，以民众和国家利益为先；他们志行修洁，清廉刚正，讲求以身任天下，把个人的安身立命与天下兴亡、百姓福祉联系在一起，得志时则兼济天下，不得志时则独善其身。在一乡则有益于一乡，在一邑则有益于一邑，在天下则有益于天下。每当国家兴盛时，士大夫多以廉洁自重，刻意砥砺德行；每当社稷衰颓之时，正是"义夫愤叹之日，烈士忘身之秋"（《晋书·慕容德载记》），竭忠效命、临难捐躯者指不胜屈。这充分显示："腐败"乃是贯穿历史败亡的一条基线。故事主人公们在道德实践上主要依靠内省、自律去克制欲望，抵制诱惑，诉诸的是主体向内用力的道德自觉，而不完全依靠外在他律的规范和约束，养廉多于治廉。他们的政治实践则主要体现在：责君之过，以正君臣；律己之行，以严公私；爱民如子，以和官民；进思尽忠，退思补过；先忧后乐，用舍皆行；等等。他们的政治诉求则是"天—君—民"三位一体的政治架构，在这个传统的政治架构中，臣民可忠于君主，也可忠于社稷天下。忠于君主者，以君主利益为第一位，唯君主马首是瞻；忠于社稷天下者，以民众和国家利益为先。在官与民、权与理、君与国的矛盾前面，站在民、理、国这三方面，"苟利国家生死以，岂因祸福避趋之"。而伴随着近代"国家""民族"概念的传入，政统与道统、君主与国家区分更为明显。杀身成仁，舍生取义，近代以来，浙江无数的仁人志士为了革命理想信仰、为了救亡图存、为了至高无上的道义精神，他们大义凛然、慷慨就义。

《生态人居卷》集萃浙江先民人居环境建设的智慧。"人居环境的灵魂即在于它能够调动人们的心灵"，各村落因地形地貌、水土植被、经济发展程度的不同，形成极具地域特色的个性。浙江历史文化村落大多是有着宗族体系的血缘村落，宗族伦理观念强烈地影响着村落的空间布局和建筑形态，村落布局形态讲究道德伦理关系，重视等级制度和长幼之分。出现了以宗祠为核心，以主要商业街、道路或河流为发展轴，根据地形因地制宜的布局模式。浙中地区特别讲究形成山水环抱、聚气藏风的"风水"格局，甚至不惜人力、物力改造风水，比较典型的如武义郭洞村。浙江历史文化村落的历史建筑营造匠心独具，除建筑艺术精美之外，还体现了浓郁的人文理念。建筑群体组合往往有着严谨的秩序，祠堂大多设置在传统村落的中心位置，而亭、廊、桥等风景建筑则体现"天人合一"与"文以载道"的思想观念，巧妙结合地形地貌，诠释伦理道德、承载美好愿望。浙江水系众多，形成了清新、淡雅、古朴的历史文化村落风貌，村落中合理科学的水系规划，不仅调节了小气候，满足了日常饮用、灌溉、排污、消防等功能，同时又形成了优美的人居环境。浙江历史文化村落大多是望得见山、看得见水的"山水田园村落"，植根于周围山水自然环境，因地制宜进行家园建设，并辅以恰当的人文景观，形成了既质朴自然又如诗如画的乡村风景园林。浙江自古以来人文鼎盛，历史文化村落中多有诗词歌咏、楹联题刻、文化典故等人文景观。在这些人文景观中，有的记录村落发展的重要历史事件，有的记录传说故事或歌颂风景名胜，彰显着村落的人文内涵之美。

《劝农劝学卷》夯实浙江历史文化村落兴村根基。耕读传统是浙江历史文化的重要传统之一，它的产生是与古代中国"劝农劝学"观念的内在要求和政策制度相契合的。浙江耕读传统始于农本经济（物质基础）、科举入仕（制度保障）、兴家旺族（直接动力）、隐逸文化（思想渊源）、人口迁徙（促成因素）五大基石，其中农本经济、科举入仕和兴家旺族是浙江耕读传统产生的一般要素，隐逸文化和人口迁徙则是浙江耕读传统产生的特殊要素。在中国农业社会的历史长河中，耕读并重作为农民的生活模式，是一种可保进退自如的持家方略，二者相辅相成、相得益彰。源于此，"耕读传家"作为宗法制的历史文化村落根深蒂固的生活理想，是宗族（家庭）事务的头等大事，每个宗族都期望自己的族人可以中举中进士，入朝为官，光耀门楣。因此，族规家训都极为强调耕读之首要性；士绅乡贤则扮演着文化教育的继承者和推动者的双重角色；而庙祠牌坊既是族人对其丰功伟绩的一种铭记，也是对族中后人的一种鞭策；兴教办学则是文脉传承背后的助推力。耕读传统使得浙江地区人才辈出，尤显家族代传性特征。如温州瑞安曹村自南宋高宗绍兴二十七年（1157）至明成祖永乐二年（1404），二百多年中一共出了82名进士，是全国闻名的

"中华进士第一村";永嘉岭北村的"一门三进士,父子两尚书";江山广渡村的"四代十登科,六子七进士";绍兴州山村的"父子两尚书""祖孙四进士""十八进士"等。近代以来,则有"状元村"之美誉的宁海梅枝田村和"博士村"之美誉的缙云姓潘村。劝农劝学观念的化身则是耕读传统在中国农耕社会中形成、发展和行将消亡的思想轨迹,鲜明地揭示了封建社会中富裕农家和仕宦之家对于家族(家庭)文化教育前景的企求实态,它表明耕读传家观念不仅源远流长,而且深远地影响了农业中国的乡村社会。

《名人名流卷》镶嵌着浙江历史文化村落一颗颗璀璨明珠。浙江历史文化村落名人故事丰富多彩,所述人物故事涉及名儒名臣、名贾名商、诗画艺人、乡贤民硕、侠客义士等。名人故事都寄托了村民的情感,反映了时代心理,有一定史料研究意义。浙江历史文化村落的名人名流,明代到近现代的居多。这与浙江省历史文化名村形成的历史相适应。从时代变迁看,中国文化经济重心不断南移,与浙江名人辈出是顺向同步的。浙江由于地处东南,战争较少,经济和文化得到长足发展。南宋定都临安,给浙江带来前所未有的发展机遇,从而使浙江成为全国举足轻重的经济和文化重镇,也造就了一批批由浙江历史文化村落走出的优秀儿女。地理对文化、对名人名流分布的影响显著。从地理类型上看,浙江历史文化村落名人名流的分布大致代表了西南山地文化、浙北平原文化、海洋文化三种类型。山区名人名流的特点有崇文尚武、武术医家、义士将军等;平原地区多半为鱼米之乡,交通发达,文化基础本身较好,多出巧匠、商人、科学家、文艺人士等;沿海名人名流具有开放冒险、抵御外侮、漂洋经商的生活经历。浙江人祖先多半是中原移民,经过几次大规模的南迁运动,很多北方家族南下,到浙江重新聚居,形成历史文化村落。新移民将北方的文明与本地特色结合,将优秀的中原文化传统延续下来。实际,自秦灭越之后,传统意义上的吴越土著文化特点并不突出,浙江文化与中原汉文化实现了自然接轨。如朱熹与郭村、包山书院,陆羽与余杭、吴兴、长兴等,赵孟頫与下昂村等,他们的活动丰富了历史文化内涵。

《民风民俗卷》延续浙江历史文化村落鲜活历史。浙江历史文化村落保留的民俗不仅多种多样,而且具有深厚的人文底蕴和独特的地域色彩。比如,素有"鱼米之乡""丝绸之府"之称的杭嘉湖地区,流传于该地区的蚕桑文化民俗将民间喜闻乐见的范蠡与西施的传说融合在内,使原本单纯的生产习俗增加了浓郁的人文色彩。浙江地域面积虽不大，但依山濒海，江河纵横，自然环境复杂，地形地貌丰富。因此坐落于不同地区村落的村民，生产、生活习俗也各有不同，且又与其所生活的区域自然环境息息相关。浙西多山，山地村落流行的生产、生活风俗，即与村民千百年所依赖的山地环境关系密切，如流传于衢州洋坑村的"喝山节"——喝山祈福习俗即为典型一例。浙北多平原水乡，流行的民俗不少与水上活动有关，如嘉兴地区民主村的水上庙会习俗；浙东南濒海、多岛屿，因此生活在滨海地区和离岛上的村落居民，其民俗就带有浓厚的海洋气息；浙南洞头县东沙村祭祀妈祖（海神）习俗。浙江是畲族的主要聚居地区，景宁是中国第一个也是唯一一个畲族自治县，有"中国畲乡"之称，在景宁及周边的几个畲族分布的县域村落内，流传着畲族独有的生产、生活风俗，成为浙江历史文化村落民俗中极具鲜明地域风格的代表。浙江历史文化村落的民俗大体归为：一是传统的岁时节令类；二是人生历程中的婚嫁、生育、寿庆、丧葬类；三是反映家族文化的祭祖、修谱、族规类；四是农事生产类；五是乡村美食与风物特产（指手工制作的，与自然生产的不同）类。此外，还有一些涉及居住建筑、传统体育、游戏娱乐和口头文学等。民俗是过去生活的记忆与缩影，也是村居民落在千百年的生产、生活中积淀的文化遗产，随着社会经济的高速发展和城镇化的快速推进，不少良风美俗也都面临着湮没之危。我们希望"千村故事"能够让这些乡村记忆传之久远。

《手技手艺卷》展示浙江历史文化村落里百姓与"这方水土"相互厮守的故事。浙江省历史文化村落手技手艺体现于生产、生活的方方面面，比如，将传统的绘画与雕刻工艺应用于传统建筑与装潢；竹编或草编则在保持手工艺品基本特征的基础上，使其成为乡村旅游的一个品牌；剪纸、陶艺依然维系着一方水土的温馨记忆。浙江省的手技、手艺是"一方水土"的百姓与这片山、这片水相互厮守的故事。从远古走来的浙江人民世世代代与这片土地同呼吸、共命运，并由此衍生了具有浓厚区域色彩的手技、手艺，这些手技、手艺曾经是普通百姓的重要谋生手段，尤其是在农耕社会时期，生产力水平不发达，交通闭塞，对一个家庭乃至一个家族而言，一门手艺的掌握将给他们带来相对稳定的收入，由此贴补家用、贴补再生产，当然也贴补愿望。由于区域的相通性，纵使有多达上千年的历史文化村落，很多手技、手艺都是相类似的，展现出手技、手艺的地域乡土性。传统技艺存在于生活之中，只要有适宜的环境，手工艺就会得到传承。比如，木作、雕琢、烧造、冶炼、纺织、印染、编织、彩扎、装潢、造纸、制笔、烹饪、酿造、印刷等，在当代社会的现实生活中仍然有着广阔的生存空间。费孝通先生曾说过，非物质文化遗产"之所以传下来就因为它们能满足当前人们的生活需要。既然能满足当前人们的生活需要，它们也就是当前生活的一部分，它们就还是活着。这也等于说一个器物、一种行为方式，之所以成为今日文化中的传统，是在它还发生'功能'，能满足当前的人们的需要"。

《特产特品卷》印制浙江历史文化村落亮丽的名片。浙江历史文化村落的特产特品文化深厚，各地的每一种特产都不是简单的自然馈赠品，而是各地居民在千百年的生产、生活中积淀下来的文化遗产，每一种产品都有其独特的种养、加工技巧和工艺流程，许多产品还有一套与其生产过程相配套的地方习俗和文化故事。浙江历史文化村落农特产品具有鲜明的地域差异性。比如，浙北杭嘉湖平原地区是种、养、加特产集中区，农特产品主要以种植产品、淡水养殖品及加工制品为主，传统养殖产品以蚕桑最具特色，现代种植产品则主要以瓜果蔬菜为特色，如槜李、湖菱、大头菜、莼菜、雪藕等特色果蔬在区域内均有一定的分布；浙中金衢盆地地区是瓜果、药材、粮油肉加工产品集中区，如兰溪杨梅和枇杷，常山胡柚，磐安元胡、玄参和白芍等，金华火腿，金华两头乌猪，龙游乌猪，衢江三元猪，金华酥饼，龙游发糕，江山铜锣糕，常山山茶油等；浙西丘陵山地地区则盛产茶叶、竹木等产品；浙南山地地区是林木、山石产品集中区；浙东丘陵地区是特产多样性地区；浙东沿海平原地区则是蔬果、海产集中区；东南滨海岛屿地区则是海洋捕捞产品集中区，陆地特产相对较为贫乏。浙江历史文化村落的特产特品注入了深刻的文化印记，其中许多农特产品从一个村落发源，经过历代村民精心呵护与反复打磨，已经走出村落、走向世界，成为历史文化村落的名片。

（执笔：王景新，浙江农林大学中国农民发展研究中心暨浙江省农民发展研究中心常务副主任，中国名村变迁与农民发展协同创新中心首席专家；文中"梗概"由各卷主编撰写）

目　录

千村故事·生态人居卷

一 风水文化

猎犬示瑞迁芹川

芹川村是淳安县的一个古村落，位于浪川乡政府驻地北面银峰山麓北侧，距县城千岛湖镇 45 公里，是浪川乡人口最多的村。全村 520 余户，1800 余人，其中 95% 的村民为王姓。该村四周群山围绕，芹水溪贯穿南北，将村庄一分为二。

芹川皖南风格民居

芹川村拥有独特别致的村落布局，皖南风格的建筑群落，清澈见底的村庄水系，精美绝伦的建筑装饰，敦睦崇文的优秀传统，古朴纯真的民俗风情。村头水口狮象把门，古樟参天，一条芹水溪穿村而过，一座座石拱桥、木板桥跨溪而架，将一幢幢保存完整的古民居连成一片……一首《芹川情》伴随着芹水溪缓缓飘来："一条芹溪长又长，祖祖辈辈住两旁，古老村落旧模样，粉墙黛瓦青山旁，水榭楼阁戏鱼池，雕梁画栋飞檐翘角明月光……"一切是那么的浑然天成，听这里的老人们讲讲王氏祖先的传说故事，带着几分神秘，给人以无限遐想。

据载，北宋太平兴国三年（978），吴越国镇城使王泽，跟随吴越国王钱俶纳土归宋，赐居睦之培郭（建德）。其子王崇宝由睦迁遂，居凤林丰村，后称儒高。清康熙二十五年（1686）方象璜《王氏家谱序》载：王氏"自迁遂以来，为年七百，为世二十有八"。明永乐乙未年（1415），汪无鼎《宗鲁王公墓志》记载"始祖瑛赘居新安月山洪氏，高大父（宗谱记载为王瑛长子王万宁）迁居芹川"。据此，王万宁当在元初（约1270）迁居芹川，至今已有七百多年的历史。

据传南宋末年，遂安五都儒高村有个名叫王瑛的年轻后生，生得英武高大，弓箭娴熟，以打猎为生。一冬日，王瑛打猎来到林馆月山村（今马石村月山底自然村）附近的山头，天色已暗，他又冷又饿，就想找户人家借住一宿，便转身下山。当猎狗走到村头一户人家门前，便蹲下不走，王瑛想，猎狗最通人性，难道是叫我在这户人家借宿？于是上前敲门，开门的是一位中年女子，丈夫姓洪，五年前已去世，膝下有一女，年方二九。日子虽然过得艰难，但母女俩却十分热情好客。洪氏开门见是又冷又饿的远路猎人，忙招呼进门，王瑛讲明身份，道明来意，并从猎袋里取出山鸡、野兔相送。

尔后几天，王瑛白天在附近打猎，夜晚借宿洪氏家中。经过几日接触，洪氏见王瑛诚实、勤快，又见女儿对他热情，遂有了招王瑛为上门女婿的念头，便托了中间人，两边一说合，竟天遂人愿，择日完婚，并尊重王瑛上门不改姓氏的意愿。

王瑛自入赘为婿在林馆月山村安了家后，仍以打猎为生。有一年寒冬，大雪纷飞，王瑛带着五条猎狗来到芹川凤山山麓一带打猎。王瑛发现两个挺奇怪的现象：一是在芹水溪右侧有三亩多地，尽管下着鹅毛大雪，但随飘随化，一点停积的痕迹都没有，而四周的积雪却有数尺之厚；二是在没有积雪的中间，五条猎狗自然卧成一个"井"字图形，吐着长舌，安然入睡。

王瑛见这两个怪异现象，惊得一下子跳了起来，他想：飞雪不停积，肯定是地下瑞气融雪现象，而古人择址迁居前必先掘井，井下有水，可迁居，井下无水，必放弃，今天猎狗盘卧成"井"字图形，难道寓意叫我

进德桥亭

　　王瑛迁此瑞气聚集的福地不成？王瑛又对周围的山势地形仔细观察起来，见此处凤山环抱，水口狭窄，且有狮、象两山对峙，水口内却平坦宽阔，清澈的溪水穿越而过。他不禁感慨道："此地四山环抱二水，瑞气融雪，肯定是块徙迁侨居、繁衍子孙的风水宝地。为了王氏宗祠的兴旺发达，我必迁此地。"回家便与岳母、妻子商量迁居一事，她俩欣然同意。几天后，他带着岳母、妻子和儿子王万宁从林馆月山村迁居到芹川。后来，王瑛的儿子王万宁在瑞气融雪的地段上建了幢气势宏大的王氏宗祠——光裕堂，从此，王姓子孙就在芹川繁衍生息。

　　据村内老人说，芹川原有芹川八景：银峰耸秀、芹涧澄清、象山吐翠、狮石停云、玉屏献翠、金印腾辉、餐霞滴漏、沙护鸣钟。想必这村头水口狭紧、狮象把门、古樟参天就是其中一处吧。村头"天门"建有进德桥亭，村内古民居建筑坐落、布局都很讲究，古建筑雕梁画栋、飞檐翘角更显尊贵。由此可见，当时的芹川村不是官宦迁居就是富人云集，足以体现这是一处居住福地。

（文：杨永娟　图：杨永娟/王欣）

杭州建德樟宅坞

立言公择地而居

大慈岩镇樟宅坞汪氏始祖汪立言，衢州人，自幼便聪明好学，饱读诗书易理，明初担任宁波府慈溪县教谕，因见朝中政治腐败，元兵入侵民不聊生，毅然辞官回归故里。

有一天，汪立言慕名到大慈岩游玩。上山后，只见慈岩山悬崖峭壁，奇石叠累，古木葱葱，一泉溪水从低处石壁顺流而下，形成数股瀑布，如云如雾，声响如瑟如琴，仿佛地藏大佛金身，香烟缕缕，果然江南胜境大慈岩名不虚传啊！汪立言赞叹之余游兴大增，把大慈岩上上下下看了个遍，直到红日西坠，才意犹未尽地下山来。

在原路返回经过樟宅坞小村落时，他突然感到肚饥口渴，这才想起只顾贪玩，连中餐还没吃呢。加上身子疲惫不堪，于是决定进村借宿吃饭，明天再回。

当他走进村里，发现村道打扫得很干净，家家户户门口都栽着奇花异草，芳香扑鼻，但找了好几户人家都是关门落锁的，正在疑虑时，突然看见一个白发老太太，身体硬朗，挑着两桶清水，步伐坚稳有声。汪立言迎上前对老太太深深一揖问道："老阿婆，我因游大慈岩下山迟了，现在肚中饥渴，是否能叨扰借宿一宿？定当致谢！"老人非常热情地带汪立言回家。

到了老人家中，他见桌椅凳虽然陈旧，但擦抹得一尘不染，家中农具、家具也摆放得井井有条，心里想这村人们真是爱美清爽啊。老人递过一张小凳子，汪立言坐在门前小凳上，山风微吹，顿时觉得舒服惬意了许多。老人从水桶里舀了一碗清水送到汪立言手上说："非常抱歉，不知今天有客人到，没有现成热茶热饭，先喝碗水吧。"汪立言一贯吃的都是热茶热饭，还从没喝过冷水呢，心中自然有些不乐意，但只见碗中水清澈照人，加之这碗更是擦洗得清洁闪亮，因此捧起碗来一饮而尽。谁知，这一碗水下肚，顿时觉得透彻心肺，疲乏、饥饿都随之缓解，人也精神了不

大青山

少。汪立言连忙道谢，并问老人这是什么水，是不是放了什么？老人一边生火做饭，一边说："这水啊是大慈岩佛地的水，我们村里人常年饮用，连伤风感冒都不会有，所以村里人如果没有什么客人，我们一般水不烧开来喝，因为这水一经烧开，仙气就没有了，本来的味道也没有了。"说完老人走出门，指着屋后那座山对汪立言说："背靠茹元山后面那最高的山，名叫阳大岩，又叫大青山，是和大慈岩连在一起的。往前就是仙女晒衣服的红裙岩，再往前就是白蛇青蛇修仙的玉华山。村庄对面的山叫男女形山，这山更是神奇，在月圆之夜登上山顶，到夜半之时能清楚地看到两山山影重合到一起，就像是一对恩爱的夫妻相拥而卧。"汪立言放眼望去，果然六山叠翠，各有神韵。所谓山有仙则灵，水有山则秀，此处真是华岳钟灵、人文毓秀的风水宝地。鸟择良木而栖，人从良域而发，心中也就有了迁徙此处的愿望。于是汪立言一住就是三天，天天出去四处考察。

这三天，他爬了阳大岩，上过红裙岩、白山岩，探了这村落的四周环境。对仙水的前后源泉都细细看了一遍，并对村落，特别对村口的两座奇山——男女形山进行了考察。第三天晚上趁着明亮的月光上了男山的顶部，静静地观察，直至半夜子时发现了一个奇怪现象：随着月光推移，男山的山影慢慢向女山靠拢，最后两座山影重叠似紧紧拥抱在一起。这现象在大师汪立言看来正是易理中的阴阳和合，认为此地将可千载无灾，人寿年丰，发子旺孙，伟业可创。于是汪立言下了最后的决心，离开衢州那繁华喧嚣的小镇，带着家人迁徙于此。

后来的汪姓子孙们根据汪立言的遗嘱在村口建起了一座前三间后三间

中设大天井的白山庙，以玉华山命名。庙旁建了一道大堤坝，堵住了出水口，扩大了仙水的容量，后来此水不但饮用，还为村人洗衣洗澡提供了方便。又在大堤上种上了五棵香樟树，两棵翠柏。庙前小溪流上还建了一座石桥，取名兰寿桥，把这里的山水风景紧紧地揽抱在村口，村庄也改成了现在的樟宅坞。村庄赞云：居住茹元山宝地，饮用大青山玉泉。

　　随着时间的推移，一些古迹虽已消失，但立言公建设秀美村庄的遗嘱还一代一代地传承。目前，政府的新农村建设和古村落保护的优良举措正在推动，相信樟宅坞这座 700 多年的古村落将会变得更加秀美。

（文：建德农办）

杭州临安呼日村

石屋古村记乡愁

一泓碧湖，十里幽谷。临安昌化岛石镇呼日村是浙西的世外桃源，中国山核桃第一镇的门户。

据说，呼日村从前有水塘，被称为黄泥塘，后来雅称为呼日塘。因为山高谷深，日照时间短，村民盼望太阳早点出来，有人站在山上呼唤日出，故名呼日。还有一个传说，太阳神的九个儿子，一起高悬空中，光焰四射，从此田地龟裂，禾苗枯焦，人类在火热之中煎熬。神人后羿急百姓所急，张弓搭箭，射下了九个太阳。太阳神见九个儿子全没了，吓得躲进了西山。天上没有了太阳，大地漆黑一团。后羿又一遍一遍地呼喊太阳神重返人间。太阳神被后羿经久不息的呼喊所感动，从东山钻出，冉冉升上天空。从此，天上只有一个太阳，人间有了光明，有了温暖。后羿呼唤太阳的地方，后来被人们称为呼日。如今的呼日行政村包括龙山、株川、下白和原呼日四个自然村。

石屋古村

环境优美的石屋古村，就在株川自然村。从前，村中有一棵大楮树，以树得名楮树坑，又称楮坑，简称株川。相传，500多年前，居住在安徽绩溪的高氏三兄弟，带着干粮、猎狗，背井离乡，四处奔波，意在另找一个好的地方定居。兄弟三人日行夜宿，有一天来到了一个人烟稀少的山区，当时天气炎热，三人便在一棵大槠树下纳凉，等天气凉爽一点再赶路。三人午休后，一觉醒来已是傍晚。这里山路崎岖难行，又远离村庄，只得就地为营搭帐暂住。第二天，兄弟三人吃过早饭，继续上路。赶了段路程后，发现那只猎狗不见了，三人又返回沿路寻找，原来那只猎狗还是睡在昨晚暂住的老地方。任凭弟兄三人喊骂、鞭打、诱骗，那只原来很听使唤、总是冲锋在前的猎狗还是一动不动，不愿离开。兄弟三人同时意识到，这里莫非就是我们要寻找的安居乐业之地。于是，三人登高而望、仔细观察。这里三面环山，中间有一块十余亩的平地，一条小溪流淌着清澈的山泉，山势地形坐北朝南，阳光明媚、鸟语花香、环境优美。三人都感到这里是一个安身安家安居的好地方。从长远角度考虑，兄弟三人商量决定，留下一人在这里定居，其余两兄弟继续前行，往其他地方找寻安居之地。500多年后的今天，留下来的这一个高家兄弟，子孙相传，这里已发展成为一个有120多户、350多人的山村。村里那一幢幢石板铺盖的民房，证明了居住在这里的高氏家族勤劳、友善、智慧、勇敢。

昌北山区流行着这么一句俗话：一代造房，三代装修。在交通不便、不得温饱的年代里，山区农村造房靠肩挑背驮运输，凭手工操作建造。所以，把一幢住房建造完整，需要几代人作出努力。从这个角度看，石屋古村是一份不可多得的历史教材，让我们记住了那个年代的乡愁，那时候生活的困苦和造房的艰难。

株川古民居，和其他很多村落甚至城市一样，起源都在于当地的水系。古村位于峡谷中段，村内有一条充沛的自然水系从后至前，由西向东穿村而过，并且在村口处横向而过，使村内外被隔断，所以在当时，外人只有通过村口的吊桥方能入村，500多年前先民选择在此定居，除了考虑此处有稳定的水源外，更是考虑到安全问题。事实也证明如此，历经几百年的风雨，株川高氏家族不但没有受到波及，反而一直人丁兴旺，成为当地望族。

古村依照穿村而过的水系，分为东西两部分。西侧民居群依山而建，建于山坡阳面，从山脚至山腰共建有五排，整体呈扇形排列。每一排民居门前，以及每一层民居之间都保留有相连通道，甚至每一幢民居内，都保留有上下两层民居（也就是前后两户民居）相连的通道，整个民居群形成一个迷宫状，极具美感和实用性。东侧民居则依水而成，数量虽少但相对狭长。民居沿村内的主干渠，依着山势，建成一至两排，错落蜿蜒。而且各家各户都有小桥与溪对岸相连，既成一体，又相对独立。这个村由于太偏僻、交通不便，去外地挑运瓦片费时费力。智慧的村民就地取材，从山上挖掘石板当作瓦片盖房。这个方法省工省时又省成本，防漏防风效果好。所以这样的建房方式，成了村中的一种习惯、一种传统。被保留下来的石板屋共有70余幢，总面积有万余平方米。昔日的石板屋，如今成了一道亮丽的风景。

读读石屋古村的故事，再去看看石屋古村的风景，你就会对这里的人、这里的屋、这里的山水、这里的土地多一份情，多一份爱；你就会乡思更多，乡愁更浓。

（作者：帅军武）

金华兰溪刘家村

人杰地灵刘家村

刘家村位于兰溪西北部丘陵地带。据《刘氏宗谱》记载，刘家村刘氏始祖为唐大中时节度使刘巨容，世居江西上饶，长子刘汾，唐咸通辛卯进士；元代时刘孟节由建德师源迁居纯孝乡刘店园，明永乐年间刘士荣由建德刘店园迁居此地，世居刘姓，为汉高祖刘邦后裔。

古桥风貌

刘家村大多为明清以来古民居建筑和祠厅建筑，原貌尚存。刘家村的古迹胜景甚多，保存较完好的有古民居群、祠堂群、古樟群、古牌匾，古楹联等。刘家村有深厚的文化积淀、浓厚的文化底蕴和淳朴的民俗风情，"十三都刘家"美名远扬。过去因为地理位置的特殊性，是商贸发达之地，聚集过不少文人商贾。这里的科举文化、民俗文化、戏剧文化、武术文化、饮食文化以及文物古迹都是远近闻名。"白露多胜迹，刘家有俊贤。"刘家村地灵人杰，钟灵毓秀，文化名人辈出，享有黄店"书乡"的美誉。

刘家村的村落选址"负山带水"，充分体现了古人"择水而居"的选址理念，北面的山体又恰好起到了天然的屏障作用。刘家村坐北朝南，依山傍水，地势错落有致，前依朱家仓源溪，背靠后山，像一把庄严高大的"金交椅"，把整个村落环抱其中。后山与门关山相连，宛如一条青龙奔腾跳跃而来，右边一条长长的山垄叫白虎垄。村落对面的铁钯山耸峙，飞凤形山起伏，山峦逶迤，与旖旎的白露山相接。加上村口象征"朱雀"的鲤鱼形新塘和樟树下谐音玄武的石五塘，使整个村落形成以"左青龙、右白虎、前朱雀、后玄武"为格局的典型的生态环境。

刘家村口有 5 棵距今约 370 年的古樟树，并有鲤鱼形的新塘，里边的踏步是鲤鱼的鳃，一口圆井是鲤鱼的眼睛，小溪上的石条是鲤鱼的鳍，樟树下洗衣的地方又似鲤鱼的尾巴。整个造型如鲤鱼斗水，象征鲤鱼跃龙门，寓意刘家村财源不断，如跳动的鲤鱼，一浪高过一浪。村水口的处理巧妙地融合了古樟、水塘、排水沟等，展现了刘家村深厚的人文风貌。

刘家自然村，古村街弄四通八达。村中主要道路呈人字形分布，主要有两条，一条是贯穿全村的古驿道，长达 500 米。另一条是从新塘的鲤鱼型嘴巴开始向敬承堂方向，而后又与主道连通，形成一个环绕全村的古道。刘家古道全用鹅卵石铺成，其间巷道星罗棋布，主要巷道有 8 条，有"九宫八卦"之称。"九宫"为 9 个厅堂，"八卦"为 8 条道路。历代以来刘家村百姓辛勤劳作，凭借天时、地利、人和之优势，在村内兴建了大量的厅、堂、民宅与村中的主要道路（至今保存非常完整）。

刘家村民居以保存完好的徽式建筑而著名，古老的村落里保存了不少明清时期的古建筑。整个村庄建筑排列有序，纵横分明，结构别具特色，保存也较完整，为研究明清江南古建筑的结构和风格提供了珍贵的实物资料。

（作者：刘鑫）

金华兰溪社峰村

枕山环水说社峰

社峰是一个古老的村落，始建于南宋宝祐年间（1253—1258），距今760多年。据家谱载："社峰脉势发祖于白佛过峡，明因之岩，传送夏家之垄，起伏蜿蜒，八宝何楼诸峦转折而来，结为始祖阴垅，直走溪滨，复辟为通族阳基。风树虎表雄踞其后，东畈开阳，其前黄沙插艻于天门，石岩攘塞于水上，西湾为之华盖，满塘岗为之护龙，溪流环绕为之襟带，即远而永昌貔殿皆为捍门重锁，此形家所称最胜之宅兆也。"也就是村中老人所说"三重山三重水""太师椅""燕子窝"的风水宝地。

《阳宅集成》中口诀云："阳宅须教择地形，背山面水称人心。山有来龙昂秀发，水须围抱作环形。明堂宽大斯为福，水口收藏积万金。关煞二方无障碍，光明正大旺门庭。"可以概括为枕山、环水、面屏的模式。兰溪社峰村的选址，正是受这一模式的影响，被称为"形家所称最胜之宅兆也"，符合最正统堪舆选址原则。

据《吴氏考》记载：始祖为兰江巨族，自湖（州）迁淳（安）之石村，其子登宋进士。涟之曾孙才，生五子皆显，长子诚任永福知县，诚之子珏，任校书郎，始自石村迁云峰之杜塘，生子三：长讳仁，登绍熙进士；次讳义，迁淮西；三讳智，其仲子文仪（由淳迁兰之始祖），博学宏文，深于伊洛之学。宋宝祐年间，仕孝昌尹阶宣议郎致政缘，访道于金华，路经兰溪社峰，乐山水之秀，遂迁居社峰。

始祖吴党在后周世宗显德二年（955）辞了官，携全家老少迁居当时的青溪县石村（离云峰村两公里）。由于"无官一身轻"，再也无须受官场的种种烦恼了，一门心思潜心研究起儒学十三经。到了晚年他的《易经》风水已颇有造诣。据说为了使理论能与实际结合，他曾踏遍淳安贺城、茶园、太平源的山山水水，察看过众多的民间村落建筑，走访了众多农户，拜访了众多民间阴地先生，写下了大量的考证资料。他一直视云峰（鼓山）一带为最佳巢居和穴居之地：其地理环境十分优越，东靠高山、富城；南倚余岭、荷家源；北连东庄、辉照山；西面就是秀丽千岛湖，一条山涧小溪自东向西蜿蜒而过，直流千岛湖。此地正应了《博山篇》"论龙"所说："认得真龙，后有托的、有送的，旁有护的、有缠的。托多、送多、护多、缠多，龙神大贵、中贵、小贵，凭之可推。"古人曰："后高有陵前近地，南北丘陵更相宜，天赐宝贵钱粮足，辈辈儿孙著紫衣。"于是吴党在定居石村的第五个年头（958）又从石村迁居云峰，生前还把自家的阴宅定在令字山脚。吴党去世后，儿孙按遗愿，把他葬于令字山脚，现为"白太公坟山"。

社峰村前塘

云峰是社峰祖地，社峰其地形地势亦有与祖地云峰相仿之处，是风水宝地，形胜极佳。社峰村庄坐落在南北走向，延绵数里的上（宅）山、下山间，朝向东方的向阳山坡上，因山就势而建，上至上（宅）山背，下至下山脚小溪边，俗称上山下。村庄位居青龙白虎怀抱，竹林青翠，桃李满园，池塘遍布，山水交融，风光独秀的太平世界。村庄的祠庙厅堂大宅门第、民宅及吴公祖坟概为坐西朝东、背山面水。即使塔岭背、下山坑这样的山坡上的民宅，依旧是东西向的，而村庄小道南北向。这是别具一格的社峰的山水特色，是由社峰的山水脉络走势、地理环境所决定的合理选择，体现了吴氏祖先之智慧和胆识。因山就势、坐西朝东的社峰村庄及其厅堂民宅，冬暖而夏凉。正是由于社峰的地形地势是西北高而东南低，西北的山峦和沿山坡栋栋错落的房屋，挡住了冬天的西北寒风和夏天的烈日西晒，而从东南方的广阔田野迎来了冬天温暖和煦的阳光和夏天湿润的东南风。借社峰山水之势创人文历史天堂，融人文于自然之中创安居乐业人生环境，这是延陵祖宗的功业，也显出了社峰风水的绝妙之处！

社峰文昌阁、关王殿（汉寿亭侯庙）、文武桥离千年古镇永昌镇二华里，在离社峰村一华里的择华山脚下，是社峰"门户"，风水"关口"。显然，以风水择地，既可以满足人们精神上的寄托和对吉地的依赖感，同时在物质环境上又能获得一个和谐、优美的村落外部空间。水口是村落外部空间的重要标志，用以界定村落空间序列的开端，村民到此便有一种强烈的归属感。在风水观念的影响下，水口不仅是村落的入口，而且对村落的兴衰与安危起着精神主宰作用。社峰吴氏家谱中载："本族阳宅坐西向东，水法自北趋南，龟山后镇蛇交锁，所谓金羊会癸甲之雪者也。溉西形势吾族最焉，但巽己丙三方虽有黄殿山特立为捍门，而内地平沙旷野似为空缺。"建议后人予以补"障"，弥补风水微观方面的缺陷。古代人非常崇拜文昌帝和汉寿亭侯，前者保佑人民仕途坦达、官星高照；后者则伏寇降魔、威灵丕振，是人间的保护神，因此大多建有文昌阁和关帝庙。为弥补社峰"水口"缺陷以祠庙、文昌阁、桥梁、大树等作为"关锁"，是基于风水水口处宜"障空补缺"理论的影响。因此在东侧建文昌阁，西崎汉寿亭侯殿，中连文昌桥，守住社峰人气、财气、仕气，是社峰完美关锁，也是社峰又一亮丽的景观。这种于村口建（植）高大建筑或桥梁、亭阁、大树的做法，虽然是出自一种象征意味，但在客观上弥补了自然环境的不足，使景观趋于平衡与和谐。但由于种种原因，二庙现已无存，留给人们的只是美好的回忆和无尽的遗憾。

社峰是一个古老、绿色、美丽的村庄，社峰是风水宝地，是典型的"小桥流水人家"的宜居之地。社峰有深厚历史积淀，蕴含着丰富文化历史内涵，是先辈们的聪明才智创造的天人合一的理想生活聚落。

（文：吴社卿）

金华武义白革村

状元峰下白革村

白革，早时候叫白华村。《武义县志》关于支道士的传说中明确记载："支道士隐白华岩石室中，僧服，儒履，道冠，人呼为支大士。"《白革朱氏宗谱》也明确记载"卜家白华"。那么，为何把"白华"改为"白革"呢？这与朱黻有关。

宋宝庆年间（1225—1227），有一精通堪舆的名家朱黻，居住在丽水库川，他个性豪迈，以采药、打猎为生。游遍金华八婺，他见有一条昆仑山的龙脉，从湖北神农架通过福建和江西东部交界处的武夷山，经过龙泉的凤阴山至括苍山脉缙云的大洋山后，绕过千丈岩，蜿蜒而至白华的状元峰。于是，他边采药边打猎，沿着龙脉来到了状元峰。只见山峰耸秀，有大山宫小山罗主，似儿孙之象，其来脉气势宏大，起伏的群峰形成来龙之势。从状元峰往下看，半山腰有一处地方，三面群山环绕，房屋隐于竹林之中，一阵春风吹过，竹林受阳光反射，竹光白花花一片，恰似水面的波澜，形成滚滚的生气。远看村外远景形之崇，势往于外，近观村内厚实积聚，藏气形往于内。千尺为势，百尺为形，是一块得天独厚的风水宝地。

朱黻被这块风水宝地深深地吸引，于是带着猎犬来到了半山腰的村中。村中有一户人家，敞开着门，猎犬冲进屋中，只听得一声女子尖叫："爸，快来，有狗。"然后见一老翁手拿木棒把狗赶出屋外，大骂猎狗吓坏了女儿，朱黻急忙丢下草药篮，手提猎铳，大步跑上去喝住猎狗，连声向老翁道歉。主人见是一位打猎采药的青年，转怒为喜，走上前来，帮朱黻捡了从草药篮子里滚落的一只圆盘。一看，是只看风水的革盘，知朱黻还是一位风水先生，便邀其留宿。朱黻看天色已晚，就不推辞地跟着进了屋。原来，屋主人姓施名福，先祖看此地是风水宝地，一代传一代，在此居住已有几百年了。虽是风水宝地，但总不见丁财旺盛。他小时丧父，中年丧妻，老来又丧子，父女俩在此相依为命，女儿已长至18岁，从未开音。今天做父亲第一次听见女儿叫他爸，知是贵人来到，乐得他喜笑颜开，忙叫女儿沏茶，烧鸡蛋素面给朱黻吃。等烧好，施福舀出米酒，二人畅饮起来，边饮边谈。

第二天，二人醒来，已日上三竿。两人吃过早餐，施福陪同朱黻，走遍白革的大士岩，看了三叠台、龙井、仙掌、玉屏、石佛、八宝陵、狮岩等景致。当二人从大士岩转回家的时候，朱黻看见有一只"凤凰"头朝白革，两翼伏地，趴在山上。施福顺着朱黻指的方向看去，只见一只大鸟活灵活现，而头正对着他的祖坟，就急忙拉起朱黻去帮他看看祖宗坟墓。

二人来到了施福的祖坟，朱黻在施家的阴宅走了三圈后，对施福讲："你这祖坟建在形似乌龟背的地方，龟随处走动，漂浮不定，而阴宅朝向正对着你的家宅，位置又高于家宅。经书说：人死有气，气能感应。而你家祖墓阴气太盛，影响到活人也。"施福听后，全身冰冷，仿如凉水浇头，双腿发软，忙向朱黻乞求免祸的方法。朱黻细心推算一番，才对他说："你不应是断绝子嗣之人，况且你有一片善心，我姑且为你免灾消难，择日迁葬先人骸骨，以化解这灭门之祸。"朱黻帮施福挑选了一块祖坟后，二人才回家。

施福二人回到家，见女儿已烧好饭菜，二人又对饮起来。酒足饭饱之后，朱黻起身要告辞，施福拿出铜钱，要酬谢朱黻。朱黻婉言谢绝，执意不收，说："我在这里白吃白住，我给你家看风水，啥好意思收你银。"

言罢，朱黻想呼唤猎狗起身告辞，可是平常一呼百应的猎犬，今天任凭主人怎么千呼万唤，就是不起。朱黻感到十分奇怪，莫非是猎犬病了，等主人走近，猎犬站起，围着主人走了三圈，然后摇头摆尾，又坐在原地上。奇怪，难道猎犬相中这是块风水宝地，朱黻干脆放下草药篮，来到狗坐的地方，在一片荒芜的草地上东瞅西望。原来这是跟施家仅一墙之隔的一座废墟，坐落在施家左侧，比施家低几尺。朱黻思量半晌，仔细地用革盘对西北、东南、正南、正北、东北、西南、正东、正西，二十四山向，六十四卦方图掐掐手指进行计算，然后对施福讲："此乃风水宝地也！"施福回答："这也算风水宝地，这是我爷爷留的老屋基，你不嫌弃，我白送给你。"原来施福的爷爷这里有屋12间，前面高的有6间，后面低的有6间，他共有4个儿子，妻子早逝，四子仅剩施福父亲一个。后来一场大火又把整座房屋化为灰烬。听施福一讲，朱黻又左看右看，然后说："这里虽是块风水宝地，但屋大不藏风，败散丁财空，房屋不该朝此坐向，前屋高后屋低，难怪主人损子并克妻。"施福不解，朱黻讲："如果在北面建一座城墙，东西面造一口水塘，真乃风水宝地也。你如果愿意，我就在你这里安家发族。"施福一听，满口答应："一言为定，让你白盖。"朱黻："说话算数。你给我白盖，我给你白革。"

宝地白革村

后来，朱黻真的从丽水库川来到白革，并娶了施家漂亮的哑女为妻，把房屋盖在施福白送的屋基上，开始发族。"白革"与"白盖"音同意深，而"白华"又与"白活"谐音不吉利，后人干脆就把"白华"村名改为"白革"村了。朱黻后裔也依照始祖的风水理念，在村前东西走向出入口处，用石块砌筑起了城垣，并设有门洞，称里安门（永安门），门洞顶部用块石起拱券，设有台阶出入，城垣周边植有40多株红豆杉和枫树，造成锁闭之势，在村西边建起水塘，常年碧水如天，风生水起，正符合风水上关水聚财、邪气不进之说。这真是："革盘摇一摇，子孙都荣耀；福人居福地，福地福人居。"

（文：武义农办）

金华武义郭洞村

山环如郭幽如洞

　　"山环如郭，幽邃如洞"，故名郭洞。郭洞古村落被誉为"江南第一风水村"。有人说郭洞村庄格局的形状很像一把琵琶，这是祖先的杰作。也有人说郭洞何氏家族的兴旺发达，是因为先祖选择并营造了极好的村庄风水。有的人则认为郭洞成为"万古不败之地"，与奇特的村落布局相关。还有的人发现郭洞古村落景观的整体形象，是按《黄庭经》中的"内经图"创意营建的。

郭洞古村整体布局

　　问世于1700多年前的魏晋时期的《黄庭经》，是一部被誉为"学仙之玉律，修道之金科"的名著。现今珍藏在北京白云观的"内经图"，就是根据《黄庭经》要义绘制的，是道家修炼内丹、点破迷津、指认要诀的示意图。有人认为：郭洞古村落至今保存的众多古建筑和自然环境，构成了一幅生动的内丹修炼意境图，与"内经图"有对应关系，极为神奇；这幅由景物构成的"守气结丹"图像，是一幅古人求仙气的景象，并由此外延，象征村落聚气，祈求宗族兴旺。

具有数千年历史的中华气功，历来被作为个人修身养性之道，而运用到村落环境建设的创意中，是十分罕见的。这是郭洞何氏祖先有意仿"内经图"营建郭洞村庄，还是一种巧合或猜测，成为一个有待深入破解的谜。而《何氏宗谱》中有关郭洞村庄建设的记述，似乎显得更为清晰可信。

当年何氏始祖何寿之迁居郭洞后，娶当地吴家之女为妻，过起与普通山民相似的农耕生活。所不同的是，他凭借官宦之家的实力，运用自己的智慧与堪舆知识，把自己的生态理念付诸山水，体现在重整村落布局和善化环境之中，致力于将郭洞变成更宜人居的风水宝地。

古人营建村落，不仅着眼于小气候状况和安全、防灾等因素，更看重符合风水学说的要求。在漫长的古代社会，农民几乎靠天吃饭，难以掌握自己的命运。因而，他们相信冥冥之中有一种主宰自己的力量存在；在相当程度上，把福祸吉凶归因于神祇和自然的力量。历代积淀的风水文化，无疑对武义的村庄建筑产生极大的影响力。它作为古代的一种环境设计理念，注重将自然生命环境、人为环境以及景观的视觉环境，进行综合考虑，蕴含着丰富的哲学内涵。

何寿之深谙风水之道，在营造郭洞风水中，他"相阴阳，观清泉，正方位"（《何氏宗谱》），巧妙地利用自然山川形势。郭洞村的地形确实独特，三面山环如障，北面一片田野，远处有左右青山相拥，正应了"狮象把门"之说。村南，源自大湾东坑和黄岭西坑的两条溪流，在村前汇合后，绕村画了一条弧线，然后出村北去。村东龙山与村西西山之间，是狭长山谷中的最窄之处，最适合营造水口。于是，通过何寿之及其后代的不懈努力，砌成关隘，修回龙桥聚气藏风，植村周树林美化环境，规划民居、道路，并巧设七星井，使郭洞村按风水要求日臻完善。这样，村庄后有龙山为祖山，主龙运不绝；前有虎山为朝山，主文运卓越；有形似狮象、龟蛇的青山把守水口、河流，有龙溪碧水如玉带环绕，形成了绝佳的风水宝地。

虎山南麓的漳村扩展规模后，成为郭洞村的组成部分，称为上宅，现为郭上行政村。S 形的龙溪，宛若一条太极河，将这两个分别坐落于龙山、虎山之麓的山村，连成一个太极图型的整体，形成虎踞龙腾的完美格局。

20 世纪 70 年代以来，许多国家掀起了"风水热"。郭洞，成了国外风水考察团常常光顾并且着迷的地方。于是，就有了"江南第一风水村"的美誉。

对于一般人来说，涉及风水，多少显得玄虚，而郭洞村落的现实格局是有目共睹的。郭洞何氏起源地，呈"琵琶形"的下宅村，主干巷道为"二纵四横"。井井有条的道路，将村庄串联一体，形成四通八达的网络。细心的游人会发现，每条纵巷的北端和横巷的西端，都有二三十米的巷道是向左拐个小弯的。没有一条巷道笔直出头，站在巷内，都是望不到边的。村中老人说，这其中蕴含着曲径通幽的奥秘：假若巷道直通村外，夏日暴风，冬日寒流，就会长驱直入村中，带来的危害不言而喻。村庄的水系也挺有讲究。村中设七眼井，像北斗七星一样分布。这些水井以中厅横街为界，南北各三眼，另一眼设在村北龙溪边。七眼水井是龙山泉水水脉，水量充盈，水质清澈甘甜，冬暖夏凉。特别是紧靠龙山脚的一眼尤佳，被誉为"婺州第一井"。数百年来，这些井水滋润了一代代何氏族人。至今，全村人仍然饮用井水。

每天晨暮，家家户户的男人挑着木水桶，到就近的水井挑水，叽吱叽吱挑回厨间。这一挑，就挑了几个朝代，就像村庄这把"琵琶"，何寿之定调的一曲江南山乡风情，从元代弹到今天。

（作者：唐桓臻）

金华武义坛头村

坛头孝子敬亡母

传说坛头朱氏始祖朱万璋的母亲朱徐氏，在生朱万璋时由于脱肠而死。18年后，朱万璋长大成人，在大婚的那天晚上，他做了一个非常奇怪的梦：梦中母亲朱徐氏给他找了一处安居乐业、繁衍后代的风水宝地。世外桃源坐落在前山头，其中有块凸起的岩石酷似螺蛳屁股，而在螺蛳屁股的下方又有一条弯弯曲曲的小道通到现"台门"地段，形状恰似螺蛳头部。更神奇的是，螺蛳头部还有两条常年不会长草的小路，很像螺蛳的两条触须，一条伸向千年不干的鲶鱼泉，一条伸向古木参天的后山头。因为螺蛳娘生产小螺蛳时也需要排出全部螺肠才能完成，所以此地与朱徐氏产子情景一模一样。母亲说，螺蛳产子千千万，此地必能旺得子孙千千代，是一块可遇不可求的风水宝地，希望朱万璋带领族人在此建村居住，繁衍后代。朱万璋没有辜负母亲期望，找到了梦中母亲所说之地（坛头村），东有螺蛳形，西有铜锣形，前有鲶鱼泉，后有靠山。

朱氏发源地新址选定后，朱万璋接着做的就是按照母亲的规划开工建设了。朱万璋请来了风水先生，并领着风水先生爬上后郭山最高峰。风水先生站在高处俯视山下，和朱万璋讲起了这块风水宝地的奥秘。风水先生说："上郭山、后郭山、胜山三山成一线，以后郭山为最高，稍前，雌龟山、雄龟山与双龟戏水点又成一线，后郭山与雄龟山山体相连，形成了一个'土'字，土为五行之本，万物生长离不开土，其五行生克制化更离不开土，有土即有万物。神龟潭、后山头与铜锣形三点连线后，恰是仙人手臂在这片土地上遮风挡雨，同时又引神龟潭之水灌溉后山头、铜锣形草木，使其常年葱郁茂盛。为拦护水口、庇佑子孙，拟在神龟岩前面建一'本保庙'，庙内雕塑'禹王'神像，以保一方平安；然后在前山头以螺蛳形尾部为始点延伸至螺蛳形头部造大台门楼阁，并沿右触须顶部建小台门楼阁，沿左触须顶部打草除荆、清淤疏浚鲶鱼泉，将来子孙定能以孝存心、以德存世、人丁兴旺、顺发万代。因为将后山头、本保庙、螺蛳形、大台门、小台门、鲶鱼泉六点连接，正是一个子孙的'子'字，'土'字下面加'子'字，再用仙人手臂相连，相信你已清楚这又变成了一个什么字，且金木水火土五行调配得当。这也正是你母亲良苦用心所在，我只不过是道出实情而已，还望你珍重、慎重。"

朱万璋没有辜负母亲期望，仅用三年时间，先后建造了香火厅、前厅、后厅、堂楼、厢房等青砖灰瓦马头墙的上等房屋九九八十一间，厢房披屋若干间。先在螺蛳形头部位置建阁楼，阁楼名曰"文元"阁，后人称为"台门"，并沿两条触须清理了"鲶鱼泉"、新建了"小台门"阁楼；然后分批分期建造了前厅、后厅、堂楼、厢房等房屋八十一间。厅堂厢房相互毗连，之间有走廊披屋衔接，互通往来，晴能蔽日，雨可防淋。

朱万璋还特意在前厅与后厅之间的空地上为母亲造了一座小花厅，用来供奉母亲亡灵。全村人安居乐业后，朱万璋每天必做的两件事，雷打不动：第一件是每天早上到亡母房间给母亲请安、送早点，中饭、晚饭的餐桌上总要给母亲留位置，摆碗筷，与母亲同桌用餐。第二件是每天到整个村子绕一绕，特别是台门到前山头这一段。因为这段巷道，包括村中的每条弄堂，在朱万璋看来，就是母亲用自己的肠子为朱氏后人铺就的平安健康之路。所以，他每次都是轻轻地踩、慢慢地走，生怕踩到了母亲的痛处。后来，朱万璋索性就在族中立下三条规矩：一是任何朱氏后人，不分男女老幼，一律不得在台门到前山头螺蛳形这一段路上奔跑嬉闹；二是任何时令节日，不管红白喜丧，一律不得在台门到前山头螺蛳形这一段路上舞龙灯；三是任何子孙后裔，不论亲生领养，一律不得在台门到前山头螺蛳形这一段路上与父母吵架顶嘴。这三条规矩一直延续至今，只是将"不得在台门到前山头螺蛳形这一段路上"的规定范围扩大为整个村。至于不得在村中迎龙灯、舞龙灯，传说是因为整个村中弄堂巷道皆为螺蛳肠子所化，迎龙灯、舞龙灯（板凳龙）会绞断螺蛳肠子而伤了龙脉。所以坛头村历代"只走马灯，不迎龙灯"的硬性规矩便一直沿袭下来。

坛头朱万璋孝敬亡母的故事就这样流传下来，后人便将台门到前山头这一段路命名为"孝道"，以宣扬始祖孝行。如今，孝道也成了坛头村的一个独特景点。岁月如梭，时光荏苒。虽然，"螺蛳娘娘""大孝子""孝道"等朝廷册封早已淡出人们的谈资，可朱万璋侍母房依旧，"懿德堂"牌匾仍在，"孝道"依然，坛头人百善孝为先的孝道文化理念世代传承……

坛头古巷

（作者：朱文宝）

金华武义俞源村

太极布列俞源村

　　浙江省武义县俞源村位于钱塘江与瓯江两大流域分水岭的凡岭和大黄岭的北部，是宣平溪与熟溪的一个连接点。它地处山区和平原盆地的交接点，是括（丽水）婺（金华）间行旅的必经之地。这条古道路程较短，岭也平缓，人们从松阳、宣平到金华大多经过俞源，杭州、金华的官员、百姓来往婺杭也多走此路。因此，清嘉庆年间（1796—1820）武义知县张荣堠特赠匾"惠及行旅"，挂在俞源村万春堂内护门上楣，足见当时俞源客旅之盛及俞源村在括婺间交通要道上的重要性。

"天相"村落布局

　　俞源村布局奇特，巨大的田野太极图，民居按天体星象排列。从俞源村后的梦山冈高处俯瞰，一条山溪从村庄东南方流入，改为东西方向横穿村子，直至村西山脚，复折向北至村口，呈 S 形流向村外田野。S 形的溪流与四周环山在村口勾勒出一个巨大的太极图。而 S 形溪流正好是一条阴阳鱼界线，把田野分割成"太极两仪"。溪南"阴鱼"古树参天，鱼眼处现有公路穿过；溪北"阳鱼"稻谷金黄，鱼眼处种着旱地作物。经仪器测量，太极图直径为 320 米，面积为 8 公顷。

据说，太极图置于村北口子上，一则可以挡住北方的寒冷空气和"邪气"，二则好似一座"气坝"，防止村庄祥瑞之气外泄。而俞源村的民居布局相传与中国古代的天体星象图的排列非常相似。村口的太极图即环绕俞源村的"双鱼宫"，与围绕村子的 11 道山冈正好组成"黄道十二宫"。村中的 28 处古建筑群则按东方苍龙七宿、北方玄武七宿、西方白虎七宿和南方朱雀七宿的方位排列，七口水塘（又名"七星塘"）呈北斗七星状排列，组成"天罡引十八宿"的布局。更为巧妙的是，位于西方"白虎"之首"奎"宿的俞氏宗祠恰好装在北斗星的"斗"内。设置如此巧妙布局的据说是明朝开国谋士刘伯温，而他就是按"天体星象"布局排列设置村落的。

相传明代国师刘伯温与俞源的俞涞是同学，两人感情甚笃。据《俞源俞氏宗谱》中记载：刘基有恩于俞源村百姓，为他们做过不少好事，其中就有为俞涞子孙辈取字，首取"敬、卫、恭、仪、像、权、衡、福、寿、昌"十字，而这十个字中"仪、像、权、衡"四字是含有天文意义的。至于村落的奇异布局却未见记载，经专家考证，巨大的太极图是第四纪时形成的冲积扇，这是大自然的鬼斧神工，而提出村落的星相布局是牵强附会的主观臆想，还是祖先们避世迁居后建造的世外桃源，最终的结果已经不重要了，重要的是刘伯温确实在这里出现过。而俞源村的来历也同样成了故事。

关于俞源村，无论是众说纷纭的起源，还是天人合一的村落布局建筑，都增添了古村落的神秘性，也凸显了俞源村深厚的文化底蕴。

（文：武义农办）

衢州衢江区茶坪村

苦竹倒插衍生息

茶坪村位于衢江区南部紫薇山山脉中部，距衢州市区35公里。茶坪村历史悠久，自然资源、历史人文资源丰富，有古老的双峰寺遗址、吴氏宗祠以及古民居，老佛岩、痖痢仙洞、千年古樟、名贵红豆杉、老茶园及万亩竹海等，编织了茶坪美丽的传说和神奇的风景。

林深幽静茶坪村

相传以前这里本没有人居住，明初，有遂昌石练大柘吴姓兄弟打猎至紫薇山中，狩猎数日，收获颇丰。返回之际，途经一片茂密森林，见山势平缓，林深幽静。猎人正疑之，忽然眼前突现一片平旦之地，愕然长吁一口气，便放下包裹猎物倚树休憩。歇息整顿一个时辰之后，整装而起，行走数百步，发现随之而来的猎犬不见了，便回头寻找，来到密林平地，见猎犬仍卧地而歇，不愿起身，虽主人千呼万唤，猎犬却无动于衷，毫无随主人离开之意。主人见猎犬对该处很留恋，于是承诺来年春天举家搬迁此处，并倒插了一根竹子在猎犬卧着的那处空地上，作为记号。

第二年，吴氏兄弟信守承诺，带着全家老小及猎犬从石练迁移过来。他们惊喜地发现之前倒插的竹子竟然成活了，兄弟俩更是觉着这是一块风水宝地，便在此安家落户。从那时起，茶坪便有了倒长枝头的竹子，这种竹子被当地人称为"苦竹"，至今村里还能看到几株"倒插竹"。从此以后，吴氏家族祖祖辈辈在茶坪开荒种竹子、种茶、种果蔬，繁衍生息。其间不断有外姓人慕名迁移进来，一起生产劳作，慢慢地就形成了一个村庄。

茶坪村以种茶为主，因村庄地势较高，海拔 540 多米，空气清新，气候温和，云雾缭绕，种出来的高山云雾茶远近闻名。因此，这里被人们叫成了茶坪。经过数百年的休养生息，茶坪村从原来的吴氏两兄弟繁衍至今，吴氏后代共有 106 户，300 多人。在茶坪自然村仍存有吴氏民居和吴氏宗祠。

吴氏民居始建于清中晚期，为坐西南朝东北三合院，面积为 120 平方米，民居的长为 12 米，宽为 10 米。进门是天井，长为 6.2 米、宽为 3 米。天井边各搭厢房 1 个，正厅两边各有厢房 1 个。此民居用材讲究，雕工精道，天井四周设有走马廊。天井地面由花岗岩铺设，水沟设置合理，排水通畅。现存的民居只剩吴氏民居群的最晚建筑部分，先前建筑因年久失修已经倒塌拆除。目前吴氏后人还居住在此民居中。

吴氏宗祠又叫至德堂，建在相传当年猎犬安卧之处，建筑年代要早于吴氏民居 20 年左右。建筑方位坐西南朝东北，平面呈长方形，总占地面积为 142.40 平方米。建筑格局为典型的传统祠堂建筑格局，大门进去的厅原是戏台，"文化大革命"时期已拆除。宗祠为五架梁带前单步后双步，天井连接前、后厅，雀替等木结构有简单花、草图案雕刻。祠堂部分损坏较重，目前正在进行古村落保护利用的修缮中。

茶坪村坐落于药王山脚下的一个美丽山村。白墙黑瓦古色古香，山涧流水间腾起缭绕烟雾，被形象地称为"仙人谷"。虽然茶坪村的"仙人谷"得自烟雾弥漫的如诗如画般的美景，但如果没有药王山的仙灵之气相依托，茶坪村也就成不了"仙人谷"。相传茶坪村背倚的高山曾吸引炎帝在此采药，并留有"神农谷""神农炼丹"古迹；后传华佗、扁鹊、李时珍等相继在此采药、居住，留有"药王居"遗迹等，故得名"药王山"。药王山的仙灵之气正得自这些古老的传说。茶坪村沿袭了药王山的灵气，引来了吴氏始祖的迁徙，才成就了以茶发家的吴氏家族，也成就了如今的茶坪村。

（作者：祝磊媛）

衢州龙游灵山村

灵山缘是"富"字山

灵山村，古名泊鲤村，是一个有着上千烟灶的集镇，古时为龙游七大集镇之一。据传当年周天子起不义之师伐徐，"仁义之君"徐偃王不忍斗其民，而迁于此。现今，灵山已列入"中国传统村落"和"浙江省历史文化名村"榜单。

灵山江，是龙游人民的母亲河，也称灵山港，源出邻县遂昌，从马戍口入县境，至驿前村入衢江，主流总长为88公里。千百年来，灵山江是龙游历史文明之源。沿途孕育了上塘、沐尘、庙下、溪口、灵山、石埠、官潭、寺后、驿前、茶圩里等众多的集镇与村庄，其中以灵山村最为著名，所以江以村名。

据灵山徐氏谱记载，徐偃王乃徐氏三十二世，而龙游最早的徐氏之族是七十世徐元泊迁入。徐元泊为避王莽之乱，于西汉阳朔二年（前23）五月十八日，始自江北徙太末县城南泊鲤村（今灵山）。

徐偃王庙

关于灵山的风水，有一个美丽而风趣的故事。原名徐山的灵山，本地村民又俗称为凤凰山。传说其山形似五只振翅欲飞的凤凰，村人称为"五凤朝阳"。可是这五凤朝阳并非旭日东升的"阳"，只是夕照西山的"阳"，所以早年风水先生看了都惋惜地说："可惜，实在可惜，凤凰方向朝错了，不然的话，灵山徐姓人应是高官尽做、白马尽骑了。"然而，风水先生对自己的说法又来了个一百八十度的大转弯：登上凤凰山山巅，放眼望去的是县南第一大畈：灵山畈，阡陌纵横，形似"田"字；田字向西即是灵山村，形似"口"字；口字再向西是一衣带水的灵山江，形似"一"字；一字再向西是峰峦高耸的西山，形似"宀"字。至此，便形成了一个"富"字。风水先生说，灵山徐氏大族是富而胜贵的。

风水先生对自己经验之谈的圆通是明智的。事实证明，徐氏自徙灵山后，仍然人才辈出。晋代徐弘，习《韩诗》《春秋》，举孝廉，任汝阳令；南齐徐伯珍，好释氏、老庄，兼明道术，著《周易问答》一卷；唐代徐安贞，以博学鸿词举五言应制，任工部侍郎兼集贤院学士；明万历十一年（1583）徐良其中进士，任侯官知县，长诗文，著有《斗南诗集》二卷；清代，其族更旺，嘉庆六年（1801）徐昆举进士，任商丘知县，嘉庆二十一年（1816）徐昆子徐金生先后任云南恩乐、建水知县，又升东川府知府。另如徐允番、徐璋、徐应宸、徐应采、徐荣祖、徐文熹、徐振玉等皆为知名人士。徐氏后裔不仅人才辈出，而且乐善好施，如徐漳及其子应宸、应采及应采子荣组，布衣蔬食，捐田兴学，修桥铺路造凉亭，兴修水利，济贫赈饥，故给予"老成高义""士林咏德"两匾额。

旧时，不仅灵山有徐偃王祀庙，而是如县志所说"诸乡都并有之"，只不过以灵山的徐偃王庙最为著名。这主要是灵山一带徐姓人氏分布特别多，是衢州人口最多的姓氏——徐姓的发祥地。而更主要的是该庙中藏有一块"唐宋八大家之首"韩愈撰写的《徐偃王庙碑》。

韩愈的碑文撰于唐元和九年（813），原立于灵山中街的徐偃王庙中，后因年代久远断成两截。上半截在清咸丰年间的战乱中被湘军中的一个师爷掳走。为保护剩余的半截碑，族人在灵山中街西巷曾建有"景韩楼"专门庋藏。如今，这半截碑由衢州市博物馆收藏。据传景韩楼本身建筑并无特色，但凭灵山的古镇风范，徐偃王的"爱民不斗"，韩愈的庙碑真迹，余绍宋的"景韩楼"题词等"名人效应"使然，观者络绎不绝。

清朝学者俞樾对偃王庙碑倾注了更多的热情，认为"汉石不可多得，唐碑已可宝贵"，还专门写了一篇《韩昌黎〈徐偃王庙碑〉跋》，跋文刻石立碑于杭州西泠桥畔的俞楼。"前有韩昌黎，后有俞曲园"，徐偃王和灵山也因此更为人们所关注。

　　灵山缘是"富"字山。它富在山，有可以吸附冲动和力量的山谷；富在江，有可以溶解顽固和郁闷的清溪；更富在龙游这一个地方，有可以照亮深度与黑暗的文化气息和历史意味。

　　　　　　　　　　　　　　　　　　　　　（作者：刘恩聪）

衢州江山清漾村

贵而不富清漾村

清漾村是浙江省级历史文化村。清漾又叫青龙头，其北、东、南三面环山，林山葱茏的山岭蜿蜒起伏，犹如一条青龙；西侧田畴万顷，村庄则如一颗明珠，整个地理环境形成一幅游龙戏珠之美景；东侧有古老的清漾塔；一条"文"字形的文川溪从村中穿过，魁梧的千年老樟树屹立在村头。

清漾古村落历史悠久，早在新石器时期就有人类活动，黄泥岗遗址出土了不少商、周印纹陶器物。据史料记载：江南毛氏一世祖毛宝之孙毛璩（三世祖），因平定桓玄有功，朝廷追封他为归乡公，食邑信安（今衢州）。毛璩后裔毛元琼（八世祖）字公远，号清漾，于梁武帝大同年间（535—544）从衢州迁入须江清漾。清漾因清漾公而得名。

清漾村景

自始迁祖毛元琼由衢州迁入清漾村，在近 1600 年的历史中，清漾毛氏家族耕读传家，文人荟萃，出了 8 个尚书、83 个进士和许多知名人物。如宋代的礼部、户部二尚书毛晃、毛居正父子；受知于"三苏"的北宋著名词人毛滂；南宋江山第一个状元毛自知；明代礼、吏、刑三部尚书的毛恺和近代国学大师毛子水等。《永乐大典》《四库全书》等典籍中收录的历代清漾名人著作也为数不少。有一种说法，清漾毛氏是受益于这里的"风水"，左青龙、右白虎、前朱雀、后玄武一个也不缺，还有"文峰塔"和"千年古道"，可谓"风水宝地"，当初毛氏始祖在选择和建设清漾时确实花费不少心血。

据传清漾文峰塔始建于南宋。起因就是南宋江山出了第一个状元名为毛自知，后来他被贬，深藏在素有"浙江百山之祖"之誉的仙霞山脉深处，一个籍籍无名的小山村中。经历这样的大起大落，不免使人震撼。于是毛氏族人想到了风水，为了改变"文人不利、官运不通"的状况，便在村庄对面的山峰上建造了这座七层六面的砖塔，期望毛氏家族从此文风日胜、官运永昌。

傲然屹立的文峰塔，像一支神笔直矗天宇，前方那一口莲池，更如一方墨汁饱满的砚田。一池翰墨耕作田，日日书空年复年，似乎随时都欲饱蘸笔墨书写人间风流，也将清漾重视耕读、诗书传家的优良传统显露无遗。清漾祖宅大门上由著名学者胡适 1933 年所题的"天辟画图，星斗文章并灿；地呈灵秀，山川人物同奇"楹联，由唐宋八大家之一、北宋文坛领袖苏东坡所撰，足见一斑。果然，自文峰塔建成后，清漾人才辈出，星斗文章并灿，出了许多"星斗其文，赤子其人"的风流人物。

与文峰塔一样，清漾祖宅的堪舆更显清漾毛氏族人的良苦用心。《阳宅十书》是明代一部专论住宅堪舆的典范之作，文中明确记载：凡在宅左有流水谓之青龙，右有长道谓之白虎，前有池塘谓之朱雀，后有丘陵谓之玄武，为最贵之地。清漾祖宅，就是严格按这样的典型布局规划谋篇的。

清漾祖宅位居村中心。左边一条文溪潺潺而流，绕祖宅而过，就像一条青龙盘踞在村东。右边则是赫赫有名的仙霞古道，所谓"百里长道"。这是连接浙江、福建的交通要道，也是连接海陆"海上丝绸之路"的一个重要交通枢纽，向来车水马龙、熙熙攘攘，虎力十足，煞是热闹。前面一个大水池，是村民洗衣荡涤、去污除垢之所在，是为朱雀；祖宅后面田畴万顷，土地平旷，远处青山连绵，逶迤起伏，所谓玄武。

清漾的人才辈出离不开毛氏家族对自己子嗣的培养。在村的右侧山脉，离清漾十里开外有一个天然石大门，与江郎山毗邻而居。这里风景如画，环境清幽，宜居住、学习，正是一个读书求学的好去处。清漾毛氏家族在那里修建了清漾书院（院址就在今天的仙居寺），给清漾的子孙后代读书。小小书院，虽然僻居一隅，却是名声在外，有"山川人物同奇"之誉。唐宋八大家之一、宋朝宰相王安石就曾在这儿读过书，一代大儒朱熹也曾慕名来此讲过学。

清正廉洁一直是清漾后裔的传统美德。毛氏宗族历代仕宦恪守清正廉洁、耕读传家的家风。纯朴的民风，严格的家教，使清漾代代出大官、代代都是"清官"。北宋毛维瞻、毛渐，南宋状元毛自知，明朝礼、吏、刑三部尚书毛恺，个个受到严谨家风的影响，在政治上都享有清名。尤其是毛恺，为官三十余年，清廉无私，正身黜恶，一尘不染，被世人称为"毛青天"。这其中，还流传着最为人们所称道的"六尺巷"故事。相传，明代毛恺在京任刑部尚书时，家人和邻居因建房占地闹起纠纷，互不相让。毛恺家人便给毛恺修书一封，请他出面干涉。毛恺回信一封："千里修书只为墙，让他三尺又何妨？万里长城今犹在，谁见当年秦始皇。"晓之以理，动之以情。家人见信后，明白了内中事理。于是，主动把自家墙退后三尺。邻居有感于毛尚书的胸襟大度，也主动把墙退后三尺。于是留下了一条宽六尺的巷子，史称"六尺巷"，遗迹至今犹存。而毛恺清廉大度的胸襟也引为典范，传为美谈。

清漾古村展现着毛氏清正廉洁的家风。在清漾几乎找不到任何官宦豪族的豪宅大院与亭台楼榭的踪迹，正是清漾耕读传家、贵而不富的文化特质。清漾毛氏以诗书名世，清白传家，或许就是毛氏宗族能够久兴不衰、源远流长的根本原因。

（文：江山农办）

台州临海龙泉村

白云生处隐"龙泉"

　　龙泉村地处大雷山山腰，海拔 400 余米。大雷山是浙东南第二高山，为天台、仙居、临海三地交界，永安溪、始丰溪分水岭，在台州境内与括苍山、天台山鼎足而自成一脉。登大雷山峰，有"回首白云低"之感，而龙泉村，就在那白云生处。

　　村后的山峰村民称为"狮子炮头"，从村中陈氏宗祠厅堂的堂柱对联上看，此峰或叫狮岭。从村路往狮岭上行，至茂盛的柏树林，向下望去，只见龙泉村在秀峰环列之中，一片鳞列灰瓦掩映翠树黄花，别有情致。群山之中有树如伞，为杨梅树。在龙泉村，杨梅种植有 500 多年的历史，龙泉盛产杨梅时，周边少见杨梅，单从历史看，龙泉杨梅或可谓"台州第一梅"。由于年代久远，大的杨梅树树冠直径可至十二三米，树干直径有七八十厘米。这里所产的杨梅叫龙泉寨杨梅，汁多味甘，瓤肉爽口。村东南有座山冈，成片茶林，茶树成行，谷雨时节，春茶随风飘香。龙泉茶生态环境得天独厚，香浓味醇，汤色清亮。

龙泉"井泉"

　　龙泉村村前是一条明代古道。历史上，龙泉村位于几条主要道路的交会处。但凡从仙居、台州等地到天台寒山寺礼佛，都必须经过这里。古道由石板台阶和石头台阶砌成，严重磨损的路面承载着一份历史的厚重，诉说着历代百姓对宗教的虔诚。因为有古道，龙泉村设有防御用的古寨墙和寨门，寨墙未能完整保留，寨门重建后依然矗立在古村口。地处深山的龙泉村，一直到 20 世纪 90 年代初才通公路，由此结束了村民外出走古道的历史。

关于村名"龙泉"的来历，有两个传说。一是村前有座山冈，与村庄连为一体，村民称为"前坪"。此山冈宽阔而平坦，周沿被沟谷所削，形成了条状地形。站在高处看，与村庄一体状如船，村庄则为船体后方的画楼了。此"船"被称为"龙船"。远看"龙船"，正扬帆驶在群山之中。以形定名，山冈为"龙船"，以"船"名村，此村为"龙船村"。当地方言，"船"与"泉"同音，"龙船"渐渐演化为"龙泉"了。

二是来自村西侧的一口井。说是一口井，其实是有四口井或一口井四个井眼并列，村民称为"泉井"。井边有山溪流过，所以井水终年不干，即使大旱，这里也是一泓清水。井水为什么即使大旱也不干涸，据说是有龙居其中，龙吐清泉，滋养山民。于是此井名为"龙泉"，以井命名村庄，此村就叫"龙泉村"。

有"龙船"，也有"龙泉"，难怪龙泉村的陈氏始祖选居于此了。

龙泉村的村民大都姓陈，明末时从天台的张思村迁徙而来。《务园陈氏宗谱》记载，龙泉村祖先是一位名叫"陈汝立"的人，生卒年月没记。他是潘公的长子，字守本，号君武，有六子一女。在村中拥挤的房屋中有一处不起眼的空坦。村民说，这里原先有两间小屋，是最早陈氏先人居住的地方。

龙泉的山，龙泉的泉，养育着龙泉的人。龙泉村传统民居尚存 31 座，除了两座建于中华人民共和国成立后，其余都建于清代和民国时期。不少建筑细部讲究，勒刻着各种吉祥图案，昭示着房屋的繁华和房屋主人曾经的地位。

前方一片白云飘来，飘过村前的"前坪"，飘过黑瓦片片的古宅，飘过荒草萋萋的宗祠，也飘过村后的狮子峰。村子显得更加深邃，更加清新。

（作者：包建新）

台州三门西渡村

沙岗古朴佑西渡

　　一个古村落是一部凝固的历史，它用自己的方式记录着世世代代村里人的过去。西渡村从沿海小山村，发展到如今一方巨族，在某种意义上说就是一部历史，是一部从围海造田、拓荒开始到男耕女织、繁衍后代、生生不息的历史。

　　为了适应人口的增长，改善生活环境，人们围海造田，向海洋争取土地资源，解决吃饭问题。早从始祖定居此地后，西渡村即着手开垦周围山脚的土地，同时也开始围海造田。经过几百年不断与自然的抗争，大海成了农田和海水养殖塘，西渡村也成为远近闻名的鱼米之乡。

　　沿海游至健跳公路东行 16 公里，便可看到西渡村巍峨耸立的牌楼。穿过牌楼，有乡村公路直抵西渡村。两侧是挨挨挤挤、连成一片的海水养殖塘，在阳光下闪着粼粼波光。远望村口，一道长岗横亘，只留出三四米宽的路口容行人和车辆出入。沙岗上耸立着一排排参天古树，树干粗壮，虬枝苍劲，树冠上枝繁叶茂，遮天蔽日，形成了一道天然屏障，把西渡村与外面的世界分隔开来。从外面看，还真看不出里面还藏有那么大一个村子。传说在抗日战争期间，日本鬼子从海游一路烧杀抢掠，到了西渡村外，这片繁茂的古树群让鬼子误以为里面没有人家，就没有进入村庄。这道屏障还真的让西渡村的老百姓逃过了一劫。

　　沙岗古树群是西渡村的风水树，妆点着西渡的山水，造福着西渡的百姓。风水树，即挡风储水之树，是一个颇具中国文化内涵的称谓。村民对风水树的至尊崇拜，对生命的无限敬畏，让风水树成为村中的神树加以保护。畏神产生服从行为，敬神产生崇拜心理，爱神产生自觉意识。这是一种朴素的传统生态伦理观。

　　沙岗几百棵古树中以沙朴树居多，其次是樟树、松树、罗汉松等。大的树围有 3 米之多，小的也有近 2 米，最大的一棵朴树，主干树围有二丈以上——三个大人伸手都围不过来，向上再分出三个枝干，最大的分枝比一个成年男人的腰身还粗。树冠横空出世，上面枝繁叶茂，冠幅有八九十平方米。这片树有近三百年的树龄，树神态各异，有的巍峨挺拔，有的歪斜弯曲，有的藤蔓缠绕，有的枝叶交错，宛若一群青丝童颜精神矍铄的老人撑着遮天蔽日的巨大绿伞。地面上，那连着树干的浮根千姿百态，如一条条卧龙，在地面上怡然自得地憩睡。这种独特的自然景观，令人流连忘返。

沙岗沙朴树群，是丁氏先人改造大自然的杰作，是沧海桑田的见证。古人云："背山可防风吹气散，得水可使气有所止"，所谓"藏风聚气"。西渡村整个村庄犹如一条在大海中航行的巨轮，唯独船尾不高，又有东流水直入大海。所以长期以来，西渡村虽然人丁兴旺，但地处偏僻，村民生活贫困，登科入仕更无从谈起。

相传，清朝初年，丁氏先人为了改变村里的格局，请来了一位远近闻名的风水先生。这位风水先生虽然瘦骨嶙峋，却也道骨仙风。见此间"林壑出奇，山峦挺秀异样，紫气缭绕村墟"，堪称"人间仙境"，唯独北面地势平坦，溪水直通大海，且山脉多呈南北走向，利于盛行北风的侵入。先生跋山涉水，仔细察看了西渡的山脉风水以后建议，若能在村外船尾处筑一条风水坝，广植林木，一是可挡蛇蟠洋北风，二是使东水西流，村庄必人财两旺、永保平安。

沙岗风水树

丁氏族人遂发动全族在村北抬石筑坝，经过数年的努力，筑成一条长300 余米，宽30 余米，高3 米的沙岗，并栽下300 余株树木。有四季常青的松树、樟树、罗汉松，有果实可食、美味可口的沙朴树，同时，使直通大海的东流水变成了西流水。因沙岗是西渡村的水口地，是村口要津，故又在沙岗东侧山脚建起了关帝庙，以镇守要隘。风水点明了祖先植树的目的，把人与树的关系紧密地联结起来。

沙岗是西渡村的风水宝地，古朴树群，给西渡人带来了幸福、安乐。1997年的"第11号台风"，发生在午夜时分，海水冲毁了塘堤，西渡村外面的种子场、峋岩和西渡庄几个自然村被淹，沙岗外是汪洋一片，而沙岗内的西渡村却安然无恙。真所谓"三山半落青天外，一水西流世泽长。古朴树群世稀有，美好家园锦添花。"

（作者：陈建华）

丽水青田黄镇村

黄镇建墓泽后世

黄镇村距高市乡政府驻地 5.6 公里，海拔约 380 米。黄镇村森林资源丰富，植被完整，空气清新，民风淳朴。整个村庄坐落在群山环绕之中，村民生活其中，一派怡然自乐的景象。

黄镇以前叫"黄山"，20 世纪 80 年代初地名普查时，县里发现全县有 7 个村叫黄山村，为了避免混淆，一位村塾先生将这里改成了黄镇村。

相传两百多年以前，有一位姓季的猎户，颇懂几分风水阴阳。他在此打猎，夜黑了，山上老虎多，无法走夜路，若睡在地上，露水重易冻着，他攀着树干爬到风水树上歇宿。翌日，睁开惺忪的睡眼，观看地形，觉得此地不错，背靠青山，面朝瓯江，便在风水树旁搭了茅草屋住了下来。过了大约 20 年，一位道士偶然路过，对这里产生极大的兴趣。原来，这位道士姓罗，本县万山乌泥塘人，他一生研究《易经》，以给人看风水为生。他觉得这里风水异样，将来必出大贵之人。便从乌泥塘搬迁至此定居，在山中间平坦处盖了一个茅草屋（中央寮）。又过了几年，因罗姓人丁兴旺，在外围盖了土茅屋（简称外寮）。此后陆续搬来了王姓、张姓，他们在此世代生息繁衍，风水树是黄镇村的历史见证。

清末民初，离此 2 公里的高市村的陈式文也看出黄镇村的风水好，就把自己的墓建在了这里。陈式文在青田也算名流，曾先后担任高市小学、青田养正小学的校长。更使他名声大振的是他的长子陈诚，后来的抗日名将。该墓具体建于何年，已无从查考，而根据史料记载，陈式文于民国十四年（1925）去世。当时的陈诚 29 岁，还是廖仲恺组建的"讨陈（炯明）东征军"里的一名连长。根据青田农村流行较早建墓的习俗，该墓始建时，陈诚肯定还是默默无闻，或者尚未出生。所以，后来陈诚步步上升，直至大红大紫，据民间说法，是其父陈式文选择在黄镇村建墓，从而让陈诚一生得到黄镇风水庇佑的缘故。所以，后来在高市等附近村庄，流行着这么一首童谣，来形容陈式文的墓："头顶道士冠，手握笔架山，脚踏高沈滩，三斗三升油麻官。"“道士冠"是黄镇村后山一座更高的山的山名，“笔架山"是黄镇村前面一座山的山名，“高沈滩"是位于黄山脚下，高市村前瓯江边的一片溪滩。童谣前三句是点明陈式文墓的地理位置及气势，最后一句是形容该墓会给后人带来无数当官的人。

也许真的是该墓带来的风水庇佑，自陈式文入葬该墓后，陈氏家族（包括陈式文外戚）果然官运亨通，截至1949年，陈家（包括外戚）出过6位将军，全村校、尉级军官及地方官员有30余人。直至陈诚等人退居台湾之后，陈氏家族里还出过4位博士。

古枫泽佑

陈诚长子陈履安与连战、钱复、沈君山并称国民党"四大公子"。陈履安本人曾是李登辉竞选台湾地区领导人的政治对手。陈履安育有四子一女，其中女儿陈宇慧（笔名"郑丰"）近年转行开始写作武侠小说，被人称作"女金庸"。

年复一年，风水树忠实地守护着黄镇村。大树的浓荫像一道天然屏障，围出一个世外桃源。村民赶着牛，扛着农具，一辈一辈在风水树下行走，在他们眼中，风水树早已是人格化了的生命。村民认为粗壮的树根指向什么方位，好风水就在哪。这风水树的根部向大溪方向凸出，正好指向高市村，那里就出了陈诚。黄镇村村民把该树视为"风水树"，意为守卫村里的吉祥风水，保障村里的平安。村民们视该古枫树为神，许多人家生下小孩，就到树前许愿，让孩子认该树为"亲娘"，希望树神保佑孩子像该古枫树一样根深叶茂，长命百岁，一生平安。按民间的说法，农历正月十四日是女神陈静姑（俗称"陈十四"）的生日，是大吉大利之日。在每年的这一天，凡是有孩子认该树为"亲娘"的人家，总会领着小孩，带上香纸红烛以及鸡鱼猪肉等食物作为贡品，在树前祭拜，祈祷树神保佑孩子能够听话懂事、吉祥平安、大富大贵。

（作者：陈介武、陈一诺、陈根强）

丽水庆元大泽村

闻鸡迁居觅大泽

大泽村位于庆元县竹口镇西北，"大泽"意"藏风聚气，有生命和生气，万物生长的地方"，而大泽村"村如其名"，就是一个具有典型风水文化特征的生态古村落。

大泽古村风貌

从残存的古代族谱资料和口头传说中寻觅些许大泽先人择居的踪迹，"闻鸡迁居"的传说故事尤为引人注目。黄氏是最早来到大泽的氏族之一，黄氏先祖原是庆元县屏都蔡段村人，善饲鸡。一日深夜，在远赴福建省松溪旧县的途中，风雨如晦，鸡鸣不已，黄氏先祖闻声寻去，看见一只"天鸡"，"羽艳冠气者也"，认为这是天意的安排，遂带领黄氏一族来到天鸡打鸣的地方筑宅安居，拓荒创业，生育繁衍，兴建了最初的大泽村庄。后来，蔡氏、阙氏、吴氏或因逃荒或因分迁支派或因分居村落而至大泽，代代相传，形成了大泽村现今的宗族姓氏系统。

"闻鸡迁居"的故事不免虚幻，但其反映的"天人合一""天人相助"的指导原则却不容小觑。天地人合一是中国风水学的最高原则。老子《道德经·道经第二十五章》说："人法地，地法天，天法道，道法自然。"大泽村传统村落和住宅的选址、规划、布局，大多体现了人与自然天道协调的理念。

大泽村的村落选址，以风水为原则进行规划，十分讲究藏风聚气，山水聚合。俯瞰大泽，古村地势由西北向东南微倾，南面是较开阔的田野，连接着延绵的岗地，西北面旧时有两处深潭，西东两面环山，山势绵延，奔驰远赴，有根有系。从西北山中发源的黄真溪，蜿蜒而走，穿过村庄，流经田野，汇入村口溪水，大泽人称为护村河。古村依山傍水，选址统筹兼顾，充分考虑到"玄武垂头，朱雀翔舞，青龙蜿蜒，白虎训顺"的风水配置。全村内部布局大体横平竖直，呈经纬网状，村中任何一条古村路两头都望不到边，防卫、防火设计周密。"山环水抱必有气"，这是风水学实践千百年的经验总结，而大泽村便是如此。这便不难解释，唐朝时期，原杭州吴姓官宦人家，不远万里，将象征着家族兴旺的吴氏夫人墓建在大泽村。吴氏夫人墓地占地面积约 1100 平方米，主要建筑有贞节牌坊、墓碑、望柱六根，台阶四层。每层平面用条石铺砌，望柱上部雕石狮，贞节牌坊石刻"彩凤呈祥"四字。墓地规格高，做工考究，造型别致，对于研究大泽当地的丧葬习俗具有重要价值。

为达到"聚气"的目的，大泽村先民非常注意自然环境与人造环境各要素的相互关系。

村口巨樟临水而立，已有三百多年历史，主干胸围约 5 米，高近 17 米，离地一米处分三股大枝，虽历经百年沧桑变化，至今仍茂密蓊郁，枝叶如盖。大泽村民将古樟树视为护佑地方人畜平安的"风龙神木"，即使灶膛里没柴做饭，也不到古树上劈枝打桠。古樟东北方，有两块开阔的石壁，平整如削，被称为"夫妻岩"。传说夫妻岩原本分开，风水之气漏出，后举全村之力使两块岩石合拢，将风水合住。

村尾后坑桥，始建于清康熙十年（1671），全长 36.2 米，净跨 28.5 米，矢高 6.05 米，桥面阔 5.45 米，有廊屋 15 间，桥拱由数十根粗大圆木纵横组合铆接而成，横跨护城河，宛如卧波长龙。桥边不远处有一处古亭，古亭最早始建于何时，至今尚无定论。群山苍郁，群木荟蔚，空亭翼然，大泽先民将天地间的行云流水收拢于一亭之中，给人以丰富的感受。

古樟、古桥、古亭一头一尾以"兜住风水"，增加锁阴的气势，为大泽村民积聚财富，保留兴旺。大泽村历史上有蒋介石钦点修墓的黄埔军校第四期抗日名将阙一鹤，有民国时期官至杭州火车站站长的蔡宪政，有出资兴建至今仍保存完好百年竹口小学校舍的蔡为通，以及有现今分布在全国各地从事金融、酒店、餐饮、时装、建材等生意的老板 28 人。人们不禁唏嘘，大泽村在长期的历史演变中，贯穿始终、追求不改的精神力量竟如此强大。

　　大泽村依山就势、面水而居、古樟拔地、古桥卧波、藏水纳气的环境和布局，大泽人择地建祠、布局民居，在寄托美好愿望的同时，强调人与自然和谐相处，以达到"致中和，天地位焉，万物育焉"的境地，正是"天人合一"原则的典型例证和形象反映。

　　　　　　　　　　　　　　　　　　　　　　（文：庆元农办）

丽水庆元新窑村

新窑风水兴古瓷

新窑村古称"黄处坛"，明嘉靖年间更为新窑村，清代为军队驻防地。新窑村自明嘉靖以来，便拥有悠久的历史人文古迹，有位于新窑村后门山的百年古樟，有用以祭祀的新岱庙，还有县级重点文物保护单位的青瓷窑址。

新窑老一辈口口相传，新窑村建村由一位云游道人选址。据传，宋代时期，一位名为"铁板道人"的得道高人云游四方，途经"黄处坛"。他夜观星相、日探龙穴，见溪河如龙卧榻，群山连绵起伏，遂以《周易》八卦风俗卜卦，探得此处为武夷山（祖山）、天目山（少祖山）和雁荡山（少祖山）三"龙"交会风水龙脉之地，为之惊叹。道人一路云游四方，遇人诉说龙脉之事，遂有民众举家搬迁。因龙脉风水的口口相传，此地人丁逐渐兴旺，约于宋代公元 1195 年建村，古称"黄处坛"。

起初"黄处坛"人以农耕为主，过着"日出而作、日落而息"的生活。明嘉靖年间（1521—1566）龙泉县大窑一位风水大师路经此地，寻龙点穴，详细绘制了新窑的风水相、地形相，认为此处风水极佳，可兴窑进财，遂于此兴建新窑，始更为新窑。光绪《庆元县志》卷二："新窑，九都。"（《庆元地名志》）

其中，最具有风水特点的是新窑的青瓷民窑窑址，它的选址异常讲究：择"小天门"而开窑，临近竹口溪。从风水的角度看，"以水带财"；从现代科学的角度看，古时处州窑的主要窑厂在浙南瓯江中上游和闽江上游松溪两岸，窑场沿水而建，依赖于处州拥有便捷、发达的水运交通网，处州青瓷才能很好地发展。同时繁荣发达的处州青瓷，又促进了处州古道运输尤其是水运的更好发展。

新窑窑址位于新窑村后门山 24 号门口，2 号青瓷窑址位于 1 号前（南面约 100 米），烧造于明代，由 1 号窑址和 2 号窑址组成。1 号窑址于 1982 年公布为县级文物保护单位，占地面积约 1000 平方米；窑床朝东，窑壁砖砌，堆积层较厚（2—8米），从堆积物看，大部分为碗，次为高足杯；碗有多式，施青绿、青灰釉，有的内底印花，圈足内外施釉，外底部分无釉，大部分内底大于圈足，敞口。2号窑址烧造年代约明代至元末，占地面积约600平方米，堆积层较厚（3—5米），从堆积物看，主要是烧碗，有多式，敞口居多，内底大于圈足，圈足内未施釉，青灰釉居多。窑具同用"M"形匣钵。

新窑风水说不仅带动了青瓷产业的兴起，也间接带动了水路运输的发展。处州窑分布的地方山岭密布、道路崎岖，而瓷器是重而易碎的商品，陆路运输既艰苦又容易损坏。若用船装运，装载量大且平稳安全，运费低，损耗少。所以，除了就地销售一部分，大部分处州青瓷都用船筏沿瓯江顺流而下，走括瓯水道，运到丽水、温州转宁波出海。另有庆元、龙泉部分青瓷走浙闽水道，由松溪经建州下福州转泉州，再运销到国外。

处州境内的这两条水龙（水道），作为青瓷的始发之路，与海上"陶瓷之路"相衔接，是青瓷之路的重要组成部分。其悠久的历史和独特的文化内涵对古代处州乃至中国的经济、文化发展都产生了重大的影响。

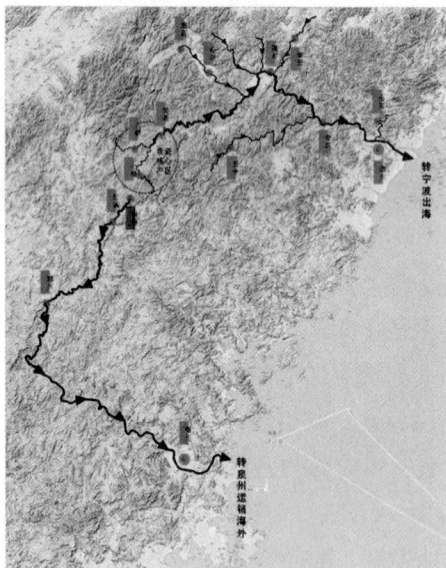

浙闽水道"青瓷之路"

括瓯水道为处州青瓷之路最主要的行进道路。宋元以来，历代龙泉青瓷通过上游的梅溪、八都溪，汇向龙泉溪、大溪，与处州大地的松阴溪、宣平溪、好溪、小溪等流域的各县处州青瓷一道，由瓯江走向大海，走向世界。

浙闽水道（庆松水道）为西通松溪航道，由庆元竹口、新窑水路进入福建松溪境，它是处州通向福建闽江流域的唯一航道。据民国三十六年（1947）陈国钧《庆元县情简报》记载。竹口至松溪 60 华里可通竹筏。另有《松溪县交通志》记载。往昔凡出入浙江境内新窑、竹口等地物资，全赖竹筏运输。此线直到 20 世纪 70 年代止。浙闽水道虽然不是运输处州窑青瓷最主要的路线，但也是青瓷之路不可或缺的一部分。

因地处两省三县交通枢纽点，新窑村自古便是交通要塞，是浙闽水道的起始端，也是处州水运和青瓷之路的重要交通枢纽。它不仅见证了处州水运的荣枯，也见证着处州窑业的兴衰。水运和处州窑业的繁盛也使浙闽文化交流融合，在新窑这个交界点生根发芽，影响深远。

（文：庆元农办）

丽水庆元黄皮村

错劈"石猪"险生灾

黄皮村位于百山祖镇东部,距离镇政府5.8公里,海拔1000米左右。黄皮行政村分三个自然村,分别是黄皮、企坑、冲坑。据光绪《庆元县志》记载,传昔系草地,入冬后橙花一片,故名黄皮。黄皮历史悠久,据考王氏早在北宋景德年间（1004—1007）就来此定居,今尚留有"王家"遗址。后由吴柏高于元至治三年（1323）从龙岩（今斋郎村）迁入,经世代繁衍,村民多为吴氏后裔。

吴星海,钦授迪功郎正八品,品貌神似欢怡。其子清代吴其瑛著有《天梯山》诗:"峨峨山势甚崔嵬,峭拔丹梯接上台。红日早从抵处起,白云时间下方来。"吴其瑛有五个儿子,吴宗柏、吴宗芬、吴宗锦、吴宗楷、吴宗岳。其中,吴宗岳修建了吴氏宗祠。

说到吴宗岳其人,他是吴家中的一个奇葩,吴其瑛的其他儿子都传承爷爷和父亲的诗书传家理念,而独独吴宗岳对做生意感兴趣。吴宗岳18岁以后就到江西、安徽等地做黑木耳生意,他非常有经商的头脑,想方设法把当地的黑木耳销售出去,通过几个来回,就赚了12个银元,自己筹钱修建了吴氏宗祠。吴氏宗祠占地面积约700多平方米,"九十天柱共一堂";上下两堂有高低,中间还有"月中亭",飞檐翘角;两廊的月霄美观大方,神龛精湛。当时,吴氏宗祠是祖宗神灵聚居的地方,供设着祖先的神主,祭祀先祖就是祠堂最主要的功能。通过祠堂祭祀,族人常瞻仰先祖仪容,唤起家族团结;依靠血缘关系的纽带,形成和维系宗族制度,获得心理上和精神上的支持,维护和巩固族权地位,即敬宗以收族。

过了一年,吴宗岳又想在自家的房子建造一个"石大门"。为了寻找坚硬的石头,他看中了大溪的"石猪"。黄皮村地盘呈"月牙"形,此处后山像"卧虎",在对面门前有"仙人看宝",溪水中央卧有"石猪"。此处也是一片"风水宝地",是黄皮村的"风水之脉"。

据说，识别风水宝地最主要的是水口。所谓水口，是指水流的入口和出口。水口得当的标志是水来之处谓之天门，宜宽大；水去之处谓之地户，宜收闭，有遮挡。传统风水学认为水是财源，如果建筑与风水理论上水口相合，自然生财，会给主人带来财源。但如果建筑于水口在风水上的凶位，这水源则会给主人带来灾难。所以，风水学最注重水口，风水宝地的识别也是依据测定的水口来评判吉凶。要修建"石大门"，找遍整村都没有适合的石头。吴宗岳看中此处的"石猪"，他请来石匠师傅，决定将"石猪"劈开。第一天，劈开"石猪"，过了几个钟头，再重新"生好"。第二天，劈开"石猪"，过了几个钟头，又重新"生好"。第三天，劈开"石猪"，过了几个钟头，又重新"生好"。日日往复，都不能把"石猪"劈开。后来，得到一地主的指点，用"白狗的血"可以将"石猪"劈开。第四天，吴宗岳找来了"白狗的血"，终于将石头劈开。

仙人石

之后，他将"石猪"拿来做起了家中的"石大门"。可是，这样也破坏了黄皮村的风水。房子建了之后没多久，对面的"门前山"的"仙人石"被雷劈开。从此以后，读书的人越来越少，各方面有成就之处的人也越来越少。吴宗岳也深感自责，最终破坏了黄皮村的风水。过了很长一段时间，为了黄皮村重回"风水宝地"，他们修整了"门前山"的笔架石。这样，黄皮村的风水才又好了起来。

（文：庆元农办）

山环水抱交塘村

　　交塘村是一个典型的位于山坳之中，至今仍然保存完整的传统村落。它位于松阳县玉岩镇政府所在地东北 4 公里处，据《交塘叶氏宗谱》记载，交塘村建村于明代，距今已有五百多年。

　　追溯交塘叶姓祖宗历史，据交塘《叶氏宗谱》记载："昔日景仁公系是卯山后析迁温州平阳，育二子，长子讳盖者，见世纷扰，弃官不仕，同父归隐于松邑大岭脚溪东而家焉，传至二十二世孙少五公，分居白麻岩，生子万六公再徙交塘。"

　　据村民传说，五百多年前的一日，居住在大岭脚村白麻岩的叶世德家中，突然家牛走失。家人立即组织寻找，寻至交塘，看见家牛站立在那片草丛中，当即赶了回家。次日，家牛再次自行来到这里，反复多日。于是，叶世德详察地形风水，"见斯地山环水抱"，土肥草嫩，风景优美，便产生了迁居到此的念头。于是，请来了风水先生踏看，先生见东西二脉山冈呈环抱之势，合拢于窄小的山坳口，此乃双龙合抱之势。山坳之中，又有两个小山包，如两枚龙珠。村民按所处内外称为内珠和外珠，形成双龙合抱孵蛋之象。更有三个山谷中有三眼泉塘，龙有水而有用武之地。此处实属风水佳地。叶世德便在此建筑房屋，举家搬迁而来，"于是筑室而居"。叶世德就是交塘叶姓始祖万六公。

　　中国传统对村落的风水经营，往往很注重村庄水口的布置。在水口建廊桥、庙宇是最常用的方法，它具有聚福镇邪的作用。交塘村的水口也这样讲究："双龙"交抱之处，建有一座廊桥，叫永济桥，桥跨交塘坑南北，它既是风水桥，又是行人过往的交通桥。据文物普查资料载：永济桥建于清代，为单孔石梁廊屋桥，孔跨度 1.5 米。桥进深五架梁，前后单步梁，明间施井口天花。泥墙青瓦，硬山顶马头墙，明间为悬山重檐。廊屋面阔五间，中间设神龛，供奉观音。于是，永济桥又成了村民祈愿祭祀和休闲的公共场所。

　　桥北临近建有禹王庙，供奉大禹王。建于清代，占地面积46.1平方米，坐东朝西，面阔一间，三柱五檩，泥墙红瓦，硬山顶马头墙，天井卵石砌，20世纪90年代做过修缮。该社庙体量虽小，建筑格局规整，平面布局和梁架结构基本保持原貌。桥南临近建有小小的四相公殿，供奉四尊四相公神像。

　　叶姓在交塘逐渐人丁兴旺，成了一地旺族。于是，在清光绪六年（1886），开始兴建祠堂。叶氏宗祠位于村中央，占地面积225.7平方米，外大门朝北，院子约50平方米；坐东朝西，八字门墙，门前牛腿镂雕和合二仙；面阔三间，二进二厢房，门厅五架梁，前单步梁，正殿五架梁前双步后单步梁，牛腿浮雕曲带、S纹等纹饰；明间设神龛供祖宗。泥墙青瓦，硬山顶马头墙，泥土墁地，阶沿和天井用卵石砌筑。

　　交塘村传统建筑保持非常完整，建筑首尾相连，鳞次栉比，是典型的山区阶梯式古村落。传统建筑种类丰富，包括民居、客栈、祠堂、庙宇、廊桥、谷仓等。全村全部建筑在造型、结构、材料、装修装饰等方面都具典型的浙南山区建筑特色。建筑造型结构采用浙南典型的三合院、一字屋、四合院结构，还有少量依地势而建的吊脚楼、过街骑楼等，形制古拙，结构合理，造型美观，保留很多浙南民居的早期风格，建筑风貌协调统一。全村建筑周边古树参天，非常优美。全村古建筑从水口向三个小山坳延伸，即连片成一体，又有小山冈相间，使整个村庄建筑与古树翠竹相得益彰，景致极其秀美。

　　从清乾隆年宗谱中的交塘村景图可以看出，交塘村格局形成于明末清初，至今除村落范围扩大外，仍然保持一致，说明交塘祖上村落选址符合自然规律，具有一定的科学性。"双龙合抱"之势及"双龙孵蛋"之象，更显交塘祖先经营村落与中国传统文化的有机结合。交塘村选址、规划、营造具有典型的地域特色，蕴含深厚的文化和历史背景，有很高的科学、文化、历史、考古价值。交塘村良好的生态环境，优美的自然景观，与村落传统建筑保持良好的和谐共生关系，清晰体现原有选址理念，具有非常高度的协调性。

（作者：叶高兴）

丽水松阳山下阳村

风水布局山下阳

山下阳村位于浙江省松阳县城西北方向十公里处，地处松古盆地中北部，海拔 170 米。村落布局严谨，与自然风水紧密结合，宛如古人留下的"珍珑"。

山下阳村人以张姓为主，据《麓阳张氏宗谱》记载，张氏始祖张学敬于明嘉靖六年（1527）自福建泉州安溪县迁居龙泉县溪圩。山下阳村始迁祖张聚英（张学敬曾孙），于清康熙三十年（1691）自龙泉县溪圩村举家迁居山下阳村。他们将烟叶种植技术带到了松阳，张氏以此发家致富，发展成松阳望族。

山下阳村表面呈长方形布局，层出不穷的巷道将村庄分割成若干个"口"字建筑群。高大巍峨的马头墙使巷道逼仄而幽深，一座座建筑被分割成一个个独立而连接的空间，宛如八卦迷宫一般。几十条密布的鹅卵石巷弄像村落的脉络，纵横交错。卵石经过筛选，大小基本一致，日久天长，生硬冰冷的卵石被脚步磨砺得失去了锐气，路面泛着藏青色光泽。

讲究风水的古人在村里设计出无数的"丁字路"，寓意着子孙世代人丁兴旺。现实中，聪明的先人以"丁字路"将村落巧妙地围成一个内向圈环式格局。发洪水之时，"丁字路"能够有效地减缓洪流，从而保护住核心城区免受冲击。由于村落坐落于平原，三面空荡荡，南北和东西对向的风无法贯穿整个村落，居民在冬天不必遭受凛冽的西北风侵袭。"丁字路"最重要的功能还是防御，这些骁勇的客家人后裔依托迷宫一样的断头路、丁字路抵御入侵者。整个村落看似家家户户分割，实际上每户人家之间都有小门相连，他们在熟悉的地形中进退自如。

村落东、南两侧筑有高墙，西侧建有村门、巷门，村东挖有一条水渠（相当于护城河），往北只有一条出路。巷弄一转折，往往是一幢老宅的后门，或者是一垛墙；走过几个转角，又见一条通道，仿佛步入迷魂阵。巷门一闭，村落被隔离成一块块独立的小天地，人为地制造出割裂的空

古村水渠

间。从村落的布局上不难发现，张氏先人有着强烈的宗族意识、团结意识和自卫意识。山下阳村是一座森严的堡垒，富有组织力的山下阳人能够利用村落布局在一定程度上抵御兵患、匪患和盗贼侵犯。

山下阳村坐落于大岭背山南，松阴溪之北，地处阳极，五行属火。因此，山下阳先人在设计村落布局时充分考虑到了"以水克火"的相克原理：环绕村落流淌的溪流、密布的池塘、门前流动的圳水、明沟暗渠纵横交错，整座村落的水系非常发达，生活取水非常便利。山下阳村依地势缓缓抬高，利用水流的自然走向解决了排水难题，排水设施至今通畅无阻，是松阳县传统村落中水利设施最为完备的村落之一。溪流从村西北流向东侧再折向村落西南侧，呈半包围状态。据说村民围绕村落挖掘和改造了二十八口池塘。此外，村落地下设置了数条纵横的地下暗沟，当发洪水时这些暗沟可以起到分洪的作用。炎炎夏日，淙淙的清水流过暗沟又起到消暑纳凉的功效。水流从树栏坑引入村落，又从明沟暗渠中分流到各家各户的门前地下，最后在月池中集合，形成了"肥水不流外人田"的风水格局。

村中的月池是村落的地标，也是村落风水布局的核心区域。月池呈半圆形横卧在村前，设计者通过"月亏即赢"的风水轮回道理，寄托着对后世的殷切期待。风水墙将月池严严实实地包围着，阻挡着村落风水外流。月池终年不干涸，由环绕村落的水系来维持池塘的丰沛。池后凿有一口水井，历经数百年依然清冽无比。据村人介绍，井底有一眼活泉，泉水"汨汨"上涌，保持了井水的饱满。令人称奇的是，井水和池水咫尺之隔，井水高度却超出池水高度 20 厘米。

　　紧挨着月池的是正方形地坛，是当年用于祭祀天地、迎仕、庆典和公共聚会的场所。石砌的堤岸将月池和地坛一分为二，它们形成一组对应的平面建筑，取意"天圆地方"。月池和地坛展现了山下阳先人对天地的敬畏之情，他们在这里生动地模拟出了"天人合一"的至高境界。

　　围绕着地坛三座大屋的门楣石刻匾额非常讲究，东西对应的两座建筑匾额上分别刻着"祥纳启明"和"瑞映长庚"，太白金星在凌晨称作"启明星"，在夜晚时称作"长庚星"，意为房子的瑞气映照到了太白金星。面南的西式建筑匾额刻有"南极造临"，南极仙翁居住的南极星位于南边，它的出现寓意国泰民安，富寿临门。东、西、北三个方位对应星辰，南面月池代表月亮，正中地坛代表大地。

　　从月池边高处向四周眺望，村后是逶迤起伏的山峦，正中的五阳山仿佛一把巨大的靠背椅，在风水上属于神兽中的玄武；天马山沿着村庄右侧成条状侧卧，在风水上属于神兽中的白虎；人工开凿的圳渠弥补了村庄左侧的空缺，形成了神兽青龙；月池就是神兽中的朱雀，朱雀所在南方五行上属火，所以在村前方安置一方池塘镇火。由于山下阳村前方是宽阔的平原，缺少象形地貌守卫水口，先人在水口处建筑了庞大的宗祠坐镇风水宝地。"四方神兽"拱卫村落，暗藏阴阳五行，内外星相遥相呼应。以此来祈求天地护佑村庄风调雨顺、文运昌盛、宗族兴旺。在农耕文明时代，山下阳村文气斐然、富庶一方。到了民国，更是出了不少有影响的人物。

　　山下阳村与自然山水密切地契合着，山下阳村成为古人安放在松古平原上的一把风水机关，村落处处蕴含着"天人合一"哲学思想，成为古人理想状态之下人居环境的经典之作。

（作者：鲁晓敏）

丽水松阳尹源村

"五马饮槽"护尹源

尹源村地处三都乡东北部，坐落于马鞍山脚，四面环山，拥有丰富的森林资源，海拔602米，距县城二十公里左右。村周围的五座山冈形成"五马饮槽"之势，民居簇拥在这个"槽"（山谷）里；又有人说，这是五龙护珠，村子就是珍珠，五条神龙日夜保护着村民。整个村有良田约400亩，人口约五百，主要是李、曾、包姓。据记载，在元朝之前，尹源村就有尹姓人家在此居住，故得名尹源。但是令人奇怪的是，目前全村找不出一户姓尹的人家。据李氏宗谱载："尹源者由来，故家不见，另有遗踪传闻。"

尹源村中李姓占绝大多数。李氏家族在村里有两个祠堂，其中一座祠堂雕梁画栋，檐牙高筑，钩心斗角：它建造于乾隆戊子年间（1768），尽管有所颓败，但足见其当时的鼎盛。据李氏宗谱载："吾始祖宗源公，本郡缙邑人也"，"其迁居松邑远城东隅三拾有余里，曰尹源"。尹源村李姓始祖李宗源在元世祖忽必烈至元年间（1300）从缙云县五云镇东阁迁入。据族谱记载，李家曾有明皇帝朱由检于崇祯三年（1630）某月三十日下的一道圣旨。圣旨主要追述了李志的生平事迹，述其为官十八任。李志居庙堂之高则忧其民，处江湖之远则忧其君，最后官至都察院左都御史，谥号贞肃，追赠太子太保，荫曾孙李瑞启入国子监读书。这道圣旨书写在三丈多长的白绫上，白绫边镶龙图，落款盖有皇帝玉玺红印。每年正月初八祭祀活动时，它都由族长取出悬挂在李氏宗祠，供李氏后人追思瞻仰。不过，该圣旨在"文化大革命""破四旧"中不知所踪。

尹源村中另一主要姓氏是曾姓。在曾氏家族，有一个名叫曾开源的人，勤劳能干，日积月累，家产丰盛。他为人善良、乐善好施；家住村中最高处，居高临下，可以鸟瞰全村。他每天早晨起来，只要见到哪家人烟囱没烟冒上来，他就亲自或者叫家人送米上门，帮助穷人烧饭度日。不仅如此，他不怕艰辛，独自一人在尹源通往松阳县象溪镇靖居口的山路两边

尹源风情

种植松树，长达六公里。随着时间的推移，小小树苗长成了参天大树。从此，凡是前往靖居口的行人都能享受到树林阴翳的清凉，大家无不竖起大拇指称赞他心地善良。在曾氏子孙中流传着这样一个故事：象溪镇雅溪口高青山有一风水宝地被人发现了，这个人想用来安葬双亲，结果夜里做了个梦，梦见土地公公托梦给他，并且说："这块风水宝地不是你的，你的先人迁坟葬于此处将对你整个家族有害无益。这块地是我们预留给三都乡尹源曾家的，因为他乐于助人，广结善缘，积有功德。"第二天，这个人就来到尹源曾开源家中，并告知了此事。曾开源随即将先人迁坟至高青山那块风水宝地，从此人丁兴旺，绵延不绝。

尹源的八仙殿在当地也是小有名气。八仙殿内正中画着八仙，个个栩栩如生。这个殿的建设还有一个传说。传说福建省某地姓徐的兄妹俩是高明的风水先生，先是哥哥随山势龙脉追至尹源村水口山冈，断定此地为龙脉地，当即暗埋一个铜钱在地下为记号，然后转身回家。接着，妹妹又随山势龙脉同样追至尹源水口山冈断定为龙脉地，她从头发中拔下一枚发簪插在土中，就转身回家了。夜里，太上老君托梦给兄妹两人说："你们选中的龙脉地是准备用来供奉八仙的用地，不适合你们先人的安葬。"兄妹两人心地非常善良，来到村里告知尹源村村民。村民闻此消息，大喜过望，认为这是上天的暗示，马上出力的出力，出钱的出钱，随即动土建殿。挖土时只见一枚发簪插在铜钱中间的孔中，可见徐姓兄妹的风水学术修养非常高明。善有善报，这个徐家的后代里面也曾出过"三代阁老"。寺庙建成后，大家命名为"八仙殿"。该殿香火鼎盛，逢年过节，许多善男信女到这里求神拜仙。

　　尹源村，四面环山，山脉褶皱如同指缝；尹源村犹如五个手指围合的掌心，又像是群山中隐藏的一个码头；掌心、指缝处泊满了黑瓦黄墙的船只。虽没有与它一衣带水的松庄那般小桥流水的温柔，没有与傍水而建的毛源的气派。夕阳西下，当阳光抹在土墙上的时候，村落就呈现出油画般的浓厚色彩，在低调中彰显出别样的风情。

（作者：李宗训）

二 村落布局

诗意栖居黄塘村

淡溪镇的黄塘村，系周姓人一大村落，现有 457 户，1721 人，其中周姓占 85%，属典型的民族聚居村。黄塘村历史悠久，建于北宋嘉祐年间（1056—1063）。原任福建漳州通判的周端颂奉调温州郡，时宋与契丹、西夏交兵，朝政混乱，周端颂弃官定居于永嘉县江村箬溪；二世周仕勋迁居黄塘，嗣后子孙繁衍。自黄塘一始祖周仕勋从永嘉杨田卜居该处，迄今已逾千年。

黄塘地处双溪汇流处，笔架山拱秀，溪水萦洄，白龙山居其后，七星池于其前，实乃山清水秀、人杰地灵的风水宝地。19 世纪 80 年代在黄塘出土有石犁、石斧、石凿等新石器时代文物，证实境内远在 5000 年以前已有人类活动。隋代名刹寿昌寺亦筑其村。明弘治进士朱谏在《重建寿昌寺方丈碑记》一文中赞黄塘："江南以浙江为胜，浙江以永嘉为胜，永嘉之胜在雁山西南，梅溪东北，环川抱原中起者黄塘也，寿昌寺居其中，土之沃且厚者。此村属仕宦世族，富贵人家之多，名闻乐邑。"早在东晋初年（323），有"朝廷派命官郭璞赴永嘉视察建郡，间来黄塘拟县址，后称土轻而不果去"的记载，又明永乐《乐清县志》载，"黄塘旧村有街、古井……"

黄塘周姓的历史变迁，演绎着此一宗族的千年发展史。周氏家谱载："至元间，黄塘周氏分迁杨川，泽基等地。"实乃由一人而成万众，因一脉而成万派之宗地，其间无不渗透着周氏先祖创业的艰辛：他们历经世代造田垦地，又为防洪而筑黄土堤塘（现名黄塘）等创业过程，他们就是在这千年土地上劳动生活，繁衍生息，不断进取。迄至清代，国衰民穷，附近数县之无业游民揭竿持械，落草为寇，聚众数百人，常到各地抢掠

（时称山贼），直接威胁到民众的生命财产安全。黄塘人多次被抢掠，很多周姓人仓皇逃难。宣统初年（1909），村民出资始筑城墙。历时数年，用溪石垒成四周围墙，高丈余，宽七尺，周围千余丈，设东西南北城门，间置"枪孔"，东西挖护城河，自此既可以御卫，又可以御人，于宣统辛亥（1911）告成。

民国二年（1913）的黄塘周氏谱载：其城"团体坚而形神固，藐兹（视）小丑，尚敢跳梁，觊觎也哉——东接孔道，西狭溪流；外侧东西皆环大溪，有金汤之势焉，非我宗亿万世不拔之基乎……"筑城后的黄塘人安居乐业，由此富户遂增，清间出大财主计十来户，知名人士尽出。由于黄塘率先筑城，深得邻村人拥护，埭头、茅垟、湖上庄三村都先后筑起城墙，至今除湖上庄村城墙被淡溪水库淹没外，其他各处都尚留其迹，尤其黄塘村还留西、南城门两座和西北二处部分城墙。

黄塘村环境秀美，村中古树郁郁葱葱，最老的是七百余年的古枫树，与它基本同龄的是村口的古香樟。古枫树、香樟都是黄塘村的风水树。村中除了古城墙遗址外，尚有古建筑群、寿昌寺、石柱门、矮凳桥、孝义桥、宋朝古墓等众多历史人文古迹。

黄塘村的古建筑非常集中，据乐清市规划局等单位的测量，该村有明、清、民国时期的古建筑，根据村庄的发展时间大致可以分为三片，总占地面积为二万多平方米。

据记载，该村古建筑群中最早的建筑是建于清康熙四十一年（1702）的屏墙底老屋，始建者为周朝玉。老屋为木结构，层层院落相叠，沿中心线建筑有三个门台。最外的大门台砖石结构，爬满青藤，上书"树德务滋"。从大门往里看，只见通道幽幽，门台重重，院落深深，显示了古建筑的空间和层次之美。在古香古色的古老建筑里，原来东厢房的位置上却有一座三层小洋楼，是当时国民党官员周序联改建而成的，门台上的一些西式风格的花纹颜色依然鲜艳。在中式古建筑中突兀地夹杂着这样一座西方风格的楼房，虽然有不伦不类的感觉，但是它们和谐相处，见证了一段历史。

村中保存最完整的是垟头屋。这座房子前面围绕着一条约1米宽的小溪，既是景观，也是为了安全的需要。要进屋，先要经过一条小石板桥，迎面是一堵大照壁，转过照壁，便看到精美的砖雕"三星高照"。中堂上有匾额，上书"迪光垂裕"，落款为道光元年。

黄塘村老屋

　　黄塘村依山傍水，三面环山，风景秀丽。该村历史悠久，民风淳朴，古建筑群布局清晰，装饰精美，并巧妙融合了西方建筑风格，生动展现了传统乡村生活体系，具有较高的历史和艺术价值。

　　　　　　　　　　　　　　　　　　　　　　（作者：赵顺龙）

温州洞头白迭村

百岛桃源古渔村

白迭村位于洞头本岛西部边缘，三面环山，西南向海，其岙口是一片呈布袋形的浅海滩涂（面积近百亩）。整个村庄坐落在一个凹形的岙兜内，双翼是两条向西延伸的山垄，左边是沙岙村的山坡长廊直伸入海，右边为风吹岙自然村的长尾鼻（突出部山岬）。

岙兜内的白迭村

洞头本岛地理状貌形态为东北低、西南高，且多为海拔 200 米以上的绵延高坡，历来被本地人称为山头。而"白迭沙岙"也就自然成了海岛人一直沿称的偏僻山头、旯旮岙的代名词，并有"有女切勿嫁山头，嫁到山头无出头，三顿薯丝食不饱，四季衣衫打结球（补丁）"的民谣。

在白迭村聚居的最早是吕、陈两姓，他们的祖先均为福建同安人，于清康熙二十一年（1683）相约，各携家眷，一同驾木帆船来到洞头岛的一个海湾岙内落住。村名白迭也颇有典故，且有三个流传下来。据其一传，当年他们利用沙滩上大大小小的鹅蛋石及黑海泥叠砌墙壁搭屋时，因石头光滑又没有棱角，黑泥土黏结度差，已叠砌好的墙壁过了几天，一阵风雨袭来，轰然倒塌。倒塌后重新再叠砌，如此反复多次，依然如故，成了"白费工夫，空叠一场"的情景，大家很无奈。后来改用山坡下的自然石块和山坡上的黄泥土混合叠砌，终于成功。他们定居后，要给村子起个名，为记住"创居"的艰辛，便以"白叠"命名。

　　还有一说，起始时，他们把村名叫作"海湾内"，后因洞头列岛海湾太多，混淆不清，另起村名。由于村岙三面环山，出门就要爬登山路，上山下山，经常因雨后山路泥泞，容易跌倒。为不忘生计的艰难，便以"背跌"两字给村庄命名。背跌二字在闽南语音中与白叠谐音，后演化为白叠。

　　其三，据《玉环厅志·三盘图》记载："风吹岙常见银涛万叠飞白凌空"，取万叠飞白中各一字，成为"白叠"。为何不取其他字组成岙名呢？古人用事，不得而知，亦难猜测，后来一直沿用"白迭"两字。

　　中国的古老村庄离不开古庙、古井、古道，白迭村也一样。古庙——岙口的"五通爷庙"和风吹岙的"大士庙"均建于二百五十年前。庙踞岙口，成"阻浪挡风，守村护岙，消灾去难，保佑平安"的守护神。每年"神祇诞辰"要举行隆重的祭祀活动；古井——村角头的一口六角石栏水井，为早年陈、叶两姓祖先开凿，井水常年不竭，滋养着一村；古道——一条二百多米长的石头铺砌的山道直达岭头，两旁生长着近二百棵枫树，叫红枫山谷、红枫古道。每逢金秋枫叶如丹，满山如火，一片艳红。此时学生、游人趋之若鹜，纷纷前来登古道，入山谷，赏红叶，寻乐趣，为洞头百岛之独有。

　　白迭村一直保持着原始生态，自然景貌依然如故，突出一个"绿"字，三面山坡，林木葱茏，岗峦叠翠，山花烂漫。"兜岙古村"建筑聚落亦被绿色包围，浓荫遮地，花木宜人，每一户人家都拥有一块种草养花的自留地，根据自家的喜好，有规则地调理。全村绿地面积占80%以上。

　　白迭村原本是一个交通闭塞，独处一隅的偏僻渔村，二十一世纪初始建一条通村的简易公路，而村庄一直却保持着古朴的特色，村民仍然以农（渔）耕年代的方式生产、生活，日出而耕，潮落而作，日落而歌，潮涨而归——过着"种地耕海，饲养畜禽，栽菜种瓜，自然养生"的朴实日子。习俗古老而虔诚，民风淳朴而敦厚，鸡鸣狗吠闹晨昏，逢年过节敬祖宗，人情世故讲诚信，迎来送往表真情。这里以民风淳朴、邻里和睦著称，可以说"夜不闭户，道不拾遗"在这里得到再现，完全是一幅原始的农村图景。这里至今仍然延续着一个古老习俗——拜"石头契父"：小儿经常患病或生长发育不良时，认为是"命根底弱"所致；用红纸写上小儿的"生辰八字"，贴在大石头上，再备上几碗菜肴、美酒、香、烛和金箔，带上小儿、向石头磕头跪拜，认其为干爹。石头坚硬，经风霜雨雪、受炎热炙烤而毫无损伤，得其庇护；秉承特性，孩子一生就能无灾无难，健康长寿。

白迭村被洞头县列入美丽乡村，国家环保部和省相关部门领导曾经视察，给予一致好评，新闻媒体和游客络绎不绝前往体验"桃源式"生活。

（作者：郭温林）

温州文成东方村

千年东方藏古韵

东方村位于文成县东南部，距县城二十公里，峃口镇境内。东方村原称"方源"，因宋初方姓始祖聚居此地而得名。翁氏祖先系唐末宋初徙居于此，叶氏至明代迁入同居，翁、叶两姓人聚居于此。

东方村现存村落是清代遗存，依山傍水而建，风景优雅。村落东西走向，依山傍水，木质古民居布局合理。村前小溪蜿蜒而过，村中河卵石步道纵横交错，石墙错落有致。村内有木榉、榕树、香枫、香樟、苦槠等古树名木十二株沿溪分布，其中有株四百年的大木榉，境内少见。村后群山层叠，连绵环抱，东方源森林公园深处其中。村边八十余米宽的石堰坝，过河碓步镶嵌其上；石道、石墙、石屋、小桥、流水、人家，构成风景优雅、生态环境优越的自然风光。村落内现有古建筑十六处，有方坑太阴宫、新楼叶继普旧宅、翁氏宗祠、方坑亭古道等。

据翁氏宗谱《神安公传》记载："公方源肇基祖也，性好僻静，以大垟地小人稠，终非久安之地。无以弟神迁，公神程公一迁泰邑翁山，一迁泰邑雅垟，公觅方源，以为此地山环水远，气爽神情，高岗大阜，野沃风淳，洵乐郊乐土，预卜，久必发祥，遂居于此。今子孙椒衍瓜绵，寖炽寖昌，苟非老人卓识，何以臻此。"

后人翁一泉（1858—1929，原名翁京科，榜名一泉，字志才，晚号白头翁），出身贫寒，但生性聪慧；熟读《四书》，是一位名副其实的才子；具有名士风度、诗翁风骨，也是享有盛誉的文史大家；著有《白头翁小吟草》《方源四围形胜图》等，留给子孙后人宝贵的遗产。

其中《方源四围形胜图》中绘制了方源（东方村）十二景：泗亭松风、蛇滩串珠、东峡玉泉、狸岫晚霞、庆元壶天、霞山竹籁、岩门骈玉、雷峰积雪、叠石木榉、笔架晚云、石井喷花、白济瀑布；并附民国七年（1918）春月翁一泉所作《芳源地方四围形胜图记》："芳源境界，北自泗洲亭（土名方坑亭），而入松风，谓此为泗亭松风景；溪涧蜿蜒东而内之，峡谷间琼浆流洒，此为东峡玉泉景；盱瞻之有庆元石桥，乱溪流而横架，形如长虹，左右层峦相对，四围环绕其中，琅环满涧别成洞天，因颜如壶天香界，此为壶天香界景也；石径行数武，双岩对峙如洞门，此为岩门骈玉景；入闻樨香扑鼻，此为叠石木樨景；折而南之旧名为石开田，有龙潭流泉喷如雪花，此为石井喷花景；中而长滩如蛇，泉石错杂为串珠，此为蛇滩串珠景；仰而望之狸岫高跨，时而晚霞烘照，此为狸岫晚霞景；其南则霞山累叠，叶竹成林，时闻竹籁筝之声，此为霞山竹籁景，其东南则雷峰耸拔，冬常积雪，此为雷峰积雪景；呈东而叠石积翠，如笔架之凌云，此为笔架晓云景；对面西之有流泉洒出于两峰之间，苍碧空中、悬垂百炼，此为白济瀑布景。此为芳源十二景也！一泉产生其地，髫龄时随父徙居海安所河乡五都，转自徙居仙岩地方河乡七都，年而返梓省墓，游览而寻胜，略得其胜景，因不揣随劣，雪染秃毫而摹绘之，而标识之，俾居其间者，按图而访览时玩赏，雅有谪仙隐居之乐也欤。"

方坑太阴宫

由此可见，东方村是一个景色宜人、环境清幽、古韵悠悠之地。村内的古老建筑向世人展示了它所承载的历史、所展现的生命力，为我们提供了丰富的信息。其中，方坑太阴宫、草垄叶宅、叶继普宅保存最佳，也是东方村历史魅力的代表。

村内最具特色的建筑方坑太阴宫始建于明隆庆八年（1574），后毁于洪灾；至清康熙三十六年（1697）由族人翁国琳、翁成宽等诸公重建而成；建筑面积约1180平方米，包括戏台、神座共十六间，附属房三间，蔚为壮观。而后由于年久失修而宫貌受损，2006年春重修。

东方村先后获得"省级文明村""省级民主法治村""市级生态村""市级就业村"等荣誉称号。通过各级部门及村民的保护与建设，东方这个千年古村，不断向世人展示她的古韵悠悠和无限魅力。

（作者：胡雄兵）

温州平阳青街村

青石铺街遗古风

青街村隶属青街畲族乡，地处半山区，境内山峦重叠，茂林修竹，溪河纵横，风光如画。青街乡是畲汉混居的传统乡村聚落，由山水竹构成的自然景观、古街古建筑构成的乡村聚落、畲族民俗风情构成的人文景观三部分组成。

青街村历史悠久，早在唐天宝年间，周氏始祖周欲纳为避安禄山之乱，从江西饶州乐平县迁居平阳县睦源（今青街畲族乡辖内），建家立业，繁衍子孙，至今已有1250多年历史。青街，原名睦源。据民国《平阳县志·建置志》记载，清时称崇政乡，民国后期称睦源乡，1935年命名为青街乡，1992年"撤、扩、并"时，将原睦乡并入，再次改名为青街畲族乡。

崇政乡的来历已不可考，但关于"睦源"的来历还是有说法的。地处山谷地带的青街，四面环山（前有笔架山，后有月落山，左有金钟山，右有睦山），有来自附近的三条溪水在此汇聚，环境优美，故称"睦源"。那青街一名是从何而来呢？民间流传的一个关于浪子回头的传说与此有着千丝万缕的联系。

据县志记载，在南宋时期，青街当地有个周姓人家，家里总共有八个兄弟。七个哥哥皆有功名在身，唯独弟弟周八不务正业，游手好闲。嫂嫂们见周八整日无所事事，就讥讽他如能像其七个哥哥一样青袍加身，嫂子们一定用青石铺路五十丈，迎他荣归故里。后周八发奋习文从武，果中榜眼，其嫂为不食言，先用青布铺路五十丈（今南雁镇尚有五十丈村名），后用青石铺街，青街乡也因此青石街道而得名。

作为传统乡村聚落主要的公共活动空间，古廊桥、古建筑、碇步、河埠等历史遗存为青街增添了几分灵秀。青街至今保留着一批极具明清特色的建筑物，李氏、池氏大屋便是其中的典型代表。这些建筑无论从规模、木作、款式、雕刻都与全国重点文物保护单位顺溪古建筑群有异曲同工之妙，2005 年被列为省级文物保护单位。

睦源桥

"四面环山，三水汇源，白石望月，玉带盘腰"是古人对睦源桥的生动描绘。睦源桥系县级文物保护单位，因跨睦源溪而得名，在世界廊桥名录上占有一席之地。其属典型的古廊桥，于清道光十一年（1831）重建。桥长 12 米、高 4.6 米、宽 4.4 米。桥为拱形，石结构，建有抬梁式木结构廊屋，廊屋两侧筑有亭式栏杆长椅。侧边长有一棵古樟，树龄近五百年。奇妙的是，在樟树主干上长出一株梅树，成为"樟抱梅"的奇观。众人赞此景为"桥架亭，坐亭乘凉；樟抱梅，望梅止渴"。

下睦源桥，便是青石街道。街道总长 200 米左右，宽约 3 米。路面由青石铺设，呈弧线型，时而连续，时而开敞，空间变化丰富。古时，村民进出往往步行于石板小道，或沿溪竹筏漂流，青街则是联系山内外的交通要道。街道两侧集中了较多的商业建筑和大宅院，以木结构为主，均保留着明末清初的遗风。

顺着青石街道走一百多米便是李氏大屋。大屋墙体由溪流石头垒砌而成，足有 3 米高，始建于清雍正十一年（1733），合院式木构建筑，建筑面积为 1440 平方米，总体结构具有明显的明末清初的江南建筑风格。大屋由前厅、正厅以及两厢构成，均为楼房；重檐悬山顶，前檐均设廊道，四周贯通，二楼置拼花美人靠，工艺精细。李氏大屋之中，还有一个较精致的工程是安建在二楼正厅中的"艮厝"。"艮厝"这个设施是青街地方安放氏族成员生辰八字"木主牌"的，大屋中造了这个"艮厝"，在北港地区引起轰动，来参观的士绅络绎不绝，人称北港地区第一个"艮厝"。

那么为什么要造"艮厝"？

据传在清朝中后期青街王神洞一少数民族的兰姓姑娘被卖到温州大南门虞筛里，受尽欺凌后，回到王神洞，李氏五世祖宗怜其孤苦，收养后并娶兰氏为妻。兰氏死后其他六兄弟不准兰氏木主进入李氏宗祠，嫌其出身低贱，又是畲家女。五世祖认为自己房头人少被人欺，吩咐儿孙今后发迹要自己建"艮厝"来安放兰氏木主（木主即祖宗牌位）。到了九世祖，家族发迹了。他做的好事多，功泽乡里，造矾岩桥，建周岙、青街丁步等。这第九世的祖宗为造"艮厝"动用的白银整整三千两，造价相当于大屋的造价。建造"艮厝"，从意义上讲，也是反对民族歧视，宣扬畲汉一家亲的有益之举。

青街村是山清水秀、风景迷人的南雁荡风景区的组成部分，具有丰富的旅游资源。枕青山、环青溪、面竹屏是青街的一大特色。青街村为山间盆地，选址非常讲究藏风纳水。境内山峦叠嶂，茂林修竹，溪河纵横，风光如画。青街村的自然景观、人文景观和建筑空间环境的有机融合更突出了青街传统古村落的特色。

（文：平阳农办）

金华婺城区珊瑚村

绿水青山入画来

婺城区塔石乡珊瑚村，这个以海中瑰宝——珊瑚命名的村庄，坐落于海拔八百多米的深山之中，是婺城区海拔最高的村庄之一。这里四面环山，依山傍水，地势平坦开阔。村内古民居较多，黑瓦白墙马头墙，建筑呈现出古朴的徽派风格。红豆杉、黄山松、香枫树、古杉树等古树名木参天，遍及全村。村庄风景优美，空气清新，是纳凉避暑、观看雪景的绝佳之地。

村中古树参天

珊瑚村是个只有四十多户、一百五十多人的小山村，绝大多数村民都姓廖，据说他们的祖先是清朝雍正年间从福建上杭古田（著名的古田会议所在地）迁移至此的。祖先廖文仕于清康熙甲戌年（1694）出生于福建省龙岩市上杭县古田镇溪背村。雍正元年（1723），当时廖文仕正当年少，家中弟兄众多，欲图异地发展。有宗亲海迁期间去浙江江山、兰溪谋生，业绩甚佳，置有房屋、田地并定居浙江，成为族内楷模。故廖文仕欲到浙江立业，南行至浙地汤邑（汤溪）山区谋求立业。几经周折，他在塔石乡岱上仓门里一财主家打长工并入赘。好景不长，财主以众凌寡，极尽欺侮之能事。雍正四年（1727），财主六十大寿之日，大摆筵席，独廖文仕被以奴相待。廖文仕夫妇离家以解寄人篱下之痛楚，并约定挑行李的箩线折断之处便是安身之所。

夫妇俩行至一处山间美地，箩线突然断开。忆起昔日的誓言，已然应验，遂放下行李决定在此安家。环顾四周，三个湖形山坳环绕着中间的小盆地，天碧蓝，云洁白，林木森森，满目苍翠；几股清泉在山谷间蜿蜒流淌，水声潺潺。更重要的是，这里地势开阔平坦，有利于开垦劳作，此乃天遂人愿也。夫妻俩欣喜万分，廖氏先祖就在这里安营扎寨、繁衍生息，迄今已历十七代。

珊瑚，本是一种名贵的海中瑰宝，怎么会出现在远离大海的一座深山，并成为一处村庄的名字呢？廖姓来自福建，是不是廖氏先祖为了怀念故土，所以才用"珊瑚"来命名新的居所，以示不忘祖宗呢？又难道是沧海桑田，在很久之前这里是深深的海底？

据《珊瑚廖氏宗谱》记载，廖氏先祖廖文仕自清康熙年间从福建汀州府上杭县古田来浙江寄居江山县，后到汤邑岱上入赘，于雍正十年（1732）转迁三湖定居。因村地处群山环抱的小盆地内，形似一个湖泊，有山有水，故称为"山湖"，后谐称"三湖"，而后又衍化为"珊瑚"。

在村中，对于珊瑚村的来历还有另外一种说法，说村中原先有三口湖，所以村名又叫三湖。或许是后来村中又出了一位文化人，认为山湖或三湖的村名太实，遂将村名雅化为珊瑚。至于是何人，为何偏偏选中"珊瑚"二字，就史无记载了。

珊瑚村粉墙黛瓦，炊烟袅袅，鸡犬之声相闻。原生态的生活气息，让人看得见山、望得见水，记得住乡愁。村前和村后的黄山松、香枫树等名木古树繁多，大树参天，是塔石乃至金华最美的山村之一。

到珊瑚村，必定要经过村前的一片古松林。和常见的松树不一样，这里的松树针叶短粗稠密，叶色浓绿。它的枝干坚劲挺秀，和黄山迎客松有几分相似，当地人就称为黄山松。还未到村口，就能远远看见这些高大挺拔的古松，它们傲然挺立的"身形"，像是张开双臂，欢迎远道而来的客人。这也成了村里一道独特的景观。

村口的古树群以黄山松居多，村后的古树则以香枫见长。细数了一下，超过百年树龄的就有十多株，其中还有红豆杉、木荷等古树。经过改造，这里成了一处供村民乘凉休憩的公园。珊瑚村共有古树名木一百多株。如此多的古树名木能保存至今，与良好的村风民风不无关系。一直以来，村民有着保护古树、爱护生态的优良传统。

村后清泉潺潺流淌，走在用鹅卵石铺就的小道上，眼前古树葱茏苍翠、挺拔秀立，盛夏的阳光透过枝叶的缝隙照射进来，形成了斑驳陆离的光影。耳畔溪流淙淙、鸣蝉啾啾，真真是个难得的清幽之地。

（作者：章一平 傅伟炎）

金华兰溪西姜村

独特奇妙西姜村

西姜村位于兰溪市西面，属水亭畲族乡，距兰溪市区 25 公里，隔水亭乡镇仅 1 公里，是迄今发现全国最大的姜维后裔聚居地。此处地理位置、村落布局、建筑风格独特，其始祖还可以追溯到炎帝、神农、姜子牙等，村史可谓源远流长。

村中的《风岗姜氏宗谱》中记载，三国蜀汉大将军姜维第三十六代裔孙姜霖在元贞元二年（1295）到兰溪为官后定居西岗（西姜村），后繁衍成七个姜氏村落以北斗七星状"庇护"在诸葛亮最大的后裔聚居地（诸葛村）周围。全村有 305 户、860 人。这个依山而建的古村落，散落着许多古民居，元明清三代都有。村内有全国重点文物保护单位——西姜祠堂，曾被古建筑学家罗哲文誉为"全国最大、最有人文价值的民间家庙"。

姜霖，初时任婺州教谕，莫时兰溪，始升为州，又任兰溪州学正。利用在职之时，认真仔细寻游兰溪这块风水宝地，找到自己最理想的择地——西岗，并在此营构村落，时称西岗村。由于恋念先祖，缅怀祖籍，又名西姜村。

西姜村，背靠两冈，坐东朝西，依山傍势西建，并以山势最高处为基点，由点及面，向左右辐射，呈纸扇形延伸。村中 16 条纵向小巷为扇骨，宗族祠堂、家庙、分支房头厅堂、居民住宅，错落有致构成美妙的扇面。整个村落布局创意奇妙而独特，实属罕见。

始建至今，已有七百余年的历史，现仍保留着"扇面形"村落布局；有元、明、清、民国时期民居 110 幢；木、砖、石三雕，工艺精美，结构丰富，形制齐全，质量档次尚高，文化内涵深厚。特别是"西姜祠堂""存义堂"一左一右，南北呼应，各领风骚，是国内颇有名气的古村落之一。

随着人口不断繁衍，现有姜维后裔一千余人。人杰地灵、人才辈出，

加上祖训垂儒垂教，行医经商。到了明朝中叶，鼎盛一时。勤劳致富的姜
维后裔，合族兴建了宏大的家庙——西姜祠堂，足以体现当时姜维后裔的
政治地位和经济实力。

西姜祠堂

西姜祠堂，又称孝思堂，位于水亭乡西姜村，"回"字形建筑结构；
坐东朝西，占地 3067 平方米；由四进建筑组成：头门厅、二道门厅、中
厅、寝堂和左右厢房、偏院等，中厅独立，其余互相围合，总体呈"回"
字形。西姜祠堂规模之大、规格之高、用材之巨、工艺之精是江南宗祠建
筑中的佼佼者，中国乡土建筑之父陈志华先生当年慕名前来考察，给予其
很高的评价。据《姜氏宗谱》载，西姜祠堂于明代万历年（1573—1620）
由姜元寿主持建造。据专家考证，"西姜祠堂"是全国等级规格最高、规
模最大的民间家庙，2013 年被列入"国家文物保护单位"。

西姜祠堂的头门厅早已毁坏，现在的平屋和两厢是解放后建造的。门
外立着两方文物保护的石碑，门后宽敞的前院里是一条青石铺砌的甬道，
迎面是二道门厅残破的门楼和屋檐。门楼原来应该是四柱五楼牌坊式，青
石门框之上有"百世瞻依"石匾。门下地栿、旗杆礅雕刻简洁的图案，
一对憨厚可爱的小石狮面面相觑，在一丛油菜花中显得活灵活现。二道门
厅面阔十一间（现存六间），进深六檩，明间原有活动式戏台，已毁。其
余各间为楼上厅，穿斗式梁架，各穿制成扁作梁并在其上置缴背式横木；
童柱作鹰嘴状，檐柱为抹角内凹石柱，檐檩下用一斗六升斗拱；无撑拱，
出廊靠山墙处辟边门。二道门厅后是双层青石天井，巨大的抱鼓石散落路
边，步三级台阶上天井，再步两级台阶入中厅。

中厅单檐歇山顶，覆水椽，花脊鸱鱼，屋顶舒展，屋柱林立。明间屏门上方悬"孝思堂"白底墨字堂匾，四面凌空开敞，整个单体建筑"眉宇轩昂，相貌堂堂"，好比运筹帷幄中的军师，又似英姿飒爽的武将。厅内面阔五间，进深十四檩（露明部分），周围廊式，除了二十根檐柱为青石抹角柱、础形柱础外，均为梭形木柱、扁鼓形柱础。各间梁架均用抬梁式，梁栋健硕，空间高敞。五架梁对前卷棚后双步再接前后双步，各架间用猫儿梁连接，卷棚用粗短的双层月梁叠加。檐柱施倒挂龙撑拱、象鼻昂斗拱，前后内额明次间各用一斗六升斗拱各两攒。所有构件露原木，不施油彩，雕饰古朴，冬瓜梁两端刻龙须纹，柱头栌斗刻瓜棱形，雀替刻万字纹、菱花纹，丁头拱、骑栿拱刻凹凸线脚，异形上昂刻仰覆莲等。中厅建成四百余年来不染尘土，不结蛛网，木构件整洁如新。

中厅后有天井，寝堂在五级台阶之上，面阔五间，进深六檩，加上左右偏院各三间两厢，形成明五暗十一的格局，似有"越制"之嫌。寝堂用穿斗式梁架，前出廊，青石抹角内凹檐柱，方砖斜铺墁地，除了象鼻昂、丁头拱、扶壁拱外几无雕饰，隔扇门尽毁。偏院主厅面阔三间，进深七檩，用材纤细，明间抬梁式，五架梁对前后单步，次间穿斗结构。两厢面阔七间，进深六檩，前出廊，青石抹角内凹檐柱。檐檩下用一斗六升斗拱，无撑拱，内部穿斗式梁架，梁栿做法类似二道门厅。在厢房最西端还连接辅房各一间，尚存格子门扇和镂空雕花石栏。

除了西姜祠堂，西姜还拥有全国世系最多、起始年代最久远的族谱。村中保存的《凤兰姜氏宗谱》，重修于民国三十年（1941），对于谱牒学和氏族源流、迁徙的研究有着特殊的意义。西姜村是以姜维文化为主线，西姜祠堂等明清建筑群为节点的特色村庄，虽然几百年的历史在它身上不可避免地留下斑驳痕迹，但古旧中依然透露磅礴气势。

（作者：胡波）

金华兰溪永昌村

地久天长永藩昌

　　兰溪市永昌村历史悠久，周围有众多的古遗址（孔塘殿山、许店山、大洋山），以及埠背驻防所遗址，出土了许多文物价值很高的石器、陶瓷器，其中，唐永徽三年（652）的纪年墓出土的四系罐为国家一级文物，有很高的研究价值。

　　永昌村地名来源于明万历年间永昌人赵贤佐在《永昌记》一文中描述："先祖居汴梁河南巩县永昌之地，厥后徙于衢州，婿于兰溪徐氏，卜居此地，故名永昌。谓其地久天长、子孙永远蕃昌也。"永昌最初是由宋太祖之弟赵廷美第七世后裔赵公传迁入后形成的村落，明清时期由于水陆交通便捷，成为古兰溪县最主要的集市之一，汇集了大量徽商并建有会馆，市场繁荣、店铺林立。至今，老街还较完整地保存了当时原貌，商贸依然相当发达。

永昌老街

　　永昌古街位于兰溪市西部的永昌街道永昌村，形成于元代，发展于明代，至清代达到鼎盛；距市区约十公里，"330国道"从古街旁穿过。从此地孔塘殿山、大洋山、许店山等商周遗址的考古发掘情况看，该地早在商周时期就有人类活动，吴越时期已形成村落。

古街区基本保持原有的格局和功能，商业气息浓厚。东西向主街长约1000米，宽4—5米，整个古街区占地面积15000平方米，整体风貌保存得相当完整。街区两侧有多条里弄向外辐射，格局呈"丰"字形。街区内有双溪贯穿而过，既可为居民商贾提供生活用水，也可作交通运输、消防、排污之用。主要巷道有左右街、横街、水坑沿、西头掘（李山里）、墈背路、牛市巷、鹅市巷、樟林巷、六口塘沿、桥西巷等。东头掘有一排塘，环境优美。明万历二十四年（1596）赵贤祖《永昌排塘记》云："邑之市镇永昌为最，镇之池水排塘为最，塘在中心，上下二湖通流旋绕、左连上堰，右接双溪，前遵大道，后附民居，有似乎排塘，故名也。"

老街上有传统店铺肆坊百余家，有酒坊、永裕酱坊、李山号铁店、德济堂、太尉殿等。古街东西两头各立牌坊一座，分别是清乾隆五十九年（1795）诸葛氏节孝石坊和清乾隆四十七年（1783）章氏族石坊，过溪有石拱桥及二十多间长四十余米水阁楼相连，白墙灰瓦马头墙，连绵成片，是可谓"小桥流水，水榭倒影，商贾荟萃"，既有江南水乡之特征，又有都市集镇之风味，就像一幅《清明河上图》展现在人们面前。其现存建筑形式有石坊、拱桥、梁桥、古溪道、水阁楼、古店铺、古作坊、古民居、宗祠、商业会馆等，江南水乡风味浓郁，集居住、经商、作坊于一体，较完整地保存了历史风貌，是一处典型的江南街区。现存厅堂建筑有吴氏花厅、墈背路26号花厅、李氏大厅、崇德堂等，石牌坊两座，以及古桥、古井、胡门、忠义祠遗址等四十余幢。主街两侧存有大量的商业建筑，有琪字李山号打铁店、德济堂药店、篾业社、铁器店等，历史风貌宛然，临街是鳞次栉比的商铺店号，小巷深处则分布民居、宗祠、寺庙、会馆等建筑。

随着岁月流逝、经济发展，古街盛况已是不再。站在青石双拱的永昌桥上，桥东的桥东路和桥西的左右街变得很安静，古街老了。为了永昌厚重的历史文化内涵不被岁月所淹没，人们能够从中得到深厚的历史文化洗礼和陶冶。回顾历史，感受乡愁，古街亟待保护，亟待焕发第二春。

（文：兰溪农办）

金华磐安管头村

古树参天乌石村

管头村位于金华磐安县尖山镇东南部，是首批国家级生态示范区磐安的第一个生态示范村，及全国文明村庄；位于海拔约530米的高山台地之上，自然环境十分优美。

据传，管头村里这些乌黑的玄武岩（乌石）是两亿年前火山喷发所形成的黑石头，周边山上皆是此类石头。据说，玄武岩具有耐磨、吃水量少、导电性能差、抗压性强、压碎值低、抗腐蚀性强、沥青黏附性等优点。最早的乌石屋已有三百多年历史，展现了山区传统建筑文化的魅力，是保存完整的以中国古代风水理论建造的村庄。住在乌石屋里冬暖夏凉，最适合休闲避暑。在雾天的早晨，管头村就像是悬挂在空中的楼阁，被称为"空中花园"，素有"火山台地，空中乡村"之美誉。

从高空处俯瞰，乌石村的整体村落布局像是一个被两条巨龙包围的燕子坞，古树似龙头，村里左右对称的两口井被视为龙的眼。因为燕子坞内非常容易着火，当地有不能点灯笼一说。管头村对面的山是老虎山，老虎是会吃燕子的，古时村里人觉得老虎山正对着管头村，会给村里带来凶险，因此，村民便在村口修建了祠庙——龙湾堂。龙湾堂前有半圆形的水塘，水塘似弓，边上种的毛竹林似箭，恰好正对着老虎山，以保卫村庄。每年春节或者村子里着火后，村里都要杀羊祭祀，用羊血围着村子外围洒一圈，以求得平安，祈祷火灾不再发生。

乌石村里古树参天，村中将保护树木都写进家规，如果哪一家违反家规，破坏树木，全村的人都将去那户人家家里吃饭，以示惩戒。管头村树龄在五百多年以上的古树有十多棵，百年老树更是不胜枚举。躯干粗大祖裂，虬枝盘曲苍劲，无一不透出岁月的沧桑，其中不少是难得一见的珍稀名木：枫香、香榧、香樟、红豆杉等。年纪最大的香榧树有五百余岁，时至今日仍能结出饱满的果实。风景秀丽的古树公园内有树龄1300年的国家二级保护植物红豆杉、千年古香榧和千年古槐树。村里村外，溪水潺潺，水质明澈，游鱼清晰可见。溪水流过之处，翠竹成林，微风摇曳，发出"沙沙"的响声。走出竹林，兀然一山挡住了去路，可只待转过一弯，又见一条古道展现在眼前，像青黑色的缎带垂系于山腰间。据说，当年诗人陆游正是在磐安游览时，面对这山丛水绕的地形，感慨地写道："山重水复疑无路，柳暗花明又一村。"

乌石村

　　管头村不仅有着优越的地理条件和生态环境，而且有着深厚的文化底蕴。最吸引人的是这里的建筑，这里的老房子与大多数农家的房子不同，外墙不是常见的泥、石，而是由一小块一小块的乌石垒成，而且垒得密不透风，给人"鬼斧神工"的感觉，也由此得名"乌石村"。乌石古建筑已有1100多年的历史，房屋逾二百间，占地面积14720平方米，建筑面积29440平方米；以清一色黑色玄武岩为墙体材料，盖以黑色土瓦而成。乌石墙体石块行行整齐平整，犹如砖砌一般，围成一个个完整的四合院、三合院。长门庭是管头村的一大特色，十多户人家排成一列，喻示着管头村的村民都是邻里乡亲，团结友爱。

　　古老的村落可以多角度观赏，在青黑色的屋檐下看晨曦夕照，在村庄四周的山谷游走，过村北竹林小路去山下利国寺。平台、深谷、梯田、古树、乌石小屋，古朴的事物和简朴的生活使乌石村虽然深居深山峡谷之中，却总能带给人们淳朴亲切的感受。古民居群布局严谨，保存完整，历史悠久，古朴典雅，风格独特；民俗氛围深厚，文化底蕴深远；生态环境优美，自然风光秀丽。淳朴的民风，堪称旷世奇观的乌石屋，如画如梦的山水，正吸引着全国各地的游客纷至沓来。

（文：磐安农办）

衢州龙游志棠村

志棠营造谁人解

　　志棠村位于龙游、兰溪、建德三县交界处，以北面天池山为靠山，东南大麦山为案山，模环溪流经西南，建村选址契合堪舆风水；距县城 30 公里，"316 省道" 穿村而过。志棠由前邵、卸厅、后邵、席家四村合并而成，前面三村主姓邵，席家村主姓席；全村 410 户，人口 1801 人。

　　据考证，志棠原名 "梓塘"，由于村前有一口很大的水塘，塘边长有一株巨大梓树，因而得名，后衍变为志棠。据民国《龙游县志》（氏族考）载，邵氏先人于元至元二十八年（1291）由寿昌迁入，距今已有 700 多年的建村历史。南宋时期，北方战乱，迁都临安，大量移民南下。志棠因有狮象昼开夜关之祥地，被移民所看中。他们纷纷落脚志棠发家兴业。到明代至鼎盛，人才辈出，考取功名。诸多朝廷命官，回乡造厅，光宗耀祖，留下不少宝贵文化遗产。

　　志棠古村以花台脚为中心枢纽，世称小街古里。小街巷弄相接，楼宇相通，自古为官商要道，酒肆茶店，药铺杂货，商业繁荣。四周滴水，形成一个布袋口，寓意招宝聚财，肥水不流外人田。古村从三个方向往外扩展，建筑民居村舍、宗祠大堂，遂成村落。

　　雍睦堂，也称邵氏花厅，明代中期建筑，至今已有 500 年以上的历史。大堂高 7.5 米，宽 13.42 米，深 56.3 米，前后五进三开间，建筑面积达 755.5 平方米，90 根柱子落根。在大堂正门前的平台上，左右各有三个旗杆洞，依稀可见，跨上三个台阶，两侧竖着抱鼓石，高达 1 米，石料精细，花纹清晰，给大堂增添了一种威严的气氛。走进大堂，只见地上铺着青砖，门庭、过廊上装饰着天花彩绘，花草图案，美轮美奂。90 根大柱下部都有石柱础垫着，上部斗拱顶着大梁。大梁扁形，呈弧状弯曲，两头都有一根歪歪扭扭的龙须，既透露着建筑工艺的精湛，又透露着龙的传人的精神寓意。

　　东陵侯厅位于村西北边，坐南朝北。据《邵氏宗谱》载，该厅始建于明嘉靖八年（1530），邵氏三兄弟，每人各造一厅，故在"东陵侯"边房的门上刻有"邵三和"字样。东陵侯五进三间，通进深59.9米，通面阔1255米，总面积751平方米。与众不同的是整座大厅坐南朝北，正门有一对抱鼓石，门背悬"东陵侯"木匾一块，门两边有对联一副"三达德近智近仁近勇，和为贵惟孝惟友惟忠"。门前有一块镇妖石，正门两侧有厢房，常用于演员化妆及放置戏箱和道具。第二进设戏台，台座高约一米，若在左右台座上搭上木板后，戏台面积约30平方米。主厅明间两缝九梁前后双步，后廊设卷棚，次间缝穿斗式，木质形础，下置覆盆，硬山顶。后进建筑年代较迟，但地形比前厅约高1.5米。第五进为后楼，供奉先祖灵位。明间后墙存有彩绘一方，有神话、佛教人物数十人。四、五进均为鼓形础。建筑整体用材讲究、粗大，艺术构件工艺简洁大气，突出明代风格，后进部分清代重修风格明显，山柱间砖砌护壁与山墙合为整体。该建筑工艺精湛，具有明显的宗祠建筑特征，沿用至今，具有较高的文物价值。

志棠村的古建筑虽然珍贵，其村落布局更是对现代村庄建设、城市建设有非常好的借鉴意义。一般的古街是以街巷为主，主街两边有巷弄，有些村庄环塘而居，有些交叉形成。志棠村是丫杈形的，当地人称为"犁头街"，它的格局有点像耕地的犁头。村落中心"荷花台"小广场，把丫杈形建筑景观处理得恰如其分。从历史角度看，该村落体现了"真、善、美"境界。"真"，即整个街道建设取向于真实，不求大，不求圆，按原有的街道、弄堂形式来安排布局。"善"，即整个村庄能达到村庄兴旺、人丁发达，表现一种美好的愿望。而至于"美"，"犁头街"三角地带处理是建设中的一个难点，但它处理得很好。

志棠古村落的建设成果是先人智慧和努力的结晶，志棠村村民们日出而作、日落而息，守着这片黄土地，守着这些大堂花厅，春夏秋冬，周而复始。古村落能顶住风雨雷电，避开频繁战乱和野蛮战火的灾祸，零零落落地保存下来，真是一个奇迹。这笔丰厚的历史馈赠，是志棠村民的巨大财富。志棠的大堂古宅终于走进了当代社会，它们并没有完全失去光亮，古宅老屋又成为一道风景，重新受到人们的青睐。

（作者：余怀根）

衢州常山五十都村

古驿道上五十都

溪碧水、千轴青田、古屋幢幢、水渠悠悠、绿树如画、古道迤逦。这就是柯城区沟溪乡五十都村，也是省级文化特色村，省级"千村示范万村整治"工作中心村，省级现代化农业示范园区，柯城区农房改造示范点。

衢州古代有两条水路，三条旱路。水路主航道是衢江，其中一条支航道是常山港。旱路中有一条是从水亭门出经航埠而去常山开化，再入赣进皖。五十都至常山港与大俱源溪汇合处，又与常山五里乡、东案乡相依。这个地理位置使它成为水陆两路必经之地、重要驿站。

五十都村是一个历史悠久的村庄。原本叫叶畈村，可在南宋中后期这里因人口密集，经济繁荣，成了当时衢州有名的"都"所在地。"都"是当时次于"乡"一级的行政机构。五十都由此得名。但老百姓用长达七里的石板街道来指代村庄，可见当年它的繁荣。自石梁西行经白岭至五十都与常山交，过界向西往东岸达常山，有十公里一二米宽的平石板路，乡民称为七里长街。街头在常山境内官渠村的上岭处，街尾在沟溪乡斗目垅村的长塘口。街道两边各色店铺林立，街道上人来人往、熙熙攘攘。顾客不仅有本村、邻村的村民，而且还有江西、福建、安徽等地的客商。因为这里是浙江通往江西、福建省古驿道上的一个中转要地。现在村里461户、1477人中仅男性姓氏就有四五十种，暗示当年商贾如云，来自八方。

在元、明、清三代，五十都村是浙西境内一个比较富裕安康的文明乡村，有香客云集的关公大殿和三清殿。在建造这两所殿宇中还有一些美丽的传说：当时的建材大多为青田石板、石柱，为水路运营，在运输过程中多次险些下沉。有一次运石雕关老爷像快到村口埠头，石像翻到河中，怎么办？有个法师说，关公在等周仓和偃月刀。他要人扮周仓持刀立埠头，众人齐呼"运成！运成！"关公听说到家乡运城了，又看见周仓，就自己走进庙里。这个传说似有迷信色彩，实为当时百姓们勇于创业的意志和决心！这两所大殿由学校"老房"改造，现已拆除。至今百姓们还依恋不舍，因为这是五十都村几百年的宝贵的文化遗产。

村中老宅

到太平天国兵败的时候，五十都村由于受部分逃亡太平军（当时俗称"长毛"）的劫掠烧杀，七里街仅剩下了村中心的一点。从此以后，五十都村的别名就变成"点街"，以致现在，七里街周围村庄的人称五十都人为"点街"人。

另有个说法：府太爷要娶常山县令之女，时间定为十月十五日。七里街是聚亲必经之地，附近杨塘山有伙强盗，决定抢新娘，又怕与官府结仇，便把丫鬟的轿子抬走，可偏偏是新娘坐在里面。原来县令怕遇抢，特地调个包。于是官兵围剿强盗，扬言凡强盗出，见人就杀，杀到流白血为止。强盗们都装成贫民行商，混到七里街。官兵怒不可遏，追到七里街乱杀乱烧，一幢幢楼房在火中化为灰烬，七里石板青砖街血流成河。杀到村头一家豆腐店时，砍下一个头颅，喉管里倒出豆腐花。官兵以为是白血，便停止杀戮，但这条街只剩豆腐店一点点地方了，所以叫点街。由于古时的繁华，新中国成立初期的乡所就设在"点街"村。

不过，作为"点街"，现在的五十都村，变成柯城区和常山县交界处的一个欣欣向荣的小集镇。人一入村，前有溪水潺潺、柳烟霭霭，后有青山郁郁、古木森森。村内渠水哗哗，池水明净。家家门前栽花种树，屋后养橘植枣。户户敬老爱幼，子孝孙贤。

村里还通过村民自发筹资以及村集体投入相结合的办法，先后投入

65 万元用于文化中心建设。村里还常年活跃着一支文艺自愿团民乐队，他们热衷于农村文化事业，传承五十都村的婺剧（西安高腔）艺术。有意识地挖掘整理当地有特色的乡土文化资源，常常走村串巷，编演喜闻乐见的文化节目。每年还专题搞五十都村的"春晚"活动（这项活动曾被《衢州日报》首版公开发表），充分调动起村民享受文化生活，参与文化活动的积极性。

五十都这个美丽、洁净、和谐、独特、古今皆为生机盎然、商机无限的古老乡村之都，成为一个新兴的旅游景点。

（文：常山农办）

衢州开化霞山村

古道明珠霞山村

溯钱塘江源头的马金溪而上，沿着徽开古道向徽州而去，从浙江的开化县城向西北行三十多里的路程，有一个古老的村落名曰"霞山"。跨越千年、穿越浙皖两省的徽开古道，曾经是徽商经陆路通往闽浙赣的重要通道，霞山便是这通道上一个重要的节点。霞山古村落北依来龙山，峰峦叠翠；南环马金溪，溪流映碧，真可谓山清水秀，环境清幽。古时的霞山曾有"青云岭峻、元水清流、丹山拱秀、紫雾崖深、蓝峰插笔、碧潭钓月、绿野耕云、翠嶂列屏"霞山八景。

宋皇祐四年（1052），霞山郑氏始祖郑慧公迷恋霞山景色，迁居霞山。后因家族人丁不旺，便招赘汪崧（霞山汪氏始祖）为婿，相互扶持，共同发展。至元代末年，郑氏家族分为三房，汪氏独立发展。霞山分为上下两村，郑、汪两姓分别聚族而居，村落渐成规模。明代初年，郑氏家族参与经商贩木的商业活动，此后一直持续到民国时期，从而造就了霞山村落几百年的繁华。郑氏家族由此走上了一条士、农、商一体发展的道路，成为开化望族。

霞山古巷

在漫长的历史岁月中，历代霞山村民与能工巧匠建造出众多的村落建筑艺术精品。盛时的霞山村落中有园林、书院、祠堂、钟楼、寺庙、桥梁、水碓等，商业老街上还有不少酒店、肉铺以及出售南货布匹、南货贡面等的商业建筑，可谓建筑类型丰富，几乎囊括了封建社会自然经济条件下的所有建筑内容。如今的霞山仍较为完整地保存了明、清及民国时代的民居、祠堂等古建筑约三百座，村落基本体现了民国时代浙西山地聚落的历史原貌。

霞山古村落的总体布局由北而南呈现不同的结构特征，反映出宗族文化与商业文化两种因素的重要影响。村落北部呈现典型的血缘聚落结构特质，即以宗祠为核心进行聚落空间组织。民居建筑按照血缘关系所属围绕祠堂——裕昆堂、爱敬堂、永锡堂布置，形成对祠堂的拱卫之势；村落南部则明显呈现出商业因素的影响：以马金溪和古道为基准，村落基本呈近似辐射状布局，主要道路皆保持由北而南与马金溪、古道商业街近似垂直的走向，保证了对外交通的通畅。街巷是最能体现聚落特质的一类空间，霞山村落内的街巷大都曲折迂回，看似无序的街巷只有村里人最熟悉它的走向，外人进村，东转西蹿，如入迷宫，很难找到出路，所以霞山又有"迷宫"之称。

汪氏宗祠

霞山民居与徽州民居类似，以"合院+天井"为基本单元。合院的形式有三合院、四合院，正房大都三开间，两厢房，与正房相对隔天井的南侧用高墙封闭即为三合，建成下房即为四合，当地也称为"三间朝对"。所有的建筑均为两层楼房，正房明间为敞厅，两次间为卧室，敞厅后金柱间做太师壁，楼梯即在太师壁后。建筑主入口均设置在南向或者东向，南向时一般设在中轴线上，东向时设置于东南角占据一间厢房的位置，垂直于轴线进入。霞山郑松如宅、暗八仙、梨园聚、中将宅等是目前保存较为完整的村落典型民居建筑。

霞山居住建筑的外观形式也与徽州民居的风格相类似，马头墙、砖雕门楼、青瓦、白墙等外观特征一应俱全。霞山民居两侧山墙做成阶梯形的马头墙，高低起伏，错落有致，黑白辉映，增加了空间的层次与韵律，但是与徽州民居不同的是一般马头墙均不超过屋脊。霞山建筑外墙充分利用了当地的资源条件，即用河滩沙土掺入白灰形成三合土砌筑卵石，卵石和沙土均来自马金溪。为增加墙体的整体性和稳定性，沿墙体高度每隔一米左右，用砖平砌或斜砌形成一条砖带，起到取平砌筑面的作用，类似如今砌体结构中的圈梁，而墙体四大角和较长墙体中部的砖柱则类似构造柱，共同加强了墙体，此种卵石墙体砌筑高度可达6—7米。

霞山的祠堂目前存留的有汪氏宗祠槐里堂、郑氏支祠爱敬堂和永锡堂以及郑氏大宗祠裕昆堂遗址。祠堂的形制均为五开间，天井庭院形式，一般分戏台、享堂、寝殿三进，庭院和建筑的尺度往往比民居大得多。祠堂规模的大小则根据基地情况、家族经济实力和祠堂的地位不同而不同。

除上述重点公共建筑外，还有大量的店铺及民居建筑。老街有店号数十家，现在依稀可辨的有"花酒发兑""酒坊茶馆""南北布匹""南货贡面""南北杂货"等商铺店号字迹。店铺多为二层砖、石木徽派建筑，一般每户三间门面，店面出檐长。梁架及牛腿雕饰精美，有的外檐随梁柱雕刻精美木灯笼，造型别致。店面、作坊、住宅三位一体，或前店后居，或下店上居。

普通民居建筑布局沿马金溪自上而下与老街呈垂直排列。平面多为两进的二层砖、石木结构，三合土地面。两进间有天井，用于采光、积水和通风用。建筑的门楼上大多有精美的砖雕，朴拙古雅。屋面都为硬山顶，且多有风火墙。屋内梁架、牛腿等木构件雕工精细，玲珑剔透，雕刻内容丰富。

比较难得的是，这些清代至民国的建筑，多数未作大的改变。基本保持原有的风貌，且整个村落的布局也未有大改。鉴于保护历史文化遗产的重要性和紧迫性，2001年"霞山古建筑群"被开化县人民政府公布为历史文化保护区，2005年"开化县霞山"被浙江省人民政府公布为第三批省级历史文化村镇。不久的将来，霞山将似一颗璀璨的明珠闪耀在浙西的钱塘江源头。

（作者：王剑云、陆苏进）

西部边陲决要村

富山乡决要村位于黄岩区富山乡最西边，毗邻永嘉县，村内群山环抱，竹海葱郁。一抹青山围着一片屋宇，村前是蜿蜒的公路，村后是连绵的大山，两条清亮的小溪顺着山势蜿蜒而下，穿村而过，房子大多沿溪而建。决要是黄岩境内黄永古道的终点，现存部分古道、路廊与古民居。

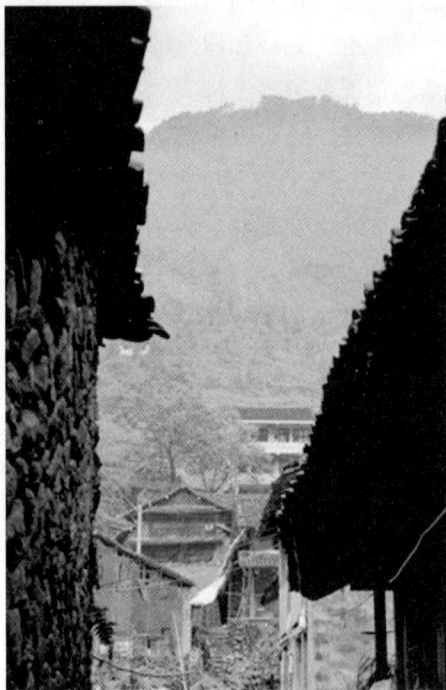

青山环抱决要村

据《决要陈氏宗谱》记载，清乾隆年间，决要村就已形成。在北宋年间，他们的始祖因反对王安石变法被贬到此地，但后来不知因何缘由，陈姓人在这一带突然消失了。到了元朝，移居仙居的八世祖陈月楼举家迁回，才逐渐繁盛起来。现村里有三百多户人家，其中两百多户姓陈。

关于村名的来源，传说与黄岩、永嘉两县争着要此地有关系。从马安山向西，有十几个村庄的水都流向永嘉，原先都属于永嘉。据说在今天马安山岭头庄永灵庙内，还有一只香炉，上面铸有"永嘉五十都"字样。民国时期，黄岩的经济比较发达，附近的宁溪、乌岩、小坑、溪头都有集市口，便于山区群众定期进行畜牧农副产品交流和贸易，而永嘉各地都没有集市口。因此，马安山以西的十几个村庄的百姓，强烈要求把本村划到黄岩县。后经省里一位官员的调解，终于将这十几个村庄划归黄岩县管。"决要"意为决心要在这个地方。在当地方言里，"决要"发音同"决好"，也是后来两地矛盾化解后的见证。

黄永古驿官道始于明清之际，沿山形由东向西，经桥上街、罗家汇、大路头、桥头王、焦坑、山头舟、古竹街、桐树岭、三官堂、小里桥，越枫家岭，过讴韶、长潭、李进士桥（长潭水库水域）、乌岩街（长潭水库水域）、里洋、避暑岭、白岩、白鹤殿、坦头、浮山庄、宁溪街、金岙岭根，越半山岭，经半岭堂、半山，逾决要岭至决要，到达决要村，沿岩路廊入永嘉县张溪乡，是古代黄岩西部通往永嘉的重要交通枢纽。现存黄永古道，沿途保存路廊四处，石梁桥一座，全长约十五公里。黄永桥边不远处沿岩路廊是黄岩境内黄永古驿官道的终点。路廊前还有黄岩永嘉的分界碑。

黄永古道从张溪离永仙古道经外岙，过小木岭，至大老红与黄岩交界处决要。

古道在过去是相当热闹的，传递文书的，贩卖货物的，赶考求学的，无所不有。当然，从古道走过的最庞大的队伍，恐怕是担私盐和掼树的。盐是生活必需品，官盐垄断，私盐价廉物美，却被官方禁止。担私盐的人身上有钱，也要被强盗记挂。所以，挑私盐最怕遇到的就是盐兵和强盗。

古老的驿道和驿站坍塌在历史风雨中，现存的路廊也已残败荒废，但大多还供奉着一尊佛像，是路廊神泗州大圣。村人大多说他是玉帝的侄子，因为犯错才被贬去管路廊。古道荒僻，路廊寂寞。古道上的那个集美丽、神秘、贫穷、倔强的小山村，依然蛰伏在苍莽的大山深处，不动声色地演绎着属于自己的故事。

村里还留存陈家和潘家两座宗祠。陈家祠堂现被改建成文化俱乐部，门口仍留有石柱础。潘家祠堂则在村边的山坡上，还留着以前的木门。

这里的村民自古生活简朴，男耕女织，靠山吃山。民居建造也是就地取材，以石筑造。没有雕梁画栋，没有气派台门，只有褪尽繁华的质朴。石围墙里是木结构房子，顶部覆盖着鱼鳞瓦片，偶有古朴的木窗花。石墙上爬满青藤，房前屋后除了野草翠竹点缀，也有红豆杉、樟树、板栗等古树，得好几个人才能合抱。溪水潺潺，一路有石台阶、石板路，隔着不远，还有石矴步，块块石矴排列在河床，方便人们行走。

　　依山傍水的老房子，颇具沧桑古意。徜徉在决要村，忽而临水，忽而过溪，忽而转折于青砖土墙之间。墙面还留有不同时期的各类标语，岁月的留痕，恍如在这里凝固。大门往往都随意敞开着，屋前阳光泻下一地的金黄，屋前的桂树开着花。老母鸡咯咯地炫耀个不停，主人在屋前屋后忙碌着。光线投在褐色的木板墙上，屋檐下沉默的老人，安详地坐在竹椅上。一份宁静，一份安然，悄然弥散于这深山古村之间。

（作者：赵文正）

丽水松阳陈家铺

崖上人家陈家铺

陈家铺村隶属于松阳县四都乡，距县城 15 公里，始建于明朝初年。整村地势北高南低，房屋依山而建，是一座建在悬崖峭壁上的崖居式传统村落。

村居坐落在一座大山的侧腰上。远处的邵尖山、外围的寨头尖和松路头山、左侧的龙脉山、右侧的栗柴山、村后的后山，将陈家铺村三面围住，只留出南向一面。村庄平均海拔达 840 米，视野非常不错，近可俯瞰大半个四都源，远可眺望小半个松古平原。村落左侧的龙脉山犹如一条从群山中探出的龙头，非常形象、逼真，而鲍氏宗祠就建在龙头上。村脚有 20 多棵红豆杉、香榧、桉杉等古树，参差错落，很好地散封住水口，那是村人为求得风水学上的"聚财"而长期珍惜并保护下来的；祠堂前有一棵挺拔苗壮的栗树，村民也视其为风水树，说长势旺盛就象征着村落人丁兴旺。

陈家铺兴为村之前，这一带的田原归陈姓人所有，而田畈间搭有灰铺。元末，金华市武义县山下鲍村的鲍姓两兄弟到此地养鸭，烧了一堆稻草，竟然四天四夜灰火不灭。兄弟俩觉得此地风水好，决定在此兴家立业。后来要取个村名，好久想不出来，干脆就叫陈家铺了。因此，陈家铺绝大部分是鲍姓人。算下来，建村至今已有 640 多年。松阳县到武义县的古驿道经过该村，古时候的松阳三十里一铺，陈家铺也是古驿站，清代曾经在此驻有士兵。

在长期的农耕社会里，普通老百姓除了结婚生子传宗接代，人生的最大事业就是建房子，如果财力还有盈余，无非买些田地山场。建在峭壁上的这个村落，布局科学合理，风格鲜明独特，蕴含了深厚的文化底蕴，具有很高的科学价值、文化价值和考古价值。现存较早的建筑多修建于清代（代表性的历史文化建筑 1 处），传统建筑占地面积 4.5 公顷，占全村建设用地面积 80.3%。祠堂、香火堂、社庙、古民居、古店铺、古道、驿

依山而建的民居

站等传统建筑保存良好。

　　民居筑在三座绵延的山冈上，普遍坡度极陡，甚至有五六十度的。核心区域的房子非常紧凑，除了网状的村巷外，几乎没有多余的一寸空地。往往后排房子的前面，隔条巷路便是前排二层高房子的房顶。一座座石头搭建而起的平台托起一排排房屋，紧紧地贴在山崖上。一排排房子以石头、泥土、木板、青砖为建筑材料，巧妙地利用地形地貌和岩石结构，沿着山崖、山坡一级级向上延伸。这些贴在山崖上的房子，在视野中展现出一个巨大的建筑立面，形成了壮观的阶梯式传统村落。整个村庄仰仗高山的依托，很自然地体现出村落的恢宏气势，凸显浙西南淳朴的山地特色，具有浑然天成的朴素之大美。

　　在陡峭的山坡上建房，基础的开挖和砌筑要占整个工程的一半以上，因此其建造成本往往也是平地的一倍以上。建造前，必须依山势先在下首挖好墈脚，从一二公里外挖凿岩石，由身强力壮的男子一前一后、一块一块抬过来，再请经验丰富的大师傅砌石磡。要想使房子基础坚实稳固，经得起岁月长河的洗礼，师傅的手艺很重要，必须让每一块石头相互咬紧而不会有任何松动。在石磡逐步垒高的同时，将基准线以上的后方山体土石挖掘下来，填入石磡内，边填边压实。只有当石磡砌筑到基准线的时候，房基才会显出一点模样来。然而基础工程远远没有完成，后方山体开挖到位后，照样要砌一垛一二层高的石墙。由于地势的逼仄，陈家铺的房子，普遍是直三间，有的还是两间，而且进深有限。而木板屋的较多出现，为的就是避开泥墙，提高使用空间的利用率。

陈家铺这个村落，是人类改造自然和回归自然的经典之作，是一代代陈家铺先人不屈不挠精神的高度体现。六七十幢房子，高度体现了陈家铺人的勤劳俭朴、自强不息，同时还反映出他们对土地的极度珍惜。"但存方寸地，留与子孙耕"，为了让极其有限的可用资源能在子孙手里无限地循环下去，陈家铺人就这么勤劳而顽强地坚守着，创造自己的家业。

（作者：叶荣亮、陈拥军　图：刘土伟）

丽水松阳官岭村

阶梯错落官岭村

官岭村地属浙江省松阳县新兴镇，距离松阳县城 33 公里，距离新兴镇 19 公里。村庄位于高山岭背，海拔约 900 米，属于典型的高山阶梯式传统村落。

据民国三十四年（1945）第四次重修的《官岭陈氏族谱》记载："胜祖胜宗公自下川（玉岩下川，今溪口下陈）徙居官岭，是为我族第一世始祖焉。"陈永的后人陈胜祖是在明万历年间带着两个儿子庆降、庆泰从玉岩来官岭定居的。自此，"官岭"以一个村落存在于重重深山中。

对于官岭村名的由来众说纷纭，一是松阳县至龙泉古官道穿村而过，一是此岭曾出过官员。村中有个传说，以前有个县官坐着轿子前往玉岩大岭脚，在岭上见到村中祠堂，看制式的级别较他这个七品芝麻官要高，所以他就从轿上下来，过了这个岭后再重新坐轿而去。

深山重重中的官岭村

陈氏祠堂右侧墙脚边竖着一块石碑，官岭陈氏碑记："唐乾符甲午第官至御史中丞，之子佞宦游于松之官峰，见山明水秀可以为士大夫君子之居处……"石碑的落款为"万历岁次庚辰"。陈氏的祖上为陈穆公，其本为河南许州许昌人，曾是唐末的国子司，后赠太子太保。其子陈永，官至御史中丞，唐亡后其四个儿子均投奔吴越王，长子任处州押衙节度散兵马使，后任尚书，居丽水浮云睦田；次子居松阳芳溪；三子居龙泉梓亭；四子居乌石守父亲墓。迁居至官岭的陈氏就是中丞之后，故祠堂的制式级别相应较高。

官岭处于群山深处，群山如同一把锁，使村子偏居一隅，远离尘世纷扰。如此封闭的自然环境，使官岭村周边环境原貌、传统建筑、传统建筑的细部及传统民俗文化保存完好。

官岭村环境优美，山峦、森林、水源、梯田和房屋，形成了村落的基本框架。村落严格按照古代的风水学进行布局，村四周的笔架山、大木山、平头岗、交塘儿、大尖头五大山峰，犹如五大金刚环拱侍卫。苦马溪穿村而过，形成"苦马瀑""苦马潭"，同时溪水灌溉官岭 200 余亩梯田。这个布局使官岭村与山水自然地融合相济，体现出"天人合一"的境界。为保证村民的生活和生产用水，村民一直遵守着祖先制定的规则，珍惜水源且合理使用水源。

水口是村落溪流的出入口，官岭先人在水口处种植大片茂密的树木，以便留住风水。官岭的村口现有香榧、红豆杉、柳杉等古树 160 余株，众多的古树又将村庄遮得严严实实。官岭村的水口树能够如此大规模地保存下来，印证了官岭人懂得人与自然和谐相处的道理。

官岭村完整地保留着"山水—田园—村落"的格局，全村鲜有不协调的建筑，有不可移动文物数 2 处，县级认定历史建筑 1 处。传统建筑种类繁多，有传统民居、禹王庙、关公庙、四相公庙、永庆堂、陈氏宗祠及大量谷仓。村北处坐落着观音庙，村中有陈氏宗祠，村南有平水大王庙，三座公共建筑沿着苦马溪一字排开，传统建筑集中连片，整体风貌协调，且建筑质量良好，原住居民仍正常生活于此，保持了传统区浓厚的活态性。

官岭是松阳县最具代表性的阶梯式村落之一，200 余幢黄墙黛瓦的老屋，高低错落，沿着缓坡层层向上，最大幅度地展现出了村落的面积。官岭村传统建筑造型奇特，古朴美观，外观立面和梁架结构等基本保存原有的格局和传统风貌，村民建筑营造至今采用当地特色的泥木材料、传统工具和工艺。

村中街巷体系完整，两条纵向和三条横向主干道，中间穿插着无数的

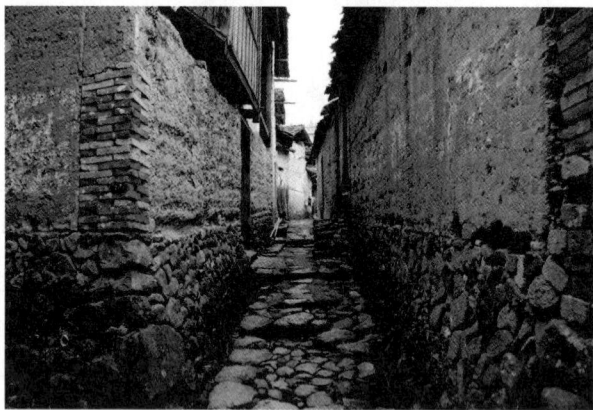
村中街巷

支线，形成了无数的巷弄，村中所有的道路采用块石和卵石铺砌，古道保存完整。苦马溪上有石桥、廊桥若干，方便着溪两岸村民。

总而言之，在官岭村，你可以见到最原味的山居，见到民风仍旧淳朴的山民，看到日出而作日落而归的农耕生活，可以溯着苦马溪见到清流中的鱼影和拨着清波的白鸭，走在村中高低不平的石阶上，可以细细感受乡愁，感受村子中每一个转角处的传来的乡音。村庄之外就是竹子，你若闭上眼，还可以听见鸟儿飞过清风时留下的声音。

（作者：黄春爱）

丽水松阳朱山村

山野村居隐朱山

丽水市松阳县新兴镇的朱山村，位于县城西 30 公里，地处高山绿谷，山环水绕，在浙西南重重的山间，就如一只沃野中的南瓜。殿后、珠岱、落梯岭这三个一箭之隔的小自然村就像一根藤上的三只小瓜，一起生长在无边无际的绿色之中。

朱山村的三个自然村均坐西朝东，坐落在高山谷地，四周山峦环抱，竹海茫茫，树木葱茏。三个自然村从北到南分布在船形谷地的西侧山脚下，依山而建。先人在选址时根据"船形谷地、五龙抢珠"的地形设计，徐山、凸泥头山、竹岗山、屋后山、高田坪山五座山脉合拢形成一片谷地，一条小溪自南向北，如一条玉带在村前绕过。

朱山村布局属于典型的阶梯式山区传统村落，村中巷道纵横交错，曲折迷离，体系完整。路面都以卵石铺设，大小一致。土木结构四合院型的房屋紧邻而建，青石小路贯通全村连接着每户人家，形成四通八达的村内交通，同族人连成一片相互依赖。朱山村现有 172 户、686 人，以程姓、叶姓和郑姓为主，三个自然村各有其主要姓氏。

程氏在松阳曾有一段辉煌史，其先祖程旷在唐乾符年间作为松阳令，因黄巢之乱，在松阳青蒙居住下来。传至十二世的时候，程榆和程樟两兄弟分别在 1193 年和 1202 年考取进士，于是恩赐儒林世家，改封地名为"下马街"。如今下马街外竖着 1499 年建造的詹雨和詹宝的进士牌坊，程榆兄弟却比詹氏兄弟早了 300 多年。有这样光荣史的程氏，随着人丁的繁衍，家产的壮大，各支随着家产择居各地。

出生于 1298 年的程鈇、程钺两兄弟，山林田地就在珠岱这片大山里，兄弟俩来到此地游玩之后，见此山环水秀、龙抱虎踞，就将家安于此地。以今天的眼光看，朱山村四周山体平缓、植被密集、生态环境优越，且地质结构良好，不会产生山体滑坡和泥石流等地质灾害，村落傍山而建，平地造田，溪流绕村，群山环抱，确实为卜居之首选。

平缓的村周山体

　　珠岱村的程氏祠堂，因祠堂中有两根方柱用料是红豆杉树，故被人谓之为本县最"奢侈"的祠堂。据考证，红豆杉是第四世纪冰川遗留下来的古老树种，它在地球上已生长了250多万年，享有植物王国里的"天然活化石"之誉。它材质坚硬，有"千枞万杉，当不得红榧一枝桠"的俗话，其纹理致密，不翘不裂，耐腐力强，这两根方柱在程氏祠堂中站立了几百年。

　　在村子东南边，有一挂梯田，像一副梯子一样，从海拔800余米的山顶上悬下来，岭子下面村庄的海拔就降到600余米，"落梯岭"的村名就是这样来的。1370年，叶氏先祖从古道寻到这方寸之地，居于落梯岭自然村。叶氏先祖，曾世居古市卯山，精地理术，好览山水，游至十三都，见珠岱山环水绕、茂林修竹，平原旷阔，可耕可读，明季年间自卯山转迁于落梯岭，然后垦地筑屋，生儿育女。

　　落梯岭的民居集中分列在穿村而过的殿后源两边，屋子均为夯土墙小青瓦。一些房子两层结构，二楼为山区典型的木结构，木门木板壁木栅栏，依着山墙端放在楼上。

　　殿后自然村位于村子最西，房子在高处，田地在低处。南渡而至松阳的郑氏是在元之季年扎根在竹圂，之后子孙分散至张山头、朱山等村，郑氏何时来自朱山殿后村，不甚明了。

　　据说殿后之名是因为村处古殿之后。村外有关王殿，村口有"安福社"，小四合院，一边供奉平水大王等众王，檐枋上悬挂明万历二年（1574）所立的"安福社令"匾额。令人不解的是"社"字土上有一点，不知是有意点之还是无意之笔误。另一边为戏台，红柱子上漆着黑底鎏金的对联：自古文武今时见，历代君王自始知。旧时至今，各村每年冬均邀请松阳高腔戏班及外地戏班来村演社戏，以庆丰收，保村庄风调雨顺、国泰民安。

　　朱山村传统建筑集中连片，富有特色，科学宜居，建筑质量良好，是"天地人"和谐统一的传统村落。整座村落民居为泥木结构，沿着山脚缓坡一级级向上延伸，在视野中展现出一个巨大的建筑立面。朱山村依山造房，就地取材，形成气势恢宏壮观的阶梯式古村落。原住居民仍正常生活于此，温馨和谐，富有浓郁的农耕生活气息。

（作者：黄春爱）

三　水系规划

岳家将士掘欢潭

欢潭村位于杭州市萧山区南部，距城区 23 公里，东与岳驻村以山为界，南临钱塘江支流浦阳江，西北与进化镇岭下沈村隔山相望。原属绍兴县，1950 年划归萧山。

欢潭

据浙江省文物考古研究所考古发现，欢潭村在新石器时代就有人类居住，历史古迹和传说较多，著名的有岳飞率军掘潭饮水的欢潭和唐代古刹大岩寺。

欢潭村以田姓为主，约占全村 80% 的人口。据传田氏原籍河南开封府陈留县田家庄，南宋建炎年间（1127—1130）随驾南渡，定居于天乐乡（今欢潭乡），至明永乐年间，已历十三世，现已传三十余世。始祖田晟，官至司徒、鲁国公。

欢潭村村名的由来是因为村口有一直径 3 米、深约 1 米的水潭，俗称

"欢潭"。史书上记载：欢潭在绍兴西南面三十里，水清而甘。村名记载最早见诸 1938 年《绍兴县志资料》中的《天乐志》，村名来历据《田氏宗谱·欢潭记》："欢潭者，因有天潭，故以潭名村。潭在村口湖堤边，宋时古迹也。周不数寻，深不及丈，四时澄澈，不涸不溢，水清味甘。自宋岳飞行军至此，饮潭水而欢，故名。"《萧山县志》也记载："相传南宋岳飞率兵抗金，行军至村口，见泉水潭，欢饮止渴，故名。"

相传南宋年间，宋将岳飞率军万人抄小路勤王保驾，路过绍兴府山阴县天乐乡徐家村，为不打扰百姓，岳飞命令军队绕村而过。时值盛夏，酷暑逼人，岳飞传令宿营。岳家军驻扎下来取水烧饭，无奈潭小水少，急得先锋大将军牛皋摇头顿足，毫无办法。

忽然，营门口传来一闹嚷嚷的声音："乡亲们送水来啦！"这时，只见乡亲们提着或捧着一罐罐、一盆盆的清清泉水，陆陆续续地走了进来，水被整整齐齐地摆在营地面前。正在为大军用水担忧的岳飞，听得有人来报，说乡亲们把自己贮存的用水都送来了，不禁大为感动，立即站起来，拱手对乡亲们说："久旱无雨，乡亲们用水也困难，这水还是请你们担回去自己用吧！"众乡亲见岳飞不肯收水，都嚷嚷着说："你们日夜追击金兵，为国为民，哪能让你们吃不上一顿饭，喝不上一口水呢？"乡亲们一边说一边把水直接倒进了士兵们已经架好了的铁锅里，有的干脆收拾起柴火，替岳家军做起了饭来。岳将军只好拱着手，忙不迭地对乡亲说："谢谢，谢谢！"急性子的牛皋知道全村百姓就靠这点过活，急得一个劲地说："这——这——这咋行呢？"岳将军微微一笑，招呼牛皋过去，附耳低声吩咐了一番。牛皋这才高高兴兴地走开了。

第二天一大早，乡亲们推开门一看，发现营地上已经被整理得干干净净，岳家军也已经离开村庄，重新上路去追击金兵了。

有人提着水去小水潭打水时发现，原本磨盘大的潭面一夜间变成了足有四张八仙桌那样大。潭边还砌了几个方便提水的石台阶。乡亲们围在潭边七嘴八舌地议论起来："开这么大的潭，士兵们定是一夜未曾休息，岳家军真是时时处处为百姓着想啊！"村民为了纪念岳飞，索性将村名改成了欢潭。

这就是有关于岳飞与欢潭的传说。民国二十三年（1934），为了纪念岳家军纪律严明、忧国爱民，欢潭人民将当初岳家军饮水之潭砌成仿古仰覆莲座式的七角形泉潭，并以青石板作栏，在中间的一块栏石上镌刻潭铭，定名"欢潭"。同时竖了"欢潭泽县志，宋岳武穆引军过引饮水而欢故名之"的潭碑。

　　如今"欢潭"已作为文物保护。1990年，原欢潭乡政府征地1.5亩，投资8万元，建成欢潭公园：内有单檐歇山式六角亭一座，名欢潭亭；有106平方米的管理房和活动室；立乡碑一座；潭水仍清澈如故。"岳飞笑饮潭水，战金兵所向无敌"的传说已成为欢潭人民的历史美谈。

（文：萧山农办）

杭州桐庐环溪村

莲韵清风环溪村

环溪村，属桐庐县江南镇，南靠相山（俗名来龙），东临富阳，坐落于三国文化的发祥地，著名的天子岗山麓。清澈的天子源和青源溪汇合于村口，三面环水、一面靠山，村由此而得名。

环溪村全景

环溪村为宋代理学鼻祖周敦颐后裔聚集地。自北宋理学家周敦颐第十一代孙周新一始迁桐庐，其子周珪定居深澳，历经两代，周敦颐的第十四代孙周维善于明洪武十七年（1384）迁居环溪。自此，周氏一族在环溪村繁衍生息，逐渐壮大。

环溪村布局规划独具匠心，以南北为主干道，东西为巷，纵街横巷，主体设计成"卅"字形，蕴意根系兴旺、财路畅通。明渠暗沟，水沟与每条行路相附，流遍全村，不仅方便洗涤、保障消防，还将灵气贯通全村。根据五行说的"离"卦，村子南侧修有太平塘镇火。而水为"润下"，财气能随水流遍全村；村口"北水南归"为村聚气。整个村落以周氏宗祠"爱莲堂"为中心，成纵横格局。古街道以村中池塘为界，以古银杏树为基点，向西北方向拓展。村子的"周"字象形令人叹其缘巧。相山携东西两溪，以半包围的周字外框，道路与空地组一"吉"字。村内保存着完整的古宗法血缘建筑群，古建筑20余幢、历史建筑30余幢，包括祠、庙、堂、亭、寺、桥、渡、井、塘、堰以及古树等，为江南著名历史文化名村。

环溪村村口的千年古银杏，被誉为"夫妻树"，成为该村的一大景观。据传环溪的人烟从这几株银杏开始。周维善将第一间茅屋建在了这些已经成形的银杏之下，以荫庇这一隅风土。七百多年树龄是环溪村的阳基树，雄性的两株较雌性的三株粗壮，均枝叶繁盛，树身高挑。春夏绿意茸茸，浓荫蔽日。时至深秋，一树金黄灿烂。村中以"五杏开泰"为环溪八景之一，见证了这个村庄的百年沉浮。

安澜桥建于清康熙二十一年（1682），是明季诸生周希里为方便里人而建。古桥位于环溪村水口，天子源与清源溪交汇处，南北跨天子源。系单孔石拱桥，长18.2米，宽4.5米，石拱跨度12.2米。相传当年因拱桥跨度过大，建桥工匠忧其崩塌，不敢拆模，在未拿到薪酬的情况下悄悄溜走，后来村民自己动手将支架卸掉。石桥经受住了常年风雨岿然屹立，村民取"安然无恙"之谐音，命名安澜桥。清光绪十七年（1891），安澜桥重修至今。安澜桥规正典雅，简朴庄重，拱形似月。桥头两棵古樟枝叶如云，桥顶青石浮雕如意图历历在目，桥身古藤盘根错节，藤蔓随风飘曳。桥下卵石镶底，流水潺潺。岸边芳草蔓蔓，杨柳依依，蔚然成景。

尚志堂建于清咸丰年间（1850—1861），为周氏第七代传人周德源的先祖大公所建。太平天国忠王李秀成带兵撤退途经环溪，驻绍廉堂、尚志堂、守成堂。驻于尚志堂的官兵，士气低迷，夜寒在天井挖坑取暖。翌日，队伍将行，士兵架起柴火，欲焚烧尚志堂。头领仰首环视厅堂天井，见上堂屏风一字展开，屏风图括历史名流、花鸟虫鱼、神仙奇兽、绿水青山、孝子孝媳，顿生惜意，当即命人泼水灭火。炙热石板遇冷爆裂，至今遗迹仍存。

环溪爱莲堂始建于明代，现存建筑建于清嘉庆年间（1795—1820），五间三进，依次为大厅、享堂、寝宫，分别用来演戏、议事、供奉祖先牌位。因南宋著名理学家朱熹在周敦颐"濂溪书堂"题下"爱莲堂"三字，周氏宗祠皆以此为名。爱莲堂共占地286平方米，观音兜硬山顶。堂内建筑木雕装饰均经彩绘，部分檩条为雕花檩，精致绝伦，别有特色。古老祠堂见证了村庄里年华流转，"崇文尚志"的匾额下，水墨荷香相映，周氏的文脉在爱莲堂里传承。

旧时，爱莲堂举行盛大祭祖仪式，仪式后每人可得一份祭品。而按周氏族规"凡读书人，乡绅贤达可得双份"，崇文之风由此可见。如今，爱莲堂里爱莲书社依旧书香传递。周氏子弟在此读莲读史，村中老人开设白鹤书院启蒙国学，闲暇时开一讲堂，邀村人共聚爱莲堂中，讲一讲周敦颐的《爱莲说》，在祖先的笔墨清影里，感受不一样的环溪，不一样的自己。

如今的环溪，溪水潺潺，环境优美；冬天，溪流上升腾起薄薄的热气；夏天，一到溪边就感觉到阵阵清凉。还有安澜桥旁的万顷荷花摇曳生姿，香远益清。环溪必将越来越成为世人瞩目的焦点。

（作者：苏　文）

宁波余姚柿林村

一口古井饮千丁

在宁波，很少有一个村庄会因为一口古井而让人记住，也很少有人去关注自己村庄中的那口古井。而柿林村的发展史却是村落与一口古井的故事。

柿林，曾因人才辈出称士林；又因两岭对峙故称峙岭；现因盛产柿子而得名柿林。早在东汉年间，就有许多道教名士来此隐居修身，被道家尊为三十六洞天之第九洞天。历代诸多名人雅士到此览胜抒怀，留下了许多优美诗篇。唐代诗人李白就有"四明三千里，朝起赤城霞"之吟，明代诗人又有"丹山赤水神仙宅，布袜青鞋作胜游"之记。

柿林村——这个坐落于高山台地之间的浙东山乡古村落，就隐于茫茫八百里的四明山麓间，其境内山峻林茂，石赭溪碧，柿硕竹密，是国家4A级景区丹山赤水的所在地，自古以来被誉为道教的第九洞天。同时柿林村是宁波市的历史文化名村，最佳山村旅游胜地，2014年被列入中国传统古村落保护名录，是中国传统古村落的典型代表。村中道路弯弯曲曲，小巷悠悠，房屋承袭明清时期的建筑风格，雕梁斗拱，花格子门窗。村中"沈氏宗祠"、"耕读传家"宅、"新丘里"等大型宅院及富有地方特色的普通民宅，具有完整的地方传统居住风貌特征。在柿林村有一个比较特别的地方，那就是全村皆只有一个姓——沈，是单姓的血缘村落。据史料记载：周文王的第十个儿子聃季被分封的国号为沈，在今河南平舆县。后来这个国（领地）的子孙就以沈为姓，代代相传，传到柿林村开村始祖沈太隆这一代为第45代。

从古至今，每个村庄的发展都是先有人住下来，然后才会打井。柿林村也是一样。柿林村的这口同心井，为开村始祖沈太隆来此定居后所挖。相传有一年冬天，沈太隆来到这片荒芜人烟的溪边砍柴。他把带来的饭包挂在树杈上，便干起活来。等临近中午，准备吃午饭时，取下饭包一看，发现盒中的饭菜依然热气腾腾。这么冷的天，怎么会有这种事呢？便觉奇怪。他环顾四周，只见挂饭包的树枝周围，升起阵阵白雾，草丛中却是露珠一片，更觉这个地方神奇了。他料知这个地方定是个吉祥之地，于是便携妻儿举家搬迁至此处定居。后来随着沈氏后人一代一代地繁衍生息，逐渐形成了柿林村现在的规模。整个村庄以古井为中心，巷道四通八达，纵横交错，看来古井在我国传统的村庄文化中有着举足轻重的地位。

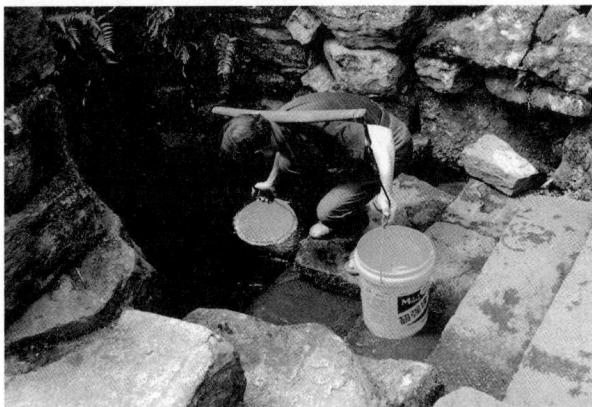

同心古井

柿林村的这口同心古井，呈半月形，大小不足 5 平方米，水深不足 2 米，井壁三合一开，四周都是用块石垒砌而成。在古井路面到水面建有五级半石台阶（其中第五级石阶，一半被井水淹没，是一块光滑的红石板），方便村民从井中取水。同心井虽不深，但十分奇异，当地村民根据长年累月的观察，发现了"大井水满要天晴，大井水浅天下雨"的规律，给后人留下了一个难解的谜。古井经过了数百年的风雨冲刷，井壁四周的石块变得光滑圆润，井沿上也已长满了厚厚的青苔。每天，古井甘甜的水跌宕起伏，可供全村人的生活用水，且常年不会干涸。

柿林村人美好的一天，就从这口古井开始。在村里担水是村民们的必修课，每天天蒙蒙亮时，起早贪黑的村民在扁担钩上挂两只水桶，"嘎吱"晃荡的声音夹杂着急促的脚步声似乎把整个村庄都给唤醒。开启木门的"吱扭"声，带着晨色里的古村落顿时生动鲜活起来。柿林村的老人们，就已经用这百年的古井水，泡好了大岚当地的高山云雾茶，与邻居老友热切地攀谈；孩子们则在小巷中追逐着。伴随着村中袅袅升起的炊烟，心中不免升起一阵暖意，轻轻地掬起一口刚刚挑来的古井水，清凉舒爽，还带一丝甜意，心想这才是梦中的美好家园。

都说古井是村庄的生命之源，所以村民有一份对古井虔诚的尊崇。如今，虽然家家户户都已经装好自来水，但柿林村的每家每户依然保持着同一个习惯，就是喝这口古井的水。每天做饭、泡茶的水皆来自村中这口古井。数百年以来，也一直有一个不成文的规矩——"任何人都不能在井边洗手、洗杂物"；不小心有人或物件掉入井内，每次都要全部舀干，用糖水洗过（过去还要拜菩萨），盖上竹簟，等井水满后才准用。当地老百姓都非常自觉地在遵守这个不成文的规矩。随着当地旅游业的发展，丹山赤水景区的对外开放，来柿林村参观、游玩的客人越来越多。为了更好地保护这口古井不被污染，柿林村于 2008 年率先完成了村庄污水工程改造，每家每户的生活污水，纳管后统一接入村中的污水处理终端，进行收集、处理。这样，农村环境卫生得到了更好地保障，柿林村也比以前更美了。

"井水缄默"，因为古井承载着一个村庄尘埃落定的故事和传说，滋养着生命，沉淀着历史，需要等待后人去发现。可那光滑的井沿，幽深的井水，以及井沿上翠绿的苍苔，似乎已经完美诠释了属于这个村庄的历史，以及发生在这里的故事。那个关于"一村一姓一家人，一口古井饮千丁"的动人故事。

（文：余姚农办）

温州瑞安黄林村

古村黄林读老屋

　　黄林村在瑞安市区的西部，距离湖岭镇约 30 公里、瑞安市区约 70 公里。黄林村隐在号称"东瓯第一山"的金鸡山东侧半山腰深处，平均海拔 300 米；北依青田县仁庄镇，南接湖岭镇六科村，东为奇云山山脉。这里民风淳朴，环境清幽，有瑞安"香格里拉"的美称。

　　在当地流传着这样一句话："黄林三条岭，条条通天顶。"过去进入黄林村都要翻山越岭，以致该村至今还保持着"日出而作，日落而息"的原始生活方式。瑞安市湖岭镇黄林村现有二百多间晚清时期修建的老房子，是瑞安拥有古建筑最多、保存最完整的村庄。规模之大，保存之完整，在瑞安极为罕见。

　　据史料记载，该村始建于元大德八年（1304），至今有七百多年的历史，传说第一代村民从青田县黄砚迁入。

　　该村村间道路由石头铺设而成，与村中的古建筑相互辉映。村前村后茂林修竹，俨然一幅"屋在林中，林在屋外"的中国山水画。

　　石头砌的墙，石头铺的路，满是石头，黄林就是一个石头砌的村，古朴而厚重。村中老屋的石墙、围墙矗立在那里岿然不动。历经风雨洗刷，石墙色彩斑斓，像一幅幅油画。村的路还是原来的石头路，石头铺就村间小道连接着上坡和下坡，连接着这屋和那屋。黄林人踏着石头路从过去一直走到今天。

　　村口有棵老枫树，几百年如一日傲然挺立着，小溪就从树根边穿过。村前溪流为飞云江支流金潮港的源头，溪的下游是黄林水电站，蓄水直达村脚。溯溪而上，溪水清澈碧绿，没有任何污染，可以直接饮用。溪的两侧风光旖旎，森林植被茂密。溪的深处，有一个七星潭，由七口落差较大的山间水潭组成。七潭连珠，各潭成景，潭底有五彩岩石，碧水覆盖，堪与黄龙五彩池媲美。

　　民国《瑞安县志》的"巾子山"条记载："有潭七，名七星潭。其一

古村石屋

最高，相传神龙居所。岩上瀑布两道，喷薄如雨，虽盛暑亦寒气袭人。岩腰有坛，平如掌。元大德八年，郡守遣官祷雨，见一物红色如鼋，迎水出而甘雨随至。"

　　七星潭个个以雪白白、猛冲冲、凶巴巴的瀑布为伴，尤以第三潭、第七潭更令人震撼。碧绿的第三潭边有一个透天洞，高约 30 米，可容纳五六十人。传说当年村民逃避抓壮丁的首选此处藏身，潭口有一条天然石槽，仿佛今之"三面光"渠道，引领着清清碧水奔向远方，真乃大自然的杰作也！大而圆的第七潭俗名"酒缸潭"，两道瀑布从几十米高的崖头上凌空而下，喷薄如雨，水珠飞洒，雾气冉冉，阵阵寒气扑面而来。潭口两块巨大的岩石，上铺着平如手掌的大石板，可以供十几个人同时坐在上面观赏潭瀑。潭边溪流两岸，遍布着神仙崖、猴岩、象岩、狮子朝天石、童子拜天、猿猴摘桃等奇石怪岩，让人产生无限的遐想。

　　清清的溪流从树根边穿过，不经意停顿，形成绿幽幽的深潭。一架铁桥连接着溪的两岸，桥的两头各连着一座修建于清代的小庙，其一为杨府庙，其二为太阳庙。相传古时有郡守听闻在这里求雨十分灵验，每逢当地大旱，便会派遣官员不远百里，跋山涉水来此祈雨。此外，村中至今还流传着《杨六郎饮马》《花和尚藏姑娘》等民间故事。

　　美丽的黄林古村落，是古代耕读文化和建筑艺术的集中体现。在石头路上游走，在狭小的石阶中穿梭，黄林正向我们慢慢脱去她的面纱，可那些交错的山路和古老的石头房子却还是充满着各种神秘，有现在的，有过去的，还有未来的。这里曾经的故事虽不算精彩和激荡，想必也是宁静而悠扬的吧，而她的未来，将会以怎样的姿态继续存在？

（作者：林良爽　林长凯）

〘温州泰顺溪东村〙

众志成城仕水桥

溪东，唐宋时称仕洋，清代称是洋。泰顺《分疆录》载："是洋是洋，仕水洋洋……巨津也。"据此可知，该村是从仕水汪洋而得名。又因洋地处仕水之北，石人尖（山名，又名石龙尖）之南，俗以山南水北为阳，后人据此雅化为仕阳。而以溪东命名是因为后来迁徙过来的夏氏一族。据考，后唐天成二年（927），有夏氏一支自安固白云山下呑底（今莒江）迁至仕洋之南，取名夏宅港。而仕洋居夏宅港之东，一水相隔，故夏氏以"溪东"称之。村以"溪东"名之，那是民国后的事了。时至如今，唯朝阳、洋西几个隔溪相望的自然村称"溪东"以示亲近外，其他乡镇的人仍称仕阳。

水，即村旁有那条溪流。它叫仕阳溪，属交溪水系，是泰顺众溪流中流量较大、延伸最长的溪。该溪全长 62.5 公里，自东而西，纵贯十数个乡村而蜿蜒入闽。两岸多峡谷怪石，沿途尽深潭险滩；支流不时来汇，景致雄奇险峻。那是一条不知冲刷沉淀过多少历史而正在谱写着无数可能的溪。

而桥呢？村旁有水，但如果到处是汪洋，就有碍交通了。为便于步涉，就自然要为埠（碇埠，俗称矴步，又名碇步）、为桥。仕水巨津，难于为桥，就只好以石为埠。这就是仕水多埠的原因。别的不说，就从雪溪到仕阳的数公里之间，百齿左右的碇步就不下五条。当然，最美最长的当数仕阳碇步。

仕阳碇步，共 223 齿，分高低二行。高处白石建造，低处青石为之。远远望去，青白相间，颇像琴键，故后人美其名曰琴桥。琴桥外观优美，建造合理，在世间极为罕见。首先是高低两行的设计。当时，两岸的主要交通是碇步。高低两行之设，第一为来往避让方便，第二为讲究宗族礼仪：一般长者、肩荷背负者从高处行走。在古代，一般妇女与小孩会选低而行。其次是颜色质地的选择。高处为主道，稍宽，可供二人行走；选白，突出主导地位。而且白岩质地较软，有韧性。两石竖并相依，下面设护岩，更不惧怕洪流夹带异物碰撞。低处稍窄，只能走一人。选青石是因其质地坚硬，可以保护主碇步。青白相间，不仅可以区别主次，远远望去也很赏心悦目。最后是间距的设计。碇步宽度刚好一脚，间距0.6米，中间空，可使水流畅通无阻，各步之间间距均匀。在溪流中间二齿碇步上，架一板青石，可防眩晕，也可供休息。碇步上下两侧十数余米，皆有松木结架为底，上用巨石连砌成坪以加固滩基；碇步两端更是巨石作为埠头，并跟村坝相连。

仕阳碇步未建之前，溪流本来较窄。尤其店坪一段，地势骤降，水流湍急。溪东地势本来就低，百流汇集，常常是今日连木为桥，明日就毁于山洪急雨。碇步建成之后，溪流从此一阔百米。两岸来往便利，更是平添了一道亮丽的风景。盛夏夜晚，清风徐徐，天水共月。然而，人们尽情地享用与赞美感叹之余，谁能知道，仕阳碇步的建设经历过多少的辛酸与苦痛？

仕阳碇步

据传，仕阳溪东村碇步初造于明代，建于溪东宫前滩至对岸夏宅港，即在现碇步下游200米处，共360齿，为夏宅港夏氏为避免长期竹筏木舟横渡的辛苦而建。可惜该碇步在明朝中叶毁于一场特大洪灾。后村民选址上游"济渡"处即现碇步上游100米处再造碇步，造成又毁于洪水。至清乾隆末年，有乡贤重新选址修建碇步，于乾隆五十九年（1795）建成。该碇步在嘉庆年间又损于洪水，乡贤再度总结经验，探索新工艺，重修碇步，并在碇步根部及上下滩以卵石密砌滩基，以井字形松木架框定，加固滩基。此项技术的突破，碇步终于历久不毁。由于温开炳、温应钰父子等两代的坚持，并幸遇一代大匠"石精"汤正现，才终成千古杰作。

仕阳碇步建成了，两岸交通自然就便利了许多。但每逢仕阳春夏多雨时节，碇步被淹没，于是人们就盼望有桥。而这一盼，又盼了数十年。据传其间连神仙的参与也圆不了梦：不知是哪个朝代，有一仙人，见仕阳之地，春夏之际，每遇急雨，便是波涛侵岸，商旅不行。于是思建一桥，以济庶众。因近无良石，便从闽地择石化猪驱赶而来。将至建桥之处时，遇一农妇。仙人问："有没有见到一群猪？"妇答："未见猪，只见石。"于是，这群岩石就再也动不了了。而桥，自然也就没有建成。这就是流传仕阳一带而颇为有名的"化猪石"的故事。而今，仕阳苧坑岭尾下之溪中近岸处，还存数堆巨岩，色独黑，即传说猪石幻化而成。

连神仙也没办法的事，那就熬吧。1978年，仕阳人民终于盼来了一条跨溪石拱大桥，即仕阳大桥。为了交通更加顺畅，于1994年在村尾水尾宫处又建造了一条石拱桥，即石龙大桥。2014年又建成了夏沙港大桥。为了家乡的建设，溪东村的老百姓真可谓众志成城。

看看那水，想想那桥，突然觉得，胡以愚先生在《夏沙港桥碑记》里的几句话，说得很有道理："僻间之义虽小，直可关乎道。仕水建桥，戊午官为，戊寅官助，而今者全筹乎民。而官民之易，虽倚乎义，实托于道也。国循道，则民富而尚义；民尚而传之，则俗清而道存。今者是也。"虽是赞美之词，也有警戒之意。

（作者：胡梦君）

湖州吴兴区义皋村

依溇傍水有人家

这里曾是太湖南岸最为主要的水运通衢，这里是湖州原生态古村落建筑保存数量最多的地方，这里是千百年来太湖溇港水利工程的重要节点，这里保存着湖州地区最美丽的原生态古村落建筑，这里是太湖文化风情带上的一颗明珠，这就是千年古村——吴兴区织里镇义皋村。

义皋村因溇港而聚人，也因溇港而兴市。据专家研究，义皋古村落的历史可以追溯到宋以前，那时太湖溇港由部队管理，百姓不会因水灾而流离失所，义皋溇边因而形成了村落。在明以前，它属乌程县震泽乡。义皋在清代最为繁荣，成了太湖南岸的一个繁华小集镇，仍归乌程县管辖。民国十七年（1928）之前被称为"义皋里"，此后一度称义皋镇。新中国成立后，义皋系太湖公社所在地，有义皋茧站、小学、供销社、鱼行、茶店、酒肆等，后并入织里镇成为义皋村。

沿太湖南岸一线在史前是一片沼泽，生活在这里的先民饱受洪涝灾害之苦，为防洪泄洪，在春秋战国时期开挖了太湖溇港。这些太湖溇港是一条条规划有序，"如梳齿般繁密"的。南北方向（纵向）的叫"浦""溇""港"，东西方向（横向）的叫"塘"。太湖溇港原有200多条，其中吴江境内有72港分布在七都、横扇两个镇，七都至湖州的小梅口有36条溇，义皋村就有其中的两条溇，分别为义皋溇和陈溇。据史载，义皋溇在南宋时曾被更名为"常裕溇"。据1994年的《湖州水利志》记述，时义皋溇长1.517公里，河底宽2米；陈溇长1.567公里，河底宽2米。此外，北运粮河和南运粮河也分别东西走向流经义皋村。

据湖州水利史专家陆鼎言研究，义皋溇至今在当地仍发挥着水利效益。《杭州日报》曾对义皋溇有过相关报道："那溇中的水通过会呼吸的河岸渗透农田灌溉，上面的石桥不仅能载人过岸，还能起着束水作用。溇港南宽北窄如喇叭状伸向太湖；汛期，由南往北流的苕溪水经过逐渐变窄的溇港河道与桥洞束水双重作用得以加速，湍急而来的水流将淤积的泥沙冲入太湖；旱期，由北往南流的太湖水从逐渐变宽的河道缓缓流过，润泽干裂的河道，从而保护和减少了对岸堤坡脚的冲刷。先民的智慧，在这巧用天力的溇港里泽被后世。"

尚义桥

　　义皋溇一直往北，临近太湖时，有一座水闸，其下有涵洞沟通太湖。据 1994 年的《湖州水利志》记载：陈溇口建有单孔水闸一座，跨径 4.8 米，有木板闸门，人力启闭。当时陈溇闸可泄洪 10 立方米每秒，引水 3.2 立方米每秒。后来，湖州市修建了环太湖大堤，对沿太湖溇港进行了调整，陈溇闸废。2015 年 5 月，为了拍摄纪录片《溇港》，湖州电视台和吴兴区水利局联合寻访木闸板，几经周折，最终在义皋村村委会的仓库中找到。这些木闸板是义皋村溇港水利文化的重要遗存。

　　义皋村民国时称为义皋镇。至今，民国时的集镇百米老街保留尚好。它位于义皋溇西侧，东西走向，系花岗岩条石铺筑，与尚义桥在一条直线上。古街长 47.4 米（保存较好的有 34.5 米），宽 2.4 米，街两旁的店面旧貌尚在。沿河水市的河埠、驳岸保存较好。水市街长 60 米，共保存有 6 个河埠。驳岸系太湖石错缝平砌，街面部分石板仍存。沿河的两进后店前居古建筑立面保存完好。

　　尚义桥，横跨义皋溇，东西向单孔石拱桥。从构件判断，该桥始建年代应不晚于明，清代乾隆年间重建，晚清重修，是目前太湖溇港上保存较好的清代单孔石拱桥之一。陈溇上也有塘桥，名陈溇塘桥，民国年间重建，系单孔石拱桥，桥型玲珑精致，两侧均有桥联。尚义桥和陈溇塘桥静静地横卧在窄窄的溇港上面，见证着寒来暑往，冬去春来。而尚义桥、陈溇塘桥与村里另两座古桥常胜塘桥、太平桥合称"义皋四桥"。

依溇傍水有人家，"小桥流水人家"，这是江南水乡的典型特征，义皋也不例外。在义皋村北面有朱家庙自然村，它们分布在义皋溇的北段两侧，并沿运粮河走向自然分布。因北运粮河与义皋溇交叉而形成了东西两个区块。西区块保留着太湖石砌筑的古驳岸、花岗岩砌筑的河埠及朱家九开间老宅、小弄等。其中朱家老宅有九开间平屋，东边六间平厅为清中后期建造，后两进平厅为清晚期所建，梁架及堆灰图案保存完好。东区块保存着朱家庙、古朴树和众多朱姓古民居。朱姓家族民居中保存较好的有38号、39号、41号、52号、60号等处。这些民居虽不华丽，但原真、朴素，反映了太湖边老百姓恬静朴素的生活状态。

千年义皋村，是驻留时光的载体，如今再次端详这古老的脸庞，"旧"的真实，"残"的美丽。看过大都市的美景，这些"旧"，这些"残"更让人心动。

（作者：吴永祥）

绍兴越城区筹溪村

十里筹溪古村情

"一望十余里，古屋百余家"，这是筹溪古村的形象描绘。筹溪古村地处绍兴南部山区，东临会稽山，南依秦望山，西靠书法圣地兰亭，北近绍兴市区；以其古朴淡雅的乡土风味及舒适宜人的天然生态，纳入"大绍兴"城市建设的"南闲"范畴，素有"绍式梅家坞"之称。

筹溪村首先以溪得名。"筹溪"发源于紫洪山上的妃子岭，海拔120余米，由高至低，顺势而下，溪流十余里长，一路流淌，贯穿着整个村庄。而村庄也在西埠山、城隍山、黄家坞山等群山的环抱下，随山脉和溪流的形态、走势发展，逐渐形成了呈西南—东北走向的带状格局。古村的建筑布局多顺应地势，因地制宜而建，背山面水而设，溪边狭长的道路也就成了整个村庄的中轴，串联起家家户户。两边青山拥一溪，溪水两岸倚人家，"十里筹溪"之美誉，并非虚辞。

因为溪流之长，也就形成了绵延十里的宏大村落，全村现有536户，人口1358人，包括许姓、周姓、杜姓和娄家四姓家族。世易时移，现今村里住的多是老年人，年轻人都忙着奔城里头的前程了。正是"青山依旧在，只是夕阳红"。

筹溪村历史悠久，相传春秋时期，越王勾践当年攻打吴国失败后，曾逃到夏履越王峥一带，然后又逃回会稽山，在筹溪附近的南池、坡塘一带筑会稽山上城。由于那里离河道近，便开凿一个池，又将筹溪附近当作会稽下城。"有志者事竟成，破釜沉舟，百二秦关终属楚。苦心人，天不负，卧薪尝胆，三千越甲可吞吴"，其所指的越甲人马就安顿在筹溪一带。传说古村现今尚存的大礁庙，就是当年越国所立的"社稷宗庙"。然而，若以可靠的历史考证，筹溪村的来历还另有说法。

据绍兴县志记载，东晋时期会稽内史许皎之后人留于当地，其一支后来定居于诸暨，明朝年间由诸暨返回绍兴，后来就在筹溪扎下根来。筹溪村的许姓为大姓，甫进村庄就可见家家门口挂着书有筹溪中许、下许字样的牌号，标识着古老家族的繁衍生息、代代相承，也便于他乡游子的寻根问祖。

虽然地处山区，筠溪却是个著名的侨村，人称"绍兴三侨"之一。农耕时代的筠溪人，囿于地域狭小而窘于生计，不得不外出谋生，甚至漂洋过海远赴南洋一带。迄今为止港澳同胞、海外侨胞有 73 户，200 余人，分别分布于我国香港、澳门和新加坡、马来西亚、印尼、美国、加拿大等世界各地，也铸就了筠溪人热衷于经商的优良传统。这些年，侨胞们事业有成而不忘故里，身居海外而桑梓情深，慷慨捐资修桥铺路，造福家乡父老，留下了许多佳话。在十里筠溪沿线的马路上，村民为答谢华侨修建的功德碑共有 5 处，这种精诚进取、自强不息的奋斗精神，血浓于水、团结向上的宗族意识，塑造了这一古老村庄历久而弥新的文化灵魂，也滋养着一代代筠溪人的坚强气魄。

说及筠溪古村的深邃与神奇，还不能不提筠溪周边的秦望山。相传该山的命名是当年秦始皇南巡时登临此地、远望南海（今杭州湾）而得名。尔后，秦望山还留下了许多文人墨客的踪迹，尤其是唐朝以来，罗隐、薛据、孟浩然、白居易、陆游、王阳明、徐渭等都在登临秦望山后，留下了千古流传的诗文以及各种动人的传说，文化历史积蕴深厚。如此恒远的历史也赋予了筠溪丰富的文化遗存，妃子岭、大篷庙、蛟龙湖都承载着无尽的传说。其中最有名的就是妃子岭，相传宋代小康王赵构被金兵穷追猛攻，难逃主地，被一农家女子营救，后遂封女子为妃，农妃死后，葬于山岭上，后人建造妃子庙（南宋年间），后来此岭便叫妃子岭。妃子庙如今尚存，每年农历六月初五妃子庙香火颇盛。而大篷庙作为古越国的宗社，在世世代代村民的祭拜中，也仿佛还诉说着越王当年的困苦与坚忍，令人感怀。

置身山林俊秀之中，筠溪的古宅民居更是一道厚重的景观。说起筠溪的古屋，现今村里保存有大大小小的民居百余座，其中有 30 余处建于晚清至民国时期的民居建筑及桥梁、庙宇、水井等。筠溪的老房子，在建筑布局上，大多以三合院建筑为主，座楼两侧设厢房，厢房间用围墙相连，形成一个封闭的院落，围墙居中设门斗。建筑开间从三间到五间不等，强调中轴对称和主次关系。房屋建筑重视装饰、强调风水，工艺精湛，造型优美。

来到筠溪，不经意间仿佛步入了民国乃至明清的世界，怀古思幽之情

十里筠溪

油然而生，当时光的隧道悄然开启，眼前的景象让人不由浮想联翩、思绪万千，沉醉而不知归焉。

（文：越城区农办）

衢州柯城区坎底村

碧水长绕坎底村

坎底村位于石梁镇区以北，距镇区 3 公里。石大公路从村庄西侧经过，是坎底村对外联系石梁镇区及周边村庄的主要通道。村内石梁溪由北向南贯穿，坎底村北靠大源山，东临九田村，西接下村村，南邻派溪头村。

坎底村因地处大坎头底而得名，是个具有 600 多年历史的古村落。据现保存完好的宗谱记载，坎底王氏，元末明初从常山章舍迁入，其祖上王介，善文辞，当时家族以祖孙三代一门七进士而闻名衢州。王氏后裔迁入坎底后，筑堰引水，种植稻谷、柑橘，繁衍子孙。并在村口建"步云亭"、作"文笔峰"昭示后代不忘先祖业绩，教育子孙耕读传世家。

猫儿堰

古往今来，水患是五患之首，治水有成者都是民族崇拜的英雄。然而，民间深知，靠一个大禹难平九州水患，须得人人效仿大禹，方能除害受益。民间不忍春水无所关蓄从脚下远去，更惧怕干旱三年人吃人，所以自先祖至今人都要砌堤筑堰，水溢则启闸放之，水涸则闭闸蓄水，确保旱涝无忧。不过，你不会想到柯城区石梁溪，只有 33 公里长的小溪流上竟然有堰 34 座，还有一座衢州市第一代石堰——猫儿堰。

　　坎底村背山临水，自然山水环境优美。坎底村范围内地形为北高南低，北面和西面为低山山体，植物以松、杉、竹为主；东面和南面为橘林。石梁溪从村内流过，将整个坎底村分为东西两部分，村庄农居点主要分布于石梁溪西侧。石梁溪常年水流不断，整个村庄处在青山绿水之间。猫儿堰就坐落在坎底堰下流位置，它散出来的古老气息却让人不得不提。

　　据《衢县志》卷六《水利》一篇中记载，猫儿堰建于南宋庆元年间（1195—1200），属于衢州市内最早的一批大型堰坝。其中，此堰坝为古时塘公村人所筑，拦石梁溪筑堰，沿山凿渠灌田万余亩。到新中国成立，甚至大源山人都到此引水，著名的红太阳渠道就是那时所建。到今天依然发挥着灌溉、通行的功能。

　　据老人口述：1958年全国大旱，石梁溪也溪水干涸。俗话说水落石出，猫儿堰这里却是水落龟出：一只千年巨龟趴在河床上，一些好事之人踩到背上，巨龟安然无恙。村民后称此龟足足有17斤之重。老人们经常念叨，就是因为对龟不敬，后几年干旱才更严重。如此述说，虽无根无据，却也有趣，让人深思。1987年，猫儿堰改建成浆砌块石体，堰长39.6米，高4米，引水流量0.5立方米每秒，灌溉渠总长2.6公里，干渠三条总长1.8公里，灌溉农田233公顷。

　　猫儿堰虽然返老还童，光彩焕发，但终不及小弟坎底堰的气派。坎底堰位于坎底村内，坐落在碧水潭和农发桥中间，距离石梁镇5公里。坎底村以水闻名，群山环绕，溪水清澈见底，水中石蛙、石斑鱼、山螃蟹随处可见，是近年石梁溪综合整治的起始点。

　　老坎底堰年代久远。据王氏宗谱记载，元末明初，王氏从常山迁入，迁入坎底后便开始筑堰引水，于是就有了石头简单堆砌的堰坝拔地而起。虽然简单却也承载了坎底人祖祖辈辈的过河梦，连接两岸村民们的日常生活及交通。在没有现代碾米技术之前，村里一直以水车碾米。水车碾米的引水也是从这里开始。老坎底堰影响着坎底村民生活的点点滴滴。1962年坎底在坎底堰上游修建龙头水库，原坎底堰也被修成水库大坝。2014年石梁溪综合整治在坎底老堰基础上进行优化，水流在千层石堆砌得错落有致的台阶上俯冲而下，层层化解，水流温柔地挂起水帘，平缓的水流也更适合大家戏水。

　　坎底堰不仅有宏伟别致的外观，更有其功能性。坎底堰既是原水库坝改造而成，便有了蓄水功能，成为调节水位的一道保护栏；同时坎底堰更是灌溉到坎底、派溪头、下村、黄茶等多个村。

　　走进柯城石梁镇坎底村，满目青山，橘林满山皆是。竹林葱郁连绵，古木巍然屹立，清澈的溪流潺潺穿村而过，溪内有天然泳场，巨大的卵石，风景迷人，真可谓名副其实的浙江"小丽江"。

（文：柯城区农办）

衢州衢江区丰上清村

仙翁赐泉丰上清

　　丰上清村位于衢江区周家乡东北部，东傍"320省道"，与杜泽镇接壤。由原来的丰村村、上林村、下清源村三个村合并而成，故称丰上清村。这三个自然村成一字排开，连成一片。三个村都坐东朝西，背靠小灵山，东高西低，民居依丘环形而建。村中民居大多建造在地势较为平坦开阔的地方，建筑之间距离较近，一般也就两米左右，相当紧密。村中巷子大多是青砖条石或小石块铺砌而成，江南建筑风味浓厚。各村宗祠都建有排水沟，且相互连接，排到村前的水塘之中。小小山村，祠堂有四处，丰姓、吴姓各一处，舒姓两处。村子四周有橘林、枇杷园及沃土良田。近五十处明清以来的古民居、祠堂有序的散布在村中，村中还有几十棵百年古樟、小树林、竹林等，相得益彰。这些古建筑藏匿在现代村民的幢幢别墅之间，更显古朴典雅。在这优美的环境里，百姓安居乐业，一代代人也流传着当地许多的故事、传说。

泉目清泉

　　在丰上清村丰村自然村中的马路边，能看见一座二十多立方米的方形水池。别小看这方水池，水量多时要经几个排水孔排水，不然就会溢出。

平时这方水池中的水清澈见底，夏天更是村民洗衣、游泳的好去处。据村民介绍说：这水冬暖夏凉，口感甘甜，以前全村人吃的水都是取自这里。站在水池沿向里观望，汪汪清泉喷涌而出，似龙泉虎跑。这样的清泉，在这缺河缺溪的环境里，让人百思不得其解。听村里的老人们说，关于这湾泉水的来源，在当地流传着一个美好的传说。

从前的丰村只居住着一户人家。有一天，一位白头白须、仙风道骨的神仙老者由此经过，口渴难耐，张望四周，不见点滴河泉，只好走进一处草房农家讨水喝。这位神仙不是真的想喝水，他只是想借这个由头，看看这里的民风如何。出门相迎的是一位老奶奶，老奶奶说家中没有蓄水，只还留有一小碗米酒，问老爷爷是否可以将就喝一点。老爷爷很好奇，便问老奶奶说，家里没水，又哪来的酒呢？老奶奶只好如实相告：这里没有泉河，平日里吃水只能靠下雨天蓄点水，但时间长了，雨水又放不住，所以只能做些水酒以备急用。老奶奶还说，因为这里太缺水，所以没人愿意在这里生活，到如今这里只有她一户人家居住。因为平时水贵如油，若有过路之人讨水喝，有水给水，没水只能给酒当水了。白须老爷爷见老奶奶虽破衣在身，但一脸慈善，心里慨叹，讨水端酒，此妇人乃度量之人，便寻思如何相助于她。临别时，神仙老者将随身携带的一只葫芦插在她家的门口，口子上用茅草拧塞住，并告诉老奶奶，以后她这里就有泉水了——不过要等他走后半个时辰方能拔开塞子，说完就向南离去。老奶奶将信将疑，还没等白须老者走出一里之遥，便急忙拔开茅塞，欲一探究竟，刚拔开，就出现神奇的一幕了，泉水喷涌而出，像人的眼泪一样清澈甘甜，淌流不息。捧起喝上一口，清凉爽口，甘甜润肺。再说白须老者才刚走出约一里远，就发现泉水已流到他的脚后跟了，于是便用其手杖往地上用力一戳，泉水戛然而止，也并未向其他方向流去，所以在其他地方再也找不出第二处这样的泉水了。这时老奶奶方才明白这是神仙在相助，急忙跪地九叩谢恩，从此也就有了泉目清泉之说。

自从有了这汪泉水，来这里安家落户的人越来越多，一派热闹喜庆的景象，后来慢慢发展成了一个村庄。据丰氏宗谱记载，丰姓始祖生性好游，游至此地，发现有这样一口清泉，寻思是宜居之地，于明洪武年间举家由遂昌迁居于此。由于这里山美水好、土地肥沃，丰姓族人在这里生身养息，人口不断发展，从几百年前的几十人到如今的七百多人，90岁以上的老人也不在少数。这和这里的水质、环境有着密不可分的关系。近年来，随着社会的发展，村里为改善村民的喝水条件，在泉目清泉之上建起了水池，铺设管道，建起了第一个自来水厂，结束了村民一直以来到泉目清泉挑水吃的历史。

泉美、山灵、人杰，加上村民们精心培育的白枇杷，如今的丰上清村在新的时代里更加生机勃勃。

（作者：曾建平）

衢州龙游源头村

源头活水润心田

源头村是社阳溪的源头，也是龙游县社阳乡的一个行政村。社阳溪完整地从村中流过，如同私家河一样，鲜活灵动，冰清玉洁。

源头村坐落在仙霞山脉的怀抱之中，与金华、遂昌二县接壤，大山巍峨，以岭为界，翠色环绕。所用方言以汤溪话为主，虽身为龙游县民，许多上了年纪的老人却只会讲汤溪话而不会讲龙游话，乡风民俗生活习惯也更接近汤溪遂昌一带。到此地做客，会产生一种出了龙游县境的感觉。宽阔而清澈的源头溪穿村而过，四周青山环绕，可谓是依山傍水。江南有出名的水乡，也有闻名的山乡，而这样山水两相宜的地方真的不多见。

清末遗留下来的民居是源头村一大特色。它们连成片，蜿蜒在青山绿水中，成为源头村一道别致的风景线。古民居里居住着近二十户人家，他们世代在这里繁衍生息。古民居间有一条清澈的小溪环绕，常年叮咚不绝。穿梭在粉墙黛瓦、马头墙间，脚踩鹅卵石，耳边溪水潺潺，不远处巍峨的山上竹林青翠，与湛蓝的天色交相辉映。

村子的入口因山的近逼而显狭长，进村回首再望，方才那门户之山形如双狮戏一球。或许果真是山之灵气，源头自古就不乏雄才俊杰。原先村落中豪华精致的古宅院是连片的，只是岁月的沧桑毁坏了太多美好的东西。一座名为官厅的房子，精美的画栋雕梁，双臂合围的屋柱，柱下苍老的石垫，墙角竖着"泰山石敢当"的石碑，依稀见到昔日主人的荣华。徐氏祖居里，宽敞明亮的厅堂里灯笼高挂，天井里蓝天镶嵌，墙脚处美酒坛坛。村中心有一座转山殿，据村委张珍贵讲清朝末年就有了这座殿，于2012年进行了修缮。大殿正中供奉着一位武将，民间传说是源头徐氏的祖先。大殿左侧古钟和古民居一样有着沉甸甸的往事，锈迹斑驳间依稀可见"帝道遐昌"等字迹。

据史料记载，源头村肇始于明代初叶，以徐姓为主。当时，县内大街乡有徐忠一支香火不旺，家道中落，怀疑是村落风水不佳所致，于是不惜重金聘请高人踏勘四乡，重作村落堪舆。高人翻山越岭数日，不负众望，在离原村落四十里之外，果然发现一处风水宝地。此处河流源头高地，三面环山，只有北面一个出口，风景秀丽，土地肥沃，山谷空旷。地势南高北低，南水北流；南接天之阳光，北纳地之阴气，阳阴平衡；山有藏龙卧虎之势，地有桃源胜境之幽，实乃天人合一的村落人居之地。遂迁居于此。建徐氏宗祠，名号余庆堂，乃徐氏子孙四时祭祖之所在。从此徐忠一支安居乐业，人丁兴旺，历时五百余年而不衰。徐氏宗祠（余庆堂）后毁于太平天国战火，清同治年间重建，建筑规模宏大，面积近四百平方米，现列为龙游县文物保护单位。以宗祠为中心，周边构建了大量的徐姓民居。有一进的，有二进的，有对合楼。有的建筑更是重重叠叠，弯弯曲曲，让生人找不到方向。

徐氏宗祠

源头古村的水系设计也堪称一绝。先人在山溪上游垒石筑坝，引水进村，水渠在屋宇木舍之间穿行。送来山上的泉水，山民可以直接在门口舀水饮用、洗涤衣物。而屋后的阴沟，则从另一条水系送走生活污水。这一村落给水排水系统，给后人留下许多启迪。这个水系还有一个功能，即能水洗路面。如遇路面干燥或布满垃圾，只要在上游水渠放下木板，水位自然抬高，流往街巷清洗，村民也与配合。水过路净，如同明镜一般。

出了古村，向南而行，一路相伴的便是社阳溪。正值枯水季节，大大小小的石头都裸露出来，面色峥嵘。清清溪水宛转穿行其间，村里人都在小溪里洗衣洗菜。小溪两岸杂草纷铺，古树森然，或低头俯视，或昂首望天，奇形异象，各有性情；更有那断枝枯干上冒出的点点嫩绿，真是秋里争春。一棵罕见的柳杉王横卧溪中。山腰的红枫，涧边的兰花。不远处一株桂花飘香而来，阵风吹过，落花似雨，一地流香。

溯流而上，山势越来越高，路越走越小，社阳溪也渐渐隐入谷底，只能从溪水撞击石头的声音听出它还在脚下。寻到无路处，往下便是绝壁，顺藤而下，却到了一块平整的方石上，社阳溪的源头就是深藏在岩石下的一口水潭。潭水凝碧聚翠，这就是有名的龙井，潭深不见底。有人曾用几根竹竿连接起来也没有探到底。无数条细水从石缝中、从草丛中、从树根中渗出，轻轻流下，又轻轻地汇聚于龙井之中，清甜无比。

社阳溪上建有社阳水库，是龙游县饮用水水源地，全县城乡数十万居民的大水缸。为了保护这口大水缸，保证饮用水的质量，源头古村牺牲利益，关了养猪、养鸡场，关了毛竹加工场，把一库清水送到千家万户。

近年来，源头村大力开展美丽乡村建设，进行生活污水、垃圾分类集中处理，美化绿化村庄。农家小院错落有致，庄前屋后干净整洁，民风淳朴和谐，走在康庄大道上的源头村正续写美丽新篇章。

（作者：余怀根）

衢州江山碗窑村

人间仙境月亮湖

　　碗窑村历史悠久，文化底蕴深厚，是人文之乡。《江山县地名志》记载："碗窑村，相传，北宋时期在此建碗窑，故名。又传，明朝福建布政使班琴曾来此扩建，有100座窑厂，在村南坞山上有宋影青窑址，系浙江省级文物保护单位。"碗窑制瓷，从北宋开始到明清，前后经历八百多年，所制青花瓷达到了"薄如纸、颜如玉、明如镜、声如磬"的境界，当时远销浙、闽乃至海外。1969年在碗窑村山上出土6件春秋时代的青铜编钟（现藏浙江省博物馆），它是截至2008年为止浙江出土唯一的成套编钟。

　　碗窑村山清水秀，自然资源丰富。有林地面积13.2万亩，是江山城市的东南生态屏障。境域地貌以山区丘陵为主，地势东南高西北低。主要水系有源出市境东部与遂昌交界的大东坑，流经塘源口乡入碗窑水库，出库后流经碗窑、达河、桑淤入江山港的达河溪。

碗窑水库

　　碗窑水库即江山月亮湖是国家水利风景区。碗窑水库的坝址在碗窑乡碗窑村，因大坝建在碗窑村南端，所以就叫碗窑水库。碗窑水库大坝底，有个碗窑陈列馆，馆前的花岗岩上镶嵌着八个金光闪闪的铜字：坝藏千姿，湖纳百秀。一座大坝，支撑起月亮湖；一个月亮湖，容纳大千世界。这首诗展示了两千多年前青铜编钟带来的高度文明，重现了八百年前影青瓷的灿烂文化。还有粟裕、刘英率领中国工农红军转战月亮湖时留下的标语，以及库区民众抗击日寇的英勇事迹，留给月亮湖人的宝贵财富。

月亮湖位于江山最有名的太阳山下，因阴阳对应和山水相映成趣以及美丽的神话而得名。月亮湖的周边峰峦叠嶂，白云缭绕。北端是立有省文保单位石碑的窑址山，南面有海拔 1339 米的太阳山，东边是展翅欲飞的凤凰山，西侧有形似泰坦尼克号的深度山。还有东南方向层次分明的七重山峦，错落有致的大小尖峰，在群山的烘托下，重峦叠翠，浓淡相宜，恰如悬挂天际绚丽的山水画卷，观之令人陶醉。月亮湖就像嵌镶在群山之间的一颗明珠，晶莹剔透，璀璨夺目。

水域宽阔的月亮湖，烟波浩渺，一览无际。湖面由明珠岛背面的主水域及大龙湾、青龙湾、金龙湾、龙须湾、洋广湾、光阳湾、深渡湾及七里峡、桃花峡七湾二峡组成。湖湾形态各异，湖岸曲折多变，极有幽深之感。在七湾二峡二十四岛的孕育下，众多景观脱颖而出：巨坝雄姿、龙湫飞瀑、龙井幽趣、望断江郎、千岩奇观、曲溪烟霞、桃坞听涛、崖上春秋、百神催春等。

泛舟湖上，极目远眺，山路似带，远山如黛。四周峰峦起伏，竹海林涛，含碧纳翠，山随水转，景伴船移。曲曲有幽趣，处处有景观。宋进士柴元彪挥毫写下了"云屏翠列悬崖树，雪瀑声飞断壑津"的著名诗句，一直流传至今。

雨后的金龙湾，山水咆哮之声震耳欲聋，抬头只见龙湫瀑布一泻而下，巨大的水柱如万马奔腾，声传数里。龙湫瀑布的水流在突兀巉岩上击得粉碎，溅起无数水珠，飞到几丈开外，蔚为壮观。

凤凰山麓的龙井幽趣，天生怪石，其状如井，涧水下冲，急流中汇，形成头井；碧水奋涌而上，腾空而落，激成二井；越半里，水势悬崖而下，泄成三井；深不可测，名为龙潭。水进入龙潭之后，再也不知去向。人们在轻舟品味龙井幽趣的同时，不断地探索三龙井之水流失之谜。相传，古人尝误投铁器入潭，岁久在远处而出。是地下河流，还是空山藏水？月亮湖的这一奇趣，像一壶香醇的美酒，吸引南来北往的游客细细品味。

月亮湖黛山秀水如诗似画，船在湖上飘，人在画中行。溪头的翠竹，敖村的香樟，洋广的绿叶，光阳的红枫，达溪坂的龙须，金村的玉兰，柴坑的松柏，还有苍翠挺拔的无名古树，神奇莫测的烟雾古洞，水质清冽的僧饮古泉，如梦似幻的林中古亭，绰约多姿的山间古道，造型别致的古祠堂和一度辉煌的南宋古瓷都。这些地方，都是历朝贤达名士曾经拜访过的土地；这些景物，都是历代文人墨客朝歌夕吟的对象。人们在原始的自然风光中，寻求着返璞归真的乐趣。在美丽的湖光山色中，静静地聆听着这里的神话、传说和故事。

美丽的月亮湖，像母亲的臂挽，拥抱舟湖上的中华儿女，也笑迎慕名而来的外国宾客。

（作者：江农文）

衢州江山浔里、花桥、枫溪村

一溪滋养三古村

　　廿八都古镇有三个村，分别是浔里、花桥、枫溪。此地有一条北水南流之溪，从浔里开流叫浔溪，流到枫溪村叫枫溪，流经三个古村。

一溪滋养三古村

　　水乃生命之源，人文兴盛之脉。江南的古镇尤为水之滋润而濡养、而性灵、而韵致。廿八都古镇又不同于江南的其他古镇，没有池湖，没有浩渺烟波，没有河渠纵横，但有群山环抱，谷溪长流。仙霞山脉莽莽葱葱，透迤到天台。四季更迭，滴源汇聚；北渐钱塘，远赴长江。廿八都独特的地形地貌造成了钱塘江水系和长江水系。浔里村到花桥村的浔溪段，纳小竿岭、乌峰尖、洪岗岭、磨盘山、蜡籽岗的水流，分前街和后街名曰浔溪、开叉河在花桥头相汇，清流湍急下达枫溪段。涓涓水流，弯弯曲曲，清波拍岸；吻半边街，亲水安桥，掠竹瓦亭，又接纳林丰溪、筋竹溪，浩浩荡荡拢溪口，南下古溪，折而西去汇闽水，达赣地，绕信江，注鄱阳湖，赴长江。人类因水而居，因水而繁衍生息，水是生活的命脉。大禹治水而洪水消退，梳理江河而华夏繁育。历朝历代迁徙廿八都的先民们，自然晓得五千年积淀下来的璀璨文化，并把这种文化在山高皇帝远、山水回环、风景四季变换、人文荟萃的仙霞古道上，布局出华夏独一无二的古民居建筑群落。

廿八都古镇地处仙霞山脉腹地的一个较大的盆地里，四周高山拱列，具有盆地和山地立体气候的特征；又地处中亚热带北部，属中亚热带温润季风气候，因而雨量丰沛，年平均降雨量达 1846 毫米，冬暖夏凉，小气候独特。良田阡陌，溪水畅清，于是八方来客迁徙定居，历汉唐宋元明，清朝达鼎盛。仙霞古道来往重镇，浙闽赣边贸集散地因而形成。那四季不枯、绿水长流的浔溪、枫溪旁，不但接纳了南腔北调，接纳了迥异的风俗习惯，更融合了各地古村落民居建筑的精华，集镇布局规划的风水理念。

廿八都古镇总体的水系是北水南流，水资源的合理利用在考量着历代古镇的先民。生活用水，农田灌溉，稻谷的加工都离不开水源的引取，必须合理布局和利用河水、地下水、山涧水。平原的水是停滞的，浑浊的；山区的水是活的，是灵动的，是有韵致的。20 世纪 90 年代初，上海社会科学院的学者来到廿八都，不但惊叹于古镇街道建筑的合理布局，雕梁画栋的壮观，更惊叹于河坝的选址，引渠的巧妙，汲水的多法，排水的人性。

河水在古时的功能有：航运、灌溉、舂米、饮用、洗涤等。廿八都的河流不能航运，但是现代的漂流很好的水域。以前灌溉和舂米是结合在一起的，有水的静和动。有水坝必有水碓，有灌溉必有沟渠。廿八都沿浔溪的相亭寺开始，达枫溪的水口地水安桥前有五座河坝、五座水碓。坝堤都是光滑的大小河石筑起，当河水溢出坝顶哗哗地流下，在不平的坝面上的水花如同珍珠般地欢跳。水渠是用石灰、黄泥、沙子混成的三合土抹到水渠的三面，以防渗漏。清清的渠水日夜不停地流淌到梯田，到水碓，到古镇的街巷，民居的房前屋后，滋养着这一方水土的人们。

浔溪、枫溪沿岸的百姓在晨曦微明时，男人们挑起水桶，纷纷到浔溪和枫溪挑水；女人们在河边的埠石上洗衣、洗菜。水碓房的"吱咕噗砀"声一年四季如是，古镇的生活每日如是，如同水的韵致。

河流是从古镇的浔里村流到花桥村再到枫溪村的，弯弯曲曲，委婉生动，如古时舞女舞动的水袖，美妙得令人想入非非。于是每日从晨到黄昏，人和水都相媚递影，和美安详。浔里街枫溪街也蜿蜒南伸，千户民居，百多店铺，人来人往。后街也有一条河，叫开叉河，功能一样，就是显得更婉约，也有一坝一水碓。河岸上有一座龙头山，山势低缓蜿蜒如龙游，龙头就落到水岸，如饮水。山脊有一宽广草地，明末清初郑芝龙、郑成功父子先后镇守仙霞关，兵屯廿八都，常牧马龙山，饮马此河，故有"龙山牧马"一景。

水井在浔里村几乎没有——廿八都的河是北水南流，北高南低，浔里在北，不适合打井。花桥和枫溪水井较多，枫溪村（也叫湖里）面河靠山，除了河水、井水还有用竹筒接来的山泉水。东面的浔溪、枫溪和后街的开叉河拥古镇而流淌不息。水坝又借沟渠而引清水窜街走巷，不时有明沟清响，门前戏水。

古镇的建筑大都四水归堂，每栋至少有一到二个天井，多的四五个，雨天的水都汇到天井的暗沟下。水是财，四水归堂意为财不外流。每个天井都不会积水，都流到街道的地下沟里，最后汇流到花桥村的花桥头和枫溪村的水安桥下。有的大户人家的天井四角备有几口千斤缸，储雨天屋水以作防火之需。古镇四季雨水颇多，但街道从不积水。河里抬来的大石块、小石块铺成的街面。中间是大而光滑的大石块铺就，是路心。从珠坡岭到水安桥头，沿三五里长街弯弯曲曲铺下，行人走在路心上，特别惬意，如一句方言说的：走路要踩到路心。街面是小弧形的，路心的两边是同样光滑的小石块铺的。靠近两面的店铺的滴水下是大石块铺的沟，这样雨天的水立刻渗沟里了，也就有了"雨不打伞，路不湿鞋"的古镇街道。

自然的地理环境，造就了不一样的古村落，也有了不一样的水系统的合理利用和规划。廿八都的浔里、花桥、枫溪，古代的先民就为我们提供了智慧和合理的布局。青山常在，绿水长流，水韵长滋养！

（作者：江农文）

衢州常山大埂村

秘境大埂藏三宝

　　20世纪80年代，当地村民在辉埠镇大埂村溪头寺一带，发现了众多的石锛、石镞、石网坠等石器，以及镌刻有多种纹饰的陶器。文物专家考察后发现，这是迄今为止常山境内发现年代最古老的人类居住地。

大埂村毓秀塘

　　据闻辉埠大埂有三宝：吴氏宗祠、毓秀塘和龙山。这"三宝"里，藏着许多古老的秘密。

　　吴氏宗祠，系一百多年前重建。清康熙年间，吴庆云携妻带儿从安徽歙南溪北（今安徽歙县），经开化马金入境。见此处后有靠山、边有泉水、前有溪流，遂定居于此。后建宗祠，一日焚香拜祖引燃宗祠边古树，进而焚毁宗祠。道光年间，全族集资再建宗祠，保留至今。宗祠有三门：中正门、左入孝、右出悌，反映出吴氏先人的礼仪教育：在家孝顺父母，出外敬爱兄长。依宗祠建有"毓秀学校"。能进入毓秀学校学习，是一件非常荣耀的事。吴氏宗祠是高规格建造的，规模宏大的建筑、精美的雕刻即为证；占地3亩，长150尺，宽55尺，三大进；左右大走廊，进门见戏台，中天井，天井前有四根圆石柱擎起的近百平方米的倒挂莲花宝座；

四石柱上牛腿有寿星赐福、童子拜观音和南极仙翁等精雕细刻的图案。只可惜随着岁月流逝，吴氏宗祠辉煌不在——顶塌椽落，唯余三四十根石柱、木柱矗立祠内，倒挂莲花宝座也仅保存在村民的脑海中。如今，大埂村人已经启动了修复工作。相信不久的将来，这座古老的宗祠将重现昔日辉煌。

大埂村的毓秀塘有两个奥妙之处。一是奇：此塘水冬暖夏凉，冬天水面之上雾气腾腾，手入水中顿觉温热融融；夏天塘水则清凉无比，仿佛刚从深山古井中舀出来一般。《毓秀塘记》载："春而温，秋而和，时当炎夏而冷味凛冽，节届严冬而暖气熏蒸者，塘边之四时也。"二是一泉四分："毓秀塘原仅为一泉，后掘为塘，光绪年间一塘改四塘，保留至今。"毓秀四塘分工合理，泉眼处是饮水塘，一侧是洗菜塘，这两塘的水通向最大的洗衣塘；洗衣塘的水外流，拦一小方塘，供村民刷洗农具、马桶等。为保证塘水的清洁，饮水塘上方还修有一渠，下雨天时，雨水沿着渠道分流，便可绕过饮水塘。为保护毓秀塘，村里立下村约，村民不可跨塘用水，以保持塘水的清澈。百余年来，村民始终遵守，至今不越界。吴氏先人在此山川秀美之地，期冀"毓秀塘"带来灵气。光绪年间建塘时曾立有一石碑，记载着修塘历史及四塘的功能划分。后来，石碑被毁，留下半截在原址。细看余下的青石碑，上面字迹清晰可辨。碑虽毁，但规矩还在。

大埂村的另一宝就是龙山，也就是严谷山。严谷山是常山县众多名胜中的一处秘境，其名显扬四方，其地隐匿深谷，好似传说中"见首不见尾"的神龙，不轻易将真面目示人。传言古时确有神龙潜伏在此，修炼得道后破壁而去，故严谷山又名龙山。

严谷山昔时曾有严姓族人聚居于此，因而得名。山体峭壁耸立，高百余丈，极为壮观。最吸引人的是漫山遍野、妙趣横生的天然观赏石，如花轿石、飞来石、琴台石、琴室石、小贤峰、香炉峰、虎啸岩、藏剑石、盘龙石、系马石、曝经石、珍珠帘、一线天等。俯首可拾，美不胜收。峭壁正中，凌空悬挂着一排钟乳石，大大小小共有七块，这就是当地人称为镇山之宝的"花轿顶"（县志称"神仙迹"），据传由八仙中的铁拐李安放于此，专门用来迎接贵客的。传说当年白蛇娘娘大战法海之时，曾想借坐严谷山的花轿逃走，结果法海用一块飞石镇住了花轿。至今，法海的那块"飞来石"仍稳稳地压在一座"花轿顶"上。

　　"严谷甘泉"是山中最为人熟知的景点，也是常山古代十景之一。清代县人徐鲲以一首七言古诗，极力赞赏"严谷甘泉"的色、香、味，并将其与洛阳醴泉、骊山温泉相提并论。"严谷甘泉"色如白露，清冽异常，虽三伏天也凉气袭人。据（嘉庆）《常山县志》载："严谷泉，石壁嵌空，处处有泉沁溢，其清冽似白露。"正是这一股股山泉水，为严谷山注入了一脉灵气，滋养出如此静谧幽深的小气候环境，成就了一处知名的避暑胜地。

　　正因为严谷山景观秀丽，历代文人采撷精粹，遴选出洗心幽亭、悬崖仙迹、桂林喷馥、竹坞藏烟、蟾洞留月、龙潭吐波、华盖栖霞、炉峰拱秀、双岭流泉、千岩积雪此"龙山十景"，赋诗弄文，为严谷山增添了浓浓的人文气息。据统计，仅载入（嘉庆）《常山县志》的严谷山诗文，就有六十余篇，这其中，既有绝句、律诗，也有古体诗游记。

　　辉埠大埂三宝，是先人们智慧的结晶，也是大自然丰厚的馈赠。

（文：常山农办）

衢州开化姚家源村

渠水清流泽古村

马金镇姚家源村位于皖、浙、赣三省交界处，宋代姚嗣兴自衢州石塘来马金游学，爱其山明水秀，遂置田建房，子孙繁衍，全村姓姚，故名姚家源村，至今已有八百多年的历史。

当年，也就是南宋咸淳年间（1265），马金姚氏始迁祖姚嗣兴，听说马金的"包山书院"很有名，朱熹、吕祖谦等大师名人曾在这里讲过学，因而举家从西安（今衢州）石塘迁开化马金，在金溪村奠基居住。奠基以后，姚嗣兴共育有五子，其中四个儿子及许多孙子们秉承耕读传家的理念，潜心读书力争考取功名，功名不就或务农经商。然而，人各有志，姚嗣兴最小的儿子姚宝，却到马金村的东面，创建普鉴寺，削发当起了和尚，并成为了普鉴寺的主持。

渠水清流

姚宝在普鉴寺一边吃素念经，一边思考，父亲闻包山书院名，举家从西安迁马金，为的是子孙们能在名学堂里读书，考取功名入仕。然而，兄弟们虽努力攻读，却未能功成名就，更谈不上入仕做官，看来，可能是村庄的风水出了问题。于是，他便踏勘马金、金溪村（又称姚家）庄四周的地理环境，按"左青龙、右白虎，前朱雀、后玄武"的风水理念进行分析：马金四面环山，中间一马平川，有数千亩田畈；东向（属青龙）有天童山（较高），山脚有九里坑流过来的莲溪（今为杨和溪）；西向（属白虎）有包山，山脚奔流着马金溪；前向（朱雀）是马金街、星田村，再前向便是七里坽头，山上有文塔；后向（玄武）便是金溪（姚家）村庄，村后是龙脉山。如能到马金溪引水，到姚家村前造一个大池塘，岂不妙哉！然而，要想引马金溪水到姚家村前造池塘，必须在马金溪中造拦河坝、引水渠才行。这是很大的工程，需大量的人力、物力和财力，按当时刚来奠基不久、姚氏家族人丁不多的情况是难以做到的。而此时的马金畈，只有东面一部分地，引莲溪（杨和溪）水灌溉为水田。莲溪水是"易涨易退山溪水"，汛期水汪汪，平时水量很小，因而当时马金畈大部分为旱地，只能种六月豆、玉米、番薯、麦子和油菜等旱地农作物，一遇大旱，粮食歉收。而当时，马金附近已有夏、严、黄、张、江、陈、汪、华（本为程姓，明代部分复程姓）等众多姓氏人口居住。一个更大胆的想法便在姚宝脑中形成：我们何不利用大家的力量，在马金溪中造坝引水，既能使马金畈的千亩旱地成为水田，又能使姚家村前造大池塘的设想成为现实。于是，姚宝一方面召集各姓氏族长们商量和勘测造坝引水建设方案，一方面率普鉴院和尚们走村串户化缘募款，为造坝引水工程筹措资金。这一年，即元元贞元年（1295）金秋，马金溪造坝引水工程破土动工。工地上的民工，既有马金附近在族长的指派下而来的，又有远近为做善事的信佛香客。经两冬春奋战，造坝引水主体工程竣工，人们为感激姚宝的功德，将此拦河坝命名为"和尚坝"。

接着，金溪村的姚氏族人，在村前修建了一方占地一千多平方米的大池塘，从"和尚坝"引进水来，种植莲藕并养鱼，平时供村妇们洗涤之用，难时供防火之急需。夏季荷花盛开，鲤鱼跳跃，成为当时姚家的一大美景，因而该大池塘被姚氏族人们命名为荷花塘。说也奇怪，这荷花塘像一方砚台，东南向的七里坽头山上的文塔，像一支竖直的毛笔。上午，太阳照射的文塔影子，居然能一直影射到荷花塘边，就像一支"毛笔"架在"砚台"上。后来，姚家村人丁兴旺，成为村民近千户、二千多人口的旺族。

和尚坝建成后，金溪姚家、马金（含上村、村前、西村、仁路）、莲塘（今明塘坞）、星田等村庄的村民们，一边将马金畈、星田畈的旱地整改为水田，一边兴修从"和尚坝"经姚家村，穿马金老街到星田畈，长有二千余米的水渠，不仅能灌溉近二千亩农田，又为姚家和马金老街数百户居民洗涤之用。此后，该渠也就成了马金"八景"中的一景"渠水流清"。

据《开化水利志》载："八甲坝位于马金镇姚家村马金溪上。初名和尚坝，元贞年间，由普鉴寺僧人姚宝募化兴工修建，故名之。后毁于洪水。清康熙十八年（1679）重建，长287米，高2米，灌溉面积达1700余亩，为开化县有名的圳坝。民国八年（1919）再遭水毁，适逢知事郑业韵来马金公干，获知此事，立即召集地方绅士协议重修此坝，并成立董事会，推举林复隆为主事，按保甲制规定，每甲100亩，每亩摊派银元6圆，折稻谷200斤，姚家、马金、星田划分为八甲，共集资银元4800圆，即开工上马。新坝建成后遂改名为八甲坝。"

姚家源村作为一个有八百多年历史的古村落，除了有名的八甲坝之外还有明代始建的城墙和古建筑。2014年，马金老街列入了浙江省历史文化街区。最近，老街人们将20世纪80年代覆盖了马金渠老街的水泥路面，改用青石板，并恢复马金渠"渠水流清"的景观。不久的将来，姚家源村将以更美的姿态让历史文化村落充满生机。

（作者：张义宏）

舟山岱山东沙村

东海渔岛母亲河

　　舟山东沙历史悠长，文化积淀厚重，据考证早在四千年前就有人类在东沙角繁衍生息。两千多年前秦始皇遣徐福率三千童男童女寻找长生不老之药，看到岱山岛屿缥缈朦胧，犹如仙境，遂登临寻仙。登临之处为东沙山咀头，建于清光绪年间的"海天一览亭"中有碑文记载。

　　东沙古镇建制于唐，兴盛于清。据《中国渔业史》载："东沙渔港形成于清康熙年间，之后每逢渔汛，各地渔船聚集东沙，船以千计，人达数万。遂以渔兴市，以市兴镇，成为中国东部沿海著名的渔业商埠。"当时横街鱼市的繁华景象，清朝文人王希程曾这样描述："海滨生长足生涯，出水鲜鳞处处皆，才见喧闹朝市散，晚潮争集又横街。"悠久的历史、繁荣的商贸，积淀成东沙独特的文化底蕴和人文内涵。

　　悠悠的古巷，古色古香的民宅，留着旧商号印迹的店铺，还有渔厂、盐坨、货栈等比比皆是，古朴典雅。整个镇区纵街横巷，井然有序，房屋建筑布局严谨、结构牢固。有人把东沙传统建筑概括成六大特点：一是房屋错落有致，所处地势开阔，南高北低，有一定的层次感；二是不少房屋建在海边，带有浓浓的"海味"；三是建筑种类多样，集各地之大成而独具特色，既有四合院式的民居建筑，宏伟气派的宗祠建筑，古朴典雅的庙宇建筑，又有功能各异的商号建筑，还有近代欧式建筑；四是建筑用料特别讲究，不少殷实人家其厅院立柱大多是专程从福建北部山区运来的樟树、柏树、杉树等，厅院用平直石板铺设，屋墙石料也多用大理石、花岗石等上等石材；五是东沙建筑具有古典风范，飞檐画廊，精雕细琢，建筑艺术极富明、清两代特色；六是东沙建筑历史悠久，现存的近百处古建筑中，最早已有二百多年的历史，一百年的建筑到处可见，被一些影视界行家称为"原汁原味的海上影视城"。但作为东沙人，无论走到哪里，大概都不会忘记家乡的戊辰河。

　　戊辰河，承载了东沙人太多的记忆和情感。尤其是上了年纪的人，对它更有一种特别的情愫。戊辰河，民国戊辰年间（1928）建造于东沙镇大河墩。近百年来，东沙居民祖祖辈辈都是饮用这条河的河水长大的，可以说它是东沙的母亲河。

东沙古渔镇，镇小，巷多，屋舍密集，人口众多，有旧诗形容为"栉比鳞次聚东沙，挖压蓬山一万家"；加上大黄鱼汛期大量渔民和鱼贩的涌入，用水便成了一个突出的问题。

清咸丰二年（1852），大岭墩下挖成一河，占地三亩，名为"大河"。据《岱山镇志》载："食水河。东沙角大河在大岭夏，约三亩零转方，居民千余户，食水皆汲取于此。咸丰二年壬子开掘。故一名'壬子池'。"大河的挖成，使村民喝水不再成为问题。光绪三十年（1904），孙以慷出资，又开一河，俗称"孙家河"。后来，人们将大河与孙家河合并，统称"老大河"。这条老大河基本上保障了当时居民的饮用水供给。然而，到了民国年间，东沙常住人口骤增，每逢渔汛，江苏、浙江、福建沿海诸省渔船云集东沙，船以千计，人以万数。每天早晚两个时辰，老河的边上排满了挑水的人，一行行肩挑水桶的队伍像是大旱天抢水。这样排队挑水的结果是，每天的河水总要下沉两三个步阶。遇到真正的旱天，水源也枯缩了似的，积蓄的进度跟不上人们挑水的脚步。民国十七年（1928），由东沙的大户岑华封发起，个人以"岑庆安堂"之名捐款集资，在老河相隔不远的山脚下又挖一河。因那一年为农历戊辰年，故称戊辰河。

戊辰河建成后，由于该河水清澈甘甜，就成了东沙居民的主要饮用水河。有了这两条河，东沙古渔镇平常的饮用水基本可以自给。虽然一到大黄鱼汛期，水的紧张又会提到嗓子眼上，排队的情景又天天重演，但终究还是能保障居民平时基本的生活用度。

戊辰河，实际上是一个长方形水池，四周由块石砌筑，占地面积1300平方米。南面正中有入口石阶，便于居民取水；在石阶尽处建有基台及护栏，以保取水人的安全及便于河底清淤；建筑风格独特。戊辰河的选址和设计非常精妙，集中了东沙能工巧匠的智慧。它三面环山，东面是大岭墩，南面小岭墩，西面炮台山，清澈甘甜的山水源源不断地渗到河里。即使在干旱季节，这里的河水也没有干涸过。河体为梯田式设计，分两层，外围一圈河床离岸约1米，里面的一圈离岸约1.5米，这是为了保护居民的人身安全。老百姓传说，河的中央有一个石制的八卦，四角分别有四个石磨，有驱邪镇魔的意思。

戊辰河

这条河还有个特点，从岸边下去铺有长条形石阶，这是为了方便居民取水之用。它的前侧有一圈石栏，石栏起到一定保护作用，万一有不小心落水者，就可以抓住石栏求生；还有一道门，从这扇门下去，可以直通河底，作清除淤泥之用。原先在碑的东侧有一座小小的庙宇，里面供奉水神的雕塑。庙宇前面还有一块小小的石碑，上面刻着"饮水思源"四个大字，让后人记住饮水不忘掘井人，出门不忘故乡情。

一方水土养育一方人，古老的戊辰河不知孕育出了多少东沙优秀儿女。在东沙人的心目中，戊辰河就是"母亲河"，它见证了古村镇的百年沧桑。外出的游子无论走到哪里，提起戊辰河都会有一种亲切感从心底升起。他们中的很多人一回到东沙故乡，就会到戊辰河河畔来走走、看看。饮水思源，保护母亲河，是每个东沙人的义务和心愿。

（作者：陈召军）

台州玉环水桶岙村

仙人造福筑堤坝

青山环抱中的水桶岙，下辖南冲、荞麦坑、邢家、岙里四个自然村，全村仅三百多户，一千多人，耕地和山林面积近千亩，是一个秀美的村落。她前临滨港工业城，东接大海，简朴宁静。

水桶岙村坐北朝南，三面环山，山峰呈"几"字形连绵起伏。水桶岙的后山，是一座叫大洋山的山峰。山峰有足够的宽，宽成了村子的倚靠，因此住在水桶岙村，有了一份倚靠在大洋山怀抱里的安详和宁静。东侧是嵯峨的大洋山，像一头雄狮蹲坐山中，气势不凡。西侧的山峰高耸处，有大象鼻梁似的石梁，延绵着伸向村子，石梁童山濯濯、寸草不长，裸露着历经沧桑的岩石。村民们习惯把这座山峰称为"大象山"，说山的高峰处有象的耳朵和象的眼睛，并说这石梁就是一管粗壮的象鼻子。

若沿着山间小道下行，经过一条小溪，溪水缓缓地流着。小溪两旁是浓郁的树荫，在炎热的天气里行走在这条浓阴的小溪会给人一种无限的惬意。走完这条小溪就到水桶岙沙滩，给人的感觉就像是藏在深闺中天生丽质的女子，不施粉黛而风姿绰约，让人心仪。

沙滩的上方，有一个高高的沙岗，这道岗能在台风季或大潮来临的时候，为村人抵挡自然灾害的侵袭。关于水桶岙的沙滩，据当地人相传：在很久以前，玉环沙门镇水桶岙村口原是一片无堤坝的荒滩涂，每在大潮汛涨水时，靠海边的良田常有受淹。特别在7—9月台风时节，12级以上的风力往往掀起排排巨浪，铺天盖地般席卷而来。刹那间，辛辛苦苦垦种的庄稼被汪洋大海洗劫一空，农户们无能为力，只能摇头叹息，感叹岙内人烟稀少干不出大事。过了好些年，当地有位好心绅士出面集资，集结民工筑堤塘防汛。大家为了保护家乡，拼命流汗出力，刚筑好的土质堤塘，哪经受得起巨浪的拍打，顷刻间被夷为平地。后虽是改变方法屡次筑塘，但仍以失败告终。勤劳的水桶岙人并不因此而气馁，以顽强的拼搏精神立下雄心壮志继续干下去。当年正逢吕洞宾神游至此，见此情形，有意要为民造福，问老汉讨得一碗炒咸豇豆后，就地撒出去，眼前立马出现一道坚固的堤坝。乡人无不欢欣感恩，至今仍在洞玄宫代代供奉。水桶岙的大洋山下，有两座洞玄宫，一座始建于清道光年间，破败却不倒，毗邻新建的另一座，则是目前村里最为气派的庙宇了。沙塘神秘地筑好了，人们便给它起名为"仙人塘"。后来，由于沙塘翻动，有的称作"沙龙"。自那以后，水桶岙再也不用挨洪灾、不怕潮汛了，人民过着安居乐业的山村田园生活。

沙岗

据说，水桶岙原名水洞岙，因所处地理位置形似水洞而得名，新中国成立后改名为水桶岙。岙里的山顶有一个天然的大水坑，名曰龙潭，与楚门应家村交界，西望大象山，东面狮子山。相传很久很久以前，这个潭里住着一条白龙，因为山清水秀后来渐渐有了人烟，白龙用爪子开出道道溪流惠泽民生，此后便离开山岙游向大鹿岛。

登上山顶俯瞰，整个水桶岙就像襁褓中的婴儿，恬静和谐。当越来越多的人纷至沓来，或踏浪在海边，或到溪边摸鱼捉虾，春光明媚时穿梭在樱花树下、紫薇丛中，品尝着水桶岙甜美鲜嫩的玉沙白枇杷，在喧嚣的尘世间能感受到不一样的自己。

（作者：其峥）

丽水青田龙现村

稻鱼水利华侨村

龙现村风景秀丽，或以奇拔，或以幽胜。房舍依山傍水，梯田循坡而辟，民风淳朴，文化底蕴深厚。阡陌交通，绿意袭人，稻谷飘香，田鱼闻名。龙现村三面环山，是方山盆地向奇云山过渡的一个缓坡，这是一个非常独特的村庄。龙现村入口处两山相峙而立，龙现十八潭奔腾而下，有"天门中断楚江开"之意、"一夫当关，万夫莫开"之势。从水口下行，依次是藏鱼潭、畚斗潭、高漈潭……共有 18 个潭，故称"龙现十八潭"。雨后观瀑，犹如白练垂空、珠飞玉泻，似雾似岚，蔚为壮观。

龙现村被称作"有水便有田鱼，有家便有华侨"，因而同时拥有两个非常响亮的名称："中国田鱼村""联合国村"。前者是因为该村于 2005 年被联合国授予"全球稻鱼共生系统保护基地"；后者是因为该村在册人口一千来人，其中约 650 人侨居世界 24 个国家，他们大人奋斗在国外，把在外国生的孩子带回家乡由爷爷奶奶扶养。全村的孩子会说不同国家的语言，知道父母所在国家每天发生的大事。"华侨"和"稻田养鱼"是龙现村的两大特色。"延陵旧家"是见证龙现村甚至青田县华侨历史的代表性建筑，而"十三闸"是见证龙现村稻田养鱼最古老的水利设施。

龙现村距今有八百余年的历史，村里以吴姓（延陵郡）为大宗，据方山《吴氏宗谱》载："始祖吴叔远于南宋咸淳年间（1265—1274）从瑞安库村迁至龙谷（现名龙现）。"

凡去过龙现村的游客，无有不去瞻仰"延陵旧家"。人们除了观赏这座建于八十多年前的中西合璧的建筑，更多的是去追忆吴乾奎的艰难创业史和爱国爱乡情怀。

延陵旧家建于 1930 年，房屋依山而建，就水而筑，中西结合，保留了 20 世纪 30 年代青田侨乡建筑的风貌及其中西文化融合内涵。走进延陵旧家，照壁上饰一个大"福"字。据房屋主人的介绍，光造这个"福"字就花了半年多时间。该字用糯米和石灰等材料造成的，十分坚硬，用锤子都砸不掉。

门楼三角顶，顶中部雕有"地球"，门额书刻"延陵旧家"四个大字，门柱可见"花旗"图案；两侧屏壁刻有椭圆形图形，门楼两侧各设一个冲天铁栅窗，为欧式风格。主宅楼为五间三层，面阔 14.62 米，进深 11 米，明间中堂悬挂"海外观光""惟善为宝"的匾额。这座有着八十多年历史的旧宅是当地乃至中国华侨的一段历史和骄傲。为此，我们不能不提该屋最初的主人吴乾奎。

延陵旧家

吴乾奎是青田第一代华侨代表，早在清朝光绪三十一年（1905）跟着宁波的茶叶商人在东南亚做生意，因为聪明能干，后得到老板的资助，独自一人闯荡世界。吴乾奎是 1905 年走出国门，靠帮别人贩卖茶叶起家。1930 年吴乾奎衣锦还乡，除尽全力建造"延陵旧家"外，生活依然十分简朴。他将许多资金用于家乡建设，铺路修桥，开办学校，造福乡邻。

"十三闸"是青田县方山乡龙现村独具匠心的水利出水工程，既巧妙又科学，解决了农户的灌溉用水分配问题。龙现村"石门峡"，又称"十三闸"。所谓"峡"或者"闸"，实际上是一块长 3 米，宽 1.2 米的石制水槽，石槽一边沿附设 13 个大小不一的缺口，水流沿各缺口分流到农田。据当地村民介绍，该闸自清朝中期设置以来，其公平合理的分水制度深为大家所接受，至今已有二百多年历史，当地从未发生过稻田引灌纠纷。

"十三闸"的 13 个分水口，最大的有 9 厘米宽，最小的仅 2.5 厘米，其次有 7.3 厘米、7 厘米、6 厘米、5.5 厘米、4 厘米、3.8 厘米。这些出水口的大小是根据当时不同区块的稻田引灌面积而测算流水量，避免分水不均或管水作弊而特设的。数百年来，渠水长流，石槽依旧，功能未减。

龙现村地处山区，稻田都以梯田布状，水资源以雨量为先决条件。若遇久旱，管水失当，别说养鱼，稻谷都可能颗粒无收。在当时生产力低下的时代，"十三闸"的出现，是龙现先民的文明和进步的体现。在农村，最突出的问题就是小农意识，尤其是土地私有年代。在历史上，由于分水不公而出现的抢水、争水、偷水事例不胜枚举，甚至因此世代结仇的也不鲜见。制度落实显然成为维护农民切身利益、稳定社会的关键措施。"十三闸"正是根据实际需求，老少无欺，谨防小人，客观上提供了环境条件，算得上是一个深得民心的阳光工程。再次，从"十三闸"的 13 个输出口，再由各输水管道至受灌区自行细分。这部分的"基层网络"各施其责，各显神通，有落实到位的监管机制。农民享受最大的实惠。

龙现村历史文化底蕴深厚，近几年来，小山村声名鹊起，游客慕名而至。一幢幢由石头垒成的古宅、现代别墅深藏在绿树翠竹中、田园间，游客到此仿佛进入了童话世界。漫步在苍松翠竹下、绿谷田园间，呼吸着新鲜的空气，呷着沁人心脾的泉水，坐听松涛竹浪，真是惬意至极！

（作者：陈介武）

四 风景园林

清水之源古山村

走进古村青源，仿佛走进了历史，古祠堂、古民居、石头屋，古树、竹林掩映，与现代民居相映成趣、相互交融。依山而建的青源村东与富阳"孙权故里""龙门古镇"相邻，西与明清时期的"深澳古村镇"相连，是个深藏在大山脚下的古村落。村建道路也是依山而设，充分利用地形、地势。

青源村

村中原始自然村落保存完好，东南两溪穿村向西蜿蜒而过，终年清流潺潺。这里群岭环抱，林藏竹修，野趣横生；风景如画，气候宜人，拥有丰富的旅游和观光自然生态资源，特别是海拔约700米的"青源谷"，近年来吸引着众多的游客来观光休闲。

清源村的大礼堂和宗祠数量多、结构完整。这些大礼堂和祠堂不仅是历史的印迹，也是青源人精神的传承载体。为保护好村里的历史遗产，近期已对潘氏宗祠和潘家大礼堂等进行了维护修缮。

娴静的古山村，让人充满寻幽探古的遐想。在这里，处处可见历史的痕迹。

据悉，明代初期，有朱姓和屠姓在此居住，以此地貌景观称"青草村"。明末，朱、屠二姓衰落，由吴氏、申屠氏敏盛，清初，潘氏祖先从古徽州流入富、桐，经几次变迁，最后落户此地。民国时期以"清水源"之意改名为"青源村"。

村内有清代建造的古祠堂、古厅各3处，特别是现存连片古民宅（潘氏古村落）有近50处。二十世纪六十年代建造的集体大礼堂2处，百年以上古拱桥8座，古井泉5处，古凉亭5座，古道两条，古渠道5000余米，堂屋4座。还有七十年代建造的村中狮子山上的青源小学。每年农历九月十九是青源村庆丰收的大日子，会有盛大的祭祀活动，十里八乡的村民都会来赶集，老人印象最深的是两百多米长叫作"青狮毛龙"的龙灯。

清源村的建筑风格以徽派为主，最长时间的已历时三百余年。说到古建筑，最突出的是潘氏宗祠。潘氏宗祠坐落于潘姓村口，青源村中心地。祠堂始建于清代道光年间，距今170年历史；二井三堂三开间，青瓦石墙结构，内有十多只木雕牛腿，人和动物雕像，十分逼真；上中二堂有精细的木刻图案板壁，中堂上方"积善堂"匾，还有文体各异的四块匾额分别放在各堂上方。上堂（宴堂）至今完整地保存着几百年来共三十六代潘氏子孙的牌位。祠堂历经风雨侵蚀，特别是2007年的一场特大台风，将三分之一的木梁折断，呈倒塌状。经过几年的抢修，已于2010年9月整修竣工。

现在村中仍存留众多百年以上的古民居。民居房典型徽派风格，六尺宽四条卵石弄由北向溪岸延伸。在三百平方米的卵石道地四处，合理分布在溪岩主道上，是晒粮、柴、草的场地。先辈就地取材，用了当地的卵石、黄泥、石灰、青瓦、木头等材料来修葺民居。

"香火厅"建于村中，木雕牛腿、厢房戏台、台门骑路、懒凳两旁，是村民看戏、娱乐、谈山说海、论古道今、休闲乘凉的好场所。虽然村中大部分新建房均建于溪南区块，但40岁以上的村民只要有空闲，就会到这里来。同时，不少前来玩户外拓展的游客也经常会被村里的古建筑吸引，在古民居前、古祠堂里拍照留念。

　　村中有两处水塘也是声名远播。水塘名为泉井塘，离地面约7米，因久旱不息，冬天热气腾腾，夏天冰凉入面而闻名。在无制冷设备的年代，一到夏天，方圆十余里的村民来此取水或制饮料。

　　近年来，该村的青源谷（又名水顶山）凭借着独特的山水优势，吸引了众多的游客前来观光休闲。

　　青源村历史文化底蕴深厚，历史悠久，具有保存完好、富有地方特色的古建筑。清源村以天然的自然景观为依托，传统村落风貌为特色，宗祠文化为线索，集休闲、度假、居住、野外拓展为一体的旅游基地概念，为打造成杭州西线文化旅游的重要节点，成为杭州地区名片，提供了良好基础。

（作者：叶　凌　钱　江　苏　文）

杭州建德大唐村

香榧传奇大库湾

建德市三都镇大唐村有个叫大库湾的地方。大库湾地处深山湾里，土质肥沃，农作物生长较好，号称山地杂粮的大仓库，故名大库湾。早在明代，有兰溪人逃难至此落户，大库湾村开始繁衍发展起来。

早先的村民在山湾里种了一批香榧树，眼巴巴地看着香榧树长大等着吃香榧。可是一年又一年，香榧树只开花不结果，像个不会生育的蛮婆，中看不中用，再使劲也无奈何，只能干着急。一晃四五百年过去了，香榧早已被人遗忘，但树林却奇迹般地挺了过来，高大挺拔的树杆，枯残婆婆的枝叶，像在对人们叙说着一件悲壮伤心的往事。

1999年，村里一位壮实的小伙子，对这一片和村里开山鼻祖年龄一样大的古香榧林产生了兴趣。他一头钻进香榧林，翻来覆去捣腾了三年，竟然奇迹般的使一千多株古香榧树结出了香榧，这一消息把全村人都惊呆了。

这个小伙子叫盛建旗。

1987年，盛建旗初中毕业，满怀创业的雄心，翻过大库湾，来到隔壁的浦江县学木雕。由于他的勤奋努力，几年的时间他的木雕作品《蚂蚁搬家》就在浙江省工艺美术展览会上获得了金奖。捧回了这个大奖，盛建旗的眼光看得更远了，辗转来到全国木雕名城东阳进修，没想到一到东阳，获得了一个意外的惊喜。

一天，厂里一位师傅从家中带来了一些香榧干果，香酥细腻的口感，让他惊叹不已，那是盛建旗生平第一次尝到香榧的滋味。一打听，香榧价格是草榧的十多倍，这让他想起了家乡那片从不结果实的古香榧林，如果家乡的那片古香榧树能结果多好啊。巧的是这位东阳师傅的儿子还是当时浙江农大的教授。盛建旗把自己的想法和师傅一说，师傅很热心地为他引见了自己的儿子。这一下盛建旗犹如得到了一个知识的宝库，他从师傅的儿子那里得到了很多关于香榧的信息和栽培技术。盛建旗待不住了，他急切地回到了家乡大库湾，正好遇到古香榧林要转包，他二话不说就转包下来。

这事被盛建旗的亲朋好友知道了，立马炸开了锅，说什么的都有，都说盛建旗疯了。

原来这片古香榧林，两年前被一位村民以八万元的总价承包了下来，期限十年。两年过去了，仍然不见香榧树有任何结果的迹象，承包人急得就像热锅上的蚂蚁，偏巧来了盛建旗这个呆头鹅，当即以九万两千元的价格，转包下了剩余的八年承包权。

盛建旗的家人是一致反对的。他们认为，这片古香榧林很多人搞过，都没成功；林业局也来搞过，也没成功，难道你比他们还要有本事？当时盛建旗在外面已经是每月有四五千块钱的收入了，回来搞香榧林无疑是米箩跳糠箩，自讨苦吃。

盛建旗认为风险肯定是有的，平路上走路都可能摔跤，创业谁没有风险？这么多年在外面闯荡，苦也吃了不少，五十块钱要过一个月，有时候连饭也吃不上。这样的日子都挺过来了，还有什么困难不能克服。爹有娘有不如自己有，盛建旗不管别人怎么说，横下一心搞香榧，像头牛一样扎进古香榧林。

古香榧林里都是跟手臂一样粗的柴火，盛建旗说是山里长大的人，其实他初中毕业后就离家学手艺，并没有真正做过山上的农活。陡峭的山路，茂密的刺蓬，要把那些柴火砍掉，然后把这个地整出来，真是难为他了，一天劳动下来，手上都是泡，他咬着牙坚持下来。

香榧树有一个特性，那就是它从花芽到果实成熟，需要历时三年，有"千年香榧三代果"的说法，因此误了一年花期，就是误了三年收成。所以转包来的第一年花期，盛建旗几乎是没日没夜地泡在山上，那真是炼狱一般艰难。好在盛建旗颇有几分大将风度，思路清晰，忙而不乱。根据他在东阳学来的香榧知识，他当时就着重做了三件事：一是测土壤；二是人工授粉；三是解决病虫害。

盛建旗从几棵香榧树下取了一点土样，专程来到了浙江农大。通过老朋友，他找到了更多的专家，一个问题很快就有了答案。原来是大库湾香榧林中的土壤，严重缺少磷和钾。这事好办，他回村后马上调整了肥料配比。转眼间就到了2000年的4月，香榧林开花了，可连日多雨，本来就是异株授粉的香榧树更难授粉了，这时盛建旗想起了人工授粉，当时他也不是很懂，香榧开花期是几天的？人工授粉温度是几度的？如果授粉时间早了，那可能授粉没授好；如果授粉时间迟了，那可能是香榧授粉很少，来年的果子就很少。不懂就学，他一边翻书本，一边摸索。功夫不负有心人，经过辛苦摸索，香榧终于授粉成功。

没想到一个问题刚解决，又一个问题又摆到了他面前。原来好不容易才结上果的香榧树，没多久又开始纷纷落果了。盛建旗又没日没夜地在林子里转悠，他就像个"土郎中"，为香榧林"望闻问切"，终于他发现那都是害虫惹的祸。

他把虫子抓起来，放到瓶子里，一边喂养一边观察，记录它的生长规律，繁殖周期；翻找资料，请教专家，调配低毒农药进行防治试验，终于找到了最佳治虫方案，成功地灭杀了病虫。

盛建旗就像孩子一样，充满好奇心地去琢磨林中的虫子，并完整地记录下了厚厚的几本观察日记，不仅解决了自己香榧林里的虫害，还为浙农大病虫害防治的博士生导师徐教授的研究课题提供了第一手的数据。

转眼间，到了2001年的4月。盛建旗终于在自己付出辛勤劳动的那片古香榧林中，看到枝头上的果实越长越大，而且长得很密，也长得很踏实，盛建期的心情无比激动。两年的心血终于没有白费，他成功了，这一年香榧的产量就达到15000斤。

盛建旗让从不结果的古香榧树结出了果实，震惊了整个建德农村，他成了建德第一个种出香榧的人。对于他来说，这无异于人生的又一个金奖。

他又开始变得不安分了，想繁育香榧树苗：要发展一批新的香榧基地，第一个目标就是要把大库湾的山地全部都种上香榧，让大库湾变成一个香榧村，让香榧成为大库湾的特色产业，让村民都成为香榧的种植户，种香榧致富。

盛建旗创办了香榧企业和专业合作社；2002年他被选为村委会主任，同年入党；2005年任村党支部书记。担子重了，梦也更远了。

大库湾那批古老的香榧树，四五百年了，从来没有像现在这样舒展过。粗大挺拔的枝干，焕发新枝，郁郁苍苍，有一种震撼人心的美，那是一种绝代风华。

（作者：郑祖平）

杭州富阳杨家村

杨家十里古银杏

　　浙江省杭州市富阳区万市镇杨家村，位于杭徽公路旁的万牧线上。这里山清水秀，素有"大青山刺破青天"的美誉。杨家村犹以古银杏而著名。目前，杨家村的银杏产量居杭州地区乡镇之首，在省内外享有很高的知名度。"杨佳白果"获得浙江省农产品优质奖；杨家村白果基地被认定为"浙江省森林食品基地"。全村现有古银杏近 900 株，最老的树龄约 1000 多年，分布在村内 9.67 平方公里。

　　银杏是天赐杨家村的礼物，它的生长条件与这里的土壤、气候、地理完全吻合。早在明清时期，这里的银杏就名声在外了。据清乾隆《杭州府志》载："银杏，一名鸭脚，俗名白果，材板细可用，不花而实，杭属皆产，新邑多而佳，士人往往贩运他方。"文中所指"新邑"，即为当时的新登县万市山区，犹以南安的杨家、方里、何务等村为最佳。

　　那么，为什么"杭属皆产"的银杏，如今古老的树种却只有杨家村保留得最完美呢？

古银杏林

　　相传宋熙宁七年（1074），时任杭州通判的苏东坡，前往新城、於潜、临安等县巡视督促捕蝗工作。苏东坡一行人边走边察看灾情，途径杨家村的横山自然村时，他远远看见前方左侧有一片绿油油的树林，心中不禁想到：如今蝗灾严重，天气干旱，植物枯黄，却怎有如此翠绿的茂林？顿生好奇。于是率领一行人走近观望。"呀，这是白果嘛！珍稀！珍稀！"此时节，树上已经结满了果子，绿绿的叶，累累的果，煞是好看。渐渐来到林中，发现有几户人家隐居其中，林荫茅屋，别有洞天。苏东坡正看得起劲，他们的行踪惊动了村民，有几个朝苏东坡这边围了过来。互相寒暄了几句，苏东坡没有直接说明自己的身份，但村民们看出了来者气度不凡，不是普通人，对苏东坡一行人也是恭恭敬敬，说话客客气气的，还请他们喝茶，搬来凳子在门口就座。谈论间，苏东坡得知这些树大多是上辈们种植的，心中很是感慨。他告诉大家："这是祖宗给你们的遗产啊！白果全身是宝，叶可入药；材细可用；果可食用，有温肺、益气、定喘嗽、化痰、止咳之功效。把它贩运到外面去，还可以赚大钱呢！你们可要好好保护这些树呀。"大家听了连连点头应承。

　　村民们一边听苏东坡说话，一边领他继续往前观看。行走间，来到了一簇树下。远看，这里是好几棵树，走近细看，原来是一棵树。看着这长势茂盛的白果树，苏东坡兴奋不已："妙哉！妙哉！就叫它姐妹树吧。""姐妹树"由此而得名。

　　随后，苏东坡又问了问蝗灾情况，有位老者指了指前方："喏！里面那村子闹得厉害些。"于是，一行人又朝着另一个村子走去。

　　苏东坡边走边察看灾情，他发现，这里的蝗灾也没别的地方厉害，因此，心情有些惬意地往前走着、看着。突然，眼前又出现了一些银杏树，虽然不是先前看到的那样成片成林，倒也团团簇簇，长得郁郁葱葱，有些树已经高大成林，大概有上百年的树龄了。陌生人来了，村民们都好奇地聚拢来，有的邀客人去家里坐坐，有的端来茶水，有的主动找话题与客人攀谈。主客之间一团和气，就像一家人，这使苏东坡更是兴致勃勃了。他问："你们都是自家人吗？""是同宗，我们都姓杨。""好啊！杨家人要和睦，和睦万事兴嘛，你们这里有这么多的白果树，白果算得上是宝贝啊！"他把对先前那个村子人说过的话再说了一遍。大家也是点头赞同。说完，他继续往前转悠，走着走着，眼前出现了一棵大银杏树。苏东坡顿时脸露喜色，饶有兴致地上下打量了一番，又绕着树转了一圈，接着伸开双臂，试着抱了抱树身，并连声赞道："美哉！美哉！树王也。"这棵树，至今还苍劲有力地矗立在杨家村的上官村口，据考证，这棵树已有约1200年的历史了，现在，人们都称它为"银杏王"。

离开杨家的银杏林，苏东坡登上了去於潜的浮云岭。在岭上，苏东坡题诗两首，其一曰："西来烟瘴赛空虚，洒遍秋田雨不如。新法清平哪有此？老生穷苦自招渠。无人可诉乌衔肉，异弟难凭犬附书。自笑迂疏皆此类，区区犹欲理蝗余。"以感叹这次捕蝗工作的酸甜苦辣及意外成效。

事后，杨家村的村民才得知，来者是杭州的大官。一传十、十传百，大家都很惊讶。苏东坡的言行深深影响了这里的村民，从此以后，大家形成了一个不成文的规矩：白果树是个宝，不能砍！不仅如此，平时村民还非常地爱护白果树，常常给它施肥，每年再适当地种上几棵。爱护银杏的村风一直延续到新中国成立以后。直到"文化大革命"期间，由于少数人的破坏，被砍掉了一部分，但还是保留了近千棵古树，形成了"杨家十里古银杏"的奇观。来到杨家，真有"桃花流水杳然去，别有天地非人间"之感。

2008年，杭州市富阳区城市总体定位和远景发展目标，将杨家村区域规划为"银杏自然保护区"。万市镇人民政府将这里建成"杨家村银杏无公害森林食品基地"。

（作者：吴忠林）

```
杭州富阳湘河村
```

深山古村九仰坪

　　富阳新登镇境内西部山区，有一个风景秀丽、民风淳朴、人文气息浓厚的村庄，叫作湘河村。村中有一个被誉为"富阳最美山村""最美登山路线"、尚未旅游开发的古村落，叫作九仰坪（原连山自然村）。

深山古村九仰坪

　　十余户人家，鸡犬相闻，自给自足，数百年来与世无争。这里有古树、古茶，还有老房子，尽管看上去很破旧，但给人的感觉特别和谐、宁静。这个仅有十数幢土石砌筑而成为农舍的小山村，或粉墙黛瓦，或黄土青砖，在阳光的照耀下，在青山的环抱中，俨然一幅乡村水墨画。时间好像停在20世纪60年代初期。山顶云雾缭绕，宛若仙境，山中一座不知来历的石像更令小山充满了神秘气息。

　　九仰坪之名，源自附近拥有白羊坪、猛虎坪、天井坪等"九坪"。九仰坪位于新登镇内最高峰唐峰尖（旧称唐峨尖）山腰的一处山窝，因实在太过耳熟能详，当地人大多只称"九仰坪"，而非其村名。

　　临近村口视野豁然开朗，依稀能望见上方一栋方形古屋。再走近些，是九仰坪中最醒目的建筑——章氏宗祠。宗祠前后，数株古树参天，多有三百多年树龄，其中不少为富阳其他地区罕见的古香榧，异常珍贵。

　　步入村中，第一感觉是凉意阵阵，顿无山下的闷热。村中四十多幢民居分成两部分，散落在一片开阔坡地上，中间的土地被开挖成菜地并垒上石块，房屋大部分已无人居住，现只剩不足二十人，均为 70 岁以上的老人。这是一个花十分钟就能走完的小山村。

　　根据连山自然村章氏族谱所载，此地村民的祖先在清代为逃避战乱从江西逃难而来。数百年来，在位于深山老林的九仰坪内悄无声息地繁衍生息，自给自足，逐渐人丁兴旺，直至二十一世纪初。

　　也许是多年来的与世无争，九仰坪民风淳朴，热情好客，接待客人的是山上的爽口古茶，还会专门升起炉灶，翻炒自家地里种植的土豆制成点心款待客人。山上平地稀缺，不可能大面积开垦田地，过去村民只能选择在山坡种植玉米。收获玉米后，壮年村民手扛背挑，攀行两三个小时山路，和山下村民"一斤玉米换一斤白米"。就这样，近乎原始社会"以物换物"的生活形态在九仰坪维系了百年之久。直到 20 世纪 80 年代实行分田到户，村民分到了位于山下的水田后，才得以终结。

　　九仰坪历来人口少，最多时也只有百五十余人。过去，一度因人口数量增长迅速，狭小的九仰坪一度容纳不下，不少村民迁居山下郎家坞。这也是九仰坪历史上第一次人数较多的人口迁移。那次人口迁移，并未对村庄的规模造成多大影响。进入二十一世纪后，新一代村民已然不习惯清寂的山上生活，陆续下山打工谋生，"他们下山了，就再也不回来了"。十余年下来，村民日渐稀少。万奶奶说："等再过十年，我们走了，这个村估计就不存在了。"

　　让人始料未及的是，这些年来村里的外人一年比一年多。这些外来人走走看看，不停拍照，好像很喜欢这些破房子。不断慕名而来的外人，带来了久违的人气，也带来了外界的信息。村民们感慨："真想不到，落后的农村现在反而变成稀罕物了。"

　　九仰坪带给游客的震撼：现代化的富阳，竟然还有这样一个没有一间洋房的村庄！当时脑子里突然涌出一句歌词："在那遥远的小山村……"古树、古茶、老房子，当会勾起出生于 20 世纪 70 年代的人关于儿时生活的农村记忆，这应该就是乡愁吧。

　　在当今社会，九仰坪存在的最大价值是她的"慢"和"静"。今天的人太浮躁，太劳累，急需这样一个与世无争的地方，调解心灵。这里的时间仿佛是停滞的，天是蓝的，村口的小溪是孩子们的乐园，人们经常在大树底下乘凉、聊天。村里几幢散发神秘气息的老房子，讲述着远去的故事……

　　当这些随着时代轰隆消逝的时候，尤其是当农村越来越像城市的时候，它们也成了你我魂牵梦绕却无处可寻的乡愁。

（作者：赵向军）

杭州富阳大章村

人文荟萃大章村

　　大章村位于浙江省富阳市南部，东接萧山，南连诸暨，距县城24公里，是一个三县交界的边沿古老村落。村住房高度密集，南北二溪环村而过，人口达到四千多人，是富阳人口最密集的村庄，并为第二大村，居民98%以上为章姓，是全国章姓人口最集中的几个村庄之一。

　　大章村有着悠远的历史。据谱载：1057年（宋嘉祐二年），建安（今福建浦城）人章衡，举进士第一，官至宝文阁侍制，卒赐葬杭州龙井山。子章允文，荫授杭州通判，游历富春江，因羡富阳常绿之山水，辞官领族人迁居黄弹（常绿一小地名），为常绿章氏第一世祖。允文以下，历十六代传至章金，择两溪（南溪、北溪）交汇处的荒滩地而居，即大章村。

　　章氏定居大章村后，文人代出，蔚为富阳望族。明嘉靖举人章楷，官至东昌府同知、南京刑部郎中；万历举人章应诏，出任平江县主簿、兴山县知县；1652年（清顺治九年），得中武科进士，官漕标右营游击，三年后其弟章纯又中武科举人；清康熙初年，章钦文历官山西潞安、江南凤阳知府、湖北粮道、江西按察使、江苏布政使，至二十五年官至河南巡抚，诰授资政大夫；1777年（乾隆四十二年），章辂出任山东通省运河兵备道；道光初年，章灿历任顺天宛平、宝坻等县知县；1893年（光绪十九年），章定瑜中顺天乡试举人，出任江西泸溪、新淦知县；同年，章毓才高中浙江乡试第三名，历任汤溪县训导，富阳、桐庐、余杭三县教谕；光绪末年，章毓兰留学日本，学成回国后领进士衔，后任清华大学教授、山东省府秘书；靠家教和自学成才的章乃羹，潜读古文二十年，先后担任浙江大学、英士大学、复旦大学、蓝田师范学院等高等学府教授。

　　清代前期大章村曾昌盛一时，建有规模宏大、名扬百里的四个宗祠；有孝子牌坊及贞节牌坊；有用整根柏木柱子，高三层，雕梁画栋，飞檐挑角、气势非凡的文昌阁等。当时街衢如织，商店鳞次栉比，是方圆几十里的聚会集市重镇。

前田畈民居，建于清道光年间，占地面积 1392 平方米，规模宏大，整幢建设分东中西三条轴线，由门房、中厅、边房、后厅等组成建筑群。前田畈民居的规模在富阳民居中首屈一指，其建筑风格、石雕工艺堪称富阳民居的典型代表。

章村老街

章村老街至今仍保存有相对完整的街弄格局、成片的传统民居，并且分布大量具有常绿地方特色的民居宅院及店铺，大多是清至民国时期建造。元代以后，章村已形成颇具规模的集市，"人烟辏集，亦一闹市"。明清以后章村一直为农副产品的重要集散中心。三和堂是曾经有名的药店，始于清末，在章村街上方圆数十里较有名气，诸暨、萧山等地村民都到此买药。属于典型的清代建筑，坐北朝南，占地面积 46 平方米。店面为二层木结构建筑，石砌墙体，硬山顶，梁架为抬梁穿斗混合结构。

民国褒奖匾，木质，长方形，长 190 厘米，宽 66 厘米，厚 4.8 厘米，为一章姓村民收藏。中间自右向左题有"泽被枌榆"四个大字，其上刻有一枚方形印章，为"浙江省印"，其左右两侧自上而下依次题有"中华民国十二年二月吉日"和"奖给富阳县士绅章"。孝子章超石刻匾，石刻"皇清旌表孝子章超世坊"，长方形，长 216 厘米，宽 59 厘米，厚 8 厘米。可惜的是孝子牌坊在 20 世纪 50 年代初被洪水冲毁，现仅存该石刻。

大章村不仅人文荟萃，自然环境更是得天独厚。大章村四面环山，有南溪北溪两条河流，皆发源于西南处的金柜山。北溪水源较长，故水流量大，溪水清澈；南溪因集雨面积小，流域内人口密集，故水流量小且浑浊。两溪在大章村村口汇合（过去在村口建有一总堰，形成双溪映月景观，作为长春十景之一。而北水归南，更作为一种象征吉祥的景象）。早在1956年就引用总堰之水在文昌阁建立水电站，电力用作照明、蹍米磨粉，是全省较早用上电的乡村。两溪汇合后，溪水流入萧山境内至浦阳江到钱塘江，是富阳唯一一条河水不流入本市境内的"外流河"。

历史悠久、人文荟萃的大章村，正以它自身独有的古老形式向世人述说那过去的事情。这是造物主镶嵌在富阳南部的一颗绿色的翡翠，绿的水、绿的树、绿的村子、绿的山，一切秀美、一切柔情，全都溶在这醉人的绿中。品物澄事，可忆可想，传经说史，在此一方，如果你有兴趣不妨去大章村走走。

（文：富阳农办）

宁波余姚大俞村

仙道传说四窗岩

大俞村位于余姚市大岚镇，是四明山腹地最早的古村落之一，至今已有八百多年的历史。大俞村，东南接四明山镇，西与华山村交界，北与南岚村毗邻。村境内一条大溪绵延三五公里，贯穿全境，随后蜿蜒经周公宅水库、蛟口水库而至其山堰，汇入奉化江、甬江滚滚而入东海。

"不知此地归何处，须就桃源问主人。"传说，明朝天顺年间（1457—1464），享有盛誉的"五峰俞氏"，其二十九世后人、嵊东乌坑俞氏兄弟，从嵊东或沿刘阮入四明山古道，翻山越岭来到此地，以烧炭营生。据传将饭煲挂在银杏和香榧树上，居然长久不冷，是以为福地，从此定居下来；与更早时候定居于此的唐家人、竺家人为邻，世代相传，造就了这个有着八百余年历史的大俞古村。

大俞村内的大俞溪，下有步石作渡，上有永春桥联结越地明邑。村南有唐后生、竺家屋基遗址，有坑角头；村中有庵基、古盐市遗址。民居沿水岸而筑，弄堂交错，古银杏、古香榧亭亭傲立，桂花王馨香缥渺。村口，威灵庙香烟缭绕；溪对岸，百丈绝壁红岩头似大红灯笼照耀古村。还有石人、石狗、狮子山屹立村口……

历数大俞村最为著名的景点，非四窗岩莫属。唐代诗人刘长卿有诗赞曰："苍崖依天立，履石如房屋，玲珑开窗牖，落落明四目。"四明山之山名，便是源于这浙东第一名胜——四窗岩。黄梨洲先生的《四明山志》载："以此而上，鸟道万仞，度索行空，山南有石室，高五尺，深倍之，广如深而六之，中界之石，分一室而为四，其谓之窗者，俯临无际，自下望之，犹楼之有窗也。"这一段记载清晰地记录了当时四窗岩的内部结构和大小，而如今的四窗岩最高处不足两米，最深处不足三米，洞中隔着两石，只有三个洞口。人在洞穴深处，难以自然舒展，须俯首躬行。古今对比，看来四窗石室，在地质的变化中有不断缩小的趋势。石室内石乳倒悬，形状怪异，纷呈五色。因岩洞朝东，因而在天气晴朗的早晨，初生的太阳照射洞内形成五色石反射折光，远看彩光闪闪，似虹非虹，云蒸霞蔚，壮观至极。四窗岩下临深谷，有清泉碧潭；对面山崖壑口，一条瀑布飞泻而下；四面灵峰耸立，岩谷奇秀，白云氤氲，山碧如洗。巍巍四明山，峦环如城郭，俯视天际，如临高楼望四遭。

四窗岩

　　四窗岩不仅风景秀丽，更有千年仙道传说。据《四明山志·灵迹篇》载："在汉平年间有剡县人刘晨、阮肇入天台山采药（四窗岩），邂逅两位妙龄女子，后结为夫妻，半年后，两人返乡，亲朋早已去世，始知已过十世也。故事神奇，当难全信。然古人诗作，也多有留述。"明朝张瓒《石窗诗》云："自从刘阮游仙后，溪上桃花几度红。"古有刘阮遇仙，今有中正圆梦。据说蒋介石也曾两次到过四窗岩。一次是1913年"反袁"失败后，蒋介石被缉拿，只好逃到奉化老家在四窗岩躲藏，并在洞里做了一个梦，说他有神灵庇护，会飞黄腾达。后来他果然发迹，做了国民党总裁，从此他对四窗岩怀有情结。第二次1949年，在蒋介石去台湾前回奉化祭祖时，又备了香烛，到四窗岩祭祀神灵。无论是刘阮遇仙，还是中正圆梦，都透露着四窗岩浓浓的道教色彩，秀美风景加以仙道传说，四窗岩如何能不成为世人追逐的神仙洞府。

　　神仙已乘仙鹤去，唯留青山在人间——如今的大俞，千百年的仙道传说依然流传在乡间小弄，青山绿水带给了百姓宜人的幽居环境，也给予了无限的物质财富。众多文人留下的诗篇，更是让大俞的山山水水更显灵性，让人遐想无限，流连忘返。大俞村，一个有山有水有乡愁的古村。

（文：余姚农办）

温州泰顺仙居村

世外桃源有仙居

仙居村是一个已有一千多年历史的古村落，景致秀美，历史积淀深厚。关于"仙居"地名，当地《张氏宗谱》载："名仙居者，先是五代时，马氏二女尝修炼于此，二女女仙也，而居焉，后之人慕之，因名。为仙居之名，此盖其始欤。"地如其名，仙居的秀丽山水如人间仙境，居中之人，仿佛"仙人"一般过着悠闲惬意的田园生活，令人艳羡不已。仙居具有悠久的历史和丰厚的乡土文化。一千多年来，先民们在这方土地上生息发展，不仅留下了古韵犹存的村落，而且在仙居周边的山水之间留下了众多古迹。年代久远的古民居、宗祠、古树、古廊桥、建筑小品等至今依然保存完整。因着得天独厚的地理优势和源远流长的历史人文，仙居这片润土，一直以来都是一个生态美地，十分适合人居。这一切极好地体现在村落布局、水系规划、建筑营造、人文景观等各方面。

仙居村位于泰顺县城东北面，距离县城 4.6 公里的仙居村海拔 250 米左右，气候温和，土壤肥沃，山峦俊秀，风景如画，是泰顺较早的移民定居点。整个古朴的村庄安详地躺卧在青山绿树和如丝带般的溪流河间，村中古屋和谐悠然地镶嵌其中。先民们将他们的审美思想融入村庄里，使村落浸染着山水的灵性，蕴含着浓浓的人文意味。

仙居村整体沿溪呈东西方向排列，遵循了"背山面水"的选址原则。村落前面有条仙居溪，形状正如玉带一样，又称有"腰带水"。良好的环境和优美的风景是最初吸引迁祖来仙居定居的原因。

村中结构主要由村巷和沟渠系统构成基本框架。这种框架划分成不同性质的区域，如文教中心、娱乐中心、休闲中心、礼制中心等。仙居村共有南北主要传统街巷四条，自东至西为徐宗巷、三阶步、红古档、石门楼路。村中曾有双路心的道路十多条。听长辈说，这种道路是供达官贵人、高朋贵戚与主人双双对对出入行走的路，以免先后行走，有失礼仪。

仙居水系设计较为简单，但功能系统严密。村内排水沟渠纵横交错，形成网状，除供水外，还有排水，都靠自流的形式。沟渠系统就成了村落规划的先决因素，决定了村落的竖向设计。传统民居在选址上趋向"坐北朝南、背山面水、前有屏障、后有依托、左辅右弼"的境界。

仙居桥

村头古柏树和歇坪的古樟树千百年来一直庇佑着仙居这片故土，它们枝繁叶茂，为一代又一代淳朴的仙居村民们遮风挡雨，祈求天佑。厚重生命的延续，是仙居村民心中最骄傲的传说，也是最坚而有力的羁绊。

要说起民居建筑之美，除了仙居朴素自然、令人感觉亲切大方的民居之外，古木廊桥的建造当属翘楚了。

仙居桥，系贯木拱廊桥，桥屋十八间，八十柱，单檐，长42.83米，宽5.30米，离水面高12.6米，净跨34.50米，是泰顺跨径最大的木拱桥。仙居桥是古桥博物馆中一颗璀璨的明珠，据《分疆录》载，仙居桥"明知县郭显宗建，成化十九年六月洪水冲毁，弘治四年知县范勉重建，嘉靖三十九年崩圮，四十二年知县区益重建，今康熙十二年正月里人复造之"。清代文人张天树曾在他的名诗《长桥夕虹》里这样描绘仙居廊桥："凌虚千尺驾飞桥，势控长虹挂碧霄。返照入川波泛泛，暮云拥树路迢迢。晴光飘缈岸空阔，石色参差影动摇。断霭残阳横两岸，苍茫落日见渔樵。"可见仙居桥气势之恢宏，桥边景色之秀美。

仙居桥不仅有宝贵的建筑研究价值，而且还是当年重要的交通要道。此桥是建在泰顺官马大道——"温州大道"上的重要桥梁。"温州大道"乃明清时期泰顺通往温州府城的驿道，仙居桥在此起到"外达温州，洄为要津"的作用。如果桥梁毁坏，则"临流病涉，行者苦之"。

仙居村中另一处重要建筑便是徐氏后人修建并保护良好的徐氏宗祠。徐氏大宗祠始建于宋淳熙七年（1180），明宣德年间重修，位于仙居村尾。清嘉庆六年（1801），被洪水冲毁，留传至今的系嘉庆七年（1802）重建而得。后遭破坏，徐氏后人徐应富和徐茂龙等人多方联系族人，并由董直机主持重新修建徐氏大宗祠，于2004年年初开始集资，再次重修徐氏大宗祠，至2005年12月8日完工。

徐氏大宗祠共三进，一门楼、一享堂、一寝堂。宗祠中供奉着徐氏历代先祖，最早的为徐氏四世祖徐遄。徐遄官居文渊阁大学士，加封西台太宾师，于宋雍熙四年（987）迁居仙居村。宋代以来，徐氏名士辈出。如今浙南、闽东徐姓后人均以仙居徐氏大宗祠为共同宗祠，每年农历七月十五日中元节，他们从各地汇集于此，举行大型庆典，祭祀徐氏祖先。

仙居就是这样一个山峦俊秀，风景如画的生态美地，也是名胜古迹众多、人文气息浓郁的人居佳园。历经了千百年的岁月婆娑，时光将这一切都融为一体，才铸就了仙居古村天人合一、如仙似梦、世外桃源般的超凡境界。

（作者：刘淑婷 张玲玲）

绍兴柯桥区稽江村

狮子山下另洞天

　　会稽山下，若耶溪源头，稽东镇的最北端，有一个村，名为稽江村，稽江村有一个自然村尧郭街。村口雄踞一座狮子山，村的西侧是老虎山，东侧是铜锣山，北面有文将山、武将山相对峙。地名山名名副其实，形似神似，如天然的城郭。民间流传着尧郭街的许多故事。

　　尧为治水患派鲧去治理洪水，并授旨于鲧，若治水成功，将择一宝地再置城郭，以便南巡备用。鲧努力治水，单一用"堵"的办法，花了许多工夫筑了不少堤坎，结果全被洪水冲垮。而后舜当上了首领，他南巡到绍兴一带，巡狩游猎，耕田耘禾，派鲧的儿子禹继续治水。禹采取"导"的办法治水，疏通河道，因势利导，他三过家门而不入，终把洪水引入大河大海，解除了水患。舜王是圣明之君，当他再次南巡到此地时，过去洪水的祸患已消除大半，灾民疾苦也得以改善，他由衷敬仰尧王治水决策的英明，加之尧对自己的恩大如天，因此，他也时时不忘尧王置郭的意愿。

　　一天，舜王沿着若耶溪由北向南巡视，他穿行在山谷之中，当他迂回曲折通过一个甘里牌山口，前面豁然开朗。他抬头一望，东边霞光万道，西边彩虹横跨，中间祥云驻足，迎着阳光，光彩斑斓，好一幅天堂仙境！他透过群山间隙，远远一望，远处坐落一村落庄园，阳光下熠熠生辉，依稀可辨。村前左方一座山，坐南朝北，张牙咧嘴，活脱脱像头雄狮盘踞，护神镇邪，这就是狮子山。再左右一环视，狮子山的西侧是老虎山，酷似一头吼啸猛虎，倒竖双耳，龇牙咧嘴，似吼非吼，威武异常，似乎在为雄狮助阵！东侧是铜锣山，圆圆的侧面宛如烽火台上的一面大锣！狮子山北面，巍然屹立着两座挺拔的山，左边是文将山，右边是武将山，酷似大王左右随从，后人把它们当作大王左右的文武百官，两山统称文武将山。低头看身旁，潺潺的若耶溪似护城河横亘盆地的边沿——好一个天然城郭！舜王观后，感慨万千，他再一次环顾四周，低头冥想，一个美丽城郭的轮廓跃入脑海！他仰望苍天，叹曰：此为尧王之城郭也！自此以后，这个小山村就被称为"尧郭"。

地方百姓为纪念尧舜的功绩，很早年前在狮子山旁、尧郭的最北端建造了尧王殿。从绍兴走来，尧王殿就位于尧郭的村口，它坐北朝南，依街而建，建筑面积800平方米。进入庙门，穿过小堂，就见一个古式戏台。它雕刻画栋，飞檐翘角，四角屋檐，四方台柱（过去全用石条凿成）。走过空旷的观席场，便是尧王庙的正大殿，正中神龛上，端坐着尧帝天王菩萨慈祥而威严，正是他造福一方人民，保佑一方平安；左右两边，端坐着四尊菩萨，他们正协助尧帝护卫百姓。大殿的左右两侧为厢房，也叫侧厢。右厢房供有四尊菩萨。此处在春节或庙会做戏时，为客人们观戏的地方，每逢演戏，这里是最热闹的地方。台上乐曲优美、唱腔动人，台下说笑连片、熙熙攘攘。更有一些货郎小贩，大声吆喝来来往往，兜售着自己的生意！几经战乱几度兴衰，改革开放后，"尧王殿"重获新生。

尧郭，由于福沾了尧王神名和灵气，再加上它特别的地理位置，成为绍兴南部山区的风水宝地。那时绍兴南部山区交通不便，靠双脚和双肩穿梭于山区和城里的崎岖山路之间，而尧郭则是必经之路。随着小集镇的形成，尧郭村也由此改成了尧郭街。

尧郭老街，北起"尧王殿"，南至"木里桥"，全长八百余米，宽二至三米，就在这一狭长的街道，左右两边依次建有十八个台门。从尧郭街向东行六百米，就会看到一棵高大苍老的大树，这就是有着二百多年树龄的"元宝树"：它的树冠蓬松而稀疏，叶子呈椭圆长形对称排列，结出的果实活像一串串小元宝，故以此定树名。元宝树的主根下面有一个泉坑，终年流出汩汩清泉，清凉而甘甜。人们说，这是尧帝派龙王赐给尧郭人的甘泉，于是人们在它的旁边建造了"龙王庙"，此地也就命名为"龙王堂"。过去，当地人一遇到天旱无雨，就会组织集会，抬着龙王菩萨，往村道小路、田地山野，敲锣打鼓去游行，请求龙王菩萨看看本地的旱情，发发慈悲下场大雨。至今，这棵苍老的大树和古老的龙王庙仍在，只不过庙里三间宽的正大殿里又多了几尊菩萨。

从尧郭街向西行五百米，就到了狮子山下。在这山脚下有一条东西向的清泉溪流，终年潺潺不断。在距溪向上十余米的树木丛中，有一石洞，洞口高近二米，洞深四米，一个人可进出自如。据老辈人说，有人看见此洞的上方，忽见一道霞光冲天而上，一团红云直飘狮子山。那人说，他见着神仙了，这是仙人下凡巡视尧郭街，体察村民的生活哪！这个山洞，大概是仙人驻足休息之处，后人于是就把这个山洞称为"仙人洞"。现在在仙人洞的上方还能隐约看到"仙人洞"三个大字。

在仙人洞的左下方，一堵凹凸不平的岩壁引人注目。它上下八九米，两凸两凹，呈阿拉伯数字"3"字形，很有规律，向左右方向平行过去，煞是好看，活像观音大士的莲花宝座，因此大家爱叫它为"莲花岩壁"。在这莲花岩壁上方，镌刻着晚清文人书写的"别有天地"四个大字。这摩崖石刻，见证了尧郭街和文人墨客对尧郭的向往！当然更说明了这儿独特美景之别有天地！

尧舜的历史早已远去，但古代圣贤的美谈却被流传了一代又一代。当地的百姓们以自己的方式纪念着这些圣人，也把传统村落的美景淋漓尽致地展示了出来，这便是那走远了的乡愁……

（文：柯桥区农办）

绍兴诸暨坑西新村

绿树成屏枫满塘

坑西新村位于浙江会稽山脉西麓诸暨市牌头镇东南部，自然村有坑西、枫塘、蒋家坞。2006 年诸暨市行政村规模调整中，合并为今坑西新村。明净的溪流、古朴的拱桥、雷劈后一分为二的古樟、"文官下轿，武官下马"的碑石……徜徉在村中的石板路上，所见景物总让人停下脚步，带来无尽的遐想。

坑西因其村居越山溪之西，故以"坑西"名之。据清《光绪诸暨县志·山水志》载："白岩山，一名巢句山，又名射句山，在县南六十五里，属龙泉乡，县治对之（山南属义乌）。其西麓，洪浦港之源出焉。散流三四里，西北至金涧山，在县南六十里，跨超越、龙泉两乡。合而成溪，始称金涧溪，亦名下濑溪。北流经金坑庙，至坑西畈，受寺坞、枫塘诸水，又受白峰岭、杨店桥诸水，北流至溪下陈，受泥心岭溪。泥心岭，在金涧山迤东，水自岭下北流。经庵山，合西山嘴水迤西流至坑西茶园下，入金涧溪，又西流经道凝山。"诸暨方言称"溪"为"坑"，如言"山溪"为"山坑""溪坑"等。

千百年来，众多村落在聚居发展时，注重水、土、木相结合的村口风水，并把这种村口风景称为"风水埂"。埂上大都种以樟树，为村子挡风聚气。坑西枫塘村的风水埂不仅有常见的古樟树，还有苦槠树和枫香树，甚至有罕见的女贞树，树龄都在三百年以上，其中以枫香树为最。多品种的不同古树连成风水埂，在诸暨是绝无仅有的。尤为难得的是，风水埂里两条粗大的古树根，生长悄然跃过小溪，形成独特的"双龙穿溪"之景，成为上百年来村民进出的天然桥梁。

村里有碑，碑上镌赋："村之口，浮一堤，古木参天，葳蕤生光，乃先祖所植。枕席而卧，山之高，云之浮，溪之流，俱显于前。可以悠然而神游，渊然而静心，更有虬根天然而拱。今之人尤成余泽，子孙当爱之。"赋里内容，表达了对先祖的敬仰之情，也隐含着村规民约。枫塘村

风水埂

地处一个大山湾，坐西朝东，极像一把没有脚的椅子：后背靠山实，两旁搭手舒展，当中及前面开阔平缓。清晨或傍晚，坐在风水埂上，望着遥远的天际，清风阵阵吹来，树叶沙沙地作响。因世事动荡，枫塘的张氏家谱已丢失。古树有言，仔细去听，是在讲张氏祖先在这里安家落脚的故事。

据传，其祖先是五百年前从草塔镇平阔一带迁移过来的。安居生息是一件大事，选定大山湾做新家园，张氏祖先还进行了一番验证。

从老家出来时，他带上了一把黄豆，以及几株枫香树苗。到这里后，他把妻儿安顿在一个小庙，自己来到山湾，拿出几粒黄豆放在地上，倒扣上一只碗；又在山湾的出口处，种上了三株小树苗。小庙内很清静，也许是白天赶路吃力了，夜里张氏睡得很踏实，等听到鸟的鸣叫，天已大亮。他匆匆来到山湾，掀起碗一看，见地上有湿湿的一个碗印，那黄豆涨得像蚕蛹，还吐出了白白的嫩芽。看来，这里地力肥厚，水分充足！

接下来的日子，他在黄豆发芽的地方动手开挖了池塘。挖到塘底处，几处泉眼冒出了来，泉水清澈碧透。一夜之间，池塘就满了，明晃晃像一面大镜子。接着，又开垦了一块地，用池塘水浇灌菜园，也浇灌枫香树苗。

冬天，树木大都落了叶，枫香小树也进入了休眠期。来年春天，只要枫香树长出了叶，张家就定在此处繁衍生息了。附近的山湾里也住着外地人家。一天，几个村童在田塍上玩茅草火，火借风势，烧到了山湾地上，枫香树也被烧了。

这里的水土能养人，几个月来，孩子咳嗽都没有咳过一声，张家一家人都喜欢上了这块土地。可人与树是相通的，树盛人才会兴旺，树被火烧是不吉之兆，冥冥之中在提醒：这里不是安居乐业的家！夫妻俩站在山湾地上，茫然地望着山那边的天。

爆竹声声，人们迎来了新春新岁。随着天气的转暖，张氏祖先收拾着家当，准备出发去寻找新家园。妻子心有不舍。忽然，她看到立着的三株枫香树，都长出了淡黄色的小叶子，虽然还没全部放开，有的还是一个芽苞，但可以看出，土已相融，根已扎入。妻子激动得热泪满眶，大声喊道："当家的，活了活了，我们不用走了！"

叶长叶落，转眼过去了十多年。枫香树长高，儿子们长大，大山湾换了模样。大儿子该成亲了，可附近的山湾里没有相配的姑娘，张氏犯起了愁。一个夏日的上午，小路上走来了夫妻两人，还有一对女儿，大女儿二十挂零，小女儿十岁出头。来了过路客，还有大小两个姑娘，张家夫妇脸上顿露喜色，忙迎了出来，把他们接进家里，茶饭招待。张氏祖先腾出了房子，让姑娘一家住下。不久，枫香树中间，多了两株女贞树，那是姑娘的父亲种上的。是年腊月十五，张家大儿子与大姑娘拜了堂。

张家热情好客，常收留过往的落难人，山湾口所种的树也因此越来越多，有讨饭老两口种的苦槠，也有卖艺小伙种的香樟……张氏祖先80岁那年，家里已是四代同堂，山湾也发展成一个不小的村落。时值深秋，一个义乌换糖佬走进山湾口，见高大挺拔的枫香，如一炬炬火把，镶嵌在绿树间，映红了一池塘水，不由喝彩道："好一个枫塘！"就这样，枫塘成了村落的名字。不同品种的树木相聚在一起，成了诸暨农村独有的风水埂，也成了坑西新村的一个标志。

严格地说，风水埂上的树木，早已不是张氏祖先等种下的"原始树"，而是树子树孙。不过，在村人的心中，始终把它们当作神灵一样供奉着，自觉呵护，处处敬重。多少年来，没有人去拴牛羊，更没有人去攀上树枝，就是在1958年大炼钢铁时，村上的树木大都被砍伐烧成炭，风水树却没去砍上一刀。

前些年，市里有关部门通过科学考察，给古树一一钉上了标牌，写明树名及树龄。村民们认为树上钉铁钉，损伤了古树，就把标牌取下，将"身份信息"凿在石板上，立在每株树的前面。保护古树，虽然没有成文的村规民约，但村人代代相传沿袭。古树有情有灵，保佑着村庄平安、村民幸福，成了一棵棵的吉祥树。春夏时节走近村庄，古树是村口的一道绿色屏障。秋冬时节走进村庄，经霜枫叶映红了一池碧水。亮丽的风景，吸

绍兴诸暨坑西新村村内风景

引着众多游人和摄影爱好者。"咔嚓咔嚓"声中，记录的是村民珍爱生态的历史，是村风民情的鲜活写照。

（作者：徐志光）

绍兴新昌芹塘村

芹塘八景扬美名

芹塘历史悠久，始建于宋。据史载，北宋初年，董氏第八世祖董梧入赘于将山（小将）石氏，同居不利，徙居芹塘，遂繁衍后裔。现有董、张、俞、袁、石、方、丁、宣、李、贝十大姓氏和谐相处。早时村基位于两大水系交汇处，因沼泽潮湿，村内水芹菜繁盛，古称芹谷。芹塘村风景秀丽，至今仍有芹塘"八景"之说。芹塘八景为菩提峰、枪旗岭、五松陇、双峰亭、龙佑山、水口印、灵芝殿、追远祠。至今芹塘八景中仍有三景是芹塘村的著名景点。

芹塘村景

菩提峰海拔 998 米，是新昌第一高峰，山顶埋有"绍兴之巅"条石。自然景观得天独厚，人文景观悠久灿烂。山顶有一山洞名曰"仙人洞"，潺潺泉水，清澈如镜。唐末五代江东才子罗隐到芹塘游玩芹塘岗、菩提峰后，返回芹塘村时，感到有点疲倦，住宿芹塘村，入夜聚蚊成雷，既闹又痒，人皆不能寐。罗隐暗说道："罗隐芹塘宿，蚊虫去叮竹。"语出即应验，蚊子果飞向竹林，至今村中无人用蚊帐。后来罗隐每言成谶，民间称"讨饭骨头圣旨口"，到 20 世纪末，每天仍有人到仙人洞取水治病。

　　董家祠堂，也称追远堂即追远祠，位于芹塘村中心，重修于清光绪甲午时期，坐西朝东，由前后二进戏台及左右看楼组成，建筑面积 343 平方米。大厅面阔三间，明间五架抬梁外带单步七檩用四柱，山面穿斗式，进深七檩分心用五柱，左右看楼面阔各四间带一弄间，楼地面外挑，呈吊脚状，水泥土地面条石压口，天井卵石铺砌。一进门厅为二层楼，面阔五间，朝东立面为重檐，重檐牛腿承托，明、次间均设两扇板门，内外贯通，明间后檐建戏台，戏台基本呈方形，施四角立木质柱子，承托其上单檐歇山顶，八角藻井。董家祠堂由董氏十六世祖董诚初所建。

　　水口印即芹塘村口，两边悬崖，相距不足二十米，看似很平常，却有一个古老的传说。据说有两个神仙约好到凡间各办一件事，事办成后，以鸡打鸣为号，一起返回天庭。一个神仙选择在天台国清寺边建一座塔，一个神仙选择在水口印筑一座坝，将芹塘变成芹塘湖，成为新天地区最高的天然湖。这个神仙在搬运筑坝材料时，发现石梁上有两条龙在亲吻，就把两条龙的口舌捏在一起，变成了现在的石梁，提前完成了任务。到国清寺学鸡打鸣，建塔的神仙以为天要亮了，连塔顶也未放到塔上，就一起上天了。芹塘湖虽未建成，但村口严严实实，使芹塘村形如箩筐。

　　芹塘村不仅有曾经的八景，芹塘古桥也是芹塘村最突出的风景之一。芹塘古桥众多，是绍兴市古桥最多的村庄，包括永兴桥、祠前桥、董家桥、外湾桥、新岙桥、老岙桥等。

　　永兴桥位于芹塘村村口南侧，建于清代，东西走向，横跨于芹塘村溪坑上。永兴桥为单孔石拱桥。桥东端为安山，距桥东侧 2 米处建有庵堂一座，桥西端为枫树头山，距桥北侧约 5 米处有棵近二百年树龄的古树，桥东南侧有一百多年的枫树一棵。拱券用不规则的大石头叠砌，桥面为卵石、块石铺砌，桥中心用卵石砌成菊花及扇纹形式，桥东端设台阶两级，南端不设台阶。桥全长 7.2 米，宽 3.3 米，跨径 6.1 米，矢高 2.7 米，永兴桥旧时为芹塘通天台必经之路。

　　祠前桥坐落在董家祠堂前，因桥梁架在祠堂前，故取桥名为祠前桥。祠前桥始建于 1801 年，该桥为单孔石拱桥；拱券用不加修琢的大鹅卵石干叠，桥面用卵石平铺，南北西侧砌有条石，桥中心用卵石作成菊花及扇形纹饰；桥西建有台阶五级，东端不设台阶，与村中主道相连接；桥全长 6.7 米，宽 3.4 米，净跨 4.8 米，矢高 2.6 米。

　　外湾桥坐落在芹塘村下段，始建于清代光绪年间。外湾桥为单孔石拱桥,建在旧时芹塘通天台的古道上,桥东为村庄,西端为外湾山,故桥以山为名。桥全长7米,宽3.3米,净跨6.5米,矢高4米;拱券用大鹅卵石干叠,桥面为卵石及块石共砌;桥东侧设有垂带并建有台阶八级,桥西直接与路相连接;桥中心南侧设有桥额,上书"外湾桥"三字。

新呑桥位于芹塘村北侧上村口,始建于清光绪年间,距老呑桥南约五十米处。新呑桥为单孔石拱桥,小将至天台的古道从该桥桥东前通过,拱券用未修琢的块石干叠,净跨5.3米,矢高3米,桥面用卵石及块石共砌,桥中心点用卵石铺成菊花纹饰;桥东端设台阶六级,桥西不设台阶,与同村小路相连接;两侧无栏板,南北两侧不设桥名。

村中古民居鳞次栉比,给人古朴清丽之感。保存良好的有新屋台门、相君老宅、袁家台门、张家台门、方家台门。最具有代表性且保存最完整的要数新屋台门。

新屋台门位于芹塘村中心,建于清代晚期,坐东朝西,由门屋、座楼及左右厢房组成;除门屋外,均设两层楼,朝内天井重檐,重檐牛腿承托,为板瓦屋面硬山顶。门屋面阔三间,朝西居中做成八字墙,设两扇板门,内外贯通。座楼面阔三间,带两弄间,弄间设楼梯;明间为厅堂,后设小天井;二楼早期为香火堂。各缝梁架穿斗式分心前后双步,外带单步七檩用五柱,前檐柱作不落地处理,立于廊步单步梁上。左右厢房面阔各六间带一弄间;为三合土地面,条石压口,天井卵石铺砌。该台门雕刻精致,在芹塘村具有一定的代表性。新屋台门格局完整,保存较好,原座楼次间均设六扇花格门槛窗。

在龙角尖看芹塘风貌又是别样风情。龙角尖山顶向东看是菩提峰、芹塘岗,连绵起伏,蔚为壮观;向南看是芹塘古村全貌,一片繁荣的景象;向西看是一片茫茫竹海,碧波荡漾;向北看是层层梯田,富有节奏和韵律,美不胜收。芹塘村,这个古老又美丽的村落,将带着古景、古桥、古建筑迎来更美好的明天。

(作者:方 云)

赤松仙桥传仙道

赤松是著名侨仙黄初平登真之地，因初平号赤松子得名。仙桥村是赤松镇镇政府驻地，因晋朝黄初平、黄初起两大仙曾在此建桥，故又称二仙桥。

仙桥村建有集市，始建于清康熙三十四年（1685）。自建集市以来，仙桥村一直是金华城外通往义乌官道上的商贾要地。

赤松宫

仙桥人文积淀丰厚，道教文化源远流长。早在东晋时期就有葛洪炼丹、黄初平兄弟修道成仙的事迹。赤松山上建有道教宫观赤松子庙，后又改建成赤松宫，并扩建了太清宫、清宇堂、会仙阁等道观。各朝名人涉足赤松山更是比比皆是，如明太祖朱元璋、戏曲家李渔、女词人李清照、近代中国山水画大师黄宾虹等。

赤松道教文化源远流长，境内有著名的赤松山风景区，是黄大仙文化的发祥地。早在东晋时期就有著名的道教理论家、炼丹家葛洪在赤松山炼丹，所著《神仙传》中具体记叙了黄初平兄弟在赤松山修道成仙的事迹。

在我国东南沿海，尤其在港澳地区，人们普遍信仰一位神仙，他就是黄大仙。黄大仙亦称赤松黄大仙，本为中国东南沿海地区区域性的神灵，后被道教所崇奉。近现代，随着华侨旅居海外，黄大仙信仰也走向海外各国和地区。黄大仙出生于浙江兰溪市郊黄湓村，后在金华赤松成仙。本名黄初平，晋代人，号赤松子。因其乐善好施，扶正祛邪，而被百姓敬奉为神。黄大仙宫就是为了纪念黄大仙而修建的。黄大仙宫与黄大仙故居、二仙井等景点吸引了无数朝圣观光的海内外同胞。据《金华府志》载，黄初平在放羊时随道士到金华山洞中修炼道法，其兄黄初起四处寻找，不知下落，四十年后才在山洞外相见。从前的羊群早已化成了满山的白石，但初平一声呵斥，石头立即变成羊群。黄初起惊异万分。从此，黄初起留在洞中跟随弟弟一起修炼，不食人间烟火，每天以松子茯苓充腹，最终得道成仙。因此，有时也认为黄大仙为黄氏二兄弟。也有说黄大仙乃葛洪弟子黄也人，因为民除害兴利，泽被一方，民众遂为他在金华山修建起黄大仙祠，又名赤松观，世代祀奉。从此，各地信奉黄大仙的，均以金华为"仙乡"，以赤松观为"祖庙"。祀奉他的庙宇遍布东南沿海一带，以至东南亚及美国。其中浙江省金华市黄大仙祠和香港黄大仙庙最为著名，信仰者云集，香火炽盛。

两晋南北朝时，赤松山就建有道观赤松子庙，朝拜者络绎不绝，香火鼎盛。五代十国时吴越王钱镠将赤松子庙重修，改建成赤松宫，并扩建了太清宫、清宇堂、会仙阁等道观，赤松山成为中国道教第三十六洞天。宋代，先后有真宗、神宗、哲宗、高宗、孝宗、宁宗和理宗七位皇帝为赤松山赐匾额、颁封诰，赤松山成了帝王官宦、僧人道士和文人墨客朝拜、隐居、讲学和游历的胜地。现赤松山风景区经过多年开发，建成了一大批旅游观光景点和宗教活动场地，初步形成了集游览观光、休闲度假、会议接待及观礼朝拜为一体的综合性旅游胜地。

关于赤松宫的来历还有一个传说。相传晋朝的时候，北山钟头村马鞍山的南面山坡上有一棵大松树，是黄大仙黄初平种的。神仙种的树自然有仙气。那树高高大大，树干要三四个人才能围拢，大红色的树皮像龙鳞，树冠浓浓密密地一层盖一层像一把奇大无比的雨伞。当地山民都很喜欢这棵树，称他为"赤松"。

有一天，京城里的皇帝正在上朝，忽然摆在金殿上的那口"神缸"发出了一束红光。这可把皇帝吓了一跳。他离开龙椅小心翼翼地走近神缸一看，只见碧清的水中映出一棵金光闪闪的松树。皇帝认为是祥瑞，就命人画影图形发往全国，要各地"按图索骥"找到这棵松树禀报上来。皇帝一声令下，全国都忙碌了起来，后得知这棵树在金华北山的钟头马鞍山上。得知了松树的下落，皇帝高兴异常，他想把这棵"神树"移到御花园来栽种，就下旨命金华知府把这棵"神树""上不损头，下不损根"地运到京城来。金华知府是个贪官，他治理地方无能，在搜刮百姓、奉承上面却是把好手，这次接到了皇帝的圣旨更是"受宠若惊"。他马不停蹄地带着一帮手下来到了钟头村催逼村民去挖树。村民们虽然舍不得这棵树，但是迫于官府的淫威也只得屈就了。大家好不容易把树挖起来、包裹好、运下山、装上了船。金华知府要自己亲自押运到京城好邀功。运树的船从金华江起运过兰江来到了富春江的七里泷突然不走了。金华知府心里很急，就拼命催促船家快撑，还叫手下也去帮忙。岂知撑船用力的方向是要一致的，人多了七手八脚的反而把船弄得团团转。船家刚想叫那些官差不要瞎撑时，猛然一个浪头打来，船一个侧翻沉到了江底。金华知府、船上的人和那棵树都沉入江底再也没有上来了。松树被捣鼓掉了，当地的百姓为了纪念这棵树，就在当年这棵树的旧址上建了一座祠，并命名为"赤松宫"。

　　山不在高，有仙则名。赤松山积霭横翠，蔚然深明，古涧横石，水流潺潺，林景繁茂，风光旖旎，宛如人间仙境。仙桥村因"仙"而又名赤松，而赤松又以人间仙境成为道教的洞天福地。赤松山作为黄大仙成仙得道的宝地，是吸引众多的信徒日夜向往的仙乡宗庙。他们不远万里来寻找仙源，朝圣观光。赤松黄大仙宫将海外炎黄子孙的谆谆爱国之心紧密连接在一起，黄大仙"普济劝善，扶弱救贫"的精神也世世代代被广为传诵，发扬光大。

　　　　　　　　　　　　　　　　　　　　（文：金东区农办）

金华磐安墨林村

茂林如墨画八景

　　"墨林，墨林，其林如墨，画墨为林"，墨林美景为世所称道。墨林地处磐安窈川上凤溪之畔，以群山环绕、峻峰连绵，林木茂密、树荫浓碧而名，风光旖旎，秀丽天成。南北朝萧统，唐代李泌、陆贽，明代刘伯温、张国维、熙皋生等曾到此游览，并留有诗作和美丽的传说。清代吴灏游此时，曾赞曰："北有金墩拱斗，西有嵩山朝日，螺岩障浊浪以排空，前塘映皓月以潋滟，屏山联南坞之青云，墨林凌凤潭之锦鲤，耳得之为声，目遇之成色，种种胜景，八面回环，始知昔李邺侯深称陆敬舆先生之题咏者，良有以也。"清同治修职郎张振柯曾来此隐居，云："墨林俗尚醇谨远纷嚣，恍然有武陵景象"。

　　墨林村四面环山，山峦叠翠，村南的最高峰太子尖，海拔一千余米。地势东南高、西南低，泉溪贯穿全境，流入东阳横锦水库，年平均气温16℃。

墨林廊桥

　　墨林村底蕴深厚的人文环境与优美的自然环境，造就了"墨林八景"。在《墨林郑氏宗谱》中，载有《墨林八景》古诗。"八景"为嵩峰落日、笔架参天、螺岩拥秀、金墩发祥、前塘映月、南坞云光、墨林清风、凤潭锦鲤。今天，嵩峰、笔架山、螺岩、南坞、前塘等仍各具特色，不失为幽雅之胜。

厅门堂民居以及前面的水塘组成了"风箱"的主体部分，这里是墨林八景之一"前塘映月"。《墨林郑氏宗谱》载："一鉴方开半亩塘，银蟾倒影荡波光。源头水活渠堪问，岸下鱼游潜孔彰。可濯可沿将掬月，就深就浅任霓裳。宁听孺子歌清浊，缨足临流仔细商。"

水塘前有雌雄两株红豆杉，树龄八百余年。笔架山在墨林村前，三山均匀相持，岩峣壁立，形似笔架。红豆杉似笔，山峰似笔架，于是这又成就了墨林八景之一"笔架参天"。相传笔架山为墨林"文翰之乡"的象征，以林为笔，以墩为砚，蘸凤溪之水，能写出惊天动地的激扬文字。宋淳祐提领郑匏十分欣赏此地，而嘱其子居之。《墨林郑氏宗谱》中，以"云峙三峰分外奇，岩峣壁立赛蛾眉。傍留古木为椽笔，横行沙墩作砚池。丹峰缘何千仞合，翠屏疑是五丁移。男儿早负凌云志，景仰来参造化诗"来描述。

嵩峰在墨林之西，山峰插天，高逾一千二百米。其峰松涛滚滚，云层缭绕，不识庐山真面目；四周绝壁垂萝，藤蔓遍布。古诗《嵩峰落日》云："嵩山屹立透奇峰，石壁垂萝积翠浓。谷坞参差君子竹，川原缭绕大夫松。熹微日向空林落，皑逮云从远岫封。不用别游方外去，此间仙境好寻踪。"

南坞云光景点位于墨林村南面，南坞终日笼罩于云雾之中。古诗记载："蔚秀南山满坞云，窈然深处气氤氲。红尘隔地如仙洞，淑景惹人似德薰。豹隐雾中文彩敛，鹏搏天际好风纷。牧童骑犊负草返，一曲载歌白日曛。"

凤潭锦鲤景点中的凤溪发源于大盘山北麓。一流清泉潺潺而下，穿村而过，石壁下白练长悬，飞珠溅玉落入一潭，色碧如玉，称"凤池"。古诗云："山中怎有凤凰池，以此为名义可思。玉激漾洄翻海浪，珠鳞游泳志天墀。波生五色纹如锦，光映九霄景信奇。世攀丝纶将媲美，临流感触好吟诗。"

螺岩拥秀景点位于凤溪中。沿凤溪而下有一古木群，阴翳蔽日处，隐约可见条石阶梯百步。扶红栏石阶而上，浓荫深处有一巨石，上尖下圆且大，中有螺纹环绕，酷似巨螺凌空倒吸于绝壁之上，人称"鹦鹉螺"，螺岩洞府之名因此而得。古诗《螺岩拥秀》云："幽岩竞秀郁嵯峨，拟象几同鹦鹉螺。淡雾飞时移裸步，彩虹落处护龙梭。如杯不用巨鳌载，似斗还惊鸳鸟过。林外月钩空下钓，浦流瀑水近天河。"

金墩发祥景点古诗载："空漾数里螺金墩，绿柳红桃隔岸翻。石径无人寻玉韫。柴门为我扫苔痕。钟灵地对楼太边，毓秀天垂雨露恩。到此丹邱游造化，同来还问杏花村。"

墨林清风景点是古人对墨林村的典型描述："峻岭岩峣带墨香，莫非文士有余芳。书传通志家声远，音撷葩经世业长。蔚起云乃居胜地，遗留风景在高岗。青光蔼蔼今如昔，仰止同怀曷可忘。"

墨林村深厚的历史文化底蕴与优美的自然环境，注定了人们对它世外桃源的定义和高度的评价，不管是在古代还是在当今寻求乡愁的时代。高岗的风景依旧，浓浓的墨香依旧，今后的墨林必将迎来更多的归属感。

（文：磐安农办）

金华磐安马家坑村

灵江源头马家坑

马家坑村位于维新乡北部，由马家坑、三亩田、三菜山、里壁岩、王大坑、山金岩六个自然村组成，该村距乡政府所在地丁埠头村四公里，有康庄公路相通，交通方便。

马家坑景点资源丰富，村口就有三棵唐代大古杉。最大的树身需四人合抱，参天的树干，郁郁葱葱。更为奇绝的是树中空到顶，树底有两个洞，大的洞人可匍匐而进，里面可容数十人；而小的就像一个窗户。在树内呼喊一声，回音就像万马奔腾，久久不绝。村里的孩童因顽劣而遭致家人责骂时，常躲藏在大树洞里，既不受风霜雪雨的影响，又可以逃避家长们的责罚。

马家坑村基本保持了传统村落原貌。1983 年前建造的各类建筑以木结构房屋居多，外墙均用鹅卵石砌筑，一行一行整齐平整，具有独特的江南特色。马家坑地理位置独特，四周群山怀抱，空气清新，气候宜人，环境优美，森林覆盖率在 90% 以上，是城里人休闲避暑、观光养生、旅游度假的好去处。村里特色建筑达三十三处，布局相对集中成片，传统格局和历史风貌保存较为完整，能较完整地反映民国时期的传统风貌和地方特色，具有较高的历史文化价值。

马家坑村落附近有 2000 平方米的古树群，据传始栽于清朝末年，至今已有上百年历史。另外附近有龙溪的龙潭景观、平板溪嬉水、集亲水和攀岩为一体的泊公坑攀爬瀑布和廿四尖背高峰远眺等自然景观，美不胜收。

深藏在马家坑这个原始村落之中有灵江源森林公园，东至里壁岩自然村，南至王大坑村口，北至灵峰天池北侧，西至西天寺遗址，核心区面积约二千亩。灵江源森林公园林业资源和水资源非常丰富。这里植被茂密，瀑布连连，溪水潺潺。平均海拔 800 米，空气清新，环境优美，森林覆盖率 90% 以上。灵江源森林公园核心景区内景点密集，其中大景点有大石

灵江源森林公园

门、神色瀑、七折瀑、卧龙潭、飞龙瀑、九狮岩、生命树等三十多处。

　　灵江源的潭星星点点般缀满整条小溪，循山势，就地形，或浅浅一泓，或幽幽一汪；或隐于密林之中，或露于天日之下；大小不一，深浅有别，自然而贴切地依附在这山里，亘古久远地流淌着、涤荡着，使这灵江源别有一番情致。浴花潭，因边上的一片桃林而得名。春日里，桃花盛开，一阵风、一场雨，桃花飘零，潭面上遍是那淡红浅白的桃花瓣。潭边各种天然植被蒙络摇缀，参差披拂。猕猴桃长在了木槿身上，莲木架上开了杜鹃。如果说浴花潭是精致的，那神龟潭粗犷中带有几分野性。潭盈一分，清风徐来，伴着潭后倾注的水流，水波荡漾，灵动而富于美感。整潭全石为底，落石嶙峋，形态各异，有的如老僧打坐，有的如天然绣墩。

　　灵江源的瀑布变幻多端，姿态各异。神龟瀑为景区迎客的第一道瀑布，高三十余米，因瀑顶大石形似乌龟而得名。乌龟石横卧于溪涧之中，翘头摆尾，确有几分神似。水从乌龟侧身倾泻而出，由高空落下，轻轻柔柔的，仿佛一堆堆雪顺着岩壁滑落，没有张牙舞爪的威逼感，舒缓的形态自然之中让人进入了一种放松的情态。

　　七折瀑是灵江源中最具特色的一段瀑布。它由七道长短不一的瀑布相连而成，地势相对和缓。水缓缓地流淌在光滑如砥的溪道上，姿如白练，声似夜曲，伴随着溪道的起伏变幻着、变奏着，让人禁不住有一种走近它的冲动，尤其是在炎热的暑日。

　　马家坑村远离喧嚣的城镇，没有二、三产业，村里的高山蔬菜、笋竹两用林特色远近闻名，是当地农民增收的两大"拳头"。"大棚内瓜蔬满园，竹林内曲径通幽"，大棚观光、竹林云海、农舍小院、田园休闲，几幅画面同时聚集在平均海拔 750 米的小山村，真可谓是休闲养生的好去处。

（文：磐安农办）

衢州龙游芝坑口村

芝坑口村红豆杉

庙下乡芝坑口村位于龙游县南部山区，距县城约30公里，村庄紧依县内最高山峰绿春湖，梓溪穿村而过。全村220户、725人，有12个自然村，面积5平方公里。龙游县庙下乡芝坑口村坐落在浙江大竹海森林公园的核心景区，村庄三面环山，峰峦叠嶂，竹海连绵。村南面有荷花山，西面是八宝山，两峰对峙，村庄以南北走向，依山沿溪而建。

全村现有严、郑、华、谢四大姓氏，四百年和睦相处，共耕共荣，同心同德，推进村落发展。芝坑口村始建时间大约在明代，最早的村民为严姓。

据《严氏家谱》载："以三衢辖下有通仙胜景在龙游之南源，层峦耸翠，清流激湍，乃饭甑山一脉。突起峰峦，俨如图画，此中异桃源，实开天之胜景也。公惠连同游此地，爱其山清水秀竹木森然，遂安居于此。"

又据《山后严修谱新序》说："严氏乃两浙之名宗也。郡封天水，派衍春山，由来旧也。希一公者乃始祖，子陵先生三十二世裔孙率其惠连由富春山徙居于龙游南乡山后，卜筑而居，是为肇基之始祖也。"由此推断，严氏家族乃芝坑口村开村之祖，时在明末清初。

芝坑口村有一片粗大威武的红豆杉古树群，现在已无法知晓当年这里究竟有多少古树大树。但时至今日，这里还汇集着红豆杉、枫树、香樟、罗汉松等千年古树名木32棵，其中国家一级保护植物南方红豆杉9棵。红豆杉平均树高约15米，胸径最大约140厘米，需5人合抱，枝繁叶茂，苍郁遒劲，历经千年。古树参天，成为省内外难得的保护得最好的古树群之一。

红豆杉为常绿乔木，是世界上公认濒临灭绝的天然珍稀抗癌植物，是经过了第四纪冰川遗留下来的古老孑遗树种，在地球上已有二百五十万年的历史。由于在自然条件下红豆杉生长速度缓慢，再生能力差，所以很长时间以来，世界范围内还没有形成大规模的红豆杉原料林基地。1994年

红豆杉

红豆杉被我国定为一级珍稀濒危保护植物，同时被全世界 42 个有红豆杉的国家称为"国宝"，联合国也明令禁止采伐，是名副其实的"植物大熊猫"。红豆杉的提取物紫杉醇是国际上公认的防癌抗癌药剂。在我国的一些地区，它有着"神树"的美誉。

严氏家族历来爱护古树。筑村初期就视红豆杉为"神树""风水树""发财树"，家谱规定不得破坏，不得出售，如有违反，就会受到族规的处罚。古树福泽村民，庇护众生，村民则以古树为荣，代代相守。红豆杉树是地标，是村庄的历史符号，也是村民膜拜的图腾。如果孩子体弱多病，爹娘便会带他到红豆杉树下点烛烧香跪拜行礼，企求得到它的庇护，有的甚至让孩子认红豆杉树做干娘。红豆杉树便被人格化和神化了。

芝坑口村里还建有盲门殿、华佗殿、庄平寺等，并命名了"龙游南乡横源山后十景"，即文笔凌云、芝坑飞瀑、青蟾望月、赤鲤奔波、东坡耕耘、人峰毓秀、风生空谷、苗秀八坡、鹿湖耸翠、五马归槽。

大约过了百年，郑氏家族一支仰慕这里的千年古树，于清雍正年间从福建上杭出发，辗转各地，奔波千里，最后落户在芝坑口村茂里。就在红豆杉古树群旁建郑氏祠堂，号"繁昌堂"。有诗云："儒学精神跻大同，难忘郑氏旧门风。人民今日皆仁孝，文物真遗万代功。"

红豆杉群枝繁叶茂，苍郁遒劲，历经千年。参天古树或伞盖如云，或苍澜斑驳，或弯曲如虬，或奇巧盘旋。莽莽苍苍、郁郁葱葱的林木资源构成了古村落的神奇、悠久。在这里，山是绿的，水是绿的，空气是绿的，风也浸透着湿润的绿色。不错，它在向人们展示博大深奥的同时，又保持着令人敬畏的无限秘密。在人类现代技术向自然界无限开发的当代，保护古树，珍惜古树，不仅具有维护自然生态的意义，更重要的是唤起人类自古以来与大自然的亲近感。对于自然家园，人类必须保持敬畏，懂得守护。

芝坑口村，壮如诗，美如画。那梦一般的山水家园，如此怡静秀美，天然无须雕饰。顷刻间，那淡淡的乡愁，浓浓的思绪，萦绕在山间，飘飞在竹海。

（作者：余怀根）

衢州常山棋盘山村

千年古树荫子孙

在常山县球川镇棋盘山村，村内古树繁茂葱郁，将整个棋盘山村装点得如同公园一般，可谓："人在村中走，村在林中行。"

古树群

"山环成球，水流成川"即为球川。据记载，宋代大文豪朱熹曾来球川会友、登山览胜，曾吟出"山列锦屏秀，水流翰墨香"的千古绝句，球川也因此闻名遐迩。球川镇山清水秀，镇域内有许多百年古树，而棋盘山村更是自古以来就流传着保护古树的训示，成为古树的聚集地。

在棋盘山村的东北面有占地130多亩的古树群，古树品种繁多，树龄也长，其中苦槠树占80%以上，其余的则为香樟树、枫树、松树、竹等几十个品种。

走进这片古树群，但见一棵棵粗壮、端直、高大、挺拔，枝叶纷披而不恣肆，如鹤立鸡群，独树一帜，其姿态和性情使同类艳羡。它们有的超然独立，卓尔不群；有的比肩而立，同舟共济；有的三株、五株站成一行，齐心协力；有的成群结队分散在山坡、路边、土岗、深涧，万众一心，众志成城。这些使人油然想起我们中华民族赖以生存和发展的——以不畏艰险、百折不挠、自信自立、自强不息等为内容的伟大民族精神。

传说，棋盘山自古以来就是古木参天、盘根错节、蔽日遮天，乔木、灌木等各种植物堆积数层，其间更有不少动物的尸骨。我们的祖先开发了这块处女地，并保护着这块肥沃的土地。民国甲子重修《汪氏家谱》中有先贤对这片古树林的赞美："巴蒂参天荫姐浓，风清日美仰乔送，林深新斧以时入，为栋为梁任选用。"

这片古树林位于县城西部约 18 公里。出县城数里就有两条东西走向的山脉，中间形成了一条通道状，每次一刮东北风，漫天飞沙走石，茅草瓦房难以建筑。有了这层层防护林，就可以免遭风灾，族民可以在此安居乐业。根据《汪氏宗谱》载："尽以屏山环列，原显如盘，有星罗棋布之象，古名曰奇葩。"汪姓子孙在此修养生息四百多年，子孙繁衍十五代之多。

"棋盘"土墩都是丰厚的土壤堆积层，这些红壤土质里穴居着无数的白蚁。如果没有这些古树林，白蚁进入家中，所有的家具屋梁均将毁于蚁口。原始的方式是由这些古木去"喂"这些白蚁，这确实起到了较好的效果。

棋盘山村世世代代的村民都注重保护这片珍贵的古树林，并立下禁令碑文，上面写着："四周一切竹木不得残害盗砍，如有违反，小则公用议罚，大则送案治罚，并将违纪者摒革出祠，脱离其宗族。"棋盘山村族民一直以来沿袭此乡规民约，就连掉落的枯枝败叶也不能随意清扫，让其叶落归根，肥沃土地。历史上也曾有人因违纪而被罚，最后要求每棵古木根部三担培泥土，每户族民家中三担水，送三块豆腐。这样的严格禁令无疑是卓有成效的，这也是村民繁衍生息得以延续的倚仗，更为子子孙孙撑起了一片绿意盎然。

古树林中占绝大多数的是苦槠树，他的果实含有丰富的淀粉，可以做出几种可口的食品。"三年困难"时期，它就是村民的重要补充食粮。每年霜降前后，果实成熟，林中就要敲锣告知，只准捡掉落地上的果实，而不准上树采摘，违者处罚。

进入新世纪新阶段，为建设美丽宜居的生态文明新农村，棋盘山村依然依从古训，保护古树群，但又与时俱进，多方面、多角度、多措施来进行古树群的保护。

棋盘山村不断完善资源档案，对古树名木进行了建档立案，形成了完整的资源档案。结合森林资源管理地理信息系统的建设，建立古树名木的动态监测体系，定期对古树名木的生长环境、生长情况、保护现状等进行动态监测和跟踪管理，用现代化、科学化的方式保护着这片古树林。

除了动态监测，棋盘山村也致力于发布树种保护名录，设立专门保护标志，并通过各种平台宣扬古树保护的重要性。通过以县、乡镇人民政府的名义向全社会公布古树名木保护名录，并设立保护标牌和石碑，明令保护。

保护古树的意识，在棋盘山的这片绿意葱葱的大地上由来已久，且时时刻刻记录于村民的心中。这是一种文化，值得传承的文化。棋盘山也必将把这种保护古树的环境意识文化传承下去。每每来到棋盘山村，总能见到乐呵呵散步聊天和纳凉的村民，他们对这片土地仍能保留这样的古树群是心存感激的，他们也愿意继续守护古训，守护好故乡的树。

神奇的千年古树群让无数虔诚者蜂拥而至，在这里，美丽的景色和人杰地灵的自然魅力让我们重温岁月的古朴，感受生命的激情与活力。天马迎客、古树迎宾不正是天人合一的境界吗？寓居在外的汪姓游子，无不思念着故乡，思念的许是故乡的那片古树林。许是石碑上深深刻画的训示，许是故乡那淳朴善良的人们。

（文：常山农办）

衢州开化石柱村

越国世家石柱村

开化县马金镇石柱村，毗邻钱江源国家森林公园，依傍马金溪，山清水秀，自然生态环境保护良好。它不仅风光旖旎引人入胜，其深厚的乡土文化和神奇的传说故事更是令人神往。徘徊于幽幽的老街古巷，漫步于宁静的徽开古道，驻足于寂静的百年古居，凝神而思，感受其独有的古色古香之美。

继述堂

石柱村主要有汪姓和胡姓两大姓氏。石柱胡氏为婺源清华胡氏后裔，由南宋胡徽迁至石柱。胡氏多理学家，先后有胡瑗等二十多位理学大家，石柱也因胡氏迁入成为"十里长街灯火通明"的千人村落，留有祠堂"华德堂"，取义理学华德。

石柱汪氏为隋末唐初越国公汪华后裔，后因黄巢别部兵犯，为避战乱而迁徙至马金霞田。明初，后人汪良志借古官道经商，汪氏重回石柱繁衍生息，建"继述堂"，题"越国世家"。

石柱村的得名来源于一个古老的传说。一千多年前，节逢双龙，洪水肆虐，母龙自里秧田出，至大乌潭盘驻以待；公龙自横坑出，因无可蔽身，为泗洲佛所斩，成九段。母龙怒，腾身摆尾，翻天覆地，以致河流改道。后双龙化作两根石柱，公龙柱因已气绝故寸草不生，而母龙柱则草木繁盛，四季常青。石柱村也因此得名。石柱村原本叫老胡家，洪水淹没丹山，整个村庄在一个时辰内被毁灭，百姓流离失所，全村只剩一人，下游的下山村也被迫整体搬迁。

石柱放河灯在浙西地区是独有的端午习俗。当地村民通过"粽叶裹香糯，点水灯悼亡灵"的方式祭祀祖先。在每年的端午节，用当地的风俗，用猪、牛、羊来朝拜双龙柱，然后用木板做成荷花灯蕊七七四十九盏放入河中来祭拜，祭奠在宋嘉定元年（1208）双龙节洪灾中逝去的先祖，追忆双龙柱的凄美传说。

石柱村自古有九都大垳之称，唐宋古道贯村而过。这条官道既是古时两省居民的经商要道，也是两省军事行动的主要通道。唐朝王雄诞计占歙州，逼迫汪华奏表归顺所利用的就是"七里垅—马金—石柱"这条官道。由马金走官道进入石柱，沿边是断肠山脊，形似巨蟒。与之相呼应的是一座葱郁山包，形似玄武，古道从中穿过，相传为"文官下轿，武官下马"之地。明代宰相商辂在断肠山脊留有衣冠冢。相传，当年明朝内阁首辅商辂罢相回乡途经这"龟蛇把门，将相并行"的宝地曾欣然断言：三年后必官复原位。但当他看到断崖时，又绝望感叹："龙脉已断，我不复出也。"传说，商辂去世前，曾要求家人在石柱村的"断肠沟"边留下一座衣冠冢。人们猜想，商辂是想以宰相之身修复龙脉，图后世腾达。

石柱村北有座环翠亭，母龙柱向河边延伸出一片高十余丈的石壁，石壁上古木参天，青翠欲滴。环翠亭依石壁而建，是一座四角凉亭，亭内有题匾，为北宋大家欧阳修所题，曰"环翠亭"。亭后石壁凿有一个佛龛，供奉掌水路的泗洲佛。古驿道在环翠亭处拐了个弯，被石壁挡住了视线，故亭前冠以"问津亭"，亭后匾以"知道处"，据传为明代大学士商辂回乡途经此亭而题。环翠亭旁有一千年古樟，树高 35 米，胸径达 9 米，六七人难以合抱，树冠可覆盖三亩地，树干中空，可容纳十余人，传说当年黄巢兵败藏于此洞中，蛛网封口，逃过了乱兵的追捕，故称黄巢洞。在千年古樟的左边峭壁上刻有"唐宋古道"四个红色的大字。

在石柱村这条古道上还流传有许多故事：经考证，理学大家朱熹夫人为宋理学家胡瑗之女，就出生在石柱。朱熹曾于马金包山书院听雨轩论道讲学，其间夫人病逝葬于石柱听雨轩后，朱熹结庐守墓九月。

在千年古樟路段，古道中间开始有一块 50 厘米左右的块石，块石周围全部由小鹅卵石砌成，宽约 3 米，往北走，路面由两块 50 厘米左右的块石砌成，宽约 1 米。再往北走，路面就只有一块 50 厘米左右的块石，这是开徽古道上保存较好且最平整的一段。再往前就是祝家渡，古时过马金溪必须过的一座桥现已不存在了。过溪后开始翻越高岭，古道从此开始在崇山峻岭中穿越。到齐溪镇卫生院后通向半山腰，然后翻过一道山冈，从马金溪上方半山腰的一条横路往下走约 400 米，就到了安徽休宁县龙田乡。巍巍马金岭，奇岩峭壁竞秀，山岭陡峭难行。千百年过去了，古道仍断断续续地横亘在崇山峻岭之中，古道虽已不见当年的繁忙，但它像一位历史老人，经历过世纪沧桑和星移斗转，见证着古道的繁荣和衰落。

（作者：吴渭明）

舟山普陀中山村

人文胜境中山村

中山村地处普陀山风景名胜区中部，东至合兴天竺水库，南至几宝岭，西至海军发电厂，北至小水浪，背靠"佛顶山"，面朝"千步金沙"，面积约占全山的五分之二。村落大体形成于民国时期，村民从台州乐清和普陀展茅迁徙定居于此，繁衍生息，人丁兴旺，渐成聚居之地。

中山村山海相依，金沙绵亘，景色优美，交通便捷，环境幽雅，民宅建筑错落于山间海滨，与海天景色浑然一体，区域内有江南名刹——法雨禅寺、天门清梵——梵音洞、古洞潮声——千步金沙、菩萨渡河显圣——飞沙澳等著名景点。

法雨禅寺

法雨禅寺又称后寺，位于中山村白华顶左、光熙峰下，为普陀山三大寺之一，占地面积 33408 平方米；现存殿宇 294 间，依山取势，分列六层台基上。入山门依次升级，中轴线上有天王殿，后有玉佛殿，两殿之间有钟鼓楼，又后依次为观音殿、御碑殿、大雄宝殿、藏经楼、方丈殿。观音殿又称九龙殿，九龙雕刻十分精致生动，九龙殿内的九龙藻井及部分琉璃瓦从南京明代宫殿拆迁而来，被誉为普陀山三宝之一。法雨寺创建于明万历八年（1580）僧人大智真融始建，因当时此地泉石幽胜，结茅为庵，取"法海潮音"之义，取名"海潮庵"；万历二十二年（1594）改名"海潮寺"，三十四年（1602）又名"护国镇海禅寺"。后毁于战火。

清康熙二十八年（1689），普济、法雨二寺领朝廷赐帑，同时兴建；后法雨寺的明益禅师又孤身入闽募资，历时三年，将所募财物用以建圆通殿，专供观音菩萨像，两年后又建大雄宝殿，供诸菩萨。康熙三十八年（1699）清朝廷又赐金修寺，修缮大殿，并赐"天华法雨"和"法雨禅寺"匾额，因改今名。同治、光绪年间又陆续建造殿宇，成为名动江南的一代名刹。

"九龙戏珠"琉璃灯

法雨禅寺的九龙殿后躺着的一块破碎的御碑，碑上是康熙皇帝临摹北宋书法大家米芾的字；寺中内坛楼上有一块"修持净业"匾额，也是康熙三十八年钦赐；内坛平时不对外开放。这一碑一匾见证了康熙皇帝和当时的法雨禅寺住持别庵性统禅师超越尘世地位名利的友谊。有学者认为正是基于两人的友谊，康熙帝才会下发"拆金陵旧殿以赐"的圣旨，于清康熙三十八年把当时南京明朝故宫拆运至普陀山。现在九龙殿的琉璃瓦、雕龙柱磉和九龙藻井都是当时从明故宫拆移而来的。法雨禅寺九龙殿更是因有内藏九龙藻井而得名。藻井是中国建筑中宫殿或厅堂天花板上的一种装饰。这里的九龙藻井按古朴典雅的九龙戏珠图案雕刻而成，一条龙盘顶，八条龙环八根垂柱昂首飞舞而下，八根金柱的柱基是精致的雕龙砖，正中悬吊一盏琉璃灯，宛若一颗明珠，组成九龙戏珠的立体图案，造型优美，刀法粗犷，经过鉴定确实是明代旧物，九龙殿之名便因此而得。

从法雨禅寺经飞沙岙，过祥慧庵，即为普陀最东部的青垒山。在青垒山东南端有一天然洞窟，名"梵音洞"，梵音洞山色清黔，苍崖兀起，高约60米，纵深约50米，距崖顶数丈的洞腰部，嵌横石如桥，宛如一颗含在苍龙口中的宝玉。在普陀山众多洞壑中，梵音洞的磅礴气势和陡峭危壁，为其他洞所莫及。普陀十二胜景之一的"天门清梵"就是指梵音洞的奇丽景色。洞内深幽，在阳光海潮作用下，洞内岩石各显奇形、变幻莫测。洞前架有石台，台上筑有双层佛龛，名"观佛阁"。"观佛阁"前可观海，后可望洞。清康熙三十八年，皇帝御书"梵音洞"额赐挂于此处。

梵音洞瞻圣阁供奉的是千手观音圣像，除两手两脚外，左右各有二十手，手中各生一眼。四十手、四十眼再乘以"二十五有"而得出千手千眼，表示有普度一切众生的无限法力。《法华经》有"应以何身得度者，即现何身而为说法"，即所谓的"观世音菩萨有三十二应身，千处祈求千处应"。但凡想观览梵音洞的人，都先要从崖顶迂回沿石阶而下，然后来到观佛阁。据传在这里观佛，人人看到的佛都不同；即使是同一个人，也会随看随变，极为奇异。所以凡是来山的香客可说没有一个不往梵音洞看菩萨现身。此地又为梵音洞观潮最佳处，佛阁下屈曲通大海，海潮入洞，拍崖涛声似万马奔腾，如龙吟虎啸，日夜不绝，惊心动魄。

自几宝岭北麓至望海亭下面有一片沙滩，长约1750米，称千步沙，是普陀山上最大的沙滩。沙面宽阔平缓，沙质柔软细净，北端有一巨大的石头，等潮水退去，石头上"听潮"两个字就露了出来。

曾经有文人墨客描写千步沙的美景："千步沙沙色如金，纯净松软，宽坦柔美，犹如锦茵设席，人行其上，不濡不陷。海浪日夜拍岸，涛声不绝。浪潮嬉沙，来如飞瀑，止如曳练。每遇大风激浪，则又轰雷成雪，骇人心魄。悠忽之际，诡异尤常，奇特景观，不可名状。"《法华经·普门品》的偈语说："梵音海潮音，胜彼世间音。"传说这个海潮的声音之所以异常响亮，是因为菩萨与蛇王的故事。传说蛇王虽然无条件把山借给菩萨开道场，但他要菩萨说出一个归还的日期，到时候可以物归故主。菩萨对蛇王说："哪一天全山听不到我的弟子敲木鱼的声音，或者千步沙前的海潮音声不响了，那时我就把山还给你。"时至今日普陀山日日香火鼎盛、游客纷沓不绝，所以每天敲木鱼的声音是不会断的，尤其海潮的声音是永久不会断绝的！最奇观的海潮拜浪，不管什么东南西北风，千步沙的海潮始终不会随风转浪，仍然是一波一波地扑向这一边来。有人说这是潮拜浪，无情的潮水也知道朝拜观世音菩萨。

坊间盛传，很久以前飞沙澳是一条小溪流，无船不能渡。因此一班善男信女们要去梵音洞进香，必定要从此处摆渡。可是那位摆渡的船家以此讹钱敛财。很多远道而来的信众僧侣因为没钱而无法得渡，又徘徊不舍离去。从此就有很多的虔诚佛子，默祷大士慈悲显圣除去此障碍，使一般人都能见到菩萨圣像。终于，有一天忽然来了一个穷和尚，要摆渡过去，那个船家和以往一样要向和尚收费。穷和尚说："你这人真可恶，来此摆渡，应该看人有没有钱，无钱的穷人应该慈悲做好事；有钱的香客，你才可以向他们讨钱。像我们这些穷和尚哪里有钱给你。不给你的钱，就去不了梵音洞，见不到菩萨圣像。你这个人真是地狱种子，罪过不少。"船家说："除非你不去，你要去就得坐我的船，坐我的船就得给钱，没有钱就不渡你过去。"那个和尚说："我不坐你的船，你看我能不能过去？你看，那边不是来了一只船吗？"哄得那船夫回头一看，和尚随手抓起一把沙子往溪中一撒，刹那长出一个飞沙澳，那只渡船也被飞沙盖下去了。从此以后，也用不着渡船摆渡了。再看这个穷和尚已不知去向，这时大家才知道是菩萨显圣的。

中山村虽然形成的时间不算长久，但普陀山的海天佛国历史却很久远。或许观世音菩萨正是喜好这里的峰壑竞秀、奇石嶙峋、花木葱茏、泉流掩映、金沙雪浪的旖旎风光才不肯东渡，而这样的美景又怎能缺少佛教文化的印记？这样的历史跟这样的美景才成就了如今作为集礼佛观光、避暑度假、文物考古、民俗采风于一体的国家重点风景旅游区——普陀山。

（文：普陀农办）

台州路桥区金大田村

儒厚纯朴金大田

金大田村位于路桥区新桥镇南部，是典型的江南湿地乡村。村内河塘交错，存活小片野生芦苇荡。村中植被丰富，一年四季，花开姝艳，引人流连。村中古建筑保存相对完好，民俗风情独特。明代始祖金廷辉由新桥迁于此处，田连阡陌，开浚沟渠，大田之名始为人所知。再以耕读传家，世代书香，科名鼎盛，民风淳朴。当地流传有"孙结蒲鞋胡做车，打网桥人绞棉花，金大田人读书家"之谣。

金大田村以明清时期古建筑为依托，形成"房前屋后清泉水，亭台楼阁巧安排"的质朴自然的古村落园林景观。其中"金田九景"尤为人知，即"龙溪九曲""潭水千寻""联池洁泉""古榆倒影""珠塘夜月""四影风月""见龙在田""东篱晚香""灵孚圣迹"。

金大田境内河流环绕，依天然之势和人工之力，成一龙形，故名龙溪——取《易经》"见龙在田"之意。龙溪九曲自西见龙闸入口至大潭，像龙之身；其东流止境处有一潭，口小而内宽，像龙之头与首；此外汊流分歧，像龙之四肢尾爪。至今俗称犹以龙头、龙颈、龙尾等名呼之。先人有自号龙溪居士者，曾著龙溪九曲杂咏。

潭水千寻景点位于大潭。大潭即龙溪之总汇，为九曲之发源。水深而清，每遇干旱，其支流皆涸，而此潭独蓄。据族中高年父老言，自小从未见露出潭底，故曰"千寻"，亦取"桃花潭水深千尺"之意，以彰显族人的好客之情。

联池洁泉景点位于三联池。三联池今俗称为三个池，左右两池少而浅，唯中池大而深。其泉洁，其味甘，家族中饮水皆取于此。相传池中有一石耸然独立，干涸时石缝有清泉汩汩而出，清泉水盛于盆中满浮成球形不溢。用此清泉酿酒，香冽异常。

古榆倒影景点指的是龙头潭北岸的两棵古榆树，具体树龄不得而知。其中一棵古榆树昂然屹立于潭边，但另一棵榆树则倒卧在潭岸，根深叶

古榆倒影

茂。每当夏秋之际，苍郁掩映，潭心波光荡漾，水天一色，为龙溪的一大胜景。

　　珠塘夜月景点位于龙溪中，先人以珠名，因其形圆，并位于龙溪首尾之中，就像龙珠一样。珠塘四周空旷，西北两方都是交通要道，曾用白石平铺。每到中秋佳节，银河在天，微风送凉，俯视波心，清澈如镜。

　　四影风月指四影楼风景。四影楼位于龙溪环绕之中，为先祖金静斋延揽宾客之所。建筑宏丽，从窗口四眺，美景触目皆是，总有目不暇接的感觉。金静斋资财深厚，而性情又好客，远近的人都喜欢来这里游玩。黄云海先生曾作《四影楼记》，详细记述了此楼的景物及当年风雅之事。

　　见龙在田景点同出先祖金静斋，以先祖的急公好义而闻名乡里。金氏家族的田亩灌溉主要依赖龙溪的水，但九曲各支流水量不充沛，稍遇天旱就干涸了，支流旁边的田地无法浇灌。金静斋于是出资在龙溪出水之处建了总闸，需要时关闭，可以储蓄各支流的水量。闸名取自《易经》"见龙在田"。

　　东篱晚香得自金彭年的晚香园。金彭年之父晚年倦于世事，喜好花木，尤其喜欢种菊花。每到秋冬之际，群芳凋零，唯独篱边之菊竞秀争妍，因取"黄花晚节香"之句，故名晚香园。金彭年曾撰一联云："聊开彭泽新园径，忆拓兰亭旧渚田。"

灵孚圣迹来自一个传说。相传有一石香炉在咸丰三年间从水面漂浮到此处，族人都以为是神灵显灵，所以取名"灵浮"。后建大庙在宗祠后面，去浮的偏旁曰"灵孚"，取神灵孚佑之意。灵孚庙是金氏家族的社庙，奉有平水禹王像供后人祭祀。

近年来，金大田村以古宅修缮为脉络，因地制宜，整治周边环境，深挖历史内涵，传承"耕读"文化，打造别具风味的文化礼堂，努力实现"田园变百姓舞台，礼堂成精神家园"的构想。

耕读堂

金大田村拥有700平方米的明清时期古建筑。围绕这个古建筑，从实际出发，提出了"用地不占地，建园不费田"的理念；邀请业内相关人士，对古宅做全面修缮；整合杂边地，提出了"果蔬代绿化，田园当公园"，即使用本地树种和果蔬代替传统绿化植物，保持田园种植功能，体现乡村田园风光的理念。提出了"以田养园，以园富田"的理念，即着手建设花卉苗木基地，引进农业龙头企业，发展农业特色产业。通过建设，在功能上充分改善了周边环境。整合现有文化资源，将整个古宅开辟出"一馆"，即乡村记忆馆，展示村史村情、乡风民俗、崇德尚贤、美好家园等内容，"两堂"即文化礼堂和文化讲堂。其中，新建的核心礼堂分为两层，外部建筑和内部装修设计风格古朴典雅，力求与周边原有建筑环境相融合；一楼为实物和摄影作品展厅，二楼为文化礼堂。同时还建有农家书屋、文化长廊、陈列大厅等相关配套设施，将文化礼堂打造成村的灵魂之所在。另外，在文化讲堂中设置电子网络平台，让群众可以随时浏览网上文化礼堂的景致，在古朴中感受现代科技的便捷，形成"一园、一馆、两堂、一平台"的新架构。

（作者：赖攀峰）

台州温岭岙里村

山里桃花自在开

　　岙里村三面环山，位于温岭市新河镇南部长屿硐天国家级风景区的核心景区内，是进入八仙岩、野山、双门硐景区的必经之地。岙里村遍布石构建筑，现尚存保留较为完好的石民居建筑 104 栋，其中建造年代最早的为明末清初，大量则建于 20 世纪 70 年代。各种生活设施、用品都尽量采用石材，如石桥、石井、石板路等。这些石质用品成为温岭石文化以及风景名胜资源的重要组成部分，充分体现了当地居民合理利用石资源、与大自然和谐相处的宝贵精神。

长屿硐天

　　长屿硐天景区地处华夏地块东缘，晚中生代卷入环太平洋火山活动带。数千万年内多次大规模的火山喷发，形成了厚度巨大的含角砾玻屑凝灰岩。南北朝以来，人们为了开采石板陆续在山腹中开凿出 28 个洞群、1314 个洞窟，但山体外表保存完好。

　　岙里村内分布着近十个洞群的数百个洞体，风景区的洞景精华大多集中于此。这里云迷松径，石漏溪声，瘦峰幽谷，深洞明宫，景区内遍植桃树，景色美不胜收。明人李璲有《长山》诗曰："独秀峰边翠作堆，幽栖如入小蓬莱。山中瑶草无人识，洞里桃花空自开。"李璲的诗是对双门硐的绝佳写照。

双门硐位于独秀峰下，清代长屿诗人有诗云："深山不受暑，莫如双门硐。我来风相迎，我去风相送。"硐内巨大石雕弥勒佛像高5米，宽7米。另有唯一的岩硐音乐厅①，还有有直径2.12米的石雕大碗和石文化长廊。硐顶多处穿通，天光云影照得硐内通明，游人有身在世外桃源的感觉。

长屿硐天无数硐窟景点均是清幽奇美，犹如仙境。石船溪、野人瀑、龙鳞瀑保持着完美的自然风貌，景色极佳而且各具特色，引人入胜；是集青山秀水自然风光和宗教文化、石文化景观于一体的观光、休闲景区。

石船溪即石船坑，发源于长屿岭头，流经独秀峰下。坑内积水澄碧，在晶莹光滑的鹅卵石上，常见石蛙、石蟹和蝾螈。到雨季，溪水奔流急湍，浪花似雪。坑中部有一巨石，似一船东行，上刻"石船"二字。当代诗人白野有《石船坑》诗曰："渔船水冷几春秋，汩汩清溪自在流。红了桃花人不见，黄莺啼向夕阳楼。"石船溪一带实为凤凰山与黄监山两山之峡谷。

观夕硐硐口狭小，入内则豁然开朗。一潭碧泉上架着回环曲折的小桥，桥头有石雕大明珠，名为九曲明珠桥。迎面巨岩上刻着中国著名雕塑家、中央美术学院钱绍武教授书写的"观夕洞"三个大字。再上有弥勒大佛盘腿而坐，神态慈祥。传说汉化了的弥勒生于五代梁朝，是奉化人，欲名契此，出家于奉化岳林寺，人称布袋和尚。他化斋来到长屿一矿主李员外家借宿，提出募化一布袋石板。主人就答应了。谁知第二天和尚把采石场的石板全部装进了布袋。李员外有言在先，只好认了。但从此李家石矿生意一日比一日兴旺，发了大财。

悬空井是长屿硐天景观中的一绝，在岩硐音乐厅侧上方。井无壁，有栏，深38米，从井口往井底看，下面水色清澈，水中石蛙历历在目。观音壁位于观夕硐之顶的山崖石壁上，是洞外一处半自然山体景观。这里山岩裸露，先人们采石成壁，今人陆续捐资助刻。

双门石窟位于峷里村黄监山的半山腰。由古双门洞、新双门洞、仙岫宫、观音大士巨像和入口山门以及摩崖石刻群组成，是长屿硐天风景区的

---

① 曾因2002年4月28日成功举办了"中国首届岩硐音乐会"而蜚声海内外。

核心区。

据说300年前有位叫张一嵩的大宗师在此修道，96岁时羽化成仙。后有其弟子道士方阳何亦在此修炼。洞内有"三清""八仙过海""七仙女下凡""观音送子"等十多处大型摩崖石雕。洞高数十米，洞顶透天，山石青褐，形似无底玉锅倒扣于地，高旷无比。进入洞中，举足振响，震人耳膜。地寒多风，即使在盛夏酷暑，洞内小坐，顿生凉意。清代狄瞻云有诗形象地写出了这里的景色特点："深山不受暑，莫如双门洞。我来风相迎，我出风相送。"清道光年间，黄岩赵梦帆为古双门洞题写了"山峰排得门双个，溪水湾成月半边"一联，刻石至今犹在。

峦里村是典型的位于风景区中的传统村落，有着得天独厚的地理优势。作为长屿硐天景区的核心区域，村民靠山吃山，石结构的古民居与石山石洞景观浑然一体，特色鲜明，具有较高的艺术价值与研究意义。

（作者：李小咸）

台州玉环白马岙村

黄金沙滩白马岙村

　　白马岙位于玉环县干江镇东南面，东挨东渔村，西接炮台村，北靠甸山头，南与洋屿、大鹿、鸡山等岛屿隔海相望，属于江镇渔业生产重点村。该村三面环山，是个冬暖夏凉的好地方。她不但有礁石的史话、奥秘，山的奇传、故事，沙滩的来历，更有红色的足迹。

　　白马岙东西北三面环山，南方朝大海，那里沙滩宽阔，是游玩、垂钓、观光的好地方，常年游客不断。原本此处是个无名山岙，后来清乾隆九年（1744），北下的一艘闽属商帆船不慎触礁，人们见其形状，称白马礁。有了白马礁之称，后人就将附近那个三面环山的山岙，称白马岙。

白马礁

　　说起白马礁有一个历史趣闻。据祖辈传说，白马礁是白马的化身，它在大风浪中随时会移动，也不知坑害了多少外地帆船，人们皆称活马礁。清乾隆九年一艘闽属商帆船，遇到暴风雨进白马岙港口暂避。那时，潮涨八分，远眺右侧有一礁石时现时隐，为了避免事故的发生，商船绕礁而航，结果那礁石还是移位正顶船底。道光十二年（1832），同样有一商船，自南北上，因船中生活淡水用尽，进岙取水，撩篷鼓帆绕礁，谨慎中仍是重蹈覆辙。光绪二十三年（1897），有艘装载食盐的商船，扬帆自南北上，因对此地环境不熟，当航行中发现远处的礁石时，即转舵改航，还是躲不过那块白马礁。此时，恰逢退潮，潮位渐低，盐船缓缓侧翻，500担食盐全部覆盖于白马礁上，白马礁被食盐腌了5个多小时，从此被固定住了，再也不能移动，但触礁事件依旧会发生。直到20世纪80年代末，县港航等部门倾听群众呼声，在白马礁上建起了高高的航标灯，从那后，南下北上的船只均是安然无恙。

在小岙山冈向东观望有座山，此山称牛山，牛头朝海，牛屁股延伸到东渔村的鲍家里。据当地村民说，这头牛吃的是东海鱼虾，拉的却是金银财宝，故而鲍姓家族家家都相当富裕，大宅林立。尤其是鲍贤良、鲍小歪两户，田地甚多，山林繁茂。牛山形态逼真，有两只相互贯通的鼻孔，一只在山的东面，另一只在山的西面。据说这两只鼻孔相距40米多，东面一只孔高约6米多，宽3.5米，西面一只孔高约4米多，宽2.5米。孔立于海岸线上，特别在刮东北风的日子里，海浪使劲从东面拍打进去，经过40多米洞体转化回音，西面鼻孔就会发出像牛叫"哞哞"的声音，十分清脆、洪亮。20世纪80年代，村民合股兴建制冰厂时，那只鼻孔被石碴填埋，从此，再也听不到牛叫声音了。

白马岙最突出的景点就是白马岙沙滩，具有黄金沙滩之称。该沙滩全长300多米，涨潮时沙滩只有7米宽，退潮时又增加约30米。沙滩沙质细腻，柔软，颜色金黄，因沙粒中夹有颗粒微小的石英砂石，在阳光照耀下，石英砂粒反射，更是金光闪闪，因而得名。赤脚踩在沙滩上，感觉柔软如海绵，一起一落的潮水，让人心旷神怡。

据说这沙滩是个活沙滩。南风时，黄沙往沙滩下部涌，北风时，黄沙往沙滩上部涌。每当刮台风时，巨浪往往将左侧一角（码头旁）的黄沙洗刷一空，大小鹅卵石遍滩。台风过后，随着海潮的涨落，鹅卵石慢慢被黄沙淹没，面貌如故。

据传，现在沙滩的位置原是一片海涂。白马岙黑吒庙大神、炮台下城隍庙城隍，上栈头池府庙池府大人，下栈头杨府庙元帅、将军等集聚在一起，挂花会赌钱，诸位大神、大人、元帅、将军兴致甚高，热闹不休。到后来，上栈头池府大人输得较多，无钱偿还，无奈中只得将沙岙坑（原称茅椋岙）的黄沙滩抵给白马岙黑吒庙大神。从此，白马岙变成了一片金黄色的沙滩。

　　白马岙沙滩背面的凤凰山上有许多依山临海而建的古民居，全由石头堆砌而成，极具海岛民居特色。建筑周围植被茂盛，目前仍遗存许多清代、民国时期的木质结构及砖石结构建筑。可惜多年无人居住，房屋及周边植被树木受蚁害较严重。

　　目前，白马岙村作为玉环县唯一被列为第二批中国传统村落的村落得到了政府的高度重视，正逐步修复改造。相信今后的白马岙除了沙滩的休闲享乐外，更是一个能带来浓浓乡愁的海岛村落。

（作者：吴达夫）

台州仙居郑桥村

洞天福地郑桥村

郑桥村位于浙江省台州市仙居县横溪镇西部凤凰山麓，距县城三十五公里。郑桥古称藤桥，相传古代村旁有株大藤，粗尺余，横跨小溪为桥，因而得名。后因小溪架桥，不再以藤当桥，又因"藤"与当地语音"郑"相近而易称郑桥。

据《俞氏家谱》载：郑桥村始建于北宋熙宁间（1068—1077），有金陵（今南京）俞承道被任为台州统领，率兵驻仙居剿灭海寇，百姓感恩挽留，遂与其子汝佐定居于此。历经九百多年的世族繁衍，今郑桥已是仙居县著名的大村。

郑桥村四面环山，即使近村盆地亦龙盘虎踞，丘陵缓坡起伏，风景佳胜众多，是为旅游观光好去处。多山多洞穴是郑桥村的一大优势。

郑桥水库，历史上是个高山湖，形状如心形的菩提树叶。传说是菩提祖师为祝贺天姥行宫建立，拿出随身珍藏的菩提叶而化，作为送给天姥的贺礼。后来建成水库，不复往日的形状，但里面神奇的水杉林却是摄友深秋最钟爱的景色之一。

郑桥水库

　　大佛洞，又称大佛岩洞，位于村南一公里处的龙圣岗东麓，坐南朝北。口宽 25 米，筑有门墙。门两边书有"九山龙蟠狮吼，一水虎踞凤映"对联。跨入书有"奇洞胜境"横额的洞门，只见草坪葱绿，柏林森森。沿柏林深处拾级而上，便进入大佛洞。整个洞区，纵深 310 米，最宽200 米，高达 150 米，分露天与不露天两部分。露天区约 400 平方米，满目所见，翠柏香樟，枝繁叶茂，由门入内，绿荫蔽日，清幽肃穆，是避暑的好地方。不露天洞区，两侧洞壁，悬岩陡峭，对称上升。入洞之道，左缓右陡，沿左侧廊道，拾级三百余，方可进洞。洞口半月形，洞宽 160米，高约 20 米，深不可测。顶如穹庐，底凹似弓，深达 4—6 米，高 5—7 米，避雨走廊，自然天成。再靠左有一巨石，形状似龟，人称"神龟"。传说每逢农历十五日，神龟夜间避人出洞赏月。一次大佛乔装凡人与之搭言，神龟误认凡人知晓，速变岩龟。洞壁呈弧形，外高内矮，回音如钟。洞区地势外低内高。可供人们直立行走的斜倾面约 5000 平方米。传说五百年前，洞内曾供奉大佛一尊，高有十几米，其耳朵可供小孩多人捉迷藏。可惜此大佛已不存。今人在中央重塑一大佛，为释迦牟尼像，高达 5米，左右佛像共十二尊。

　　每逢雨天，大佛洞会出现世上罕见的一景，雨水沿山体陡壁至洞檐直泻而下，宽 180 米，最高处 30 米的半月形洞口。形成巨大的水帘瀑布，其势如银河落天，声如鼓乐齐鸣，撼人心魄。而在寒冬季节，滴下的雨水凝成支支巨大的冰柱，悬挂于洞檐，远看似银帘，又成巨洞的一大奇特风景。

　　伫立大佛洞中，眺望洞外，山形奇崛，胜景众立，别有情趣。与大佛洞遥遥相对的是三座间距对称的小山丘，分别叫金鸡笼、木鱼、玉兔，山坡上果木茂盛，一片葱绿。小山丘周围，村庄环绕，炊烟袅袅。条条公路与水渠错落有致，构成一幅精美的乡村水粉画。

　　大佛北边，沿小道攀援而上，大约到了洞顶高度，便是只能侧身而过的锯板岩。锯板岩，令人叹为观止。一巨岩从中裂开，站在岩底便见幽远一线天空，令人遐思。传说从前有位风水先生过此，说郑桥村四面环山，处盆地中，风水特佳，只是这个大佛洞，深不可测，风水暗暗外流。虽有大佛，仍不保郑桥平安、繁荣。只有一法补救，堵住洞口。民间一直流传民谣："大佛洞，有大佛，坐七都，富八都，拉屎撒尿在五都。"人们多希望堵洞留"风水"啊！此愿被两个神仙得知，要为民间做件好事。他

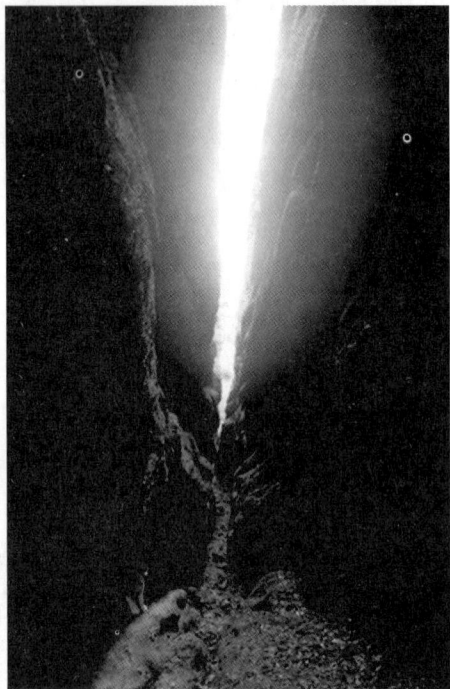

锯板岩

们就在一夜间下凡，在洞侧锯下岩板以堵住洞口。锯呀锯，锯到五分之四处，有个巡山小佛见之，速报告大佛。大佛知此举有违天意，急装鸡叫，连鸣三次。神仙闻声，以为天明，停锯返天。这真是"锯岩堵洞事未成，留下人间美仙境"。

也有传说锯板岩的来历与天姥及菩提祖师有关，传说菩提祖师来贺天姥行宫落成，贪看美景错过山头，重驾彩云返回，怕天姥笑他不识路，就从后山按下云头，将长长的指甲化成锯子，锯开巨岩穿缝来到正门。锯板岩长620米，高逾50米，最窄处只有40厘米。人得把背包取下顶在头上才能侧身过去。暗合佛喻的放下包袱、放下人世牵挂才能修成正果。

大佛洞的妙处，还在于周边佳胜众多。在这里可见新石器时代文化遗址——下汤。此地为台州市发现最早而又保存最完整的遗址。收目北望，见前方百米处有大湖泊，水光潋滟，碧波荡漾。湖内有小船，可供往来湖中诸岛。游人可自划自乐，可垂钓晨暮。翻越大佛洞岭南行，有巧胜岩、大裂谷、寺长坑水库、桃源洞、屏风岩诸景，均为著名胜景。

清翰林院编修潘未曾慕名来仙居游历，返而记有《游仙居诸山记》

一文。文末道："天台幽深，雁荡奇崛，仙居兼而有之。余始见石梁琼台，不谓复有灵峰灵岩；见灵峰灵岩，不谓复有玉甑；见玉甑，不谓复有景星岩、方岩。信造物之无尽藏也，余益不敢轻量天下山水矣！"国家建设部王早生处长来洞考察时称："大佛洞之大，在全国丹霞地貌山洞中名列第一。"丹霞地貌研究权威黄进教授认为，大佛洞丹霞地貌颇为典型，别具价值。若潘先生得知，岂不是更遗憾错身而过的那份神奇了？

（文：仙居农办）

丽水龙泉官埔垟

枫红尽染官埔垟

　　官埔垟村位于国家级自然保护区凤阳山北麓,距丽水市区二十一公里,平均海拔600米。官埔垟古村落始建于明代,距今已有六百多年历史,融合山、水、古建筑群为一体,是典型乡村民俗文化的集合地。2012年被列入住建部等公布的第一批中国传统村落名录。

官埔垟村

　　官埔垟,古时位于凤阳山(龙泉山)北麓的隘口,官家曾在此设过邮驿,俗称"官埔";因地处大赛溪源头的高山峡谷中,便讹称为"官埔垟"。官埔垟里,张姓和杨姓是村中大姓。

　　明代前期,张氏家族正在初兴阶段,在此临时搭棚安居。宣德前期,张氏家族对此带地理环境进行了仔细观察与挑选后,就在粗坑开辟了新家园正式定居了下来。万历年后,杨氏人从龙南安下分支来到官埔垟,起先也是搭棚安居,靠开荒种地求生存,日子渐渐有了好转,并与张氏家族的女儿有了联姻关系。清代初期,杨氏家族有了较大发展,到了清中期,杨氏家族人丁兴旺,进行了大规模的民居建筑。杨氏和张氏因土地有过纷争,后两家人达成协议,所建房屋"沿水为界"。

　　在安于线开通之前,几百年来,山民们挑菇、驮树、运竹、搬石,南来北往,借助的是崎岖蜿蜒、穿梭于深涧古林中的山道。这是祖先们依山傍水，用几代人的汗水凿砌，闻名遐迩的一条古驿官道。今天，它静静盘旋于山上，层层叠叠，苔痕斑驳，古风依旧。一座小巧玲珑的单拱桥——黄陂桥，与古道同龄，简单古朴，坐落在村口处官道中，横亘在大赛溪上。溪水穿行其下，藤野缠身，倒影如虹，青鸟斜掠，山风扑鼻，枫叶拂面。而位于黄陂桥西头的大禹山庙，建于清乾隆三十九年（1774），气势恢宏，庄严肃穆，与黄陂桥相得益彰。每逢诸如春节这些重大传统节日，村民们都会进庙点香，朝拜祈福。

古驿官道

官埔垟不仅有着得天独厚的地理环境和气候条件，其矿产资源也极为丰厚。在明代，这里曾是热闹的矿场，有朝廷官员在此严格管理，至今随处可见一个个开采过的矿洞。在村东南下弄溪边的一块巨石上，有明嘉靖四十五年（1567）刻，高 129 厘米，宽 80 厘米，上刻碑帽（顶高 30 厘米，宽 100 厘米），下刻碑座（宽 128 厘米，高 30 厘米）。从内容上看，是官府警告采盗贼私自采矿的"禁采令"，全文一百二十六字，楷书，若干字迹已难辨认。

官埔垟海拔 810 米，地处四面环山的谷底，地势西高东低，山多地少。耕地面积近千亩，林地四千亩，属亚热带湿润季风气候，年均温度17.6℃，年均降雨量 1664.5 毫米，为森林资源具备了充足的条件。这里有着硕壮的红栲，参天的柳杉，笔直的木荷，屈曲的甜槠，绿荫如盖的山杜英，古朴的枫树。

最蔚为壮观的是村南偏东的一片枫树林，每年的十二月上旬，正是枫叶殷红的季节。枫林，残墙与农舍，青山，蓝天，层层叠金，好似一幅层次感极强的浓秋画卷，又似一幅似曾相识的人间仙境。步入那片枫林，一束束光柱带着逆光的穿透力穿梭林间。在光的映衬下，片片枫叶晶莹剔透，发着诱人的金光，黄得辉煌，红得惊艳。树影斑驳，株杆粗壮，虬枝苍劲，树冠丰满，轮廓分明，挺拔威武，如一群经历了岁月的沧桑与磨难，却依然不失霸气的老将士，驻守着这块风水宝地。踩着落叶铺就的厚厚地毯，在每一片艳丽的根下，都能看见一座坟茔，一样的石头堆砌的坟门，没有碑文。官埔垟人保存着淳朴的民风，村人都自觉致力于保护这个自然生态村。

现在的官埔垟，农舍整洁，装饰一新，廊亭轩榭，池塘花坛，别有风情。成了摄影创作基地，有农家乐无数，红灯笼高挂，七百亩的高山乌龙茶，放眼可望茶园青青。古老的村庄，正以全新的面貌展现在世人面前。

（文：龙泉农办）

丽水青田陈宅村

宅如陈酒香溢远

陈宅村隶属青田县阜山乡，村庄虽小，文化底蕴却极其深厚。自1076年陈氏始祖搬迁至此，历时千余年，至今村落依旧保持着传统的风貌。

陈宅古称方岙，南宋末年始称陈宅。据陈宅《陈氏宗谱》载：方岙陈氏始祖陈文发，系北宋著名政治家陈襄次子。陈襄，北宋名臣、教育家、理学家和诗人，福建侯官（今福州市）人，北宋庆历年间进士。庆历八年（1048），陈襄由浦城（今福建省南平市）主簿调任仙居县令。由闽入浙赴任时，取行星玉古道，途经方岙，发现此处风水异样，山清水秀，畴平土沃，便铭记于心。宋元丰六年（1076），陈襄次子陈文发入赘青田余姓为婿，因忆及方岙山水，便举家迁居于此，建宅置田，经过几代繁衍，渐成大户，人称陈宅。于是，至南宋末，方岙村便更名为陈宅村。

陈宅村四面环山，七星落照，似世外桃源。

毓秀桥

陈宅村的村头有小巧古朴的毓秀桥，桥两侧有着数百年历史的"夫妻树"，盘根错节，遮阴蔽日，树龄据传逾780年。在许多村民的眼里，这是村中福佑子孙的风水树。毓秀桥，建于明万历四年（1576），为重檐四角攒尖桥亭。建此桥前，该处溪涧有一株古柏，其中有一条树根，直径粗约 0.4 米，此根横跨越溪涧，建桥前，此树根便是天然木桥。建此桥时，人们顺着树根走向，利用该树根为依托，建成一座风格别致的石拱桥，可谓"桥因树成，树为桥生"，桥和树相映成趣，堪称奇观。当地人为该桥取了个很有文化味的名字：毓秀桥。民国二十二年（1933）桥上增建桥亭，为单拱廊屋桥。时至今日，那株足有千余岁的古柏依然枝繁叶茂，"因树而建"的毓秀桥依然坚固无比。2007 年，陈宅村村贤，旅台湾著名书法家、画家陈正娟女士回陈宅老家探亲时，见此桥奇观，即兴写下"两岸同根"四字，是写桥和树根，还是写内心感受，抑或写中华民族的血脉情深？也许，三者兼而有之。

村口附近是村中的主体建筑"陈氏宗祠"，始建于明朝正德年间，在清兵入关、天下大乱时被流寇烧毁，如今只留遗址。现存古祠建于清康熙年间，其风格完全沿袭明代建筑，距今 336 年历史。经年累月的销蚀显得十分古旧，但经过修葺这里已经成为新的文物保护点。村里还有一座谢灵运的纪念亭，柱子上挂着"屐齿千秋存浩气，丰碑万古满诗清"的对联，据考证当年谢公游历江南应当经过陈宅村。

除去前面的人文古迹之外，陈宅村尚存五座古桥、九幢古民居，都很有特色。

"石门楼"是陈宅村现存古民居里保存较好，同时又最有故事的古建筑，有门楼、天井、正房、伙厢，外有围墙，内设明、暗楼室，可防盗防火。"石门楼"主楼前院门墙石额上书"守拙田园"四字，额下的对联，上联是"一水环村将绿绕"，下联是"万山当户送青来"；院墙后的对联，上联是"四围山色毋需画"，下联是"一带溪音不异琴"。墙石额书和两副对联都是文人墨客的赋景寄情之作，这对历代以来都弥漫墨香、富有闲情逸致的陈宅来说，都属情理之中。然而，在该屋的大门前的一副对联却让人觉得另有文章。该联的上联是"门对架山观变豹"，下联是"室依砚水看龙飞"。分明是习武之人胸怀激烈且怀才不遇的口气。再据此细细查考，原来，在明末清初，陈宅村遭流寇抢掠，火烧宗祠之后，陈宅村民不但修文，而且习武。据村民说，这幢"石门楼"里原有一把重达 120 斤的大刀，可惜在 20 世纪 50 年代"大炼钢铁"时被抛进高炉作"炼钢"用了。建造"石门楼"的具体时间无从查考。据传"石门楼"大门那副充满习武之人的豪情的对联出自青田名儒韩锡胙之手。再查韩锡胙年谱，他生于 1716 年，卒于 1776 年。可见该"石门楼"建造时间应是 18 世纪中叶，距今 260 年前后。

陈宅村除古桥、古宗祠、古民居以外，还完整保留着一条千年古道——星月古道。原为孙权赤乌年间征山越时开辟的东南征战驿道，距今约一千八百年。该古道宽约 1.5 米，至今保留段约七十八公里，为鹅卵石铺设，途经近邻八个村庄。

青田阜山陈宅村群山环抱，三水汇源，不但自然风光秀丽，村中央田野上更有"七星环拱"，可与俞源八卦村媲美，实属罕见。相传与文成的玉壶镇都来源于葛仙翁降除玉蟹精的传说。

走在陈宅村，仿佛走在一千多年的历史长河里——泥墙、黑瓦、古树，清澈溪水里悠闲游动着一尾尾红色田鱼，淳朴的民风、好客的村民，一切都让人觉得舒服。新奇的是在全村一千多人口中，旅居海外的侨胞就有五百四十人之多，是名副其实的"侨村"。

（作者：陈介武）

丽水松阳黄上村

仙境中的小山村

　　黄上村位于松阳县竹源乡，距县城十五公里。该村三面环山，植被茂盛，海拔五百多米，常年云雾蒸腾，青山与云雾重叠交错。云雾是青山的霓裳，青山是云雾的肌骨，有种虚实相生的美，令人不由得疑心，黄上村可是人间仙境吗？

　　据说黄上村以前只有一个王姓。黄上村原名王庄上村，始建于明代。据《黄庄上村王氏宗谱》载，明交阯道监察御史王文成公之孙王虎，见"王庄地方山环水绕，俗美风淳，遂筑业室而居焉……是为一世始祖也"。从王氏宗谱里看出，黄上村村民的先祖是一位士大夫，士大夫除了读书治国，大多有寄情山水的生活情趣。那位先祖偶然路过此地，目光与脚步再也移不开了，就在此地长居了下来，繁衍生息渐渐形成了一个村落。

　　黄上村因海拔较高，地形呈环形半封闭状态，受外界影响较小，得以保留了它的原汁原味。黄上村有一条南北走向的上村岭古道，是以前村里对外交通的主要通道。古道就地取材，用山石和潭水中的鹅卵石铺成。有水流的地方，村民就用山石搭成石桥。走在这样的古道和石桥上，古朴的气息扑面而来。

　　临近村口，一座古廊桥横跨在半空中，几棵千年香榧树与古廊桥毗邻相伴，相映生辉。据传廊桥始建于明末清初年间，由村中一位秀才出资修建。这位秀才幼时父母早丧，村民自发达成了默契，每户人家轮流接济他。秀才吃百家饭长大，得了功名以后，不忘乡亲对他的养育扶持之恩，就在这黄庄上、下村之间的水口要塞建了这座木石结构的廊桥，为乡民提供通行与歇脚避雨便利。

　　古廊桥附近是黄上村中建筑年代最早的建筑物——三坦社殿。三坦社殿始建于明代，带有典型的浙南民居风格。

　　村中其余的民居、祠堂、廊桥、谷仓等大多为清朝和民国时期所建。村子里大多的民居采用浙南民居经典的三合院、一字屋等，结构合理，造型美观。建筑材料就地取材，墙脚以卵石修砌，夯土墙，内部以木材构建，辅以木雕、石雕等精美装饰，尤以木雕广泛运用于梁枋、牛腿、雀替、门窗、回廊等各处，充分传承了浙南山地民居的传统建造工艺，做工精细，装饰精美，体现了较高的工艺美学价值，具有浓郁的地域特色、乡土气息和农耕文化气息。

这里的村民世世代代以耕作为生，日出而作，日落而息。种植高山水稻、油茶，培植香菇。耕作归来时走在纵横交错的田间小路上，哼着熟悉的乡村小调，俨然过的是"世外桃源"的生活。

黄上村的村民，民风淳朴，善良好客。时至今日，村民们还遵循着以往的生活方式。村民构建新屋子，依旧以卵石墙脚、夯土墙，内部以木材搭构，沿袭传统的建筑形式与传统建筑风貌。村民在营造新屋过程中讲究传统禁忌，沿用地方习俗，非常重视房屋选址、朝向，在动土、上梁、搬迁时，都要择吉日、吉时，举行特定的仪式。黄上古村落是黄上村先民在漫长的岁月中创造的丰富的物质财富和精神财富，给后人留下了宝贵的历史文化遗产。

传统民居

已迁居生活在城里的黄上村人，祖父世代生于斯长于斯的黄上古村，这里还能留得住你们吗？游逛乡村小街头，不见行人街上走；成群童戏已不见，闭门锁户有八九。这里，是否还能留得住"乡愁"？

（作者：朱大林）

丽水松阳横岗村

古村廊桥隔野烟

据县地名志记载，横岗村因村前有一小段平坦的山冈，便取名为横岗。

横岗村以潘姓为主，据该村潘氏宗祠的碑文看，其建于清乾隆二十九年，即1764年，说明其村史至今应该有三百多年了。但据当地百姓相传，横岗村的历史可追溯到明朝。

据传潘姓始祖于明成化年间（1465—1487）移居到此处。潘姓始祖是大竹溪的一位猎户，颇懂几分风水阴阳。一日到此打猎，夜黑了，山上老虎多，无法走夜路，若睡在地上，露水重易冻着，他便攀着树干爬到风水树上歇了一宿。翌日，他睁开惺忪睡眼，观看地形，发现此地背靠青山，面朝东方，风水极佳，于是便在风水树旁搭了茅草屋长居了下来。此后世代繁衍生息，渐渐形成了一个小村落。

站在横岗村村口，向西望去，但见一条古道顺势逶迤延伸而至深处。两侧修竹荫翳，古树萧森。坑水自南流过，一座古廊桥东西而架。这古廊桥建于清光绪二十年（1894），外观、内部全为木质结构。桥身长满了野草与青苔，青石桥阶黑得发沉。古廊桥中间设神龛，坐东朝西，向着村庄，中间供奉着真武大帝。道经上说：真武大帝是太上老君第八十二次变化之身，乃国王之子，天资聪颖，十岁时，便可读各种书籍至过目不忘。国王和王后将其视为掌上明珠，然而，他只想修行，一心向道，并发誓要扫尽妖魔。所以民间又称他为荡魔天尊。

绕过廊桥，沿道路左侧拾级而上，便是"淳安外社"。淳安外社位于古廊桥南侧崖壁之间，占地约80平方米，依山而建，是村民祭祀土地神的社公殿。社内供奉的人物表情丰富，栩栩如生。

逢年过节，村民都要祭拜玄武大帝和土地神，祈求神灵保佑来年风调雨顺，生活平安。

穿过村口才是真正的横岗古村，位于村口边的是潘氏宗祠。宗祠始建于清乾隆二十九年（1764），占地面积414平方米；年久失修，近年来才得以修缮，为潘氏家族逢年过节祭拜祖先之用。

依山而建的泥瓦房

　　横岗古村依山而建，古民居古朴典雅，百余幢泥瓦房紧紧相挨。由于平地狭小，古代百姓干脆将住宅建在了山冈上，四周有青松相伴，有竹林掩映，颇具田园风情。与其他依山而建的村落不同的是，这里的房子前面部分都以木板搭建为主。原因是山势太陡，往里又不好挖；为了扩大住房面积，又减轻房子的压力，所以前面用杉木竖起柱子，再横梁一根根穿过柱子，筑起"楼平"，这样就克服了因山势陡峭、住房面积小的问题。这便是古人智慧的结晶。而这样的场景在清代包日生进士《横岗形胜志》记载中讲述得清楚明白："从宗祠前进去，村径屈曲，闾巷纵横，步步引人入胜矣。傍山之屋，有自下而上，而益下者，崖悬壁立无间隙。直上山顶有人家，询耆老谓：吾祖居此，凡十五六世矣。"而今村里的农人依旧在沿袭古人的做法，在不平整的院落和空地上搭建起木板平台，用于晾晒农作物。

　　俯瞰横岗村的全貌，这些百年老屋，见证了村落的兴衰历史，现在的古村落又在新的时代迎来了新的生机。生活快节奏的城里人都喜欢来这里休憩，寻访乡村的文明，体验简朴的生活，让心灵轻松地呼吸……横岗村，一个可以让人记得住乡愁的村落。

（作者：朱大林）

五　建筑营造

悠悠分水忆儒桥

桐庐儒桥村昔称凤市街，左有大小雏源水与右首东辉、百江西下之水回绕宅基，舆家谓之两水合金。水口石桥本名雏桥，因发族滋繁多弦诵声，为士大夫嘉尚，遂美其名为儒桥。地形乾山巽向，百水流其东，富阴峙其西，高山镇其南，湖山屏其北，而西流水环其中；发脉于九峰山，上有华严古刹，下沙之护昔为文昌阁，旁有凤起禅院。天地之秀钟乎山川，山川之英毓为人物，故卜居者大都临山面水，以荟萃其扶舆磅礴之气。儒溪而上二里许土地平广，竹林荫翳，屋舍俨然，环村皆山，千仞壁立，高峰耸峙，万壑连云。水则逶迤曲折，源远流长，上接淳安，下通分水江。

儒桥古村

儒桥村古迹多，据《光绪分水县志》载："凤市在县西十里，相传昔人垦地，遇古冢有凤飞出，因名其地为凤市。"据现年95岁的宋金旺老人说，二十世纪四五十年代，这里有傅义和、周泰和两爿大的南货店、盛昌布店、三爿豆腐店，还有粉干点、宝权茶店、大竹汉馆子店、馒头店、打铁店、剃头店、子兰客栈、油条摊等。当时儒桥村还流传着这样的顺口溜："肉店老板马桂子，盛昌店里吊膀子，宝权瞎子（近视眼）摇棍子，光照店里掷骰子（赌具），光照老婆看到两棍子。"市井生活之态跃然而出。

村里有"陈家天子赵家将，陆家拐里出宰相"之传说，传说有一位地理先生路过本地，所见儒桥的后山至大路九里弯，上至联盟是一条神龙：儒桥大礼堂下两口水井是龙眼，后山是龙头，九里湾是龙尾。地理先生断定儒桥当年要出天子。此事传到京城皇帝那里，皇帝就派官兵到儒桥村来破天子。官兵快到儒桥村里时，忽见一道耀眼的强光，光芒万丈。官兵们巡视四周，无人影，只有木桥下一位孕妇在洗衣服，官兵们断定这位就是要生天子的孕妇，决定破孕妇的肚皮。天子尚未出世，孕妇斗不过官兵，官兵把孕妇的肚皮破开后，果然是一位天子。天子和孕妇的血沿着水沟一直流到范坂以下的石条桥，并染红了整条沟，后来把该村取名为虹桥。

赵家有花厅、陈家有官厅。现村中尚存"重修儒桥碑记"断碑半块，刻有"大清乾隆庚戌科岁进士陈元熙"旗杆石一只，下马石两块，"双桂联芳"古匾一块，"凤泉"井口石圈一只。古藤缠绕，保存完好的"儒桥"历经百年风雨横跨在雏溪上：原为明万历年间建造，清光绪四年（1878）圮于水，二十四年（1898）重建，历时一年余桥成。桥上石栏板西侧刻有"廻龙吉庆"四字，在其下拱圈上刻有阳文"儒桥"二字。儒桥为单孔石拱桥，长18.1米，宽4.65米，南北踏垛完整，桥上两侧置围护石栏板。桥拱跨度为12.50米，用85×40厘米的条石纵联式叠砌。整座桥造型庄重典雅，工艺精湛，桥基稳固扎实。

《光绪分水县志》载：宋右司谏王缙墓在县西茅山。茅山村75岁的蒋根荣老人说，王缙墓原在离他家几十米远的王家山上，他少时常到墓前玩。墓前有一块200平方米左右的草坪，前方左右各有一只大石狮，用小块长条宋砖砌成的墓门墙有一人多高，近10米宽，墙墩上即是王缙墓地，墓后有五六株大柏树，庄严肃穆。另据村民们说，清时茅山村出过一个武举人叫钱大海，他娶了个山东籍的老婆，有一把大刀一米多长，十多厘米阔，寒光闪闪。有次几个强盗来犯，她站在石门槛上说，你们只要能把我从这里拉下去，家中财物尽你们取；否则谁敢动一下，定叫他粉身碎骨。几个人连着拉她，结果纹丝不动，吓得强盗抱头鼠窜。钱大海死后也有一座很像样的墓，后来被盗墓人挖了。现在儒桥村陈家还保存着八卷《儒桥陈氏宗谱》。据谱记，臧槐（清末民初时被称为分水县四大才子之一）是陈家姻世晚辈，他为儒桥村做了几件有益的事情，一是在光绪分水县志里，写着一篇重修儒桥记的文章；二是他为茅山、儒桥留下多首诗作；三是他参与了《儒桥陈氏宗谱》的修辑，不仅写了头序，还增补了一段险被湮没的轶事。陈氏族中，太守仲刚公八代孙陈白江中年得子，子名于庭，才华出众，抱病赴考，虽名列高等，但不幸病逝。更不幸的是陈白江4岁的孙子相继病亡，剩下他形影相吊，临终前写了《拙叟陈白江墓志铭》，文词悲切，催人泪下。臧槐在修谱的时候，恰巧在村麓得此古碑，字迹半漫尚可辨认，墓志后附诗十首，极具文才。知音相惜，特将其文其诗载入谱中得以传承，如"先人为我量书楼，我负书楼恩未酬。死傍楼边埋白骨，杜鹃啼破五更愁。"

　　儒桥，这个饱含着诗意的古村，有山、有水、有灵气。涓涓溪流穿村而过，一座从古时遗留下来的石洞桥连接着两边的房屋，孕育着儒桥的古朴古香。村东头那几棵树龄高达三四百年的老樟树，成了儒桥历史最年长的见证者，聆听着几百年光影交织的乐章。

（文：桐庐农办）

杭州临安锦绣村

永享安乐"永乐桥"

距临安市西南六公里，坐落着一个风景秀丽、山清水秀的村落——锦绣村。这座已有超 750 年历史的古村落至今仍保留着清代殷家山古民居和清代建筑永乐桥。锦绣村因境内有锦绣亭而得名，后谐改为锦绣。据《临安市地名志》记载，锦绣村早在南宋咸淳年间（1265—1274）就有记载，属庆仙乡；明代仍之；清乾隆二十四年（1759），属庆仙二图地区；民国初属庆凤乡；民国二十四年（1935），属东山乡；民国三十四年（1945），属玲珑乡。新中国成立后，虽经历乡、公社、镇等体制变化，锦绣、姚家、殷家山村仍属于三个不同的村，直至 2007 年，三村合并为锦绣村，受玲珑街道办事处管辖。

锦绣村村如其名，村庄四周是覆盖着茂密植被的山头，以杉木林、竹林为主，中间有一条流淌着清澈溪水的小溪，是锦溪的源头之一。村中有多处古石拱桥、石板桥，现保存完好的宋、明时代的石拱桥、石板桥各有两座。建于明清至民国时期的古民居尚存十余幢，主要是徽派格局。村中还有上千年的古银杏树十余棵。村民们依山而居，依水而兴，对这里的自然山水有着深厚的情感，在岁月中酝酿出丰富的民间传说故事，随着时间的推移源远流长。

位于姚家自然村的"永乐桥"是锦绣村最具特色的古建筑之一。永乐桥是木结构廊桥，南北向跨银坑水。含桥成"永享安乐"意，故名。桥长 11 米，桥面宽 4 米。桥两侧用两根圆木搁于溪岸，圆木上横铺木板作桥面，上建桥亭，面阔一间，进深四柱三间，三檩，顶盖小青瓦，左右两侧设栏杆、长凳。桥北端置重修碑一通，阴刻"永乐桥""清道光二年（1822）重修"，桥上栏杆间嵌保护碑一通。该桥究竟建于什么时候，现已无从考证，但从清道光二年重修至今已近 200 年。饭后的聊天休息或是夏天的纳凉小憩，永乐桥在 200 年的岁月中承载了村民生活的点滴，并在村民悉心的保护下，如今依旧整体保存完整。

永乐桥

　　关于为什么要建造"永乐桥"，是谁带动建造"永乐桥"，什么时候建成的，现在无第一手资料可查。但民间有一些说法，一直在流传。据《殷氏宗谱》记载，原定居义县的殷氏祖先朱明一、朱玉山兄弟俩明朝中期到临安玲珑山一带游山玩水，到了临安山脚的葛岭坞，看到这里植被葱郁、碧波淙淙、鸟语花香，遂起定居之心。于若干年后，兄弟俩一同从义县来到葛岭坞开基定居、创业。原殷家祠堂抱柱楹联中有这样的说法："由义县分支开基创族，是苕溪卜宅聚族成家""是训是行纂乃祖考，立记立典贻厥子孙"。而当时已有王姓家族先于殷氏在此居住，这样殷家和王家就成了在这里居住的仅有的两家村民。随着人口的繁衍，殷氏家属的人口大大超过王姓家属，于是把他们定居的村落定名为殷家山。为了出行方便，明朝后期，殷、王两家会同姚家村的姚、宋、钱等家一起建起了这座象征"永享安乐"之意的"永乐桥"。这座桥建成后，方便了两村居民的出行，也促进了当地经济的发展。尤其值得称道的是，"永乐桥"建成后的几百年，定居在这里的几大姓氏之间相处融洽。所以，"永乐桥"其实也是殷、王、姚、宋、钱等家族之间和睦相处的见证。

　　关于村民保护"永乐桥"，在民间还有一则传说。说的是，清咸丰年间，太平天国的将领忠王李秀成带了一队人马，到了姚家村，要过"永乐桥"。由于村民们不知道他们是什么队伍，担心他们会毁坏桥梁。村中的几大家族头面人物都出来，想阻止队伍过桥。后来李秀成申明了态度，不会毁坏桥梁，村民才同意他们过桥。到了殷家山后，他们在殷家古民居休息，至今古民居中仍留下他们到过的痕迹。

　　悠悠的历史长河，荡涤了一切尘埃，却留下了宝贵的精神财富，勤劳善良的锦绣村后人们一定会把祖先留下的优秀文化传承下去，并且随着时代进步不断发扬光大。

（文：临安农办）

宁波余姚李家坑村

高山古村李家坑

章水镇李家坑村，在海拔八百余米的杖锡山麓上，它东连鄞江镇，南接龙观乡，北靠横街镇，西与余姚市为邻，是鄞西平原通往四明山腹地的出入门户和天然屏障，有"四明锁钥"之称。四面群山环抱，奇岩危耸，至今已有近四百年历史。

李家坑南依巍峨的四明山，宽阔的溪坑穿村而过，民居依溪而建，疏朗有致。据传，李家坑李氏的始祖叫李龚荐，字龄一，系南宋进士、吏部侍郎李景祥的十六世孙，明末清初自永康迁居李家坑，从此繁衍生息，耕读传家。因村落建在溪坑边，故名李家坑。

走进李家坑，犹如走进一座天然的民俗建筑博物馆。一座座用块石垒成墙基的两层楼四合院遍布村落，屋与屋之间是高耸的马头墙，虽显得斑驳沧桑，却风韵犹存。

这里的民居大多为清中晚期和民国年间的建筑，房子以木结构为主，布局讲究，层次分明，多为格局对称的四合院。四合院的营建极讲究风水，每户人家的围墙四周均开有排水明沟，弄与弄之间又以防火墙相隔，体现了李家坑先民对民宅建筑的规划意识和朴素的生活理念。

四合院是由东、西、南、北四面房子围合起来形成的院落，均为二层楼房，当地人称之为"通转"，意为户户相通，家家周转。它们各自独立又有游廊互为连接，起居十分方便。"通转"具有很强的封闭私密性，关起门来自成天地，互不相扰；同时又具有灵活性，每家两侧还各有两扇后门可供进出，与其他"通转"连接，四通八达，融为一体。旧时，有身份的家族才能居住"通转"，同姓、同族的几户人家才能组成"通转"。

"通转"的墙基都用大小不一的块石或鹅卵石砌成，圆润有序。台门上镶嵌着精美的砖雕门匾，如"与鹿游""凤跃鱼游""千祥云集""环溪楼"等，字迹清晰，令人遐思。"通转"中央庭院俗称"天井"，宽敞四方，地面由鸡蛋大小的鹅卵石铺设，并饰有各种图案花纹。这样做不仅仅出于美观考虑，更主要的是还有泄水排涝的功能呢。在天井，居住者可以聚集聊天、洗衣晾晒，也可植树栽花，尽享邻里和睦与景物美好。门窗和廊檐斗拱雕饰着各类人物和花草，如"福禄寿喜""岁寒三友""玉堂富贵"等，堪称"浙东一绝"。在李家坑，这样的四合院式台门原有18座，如今尚存六七座，其中保存较完好的有4座，分别是新屋通转、里通转、上通转和下通转。

新屋通转是李家坑最大、保存最完整、装饰最精美的四合院。台门上题"凤跃鱼游"，正楼两厢和门屋浑然一体。正门槛窗的八对栓斗样式各异，窗闩上有穗状雕饰，细腻雅致。内院檐下一圈12个牛腿是一套雕工精细的圆雕人物，栩栩如生，极具观赏价值。

里通转，便是那座台门上题有"与鹿游"额的小院，它的平面呈曲尺形。"与鹿游"出自李白《梦游天姥吟留别》诗句"且放白鹿青崖间，须游即骑访名山"。台门造型质朴大方，台门旁的对联"溪声常在耳，山色不离门"，正是小院所处位置环境幽雅的绝好写照。

上通转和下通转是因地势高低的关系而命名的。上通转是由正房和两厢组成的三合院，台门上题有"凤竹鹤松"四字。下通转则是由门屋、正楼、两厢组成的四合院，正大门门额上书"奠厥攸居"。"奠厥攸居"典出《尚书·盘庚》"盘庚既迁，奠厥攸居"句，"奠"含安定之意，据说此处原来地势低下，主人将地面垫高后才立基建屋，寄托了希望子孙后代安居乐业的意愿，故名。

村内还有宗祠建筑李氏家庙。李氏家庙始建于清康熙末年，近年已重修，亦为四合院建筑。门庭前红灯高悬，分外妖娆。大殿巍峨，梁上挂有"光禄大夫""武显将军""节孝""孝通神明"等匾额，黑底金字，熠熠生辉，似在向人述说李氏家族曾经的辉煌；柱联"自永邑来此子孙瓜瓞绵延，承大唐雄风家族兴旺发达"，展示了李氏宗族的世系渊源。原来，寻根问祖，李家坑的祖先还可追溯到唐代李世民。而"承祖业克勤克俭，示子孙唯耕唯读"则成了李家坑李氏的传家格言，因此兴办学堂重视教学成为李家坑人的自觉行为和优良传统。

清光绪二十六年（1900），由村绅士李怀科创办"李氏学堂"并任教。民国元年（1912）改名为"私立李家坑善教初等学堂"，以李家坑原有50亩土地作为"学田"，凡村民子女在该校就读1—6年级，学费全免。虽在大山深处，但那时的李家坑却能做到全村没有一个文盲，实为难得。

　　李家坑村的李氏家庙保存完整，凝聚着中国传统宗法、社会伦理及封建宗族文化。传承的耕读文化更是教育和激励后代勤劳耕作，自食其力。"以耕养读，勤耕立家，苦读荣身"的耕读精神会在这片土地上血脉流传。

（文：余姚农办）

宁波奉化栖霞坑村

四明秘境栖霞村

　　奉化市溪口镇栖霞坑村地处四明山南麓的雪窦山徐凫岩大峡谷中，其水为剡溪支流筠溪之源头。村南有雷峰山，海拔达 778 米，是栖霞坑村附近的最高峰。天气晴朗的时候置身山顶，宁波市区景象尽收眼底。栖霞坑村村民多姓王、周。栖霞王氏，明代中叶由王朝镕之子三府君，自定海金塘山迁居栖霞。追溯历史，四明栖霞王氏，为东晋右军王羲之后裔。

　　栖霞坑村中，有一条清亮的筠溪潺潺流过，夹村两边是巍巍青山。聚居区依山傍溪而筑，前后延绵六百余米。如今的村内民房，除偶有几幢新房外，绝大多数为清一色青砖黛瓦的传统式民居。建筑群充分利用山区地形地貌，错落有致，背山面水，既宜居，又极具观赏性。据传，古时村民宅前和溪边多植有桃树、梨树，春暖花开季节，花簇如绚丽彩云。山坑中的小瀑布飞溅的水花与桃花相映成趣，组合成了一幅迷人的山水画。清初行世的《四明谈助》，在当代被誉为"宁波的徐霞客游记"。它对栖霞坑如此记述："坑上有栖霞岭，从奉邑董村达嵊县唐田等处必经此路。坑内多周姓、王姓聚居。两岩崇竦，饶竹木，夹溪逼视，曲突相错。其锁处如鹐口然，为一村门户。岩下溪水奔赴如雷，岩上众绿荫翳，不见天日。有巨石俯于溪边，可坐数十人，行者必于此乘凉、盥漱，移时乃去。出半里许，溪回路转，仰见徐凫岩瀑布摇曳空中，仅露其半，盖半为立石岭脚所掩也。"

　　最难能可贵的是，时至今日，多少风雨过尽，清人笔下四百年前所见的桃源般景状，几乎没有大的改变。

　　古时，栖霞坑村名曾为桃花沟、桃花坑。因为环境美丽多姿，又名凤栖村，誉为凤凰栖息之地。桃花坑，不是因为桃花而得名，而指的是这一带红白相间、灿若桃花的岩石，就是丹霞地貌。《四明山志》谓桃花坑"在二十里云之南。山岩壁立数仞，延袤数百丈，其石红白相间，掩映如桃花初发，故名"。明代诗人张楷《桃花坑》诗云："雨晴春色满岩前，误认玄都小洞天。忽讶四山环绕处，中藏数顷遗安田。昌黎只解称盘谷，摩诘徒能画辋川。试问白云如可惜，便须从此谢尘缘。"在《四明栖霞王氏宗谱》中，记载有描绘当时桃花坑景色一首诗："水复山重路有余，桃花坑里有人家。溪唇乱落如红雨，洞口粉披赛绛霞。盖透鹰岩频午茶，荫迷虎岭每栖鸦。问津可有渔郎否，也胜武陵景物嘉。"

进得栖霞坑村内，古祠、古庙等乡村公共建筑，用材精良，气势恢宏。村口的那座宗祠叫式谷堂，它曾是栖霞坑村一座地标性建筑。它建于清光绪年间，两正两厢，建筑面积约500平方米。五马山墙，青砖黛瓦，一派晚清风格。式谷堂内的大厅板壁上，尚遗存着不少斑驳的"捷报"，其中有一张依稀可见"光绪甲辰年（1904）会试第二百七十六名进士"的字样，见证着王家曾是显赫的书香门第和官宦人家。大厅南侧有清末宁波名流、光绪进士孙锵题写的"式谷堂碑记"，其字迹仍依稀可见。

村中段的王氏宗祠，是栖霞坑村王氏祖堂。它采用青砖、青石、榧木作为建筑主要材料，造型古朴高雅；柱头雕龙绘凤，做工精细。显应庙是全村王、周、何、孙四姓的宗庙，它建于清顺治年间，建筑面积约800平方米，是村庄的精神灵魂。庙内的戏台，有八斗藻井。庙宇不仅庄重，而且十分坚固，至今风貌依旧。旧时为民间求神、祭祖的场所，常在那里演社戏和举办热闹的庙会。而今是村民的娱乐休闲之所，也是游客和文人探幽访古的必到之地。

王氏宗祠附近有"润庄"。"润庄"为贩卖柴爿起家致富的王洽成所建，故俗称洽成墙门。它是一座典型的清代传统建筑，为现存古民居的经典之作。大门前，筑有围屏墙和大步阶，进大门有个偌大的天井。全庄共有29间，前后两进、七架两层，设计布局齐整，左右完全对称。前进稍狭窄、后进较堂皇，柱础、石壁、砖雕花窗，颇为精致；窗棂、屋檐、画梁，令人惊叹。全庄由5部扶梯上楼，间间层层相通。人说润庄是大有故事的地方，东厢房便是清末反清义士王恩溥的故居。

王恩溥是反清义士，在栖霞坑村人中留下了不少有关王恩溥的故事。他生于1888年，祖辈世代经商，父亲曾在亭下开设"王洽成药店"。王恩溥小时候聪慧伶俐，读过私塾，当过药店学徒。长大后个性刚强，身强力壮。相传，王恩溥从小练轻功，把大白篮放在村中的擂鼓潭里，他能在白篮沿上走上两圈，白篮还浮在水面上。

1905年，王恩溥娶亭下恒顺米店老板女儿为妻。岳父沈楚珩，是亭下镇商会会长，非常关心政治。他出外经商归来时，会常带些进步书刊回家。1911年，发生孙中山领导的辛亥革命。沈楚珩亲自手执阔斧，爬上屋顶，砍倒黄龙旗，悬挂起五色共和旗。在岳父的熏陶下，王恩溥渐渐萌发了革命思想，直到参加革命活动。

1916年5月，反袁斗争处于低潮，蒋介石常回奉化，与王恩溥一起出没于沪甬之间。不久，他们的行动引起了袁世凯政府宁波当局的密切注意。一次，蒋介石、王恩溥等人在栖霞坑一座民宅中开会商讨革命事宜，官兵闻讯后即来追捕，他们急中生智，化装成村民，从后门山上逃离，躲过一劫。过不多久，不幸的事还是发生了。一天，蒋介石与王恩溥从上海乘轮船回宁波，在江北岸上岸后就被人跟踪。蒋介石躲进奉化人开设的柴爿行脱险，但王恩溥不幸被捕，后来被判处极刑。在宁波西门外行刑前，王恩溥引吭高吟："铁丸穿心三分热，钢刀过颈一时凉。"显示出一个革命志士大义凛然的气质。

除了古祠、古庙之外，栖霞坑古道也别具风采。唐朝有一条起自钱塘江，经会稽山和嵊县，转新昌、余姚、奉化、宁海直至天台山的"浙东唐诗之路"。当时文人墨客，一路赏景，一边吟诗，为世人留下了许多不朽的诗篇。沿"浙东唐诗之路"访古探幽的历代著名诗人有陆龟蒙、皮日休、黄宗羲、全祖望等，在他们的诗篇中多次提及桃花坑。

千百年来，这条古道上，不知留下了多少代劳作乡民的沉重脚印，也不知迎来过多少个文人骚客踏歌而行。它粗犷、原始、蜿蜒。路边不时出现的石砌路廊却告诉了大家它存在的历史，也许多年来一路上发生了很多的故事，① 它如同血管，输送的外界养分，在历史的年轮中，很多很多的故事，已然湮没，山路作为其中的载体，留下了永恒的见证。

（作者：裘国松）

---

① 出现过不少乡绅官员。

宁波象山溪里方村

古村溪里方探胜

说起象山溪里方，一定会想起溪上方。

溪上方是方孝孺故里。明初靖难之变，燕王朱棣即位，让方孝孺草即位诏，方孝孺不肯奉其为正统，竟然写了"燕贼篡位"。燕王大怒，判其腰斩，且灭十族。他慷慨就戮，赋诗曰："天降乱离兮，孰知其由；奸臣得计兮，谋国用犹；忠臣发愤兮，血泪交流；以此殉君兮，抑又可求？呜呼哀哉，庶我不尤！"传说腰斩后，他还以肘撑地爬行，以手沾血连书十二个半的"篡"字，才断气。

溪里方村方氏祖方伯礼，是方孝孺从弟，进士出身，官至御史大夫，明朝洪武年间从宁海缑城迁居溪里方。民间传说朝廷官兵灭方氏一族，欲至溪里方抓捕方伯礼。在柴溪村，向导回答"居住溪里方"，方言音如"居住千里方"。官兵以为路有千里之遥，又念及方孝孺忠义，于是糊涂交差，不了了之。又传说，官兵围溪里方，方伯礼躲在溪坑里，沿沟浃而走，趁夜逃到象山，在此繁衍生息。虽不敢以家谱示人，但思念家乡不已，建村命名为溪里方。

溪里方村东西各有一条曲折的小溪环绕，在村南汇合，缓缓流向墙头，流向西沪港。水声潺潺，令人心清神明，不禁想起"名山胜水，可以涤浣俗肠"之句。村人方可钦的诗歌《溪里清流》："尘世茫茫叹陆沉，村居溪绕境幽深。老农戽水耕春犊，邻女浣衣拷暮砧。山瀑来时成急湍，寒泉流处发清音。年华如水空嗟叹，多是潺潺古到今。""山管人丁水管财"，墙头溪里方村在山水之间，一片春光烂漫，田野里草籽花随风摇曳，村道旁观赏花卉结满苞蕾，林木蓊郁，能给人带来心灵的宁静。

据传在清朝雍正年间，村人方廷铨勤俭质朴，历经艰难困苦，卒以商业致富，家业兴隆，膏腴盈野，大厦比鳞。至今，村里犹存许多老屋，有仁房、新房、恭房和福寿堂等二十几座老院子。

仁房三兄弟各有院落，自南至北分别为仁大、仁二、仁三房，都坐北朝南。

仁大房建于明早期，门头中屏雕刻着"则居之安"，篆书。上方门楣是红石材质，镌刻着狮子舞绣球，极富动感。两侧雕刻着飞龙，四周雕刻着花卉图案。堂前贴满清朝时期的捷报，因年代久远，字迹模糊，已经难以辨认。仁大房的院落显得相对阔大，可惜有的房子已被拆建成洋房。但道地还保留着原样，红石板的夹缝里长满了青草。居住着的几位老人并不喜欢搬迁到新居里，他们指着古老的存有捷报遗迹的板壁说："老房子真正舍不得拆除，不仅夏来阴凉，冬来暖和，而且记载着祖先的功德呢。"旧居的闲适和清净，那种熟悉的生活场景，浓郁的乡村趣味，是新房子不能替代的，房主对传统民居有着一份浓厚的情感。

仁二房建于明朝中期，它是一个道地狭长的四合院，正屋五开间，倒坐靠着仁大房的后墙；两厢各一间，西厢房辟为八字形宅门；设置内外两道门扇，外门扇在门板上用竹片钉出，芭蕉扇的纹饰，全县难得一见。

仁三房建于清朝光绪年间，外稍门是月洞门，圆如夜明珠，雕刻灿烂夺目。门墙墙顶高低起伏，黑瓦层叠，如波浪，如腾龙抢珠。砖雕门联："千里振家声，河南绵世泽。"因为轿子出入，宅门和门道建造得阔大，可惜"文化大革命"时全部被拆除，残存门埠石雕鲜活有神。门前右侧还保存着一口水井，石井栏圆形，瞰之甚深。水井，俗称拗井，村子里的井水主要供村里人饮用。为确保井水不涸，开挖水井时，先寻找地下活水源头，以坑道形式横掘。井下坑道式转弯，又称坑井，即使是大旱之年，依然泉涌不竭；井水甘冽，冬暖夏凉。自外稍门至石窟内稍门有十来米长的墙弄。内稍门的门头墙，有门匾和许多砖砌槅塘，但是没有匾文。有人说门匾未题写，让人留下无限遐想；也有人说这是因为房子建造还未完成，主人就病逝。左右雀替雕刻着鸡和羊，和门匾两侧"迪吉""迎祥"字样两相呼应，祈盼吉祥。

仁三房是一座硬山顶砖木结构三合楼院，正屋三开间，两厢各三间，正屋旁耳房各二间。四周围墙与房子之间形成了六个庭院，是这座楼院的特点之一。一正两厢，互相分离，上两厢楼屋的楼梯建造在耳房和正屋山墙紧靠的地方，此其特点之二。围墙和道地之间皆有绿化，使宅院生机盎然，此其特点之三。东首耳房是杂役房，或者是大家族里的伙房，人丁兴旺，过去是农耕家族的理想生活，亲人团聚的时候，那种觥筹交错的欢乐情景，这里似乎还有着淡淡的影像。

　　因为仁三房保存比较完整，清末至民国初年的建筑特征明显，被列为县文保点。如今老屋已经没有住户，堂间的楼下陈列着端庄的太师椅和坚实的茶几，板壁上挂着蓑衣，还有石磨，显示着原主人的农耕生活和殷实家境。正中间停放着一顶花轿，轿身雕刻着生动的花卉图案，轿联"喜见红梅多结子，笑看绿竹又生孙"，更增添了一些喜庆的民俗气氛。

　　仁三房前面是仁二房、仁大房。仁二房和仁三房一条巷弄相隔，仁房连片的建筑，不仅节省材料和工钱，更是兄弟虽分房而居却情分相连的见证。老房子使人感觉到浓郁的宗族色彩。

　　方氏祖先有诗吟咏溪里方村：一溪迦绕抱村流，栖止多年景象幽。无数落花随水逝，何如溪里乐悠悠。这源远流长的溪里方古村，向我们传递着对山水土地的敬重，对先贤的礼敬之心。

（作者：沈学东）

宁波象山柴溪村

富贵清幽老大份

象山县柴溪村地处象山和宁海交界处，三面环山，一条小溪从村中自南向北流入海中。村民住房沿小溪两侧狭长分布，鳞次栉比的楼房倒映在清溪碧水中，清新灵动。

据传，南宋时陈绍昌从福建迁入柴溪，为柴溪陈氏始祖，官为"象邑廷尉"。柴溪山林苍翠，名木繁茂，更有茂林修竹，每到春天，家家户户都能吃上味道鲜美的竹笋。还有各种花卉自然生长在山上，一年四季繁花似锦。村中土地富饶，高田种植蔬菜瓜果，旱地种植水果，一年四季瓜果飘香。

柴溪人杰地灵，古雅宁静中也留下了不少的人文古迹，但老大份和敬大房却更显昔日繁盛之景象。

"乌石头下二十七村，柴溪老大份。"此话口气不小，摆明了老大份在这一带独领风骚，最为气派。老大份于1859年由遂安县儒学正堂陈秋圃所建，与敬小房一起属国家文物保护建筑。

老大份位于村上游，朝南四檐齐楼房，当初也称走马楼。雕梁画栋一应俱全，前是石板明堂，后有双眼水井，三重大门，气势雄伟。老大份的石制大门朝东而建，意寓紫气东来，宽4米有余，洋洋洒洒显示着大户人家的气派。但是富而不奢，粉墙黛瓦、周正庄严。

走进院落，房顶和屋宇真是如同天空一样豁然开朗，细细观望，眼睛更是有福了，各种雕刻扑面而来，石雕木刻及彩绘，显示了工匠们精湛的技艺。其实这不仅仅是工匠的手艺了，那些雕刻独具匠心，题材寓意各不相同，完全是艺术品。目之所及，各种雕刻在堂屋两缝梁面、屏门、前檐廊梁、雀替、牛腿、柱础、隔扇等处均有分布，正立面雕着盛开的宝相花，花开富贵，历经岁月的洗礼依然春意盎然，无言地传递着此屋主人高雅的品位和对品质生活的追求。

院子不仅雕饰精美，屋子布局更是别有用心。正屋看似三四间，里面却别有洞天。穿过小门，屋后有一个长方形的小天井，天井后有一内影壁，据说里面曾挂满了书画，如今已去向无踪，只隐隐透出一份清雅。这里是小姐的香闺，小姐在这里煮茶操琴，写诗作画。以前大户人家的小姐养在深闺足不出户，因此老大份曾有过一个观景台，让她们透过观景台看一眼外面的世界。庭院深深深几许，透过长长的岁月，仿佛看见多才多艺又多愁善感的大家闺秀们独椅栏杆，满腹幽怨。

老大份里面有两道门，一道同样朝东，另一道则朝南，通往庭院与正屋。三道门的建筑不多见。大门朝东，正屋朝南，一条巷子在屋内，小园香径独徘徊就是说的这种景象吧！走到巷子尽头，左手边围墙上还开了一个圆形的月亮门，过去若非官宦人家，是不能随意开这样的圆门的。圆门有如一轮满月，静静观之自有一股清幽气象。

建筑是无声的诗，是立体的画，一户人家的文化底蕴最能从他居住的房子中体现出来。饮食有节、起居有常、做事有恒、容止有定、长幼有序，是这宽大气派又整洁有序的老大份所提示的生活信息。

走出老大份，来到村里另一古宅——敬大房。敬大房的建筑固然可圈可点，可是最让人过目难忘的是门楣上的"居仁由义"与"勤俭持家"两幅石刻大字。门前静立许久，人生的思索就从这八个字中得到感悟。

宋景定年间，陈氏十二代祖先名绍昌，曾经是象山县尉，后定居柴溪。陈绍昌修身务本，治家治县态度恭正严谨。他向来告诫后人，为人要有志有识有恒，对天地万物常存敬畏之心。因此福分绵延，其后代不管做官经商都是有德有为之人，在这块土地兴造园林，才留下这些极具文化底蕴的院落。尽管如今已不复往日繁华，但是梨花院落溶溶月，柳絮池塘淡淡风的富贵、清幽气象还是萦绕在这古老的院落，散发着古老的风韵。或许老大份、敬大房之类老宅会随时光而慢慢被世人遗忘，但陈氏先祖的精神却会通过后人的口口相传，永远被铭记。

（作者：应红鹃）

温州瑞安上泽村

孚泽庙护上泽村

　　上泽古村地处瑞安高楼镇高楼社区东北部,依山下田山(原称壶山)西南麓而建,泮溪绕村流过,隔泮溪是笔架山,南为始建于南宋的孚泽庙和明代残存的上泽堡,东为壶山脚下的村公路。村落幽谧僻静,冬暖夏凉。上泽村原为水泽,后筑堤拦水,沉积为旱地,本村居北,故名上泽。

　　20世纪90年代初,上泽村推行旧村改造,村民全体迁移,安置到新村。至此,一座绵延千年的宋代古村空荡荡地遗落于壶山西南麓,任绿树成荫,篁竹遮居,青草疯长,如一位孤寂的迟暮老人,静卧溪边,睿观历史演变。

　　现在的上泽古村,进村入口有四条,主要村口在孚泽庙旁边。孚泽庙坐东朝西,离泮溪约100米,始建于南宋,是祭祀瑞安曹氏始祖曹霭、曹霅、曹昌裔的宗祠。明隆庆元年(1567)重修,1964年大修,现存的构筑大多是明时的构架。庙由台门、门厅、正殿、戏台、左右廊等组成院落式建筑。台门木构,块石垒筑台基,面阔三间,进深二间,穿斗式用三柱,小青瓦屋面,落翼悬山顶。左、右厢廊均面阔四间,进深二间,与门厅、正殿相连接。正殿明间后设曹三王(曹霭、曹霅、曹昌裔)神位。

　　至于孚泽庙的来历,有一段故事。据《曹氏宗谱》载,曹姓族人"世居闽长溪之霍童",即今福建宁德去城九十里。

　　唐中叶,曹霭得霍童洞天遗法,与两位侄弟曹霅、曹昌裔游至瑞安来暮乡许峰(今曹村),受其胜,遂定居许峰之南。三兄弟皆正直,尤为乐善好施,仙逝后葬于曹村的前坡。乡民念其功德,立祠于登场坊祀之。

　　北宋宣和年间,方腊起义,始祖三神现而拒之,具有灵绩;又有平阳盗叛逼近许峰,三神托梦里民乡亲预防,果然安堵无恐。南宋绍兴年间,当地飓风大雨,民苦飘流,当时有乡民邵贵、季宣、张成见三神立于水畔,挥手指画,水势遂止,乡民"晏然无恙"。乡民们认为,祈晴祷雨,捍患御灾,护国惠民,皆三神之力。为旌其功德,当时的乡人便将此情申告于郡府并转礼部请功。在宋宝庆三年（1227）八月初一，宋理宗下诏敕封曹霭为顺佑广福昭德王、曹霅为顺应广惠昭泽王、曹昌裔为顺济广宁昭显王，敕曹氏宗祠为"孚泽庙"，当地人也叫"曹三王庙"。直到曹姓十九世祖曹昌孙，字巨川，任宋江西权茶都转运司副使，分徙嘉屿乡壶山（上泽）复建孚泽庙于七星墩之北祀之。

距离孚泽庙南向约100米，是一处明代残存的古建筑——上泽堡，今遗存一段长约300米的残墙和一个较为完整的洞门。堡墙内外皆用乱石和卵石垒砌，洞门原是上泽村通往下泽村的必经之处，现仅存路石可辨。

从公路绕孚泽庙，循小径进入村落，若遇一片原始而古老的世界，人被一片荫谧笼罩着，不被骄阳侵扰。村口有两棵高大的枫香。从外观望，可谓未见村舍，先见植丛竹林茂密，树木繁多。街巷以丁字街道为主，街面用卵石铺成，呈弧形，利于雨水向两旁沟渠分流。踩踏古老的岩石路巷，阡陌交错，两旁是民居农舍，虽然有些已被台风刮破或自然坍塌，但还是有传统以蛮石围成的整齐院落，可以入内一探究竟。每户人家都有一个传统的素朴的自然的小天地，中堂、厢房、道坛，栽花种树，相映成趣。村子虽然颓败，却处处生机盎然。一条小路自然弯曲，铺着鲜嫩欲滴的绿草延伸至前面的柚树底下。

在古村落中部，有一幢清早期（1644—1795）的民居，为曹高丰家，当地村民称四房头太婆家。房屋坐东朝西，现在仅存正屋。台门现仅保留有石质台基，台基上的木构件已经坍塌，台门前设两级踏跺。正屋原面阔三间带左、右披屋，进深六间，穿斗式七柱十二檩。小青瓦屋面，单檐悬山顶。前檐柱上置方形坐斗，圆柱下置石质方形柱础，屋后道坛用鹅卵石铺成六只梅花鹿的图案，相传晚上在月光照射下梅花鹿会显现出来。该宅建造年代久远，乡土气息浓郁，是当地古民居的实物资料。

此屋有一个关于梅花鹿的传说。五六百年前，有位猎人追逐一只梅花鹿，谁知梅花鹿跑到了上泽村的四房头太婆家中。猎人寻至老婆婆家中，问老人是否看见一只受伤的鹿，老人摇摇头说没有看见，老人见猎人远去了，就拉开围裙，梅花鹿从围裙下面钻了出来。梅花鹿很感激老人的救命之恩，便对着屋内柱子撞下一支鹿角，赠予老人。据说村民如果心口或者肚子疼痛，只要服下从鹿角上切下的一小点，症状便会立刻消除。自此，老婆婆家的后人都仿佛得到了庇佑一般，个个仕途平顺且家庭和谐幸福。

古村设计者必定是位堪舆行家，从古村路巷一路走，都能看见两边院墙里头镶嵌着佛龛，一尊尊约 30 厘米见方的古老佛像，跏趺坐姿。如此庄严、协和、自然、富有韵味。佛像大约是村民请来庇护家园的，古村历经几百年不毁，遗留至今，大约有菩萨的庇佑。但这次进村探访，却发现那一尊尊佛像已不知踪影。笔者曾在一篇文章里写到对上泽古村文物保护的担心，今天却成了现实。现在又极害怕她太出名，若真出了名，游客纷至沓来，古村还能保留那份宁静吗？那种自然原始的韵味会否荡然无存？然而事情总是存在矛盾。

（作者：王键）

温州文成梧溪村

古色古香梧溪村

　　梧溪村始建于公元1209年，迄今有七百多年的历史，该村位于西坑畲族镇西南部，离西坑镇政府所在地2.5公里，离县城21公里。梧溪村村口长着几棵有三百多年历史的古樟树，那是这个村的风水树。在这夏日的艳阳下，浓密的树荫仿佛是这烈日下的一抹清泉，多少给人几分惬意。

梧溪

　　梧溪村的由来。据《富氏宗谱》的旧谱载道："有泉汇于溪水，声涓涓沥沥如人语，故名'语溪'，因行书'语'、'浯'形近，后遂名'浯溪'。"1939年青田县在本村邮柜，邮戳误铭"梧溪"，故"梧溪"沿用至今。据《富氏家谱》载："富韬仕工部郎中松州刺史，唐末迁居南田，隐居泉谷，葬南田甘泉里之南，三源华山无为观测因其名为刺史山。"又载："富氏第十二世孙宋咸进士应高公于元至元三十一年（1294）自南田泉谷始迁梧溪。"所以富应高可以说是这个村庄的开基之祖。

　　始建于清乾隆二十九年（1764）的富相国祠，现存建筑完整，占地1200平方米。建筑式样严而轩敞，具有浓郁的古代艺术特色。四周环境优美：背靠岫山，祠后有古松两株，盘枝曲节如伞；享堂围墙外侧，各凿一井，井前左凿鱼塘，右建厨房；祠前左侧有古樟一株，今仍生机盎然。

　　另外一座保留下来的传统建筑是文昌阁，它位于梧溪南侧水口处丁字位，由富氏后裔始建于清嘉庆戊辰年（1808）。据清道光癸卯《富氏宗谱·文武帝阁记》载："余辈于嘉庆戊辰冬吉旦，鸠工庀材，营建高阁于斯，崇祀文武二帝，所以培文风也。"并载："一层为正殿，则塑关帝，旁坐周、关二将，殿左张仙，殿右土地；二层为文昌阁，则塑梓潼帝，左侍朱衣公，右侍金甲神及天仁地和诸从祀；三层为握笔占鳌，则塑魁星，瞻拜神象。"另据富氏族人言："梧溪旧有义塾，后毁坏。清嘉庆年间在原址建文昌阁，以作义塾之所。"清末至民国期间，文昌阁历为当地及周边村民和远近文人慕名膜拜的处所，香火鼎盛。

　　整个建筑立在高于地面约二尺的方形台基上，方位坐南朝北，有三层高。建筑采用三开间，面阔与进深逐层收分。底层中央用四根金柱，外侧再用四根直通二层的老檐柱，最外一圈为十二根檐柱。柱子全部采用圆柱，下用鼓形柱础和方形柱顶石。

　　底层高约 1.1 丈。东、西、南三面为木板壁，用腰枋分隔，有小间柱。板壁朝室内的一面有彩画戏曲故事，现保存两幅。北面明间开敞，两次间设有木制固定槛窗，格心用回纹装饰。窗上为月梁状额枋，额枋与雀替浮雕云纹和缠枝花卉纹。明间后部两金柱间设有木隔断，隔断前为神龛，现摆一张残损严重的虎腿神桌，上有"嘉庆己巳春置"字样。隔断后为贯通三层的木楼梯。明间前檐柱头设讹角圆坐斗，出一跳承挑檐檩，正心出瓜拱、花瓣斗承雕刻的替木和檐檩。檐柱与金柱间用双步枋，做成月梁状。

　　二层高约 8 尺。南面为木板壁，东、西、北三面均于中央腰枋上设两扇格扇窗。北面做法较考究，中央两扇开启的格扇窗，两侧另有固定的格扇窗；侧面后部板壁上还有圆形直棂窗。后部金柱间为木板壁，板壁前为神龛，隔断后为木楼梯。四面额枋上设有两组平身科。檐柱与金柱间用单步月梁，下有随梁主枋，做成月梁状。金柱间贯穿五架的圆作月梁。

　　三层从楼板到吊顶处高 7 尺。平面为四柱，各柱外有方形撑柱各一根。南面木板壁外为楼梯上下，另增设两方柱于翼角，柱间有方形穿枋一道。北面于中央腰枋上设两扇格扇窗。东、西两面于板壁中设固定的槛窗。后部两柱间为木板壁，板壁前为神龛。除南面外，其余三面额枋上均设有两组平身科。前后柱间架方檐檩，檩上有平棋吊顶，四角有斜撑承托。二、三层明间前檐柱头出一跳承挑檐檩；东、西、北三面檐柱外设有木栏杆，装饰为卍字图案。底二、三层四翼角下都出插拱，用卷草状牛脚承托。

此外，还有国民党中将富文故居、"金阳旧家""金星啟瑞"等古民居，至今遗迹仍在；东庄有"马栏基"，西庄有"太师堂"，为世所罕见的三顶棕，也算是一大景观。

看着眼前统一的黑瓦白墙民居，享受着古老的祠堂、阁楼散发的历史气息，尝着畲族特色的糯米饭糍，再听上一曲畲族传统的《筷歌》《酒歌》，那将是怎样的一种韵味！

（作者：包芳芳）

血脉宗亲上交阳

　　交阳曾氏村落位于泰顺县城东向五里处，属罗阳镇。"东之晓阳、吴阳，北之砥阳，西之罗阳，南之阳边、川山阳，皆与鹤巢有相交相接之势"，故而得名交阳。

　　在清朝嘉庆年间，福建泉州同安同严邑风俗强悍，社会环境很不安定，同严曾氏肇作遂产生徙居之念。其时有同严人有"温州实乃乐土也"之誉，故曾肇作之子曾奎象二访温州择地入山后，便觅得交阳这一桃源胜地。曾氏遂乔迁交阳，肇基于此地后，支派繁衍，世代荣昌。传至第八世，烟火已至六十余家。"男耕女织，户裕家饶。有礼让风，无苦窳习。"在这种长期安居乐业的环境下，曾氏一族出了不少人才，"其光祖宗，可谓荣耀于当时矣"。

　　祖厝是宗法制度得以实施和发展的一个重要的建筑，"宗庙不设，则宗法不立；宗法不立，则族属无统"。肇作迁入交阳后，"兴居建正室为宗庙正寝，四时享祀，后遂为祠庙之宇"。随着人口的增多，曾氏族人开始在祖厝周边扩建住宅，为了防范强盗侵袭，又在粗具规模的村落周围建筑夯土水城厝和夯土围墙，将村落严严拱卫于内。

祖厝（水城厝）

　　水城厝和围墙设有门楼，前后大门间有专人看守（相当于现代的传达室），前后大门一关，里外便隔绝开来，充分体现了曾氏的集体防御思想。水城厝之名，盖因城厝内侧有水塘。开挖水塘"一以子孙居住，一以护祠风水"。水城厝原有建筑三十多间，其中有作釉坊、作酒坊、作米坊、年糕作坊、牛栏、工具仓库……祖厝的左右两边原本有民居建筑，是曾氏的祖屋。祖厝左边的居室已倒塌，民居建筑还完好存留。这几座民居建筑较矮小，内部空间也比村内其他民居要小。

曾氏祖厝共三进，一进是门楼、二进为享堂、三进则是寝堂。寝堂位于整个建筑的最高处，板壁满贴官报，大多是族人科举中榜或封官晋职的捷报。血缘村落中，族人科举中式了，或是升官晋职了，大家都会引以为荣，在村落中最重要建筑——祖厝里悬挂他们的牌匾。

曾氏祖厝后面为广泽圣公厅，现存建筑面阔五开间，进深二间。相传曾广泽原为泉州同安一放羊老翁，去世后频频显灵，降福一方。曾氏迁居交阳后，为求得广泽公的庇佑，置材兴建了广泽圣公厅，"以全村奉香灯"。

《曾氏族谱》中记录了曾氏的宗族规约，内容涉及祖厝、广泽圣公厅、水城厝、菜园以及仓楼的管理或使用。"众管山场"一篇详细规定了始祖坟茔的四至范围以及坟茔周围山林的养护，对于族人坟地也有规定。

泉州同安一带盛行春、秋两祭，曾氏迁入泰顺后亦沿续了这一习俗，至今仍祭春秋。族人们为了纪念曾氏二世祖奎快公，便将原本每年七月十五祭祀祖先而改为七月十四进行祭祀。

土 楼

村中还有别具特色的土楼，它的形成与防御有着密切的联系。因本地土匪和长毛反贼常来抢劫，曾肇作和儿子商量解决办法。为了保护曾氏贵重财产和人身安全，其于1819年建设土楼，内设防御器械土枪，土楼边上有炮楼。为更好地保护交阳的仓楼（土楼），当地人发明了"四面厅"，即四面夯高墙，再在墙内建造屋室，四面的建筑便围成了中央的天井。

曾氏建造仓楼的初衷是为了贮藏粮食，但它围墙高大，大门厚实，大门前还有防护的大刀，也作防御之用。门前曾有两把悬挂的大刀不停地摆动，门外之人根本无法擅自入内，不然，将被大刀砍死。仓楼的屋角兼设有"炮眼"，如果有人来袭，可在此架炮（铳）射击。仓楼的左右侧和后方挖有护城河，既有隔离作用，"护城河"的水又可为防火所备用。

　　仓楼是曾氏的公共建筑，但曾氏先祖对仓楼的使用也有明确的规定。而后，仓楼由原先的贮藏粮食、躲避侵扰之地而慢慢地成为居所。历史上，仓楼还办过书斋和武馆，一度成为曾氏族人习文练武之地。

　　曾奎象在他所作的《交阳移居记》中认为，交阳是安居乐业难得的佳地，"遂购之，庀材而宅焉"。后来，曾氏举家迁入泰顺。曾氏一族在交阳"世代荣昌，支派繁衍"，随着人口的不断增多，水城厝已经不能满足居住了，曾氏族人便开始在水城厝之外建造居所。

　　步入古村落，泥土夯成的墙体给人们以深刻的印象。交阳的泥质特佳，泥土白皙柔韧，夯成的土墙非常好看。民居的梁架结构大部分是抬梁式与穿斗式结合，且木材用料与县内别地民居建筑用材相比要细小，这可能与清晚期交阳周边无巨木可取有关。抱头梁多呈直方形，并在梁头稍事雕刻。有少数民居的抱头梁整段兼作浅木雕，风格朴实、淡雅。门窗格扇常常是小木雕刻师傅的"用武之地"，是民居雕饰工艺最集中的地方。至于窗门，或作直棂，或用棂条拼装成某种图案，但都较简朴。民居的屋顶大部分采用了悬山顶，屋顶上的屋脊则用瓦片摞成脊垄，两端缓缓起翘，很富动感。

（文：泰顺农办）

温州苍南白湾村

白湾古堡寻谜踪

白湾村位于苍南县赤溪镇东南两公里处，三面环山，东北临海。港湾蜿蜒绵长，因退潮时遍布白色滩涂，故称"白湾"。村庄坐落在山岙之中，方圆不过几里，地势平坦、开阔，城堡建造在村庄中心一带。

白湾堡占地总面积约17000平方米，城墙呈方形，城高4.5米，全部使用大块青石垒砌。南北两面置堡门：北门为拱券门，构造精致，主要供居民出入；南门为城楼挂门，狭小简陋，用于站岗瞭望。城内有条贯穿南北两堡的石块路，民居沿此道而建，多为清代建筑。城外西北、西南侧有护城河、护城沟绕流，东北侧设立两道防线。从建制上看，其规格低于明时期卫城、所城，高于寨、台、墩，与壮城应在同一层级。白湾堡无疑是一座军事要塞，历来史料却没有记载，以致建堡前后历史没有一个准确的说法。2006年和2015年，先后有两批考古专家到白湾进行实地调查和挖掘，确认是一处明代抗倭重要遗址，初步得出"属蒲壮所城的阵地延伸，是浙南沿海抗倭防御体系的重要组成部分，为民间自发建造"的结论。

笔者就城堡建造年代、技术等问题走访村民，收集散落资料，咨询文史专家意见，综合考古成果，有了一个全面的认识，认为考古专家关于"城堡建造于明代"的结论基本正确，但是其建造年代还可以进一步明确：可以推断白湾堡与金乡卫、蒲门所建造时间大体上相同或略晚，但至少应在明早期。

"董家大院"由白湾董氏三世祖董常记建于清道光子丑年（1829），正厝9间，左右二村脚厝5间，一后间厝7间，占地面积约1200平方米，时董家人口37人，分5户居住，城池（不包括外围）面积约14400平方米。按此推算，明早期白湾堡应不会超出51户、446人。明朝是农耕社会，经济上自给自足，建城耗资巨大，若没有外力支援恐怕难以独立完成。我们是否可以作出如下大胆推测，建城是先民不得已而为之，在当时情势下，官方对这种举动必是大加赞赏和鼓励：白湾堡是官民、军民通力合作的结果，属公助民建性质，这在军事史上是一个奇迹。

白湾为浅水海口，在此筑城，地形虽不险峻，倒是易守难攻。有当地民谣，"姆阿姆，囡儿不嫁江南垟，三条岭，透天光"，可见步履之艰辛。当时倭寇骚扰沿海，主要是为了掠夺财物，经白湾翻山越岭进入内地，易受多方掣肘。而东南沿海各地频频告急，明军防线拉长，分兵乏术，放弃在此筑城防卫在战术上不失为一种明智选择。这也是考古专家认定城堡属民间自发建造的重要依据。建城主要是出于自保，在战况紧急时，对周围各据点提供缓冲和接应作用。

无论官方文献还是民间资料，都没有提及白湾堡驻兵一说，有人由此断定城堡长期以来"有城无兵"。事实上，白湾堡北与金乡卫遥遥相对，南与雾城、蒲门所毗邻，境内布满寨、堠、台、墩，成为防御体系中不可或缺的重要环节。正如当初建城属于民间自发行为一样，白湾堡防御也主要由民间担任。即使官兵驻留由于编制原因没有记录在案完全有可能，再加上原住民离走，民间传承流失，后人自然难以得到相关信息。

清顺治十八年（1661），为切断在东南沿海一带活动的郑成功军队物资供给，清廷发布"迁海令"，插木为界，强迫沿海十里外居民内迁，尽烧界外民房。至康熙二十三年（1684）复界，白湾土地荒芜，空无一人。当地老人说，复界后白湾堡原住民没有一个回迁，只有外来人员迁入。对此笔者翻遍所有白湾董、吴、张、郑、温等姓氏宗谱、家谱和《苍南姓氏》一书，各家一世祖迁入时间都指向康熙二十三年之后，就是说现今白湾居民既不是抗倭官兵，也不是早期先民，而是另外一批先民的后裔。或许他们为避战乱而来，为避战乱而去，身心疲惫，不愿面对那支离破碎、残垣断壁的家园；或许他们一路上背井离乡，历尽千辛万苦，终于找到新的乐土；或许他们根本没有料想到，又有一批后来者踏着他们的脚印，跟这座城堡休戚相关，生死与共，在浙东南沿海抗倭史上再次抒写光辉灿烂的诗篇。在此后的300年间，当地广泛流传着以吴家军、董家军为代表的白湾堡人坚贞不屈、前赴后继、保家卫国、英勇善战的动人事迹。

在白湾村头有一棵三百余年的大榕树，根深叶茂，郁郁葱葱，成为海滨一景。大榕树原有三枝分叉，一枝向北生长，横跨公路，伸向大海，如"龙头"，二枝东西走向似"龙角"，当地人称为"神龙探海"。现两根

"龙角"毁于台风，"龙头"仍在，气势不凡。大榕树如一座凝固的战士雕像抬手张望着，严密注视海上的一举一动；又似一位饱经沧桑的老者，向过往的人们诉说那早已湮没的岁月。

（作者：郑中设）

湖州吴兴区潞村

潞村四桥枕水乡

潞村，古书中地名记载为"潞溪"。坐落于湖州城南7公里的"世界丝绸之源"钱山漾遗址。西邻锡杭大运河，北接号称"小莱茵河"的頔塘大运河。早在新石器时代，潞村附近包括钱山漾一带，就有先民生息、繁衍。潞村作为村落何时形成虽无从考证，但潞村历史上隶属归安县，据《归安县志》载，潞村在宋代时已经形成了村落，历经元、明、清等朝代变迁，在历史的长河中不断蜕变、发展。一方山水养育一方人，潞村钟灵毓秀，人杰地灵，吴兴慎氏家族发源于此。相传从宋代至今人才辈出，曾涌现出36位进士。

孕育在江南水乡之中的潞村，地处水网，九水环绕，民居错落南北两岸，街市临河，是周围数十里乡村居民的重要集散地之一。镇小桥多，小桥枕水，桥桥相望。各式各样的桥便成了潞村的灵魂，承载着岁月的重量。其中腾蛟、起凤、化龙、天保合成"潞村四桥"，桥名雅致，寓意连贯吉祥，极富文化内涵；其建筑更是相互"借景"成趣，极具艺术效果，或长虹卧波，或月佩宝带，波光桥影，堪称千年美景，为潞村的绮丽增光添色。

腾蛟桥，位于潞村古村落东端，为宋代单孔石拱桥；南北向，拱券为分节并列式砌筑，附券睑石；饰系梁两对，其中一对为吞水兽。置有楹联石；金刚墙为靴钉式砌筑；桥两侧各有踏步17级，桥额为阳文楷书"腾蛟桥"。《湖州府志·舆地略》卷二十三载：该桥为吴兴旺族慎镛出资所建，于明正德二年（1507）修整，在清道光年间重修，历经九百多年；花岗石、紫砂石石质，桥身南北长约15米，桥面宽2.45米；造型雄伟挺拔，若"彩虹卧波"；桥拱与西距百米处的"起凤"一景构成极好的水上对景，"腾蛟"之形正与西乡远处的金盖山群峰遥遥相映，巧成"潞村金山影"。假如你由东而来，无论步行还是水路驾舟，都能清晰地看到"潞村金山影"之胜景。

　　起凤桥，位于腾蛟桥西100米处。为南北向单孔石拱桥；形制与腾蛟桥相似；部分金刚墙与两岸河埠合为一体；两侧桥额为双钩楷书"起凤桥"字样；北宋金部度支员外郎慎镛的侄子慎修所建，清道光年间重修，青石石质，迄今已有九百多年的历史；桥身南北长约9.5米，桥面宽2.6米，桥南北两侧各有踏步11级。

腾蛟桥、起凤桥对景

　　化龙桥，位于起凤桥西约200米处，为宋代单孔石拱桥；南北向，形制与前两座相似，置有楹联石，相传为慎镛侄子慎修所建。桥额为阳文楷书"化龙桥"，其两侧阴刻"道光元年""里人重建"。《湖州府志·舆地略》卷二十三载：该桥于明正德三年（1508）由慎氏后人修整，并在清道光年间重修，已有九百多年的历史，武康石、花岗石石质，桥身南北长12.2米，桥面宽2.5米，两侧踏步15级。此桥地处潞村古村落的重要位置，往南连接港南墩、匠人堡一带，直通和孚。旧时每到庙会社戏张灯结彩，人群簇拥，热闹非凡。两对饰系梁上还留有后人便于竖柱搭牌楼开凿的臼穴痕迹，至今依稀可见。慎氏祠堂就在化龙桥北堍下，祠堂大门正前方曾有两只大石狮，建于露天处。石狮连同基座有两米多高左雌右雄，雌的含珠，雄的踩球，很是威武。

　　天保桥，位于化龙桥西约100米处，东西向村河与南北向支流金家港相交的转角处，为东西向单孔石拱桥。形制与另三座有异处是桥面设有桥栏，间置望柱四对；中间两对为蹲狮望柱，造型栩栩如生。桥额阳文楷书"天保桥"；北宋金部度支员外郎慎镛出资所建，在清道光年间重修；武康石、青石石质，东西长8.5米，桥面宽2.2米。桥两侧设栏板，并置抱鼓石，石狮望柱相对；桥两侧各有踏步 10 级。天保桥也和化龙桥一样，两对饰系梁上至今留有便于竖柱搭牌楼开凿的臼穴痕迹，可见天保桥一带是旧时居民活动的集聚地点。

潞村四桥连同当地另一座年代更为久远的西舍古桥（当地俗称"师姑桥"）流传着一个令人震撼的故事。宋朝时期，慎氏祖先慎镛曾在京城开封为官，后宋仁宗景祐元年至三年（1034—1036）知湖州府事。其间，为方便百姓，在村中小河上始建规范桥梁，沟通南北两地，从东往西相继筑起四座石拱桥，起名腾蛟、起凤、化龙、天保。朝中佞臣与慎镛不和，在皇帝面前奏本慎镛有反叛之心，筑潞村四桥其形、其名皆与开封府京城前卫城河上四桥相同。当时皇帝听信佞臣，下旨问罪慎镛。里人闻之，见势不妙，为求得太平，更改建桥方案，把原来打算在"师姑桥"位置架一座与东面腾蛟、起凤、化龙并列南北向的天保石拱桥改建在金家港上，成东西走向；"师姑桥"保持原样，略作修整。把运来打算在"师姑桥"位置上建石拱桥的石料，移作在港南匠人堡建造了一条颇见气势的石拱桥，取名"锁澜桥"。钦差大人来此察访，禀告皇上说桥梁格局不同于京城四桥。这样，一场难以预测的灾难最终没有发生，但千年古桥留下的故事却一直为后人传诵。

潞村四桥，犹如垂虹卧波，又似玉带腾空，装点着小镇的美景、述说着小镇的变迁。

（作者：汤斌武）

湖州安吉姚村

山农巧造片石屋

安吉县的姚村，静谧地伫立着许多别具一格的村舍。不同于别处，这里都是用石片盖屋。自古以来，姚村先民就开始用石片盖屋，这在太湖区域内是独一无二的。

姚村人用石片盖屋，到底是谁发明的呢？在安吉县境内，流传着一个不朽的故事：话说很久很久以前，集居在深山老林的山农们，均用木杈搭架，竹片为墙，茅草结顶，搭建简易的茅棚居住，过着半原始社会的生活。他们凭借自己的智慧和辛勤劳动，开田垦地，抵御天灾人祸，日子慢慢地好了起来。部分人由于家庭劳力多，又能勤俭持家，日子自然慢慢地富裕起来，建造山外小镇上那些砖墙瓦片的房屋，也成为他们的理想。居住在村中心的姚家财主就是其中一位。他率先拆除自己的茅屋，以石为墙，从山上伐来松木，请来山外的木匠师傅，凿孔穿榫，竖柱横梁，建造起与山外一样的房屋。房屋的架构造起来了，哪里去搞瓦片盖屋呢？水路不通，山路崎岖，财力又不济，急得当家的如坐针毡，整天唉声叹气，连头发都急白了。

他家中雇有一位长工，为人忠诚朴实，很得主人的赏识。见主人如此焦急，也暗暗地操起心来了。那天夜里，他翻来覆去难以入眠，办法想了一大堆，都是无法实现的。其中一个是自己烧制瓦片，解决燃眉之急。但大山之中尽是岩石，到哪里找到合格的黄泥呢？如果找到黄泥，烧制成功又要多少时间呢？他拿不定主意，也不敢向老板讲明。最后他下了一个决心：先找到黄泥，再向主人讲述自己的想法。

第二天一早，天刚蒙蒙亮，他悄悄地背上锄头，跑遍几山几凹，没有发现能够做瓦的黄泥。他气馁了，在一块石头上坐了下来，摸出旱烟袋，装上烟叶，拿出火镰点着，深深地吸了几口，将烟灰在坐下的石头上敲了几下，突然发现这块石头上有整齐的纹路，而且分布整齐，厚薄均匀。他用锄头敲了几下，发出空壳的响声。于是又用锄头锋口凿进缝隙，轻轻一扳，一块厚薄均匀的石片呈现在自己的面前。他将石片捧在手中，左看右看，心想：这种石片如能盖屋该有多好呀！他又用手指用力敲了敲石片，不仅没有敲破，而且发出当当的响声。他高兴极了，急忙背起石块下了山，让主人看看这种石块是否可以作瓦片盖屋。

还在睡梦中的主人听到长工的呼叫声，急忙起身，一见堂前摆放着几块石片，大为光火，满脸的怒气。那长工心中明白：当地有个风俗，大清早背石头回来，是不吉利的兆头。因为"背石"与"背时"谐音，故而不高兴。他见此状，马上向主人说明原委。主人听了，拿出凿子，按照石头的缝隙，一块一块地凿开，一块一块地敲打，又找来几根木料，斜着架起来，并用水浇在石片上，上下仔细观察，最后哈哈大笑道："你为我家立下一件大功啊！这就是我们盖屋的瓦片。"

吃过早饭，在长工的引领下，主人来到发现石片石的地方，用锄头掀开地面上的薄土，成片的页岩石呈现在眼前。老板大喜过望，马上让长工带领全家老少上山采石片，不几天工夫，一座用石片作瓦的庭院建设起来了。

村中的俞家、项家、李家等主人，早就思量建造瓦房，只是苦于瓦片难以解决。他们见姚家用石片作瓦，盖起了漂亮的房屋，也纷纷模仿，一座座石片庄园在大山之中拔地而起，逐步形成了村庄的独特面貌。

石片盖屋的方式具有四大价值：一是经济价值。封建社会，劳动人民处在水深火热之中，有一茅棚可遮风雨，可御寒冷已满足了。用石片盖屋是就地取材，省工省钱。二是社会价值。用石片代替瓦片减少了烦琐的制作过程以及制作中的自然资源消耗，避免了瓦片烧制中的烟雾灰尘扩散造成的人居环境的破坏。三是艺术价值。石片盖屋户户可为，使整个村庄保持统一，美观大方，具有建筑美学价值。四是实用价值。用石片盖的房屋不仅冬暖夏凉，而且易于翻修。

如果总用现代的眼光去解读文化的遗产则过于平淡。思维的定式只是某一时代下特定的产物，而无心插柳的巧合才成就了大千世界的奇异景致。或许当时的先民们并没有考虑到这些，只是从改善自己的生活环境出发，从陋从简而为之，却成了今日人们赞颂的文化遗产。在这背后，先人们顺应与改造自然的平衡点是如何去判断的，值得我们深深冥思。

（文：安吉农办）

绍兴新昌横渡桥村

皇渡拱桥鉴春秋

　　夏日的晚上，横渡桥上凉风习习，流水潺潺。新昌县儒岙镇横渡桥村的村民们吃过晚餐就聚集到桥上乘凉。孩子们在桥上嬉戏，老者一次又一次地讲述着皇渡桥的传奇故事。

　　皇渡桥是新昌至天台关岭古道上的重要桥梁，也是唐诗之路上的一个重要节点。作为新昌现存跨度最大的单孔石拱桥，皇渡桥也是新昌石拱桥中建造最考究的一座古桥，属于县级文物保护单位。

　　根据记载，此桥至迟建于明成化十三年（1477），但名称有所变异。明成化时称王渡桥，明万历时称皇渡桥，民国时称黄渡桥。而新中国成立后改名为横渡桥，现存石桥上嵌在桥券正中的券睑石称"皇渡桥"，证明自明万历七年（1571）至清道光二十四年（1844）的这段时间内，正名是"皇渡桥"。横渡桥、皇渡桥、王渡桥、黄渡桥，指的都是同一座桥。不同历史时期的不同称谓，也凝练了它在各个时期的历史含义。

　　新昌天姥山和天台的天台山两座大山，在中国名气非常大。天姥山与天台交界处有一条万年溪，溪水清澈、经久不息。这溪是曹娥江的源头，从天台山脉流经"万马渡"，穿过鸟嘴岩，到达横渡桥村，向着曹娥江潺潺而淌，也将横渡桥村一分为二。

　　早在东晋时期，谢灵运伐薪劈山凿通了上虞至临海的道路，打遍了当时沟通江南的南北通道。这条大道由河卵石铺成，有鱼鸿往复、邮递会城者，有牛马去来、商贩郡邑者，更有访林泉之胜者和寻仙佛之缘者纷至沓来。然而，到了横渡桥这个地方却被一条溪流隔断，不得不摆渡。这给行人和村民带来了极大的不便。

　　相传南宋时候，当地祖先有力出力，有钱出钱，大家齐心协力在万年溪上建起了一座桥。这座桥因横架于万年溪之上，故取名为"横渡桥"。大桥建成后，挑了个黄道吉日举行隆重的大桥落成典礼。

　　举行大桥典礼的那天，新昌、天台、奉化等地的民众都赶来参观这座

王渡桥

雄伟的大桥。桥上彩旗飘扬，锣鼓喧天，人头攒动，热闹非凡。礼毕，举行行桥仪式，按规定由出资造桥的人和建桥的工匠先过桥，然后村民再过桥。此时，在北桥头出现一位衣衫褴褛的乞丐，匆匆而来，想过桥。人们看到这个情景，正想阻止他，他却已经惊慌失措地从桥北跑到桥南。造桥的工匠们一脸不高兴。人们纷纷骂他："造桥的人都还没走，却让你这个叫花子先走，岂有此理！"乞丐彬彬有礼，连连作揖道歉，并告诉大家他是小康王，遭金兵追杀，希望大家能保护他。村民们怎么也不能把眼前的"乞丐"与小康王联系在一起。有个村民站到他的面前，用手指着他的鼻子说："你也配小康王？牛吹大了吧。"

话音刚落，天气突变，雷电闪烁，大雨滂沱。山洪暴发，溪水一浪高过一浪，人们眼巴巴地看着溪水漫过大桥。突然，"轰，哗！"一声巨响，这座刚建成的大桥轰然倒塌，巨大的桥石也被洪水冲走。

过了一个时辰，大雨渐渐停止了，洪水却不见退去。忽然，村民们发现在倒塌桥的北端立着许多手持兵器的金兵。此时，村民们才相信了"乞丐"的话。这些金兵是来追杀这个"乞丐"的，他是南宋的小康王。村民们连忙领着小康王沿着崎岖的山路，往万年山上逃跑。万年山林密路险，小康王在万年山中躲过了一劫。

由此，老人教育子孙不可以貌取人，不管是什么样的人，都要一样对待。

后来，人们在原址又建起了一座石拱桥，取名为"王渡桥"，意思是小康王渡过难关的桥。

然而，这座王渡桥却多灾多难，1884 年又再次重建。《民国新昌县志》载："黄渡桥，县东七十里，道光二十四年，蛟水为灾，桥随波逝，行人苦之，经吕振音、潘锦周、潘涟、潘秉铨等集股重建，约资数千金。"

现今我们所见的便是重建后的王渡桥。桥长 23.9 米，两端引堤各长16.5 米，桥宽 5.5 米，桥面宽 5 米，矢高 9 米，孔径 17 米。桥身全用条石错缝砌筑，桥上有望柱栏板，左右两组对称的望柱柱头雕刻着白象、狮子、莲台等图案。桥面中心平坦，两端皆有石阶或横铺条石，间以卵石嵌铺。

康熙帝六下江南，也曾游览了天姥山，并沿着这条石桥到天台巡视。因而，这座石拱桥又叫"皇渡桥"。到新中国成立后，才又称"横渡桥"。

唐德光作诗《皇渡桥》，便是这段历史的写照：

> 皇渡拱桥日悠悠，
> 更朝换代几春秋。
> 桥上王子今何在？
> 惟见溪水独自流。

（文：新昌农办）

绍兴新昌拔茅村

古韵深藏千柱屋

绍兴市新昌县拔茅村坐落于新昌县城东南 9 公里，新昌江水自东南而来，至拔茅村前的小龙亭山转弯向西奔去。拔茅村的地理位置收纳了东来之水，又不泄村里的元气。拔茅坑自东而来，碗园山之水自北而来，高蟠潭之水从西北向南，皆汇聚成小溪围绕着拔茅村。

在这样的地形建立起来的拔茅村，体现了华夏民族五千年的文明中营建的智慧：满足了人们对居住环境的要求，展示了中国古建筑风水文化。拔茅村的居住地来龙蜿蜒，预示着子孙繁衍，相继不绝。周边水流汇聚于此，预示着居住在这里的人们财气旺盛。

万历《新昌县志》载："始名白卯，村后山中有高蟠潭，传为白龙母所栖，上有龙亭，天旱求雨必灵验。元泰定丁卯年，王伦授新昌县尹。将之任，舟次扬子江，梦一妪来谒问之，曰新昌高蟠人，姓白，闻公远来，故相迎耳。觉而怪之，到任询之，果有高蟠潭。"意思就是说：拔茅村开始的时候称为白卯村，村后山中有高蟠潭，传说是白龙之母栖息的地方。潭边山上有座龙亭，遇大旱的时候，村民们会到龙亭里求雨，非常灵验。

元泰定丁卯年（1327），王伦被派往新昌县任县尹。船行于扬子江上，睡梦中梦见一位老妪来拜访他，她告诉王伦，她姓白，新昌高蟠人氏，听说王伦远道而来，所以出来相迎。王伦醒来后觉得很奇怪，到了县里就询问当地人，新昌县果然有高蟠潭这个地方。白卯村的村名，应该也是由此而得，后来随着时代的变迁演变为白茅、拔茅。

南明张氏祖张响之玄孙张光祖，原来居住在县城仁政坊，他的儿子张应著在元末时期带着全族人徙居至拔茅村。村民中以张姓和许姓居多。

根据古制，官民有别，士庶有别。封建等级制度森严，无论官位有多高，建造府邸也是制度受限制，不得僭越。庶民只有通过实行善行和义举，对地方上做大量的好事，再由官府上呈请皇帝特许，才可建造一定规模的大宅。

　　拔茅村的张家大屋也就是"千柱屋"，是新昌不多见的古代大型庄园式民居建筑。它的建造者张家第十八代太公，通过经商发家致富，倾全部财力建造此屋。作为一名普通的商家，要建造如此规模的屋，可以体会他其中艰难。他为张姓子孙后代留下了优良的历史文化遗产。

　　"千柱屋"是拔茅村主要居住地，建于清乾隆五十七年（1789），距今有两百多年历史。总共占地13亩，共有房屋102间，大小天井26个，木柱712根。时代变迁，岁月更替，如今的"千柱屋"里仍有很多张姓后裔居住，只有十五六户的外姓人。

　　"千柱屋"位于拔茅村的北部，碗园山在千柱屋后不远处，屋的左右有青山环抱，按古代风水学来说呈青龙白虎之势。碗园山流下来的水从北面流淌至千柱屋后，汇入一口"官塘"，是一个出人才、纳财气的风水宝地。符合古人建宅先要选址，看风水，择地"趋吉避凶"，造福子孙后代的要求。古时以山南水北为阳，"千柱屋"坐于山南，居于水北，故气候冬暖夏凉，是阴阳调和、适宜建宅的理想基地，符合长期安居乐业的生活条件。

　　"千柱屋"背靠碗子山，面朝新昌大溪。山谷中有成片的参天古松，春天漫山的杜鹃花盛开，芬芳美丽。

　　"千柱屋"可分为"老屋""新屋"和"书房"三个部分。房屋以每户的中轴线左右对称。

　　新屋用围墙围出10亩，围墙每个方向都有门，便于各户人家就近出入。整座屋坐北朝南，东西横向宽47.4米，南北纵深30.5米。这组建筑的主体部分，占地面积最大，结构也最复杂：正面开有五座大门，都是石门框；中间为正大门，两边各有一个中门、边门，象征着中国传统的"五福临门"；门框下端和门槛都有精美的石雕。

　　"新屋"纵向为三条轴线，横向为五条轴线，共三进。

　　第一进"头厅"五开间，三明两暗，中间为大天井。开间通面宽16.7米，通进深11.7米。左右各有三间厢房，通面宽11.2米，通进深5.3米。明间两缝五架抬梁式，加前后廊轩，四柱六檩。其余各缝为穿斗式的结构，单檐硬山顶。明间敞开式，左右次间金柱处置木门，有福扇门和权子门两种，裙板装饰精美。左右厢房三开间，通面宽11.6米，通进深8.8米。梁架穿斗式，檐柱耍头、牛腿均雕饰戏曲人物，精致细腻。明间置福扇门，次间设权子窗。

　　第二进"正厅"布局、开间、梁架结构跟头厅差不多，只有福扇门、权子窗的花式会不同。权子窗的中心部分嵌有浮雕"八仙过海"等精美的图案。

　　第三进分东西两个合院，合院中各有小天井一个。整座院宅中有水井四眼，屋内的家人用水，不用走出宅子。新屋中轴线的东西两轴，有五个合院，共 10 个小天井。每个合院之间有廊屋相通又相对独立，充分体现我国古代江南——民居分户不分家，户户相通，各户又均有自己的出入门户的传统——"聚族而居"的理念，融入儒家长幼有序、尊卑有别的礼仪，体现一个家族家长的无上权威。

　　拔茅村的"千柱屋"建筑风格和结构充分体现了新昌地区的历史文化内涵，显现着中国百年前建筑与历史、人文、风水有效结合的营造特征。"千柱屋"规模宏大，结构巧妙，充分体现了我国"聚族而居"的传统观念和"天人合一"的建筑理念，具有很高的历史文化价值和审美观念。

（文：新昌农办）

绍兴嵊州彦坑村

泥墙木屋隐深山

彦坑村位于嵊东四明山脉的北漳镇，地处奉化、余姚、嵊州三县市交界，平均海拔 800 米左右，离嵊州 45 公里；共 324 户、870 人，村民以陈、徐、董姓为主。

隐藏在偏远僻静的高山峻岭之间，它显得超然物外，近似世外桃源；浸润几百年的时光，留下许多古朴和沧桑——这些印迹，就是活着的古村落。

说到古村落，彦坑村可谓浙东之首。这是个山多田少、生态宜人的高山村。农林业是彦坑村的主导产业，农特产品资源相对丰富，有红豆杉 1200 亩、香榧 1000 亩、红枫 100 亩、毛竹 700 亩，另有高山蔬菜、樱花、香榧、中药材等，农林收入主要来自以上产品。这里气候适宜，冬暖夏凉，山上植被茂密，森林覆盖率有 90% 以上。这里历史悠久，集古村落和生态资源于一体，泥墙屋成群连片，基本保留着 500 年前的原始容貌。

到过彦坑村的人，都有感于该村清一色的朴实无华的泥墙木屋，这样的泥墙屋全村有约 350 间，大多建于清朝，部分建于新中国成立前后。

董家彦自然村以石头屋为主，陈大坑自然村基本上是古老的泥墙木屋，至今尚有约 150 间，保存相对比较完好的五间两居头古台门不少于 2 个。与陈大坑自然村相比，余家坑自然村的泥墙屋是保存至今特色比较鲜明的古建筑。

余家坑自然村的历史可以追溯到 700 年前的南宋时期，徐氏先人从外地迁居而来后，便在此繁衍生息。现今在一条宽约 10 米、碧水潺潺的岩石溪坑两边，还能看到两层楼的泥墙木屋约 200 三间，三间两居头和五间两居头的古台门至少七八处。

据自幼居此的徐如康老人讲述，早在金兀术起兵攻宋时，徐家头代太公为避兵灾，携妻带子一路逃难到此，在四面环山的余家坑筑舍而居，民间称徐家第一灶头。这就是现存的燕窠下团门，至今已有约 700 年的历史。

燕窠下团门坐落于半山腰，面朝东南，是一座呈长方形的"回"字形两层三间两居头泥木建筑。"回"字外面的"口"字为民居，里面的小"口"为天井，四面墙壁全部为黄泥土墙，里面的框架皆为木结构。中间是一个堂前，两边和对面都是住宅，大小共14间，门窗用了最简单的木格装饰，屋柱的柱脚皆用圆鼓形石盘。

当地民间至今流传着"木头当礤柱"的说法。据说，岩石当礤柱很早的时候要纳税。徐家造第一间屋时，屋柱的柱脚就用不易腐烂的硬木做了礤柱，历朝历代以来有无更换也无从知晓。据村里八九十岁的徐姓老人讲述，20世纪80年代，村人们纷纷对老屋进行修缮，为牢固起见，大家就地取材，将村前溪坑中的青石制成礤柱，换下了原来的木礤柱。现在全村仅在下团门附近的一间茅房里，尚能见到古老木礤柱的尊容。它看上去全身布满细密的裂缝，用手触之却仍坚硬如铁。

这些民居，从建筑形式上来看是泥木结构，从材料上来分基本是泥墙木屋（俗称泥墙屋），建筑样式有回字屋、凹字屋、工字屋和一字形屋。大部分泥墙屋的基础用石或砖，墙体以石灰、沙、黄泥等材料混合，用一种特别的建筑法（用两块木板按一定的距离夹紧，加混合料于夹槽中，用一种类以椿的木棍锤紧）夯筑而成。泥墙之内，整屋搭建木结构框架，间与间之间用木板、门窗隔开，屋顶用粗长树干作梁，杉木作椽，铺上青灰瓦作面，以遮风挡雨。为防雨水冲蚀，一些墙面用石灰或柏油刷了保护层。

通常在一些古老的台门里，人们会搁置一张八仙桌、几条竹椅、一张窄小的案桌和锄头、铁耙、钩刀等农具；偶尔可以发现堂前横梁与楼板间的一两个燕窠老巢。几个老人静静地坐在台门里的椅子上，脸和灰色的土墙融为一色。夏季，房梁上的巢穴空着，孤零零地悬筑在那，等待明春新燕的歌鸣。待冬去春来，大地回暖，也许会有一两只黄蜂循着燕衔新泥的气息，在泥巢左右盘旋，嗡嗡的声音在空旷的老屋里越发显得寂寥。短暂的停顿后，随即，黄蜂一啸而过，飞离老厅，拖得很长的尾音在老屋里经久盘绕。

新中国成立前后，村里还办过瓦窑厂，利用山柴和田泥烧制所需的瓦片。到20世纪80年代后，村窑渐次消失。

泥水工在筑墙的木板匣里倒进拌匀的土，用墙锤把土一锤锤夯实，夯了一版又一版。为增强土墙的整体性，每版墙舂到一半时，一般都要用果树枝、松树枝之类作为墙筋沿着水平方向放置，夹在夯土墙中。这样的泥屋，一楼二楼之间隔着木板，上层储存粮食，下层住人。人住楼下，热天不热，寒天不冷，倒也舒坦。

当泥墙被重新修复、改头换面后，雨的到来似乎显得温柔起来。雨滴掉在千孔百疮的墙面上，就像遇到了"吸星大法"，瞬时减了威势。落在屋前的泥地里，在地上镂出一个个酒杯状的小孔，绽放出一朵朵水花。若静赏雨落，闭着眼睛或枕着书聆听雨与瓦的节奏，一如享受美妙的摇篮曲。

泥墙屋养育了一代代人。徐家一上代太公曾在外任教官，长毛造反时，率兵作战，不幸战死于临安府一带。说起上代太公，这里的众多耄耋老人也颇为自豪。

据徐代余、徐代义等老人讲述，从这里走出去的俞忠水，毕业于清华大学，教授职称，曾在青海工作，后任一杂志社主编。2013 年老人在嵊州去世时，青海省一副省长闻讯后专程前来看望。

时光荏苒，黄色的泥墙木屋中，有许多已伴着颓废的残垣，面对着群山孑然默立着。有的屋身开始倾斜，屋门经过风吹日晒，也不再平整，带着宽宽的裂隙。它们的主人要么已然老去，要么移居他乡，只有它们仍默默地守候着房前屋后的榧树、柿子树和猕猴桃藤。榧树躯干虬曲斑驳，柿子树的树上挂满了无人采摘的果子，猕猴桃藤恣意地疯长着……

（作者：钱宁儿）

绍兴嵊州崇仁六村

穿越千年杏花村

崇仁六村位于嵊州西北部，离市区 11 公里，绍甘线从村边经过。全村 439 户、1154 人。崇仁六村大部分村民姓裘，另有陈、王、韩等姓。

村中老台门众多，坐落其间的古建筑群基本保持明清风格，尤以五联台门和玉山公祠最为典型。故崇仁六村又称崇仁古村。2000 年 1 月，以崇仁六村为核心的崇仁古村落被列为浙江省历史文化保护区。其中玉山公祠 1997 年 8 月被列为省级文物保护单位。

走进崇仁六村，宛如走进一座江南古民居建筑的博物馆。

沿着寂静的卵石巷道缓缓前行。古朴浑然、精美奇崛，是崇仁六村的建筑群带给我们的初始印象。

古巷入口，竹木扶疏，一座偌大的建筑迎面而立，便是古村第一大祠——玉山公祠。

公祠建于清乾隆五十六年（1791），供祭崇仁裘氏第十九世祖裘玉山。祠堂坐北朝南，主体建筑依纵轴线布局，自南而北为照壁、门厅、戏台、正厅和后厅，两侧建有厢房。

崇仁六村古建筑群中，最重要的建筑当推"五联台门"。五联台门是清中后期的建筑，是玉山公为 5 个儿子建造的。走过玉山公祠西侧一条幽深的卵石巷道，就到了五联台门的核心——敬承书房。书房有两座跨街楼与老屋台门相接，学子们可以足不出户上学、下学，免遭风霜雨雪之苦。由此，封建社会官宦人家培养子孙的良苦用心可见一斑。

以五联台门为中心，大夫第台门、老屋台门、樵溪台门、翰平台门、云和台门环列四周。这是一组青砖白墙硬山顶建筑，台门内部用材精良，砖、木、石雕精细生动。各台门都独立成院，自立门户，而底层又设边门，户户相通。楼上则用跨街楼与相邻的台门隔巷相连，从而成为一个自上而下互相通联的民居群落。这种格局在古建筑中并不多见。

在古村，保存完好的老台门有三四十座，较有代表性的为"官宦台门"、"商贾台门"和"平民台门"三类，其布局大致为：台门在前，而后天井、堂屋、侧厢、座楼等组成一个独立的宅院。这些台门或以姓氏命名，或以仕进和官职为号。

行云流水般的细节雕刻，将中国传统文化中含蓄悠远的意境之美融入到独具匠心的建筑雕刻设计中。

在玉山公祠门厅前的道地上有一只回头鹿。在早晨熹微的天光中，整头鹿光亮润泽，一只眼睛睁得溜圆，"回眸"之状活灵活现，而待日出就难觅其影。这是为何？原来，建设者匠心独运，铺设时，先将所用青石用盐卤浸过，砌好后又以缸爿勾勒出鹿之轮廓，如此一来，虽历经千年，此鹿仍栩栩如生，为古建筑平添一景。

牛腿、梁枋似一页页打开的画卷，展示着一个个与古村文化有关的故事。云和台门前厅大门上的雕刻——"米芾拜石"、"羲之爱鹅"、"太白醉酒"和"林逋放鹤"，体现了家族的文化涵养与人生志趣；玉山公祠后天井中的两组牛腿——东边一组的"司马光砸缸"、"人狐鼠相处"、"济公济贫"、"愚公移山"、"三娘教子"和"真假猴王"，西侧一组的"孝"、"义"、"勤"、"俭"、"泼水浮球"和"薛平贵回窑"等雕刻惟妙惟肖，笔简意赅。官太太拿着一把竹丝很苴的扫把扫地的情景，"俭"字跃然而出；"真假猴王"告诉人们要生就火眼金睛，去辨别生活中的真假是非；"人狐鼠相处"则寄予着人类与动物和谐相处的美好愿景……

崇仁原名杏花村，北宋时，受皇帝敕封的义门裘氏从婺州分迁此地。裘氏以崇尚仁义为本，故名其地为崇仁。但从古村西北路边"方井"旁一石碑刻着"赤乌二年"（239）字样看来，早在三国吴时这里已有先民居住。

史载，在裘姓迁此之前，崇仁已甚繁荣，有张、黄、李、段、白五大姓聚居于此。据《崇仁义门裘氏宗谱》载，宋庆历年间，裘氏迁居崇仁长善溪东八角井旁，为崇仁裘氏第一世祖。随后，裘氏大家族在此繁衍生息，并逐渐发展为富甲一方的望族。自宋以来，崇仁受敕书、诰命三十余道，出秀才约1340人，仕官约340人，单裘氏一族就有4名进士，38名举人。

"一方水土，养一方人"，崇仁这方水土孕育了全国第二大剧种的越剧。崇仁名家马潮水15岁开始"唱书"生涯，创办了越剧史上的第一个男科班。裘光贤于20世纪30年代初，在崇仁戒德寺创办了女子科班"高升舞台"，"越剧皇后"筱丹桂、"金嗓子"傅全香、"老祖宗"周宝奎等名家均在玉山公祠古戏台汇报演出，而后打入上海滩。抗战胜利后，傅全香还在此台上主演过《夜半歌声》……

"聚族六百，人不异居，家不分炊，循规蹈矩，尽绳家法"，这种四世同堂、五世同堂的聚居格局在崇仁六村较为常见，足见崇仁先祖希望大家庭和睦相处的美好愿望和裘氏家族"分户合族，聚只一家"的聚居传统。

在古巷里行走，凡转角处的墙角都呈柔和的圆弧形。这些用在墙角的建材多用整块青石，有一人多高，十分利于行人。过街楼的设计，也颇人性化。由此可见，古村十分注重在舒适中彰显仁义，在建筑中凸显人文关怀。

还有那遍布街巷和院落的古井。这些古井高出地面部分多用整块青石镂空作口，井边配有井槽、井臼，井面有一道道被井绳磨出的凹痕，可以想见当时井边热闹和谐的场景。玉山公祠后面的"让井"，有一段被岁月尘封的逸事：古时有户裘姓人家建房时，这口露天井要被围进屋里，邻居因用水不便而起纠纷。这户裘姓遂将屋基退去数米，让出水井，方便村民用水。这一"让"，让出了襟怀，让出了和谐，让出了"崇尚仁义"的内核。

古村的人文之美，更体现在以人为主体的消防文化上。

穿行于古村街巷，随处可以感受到消防的气息。那一道道架在民宅之间二层处高2米多的马头墙，一般设在五间四厢或两厢之间，可防风防火。台门间小巷曲折多变，亦能有效阻隔火源。此外，古村的街巷有水井约100口，台门间有长5米、宽4米的水池，既方便村民用水，又可应消防之急。玉山公祠里，也有一清一浊两口灵异的紫砂大缸和一口古井。民间相传，为防古村被火灾吞噬，当时裘氏出资成立了消防队，每人配置锡制水枪，人员均由裘氏家族子孙组成，救火不收费用，被村民誉为"义门消防队"。时至今日，古村上仍活跃着崇仁七八村消防队和九十村消防队的身影。

精巧的艺术，智慧的营建，科学的布置，人性化的关怀；古村的文化在历史中沉淀，在口口相传的动人故事中流传；古村的生活仿佛一支古朴而悠长的乐曲，共奏出人与天调的美好乐章。

（作者：钱宁儿）

绍兴嵊州黄胜堂村

履中蹈和兄弟情

黄胜堂村位于嵊州市甘霖镇西面约一公里，这里属于天台山脉和会稽山脉中间的盆地，地势平坦，沃野连片，肥沃的土地让黄胜堂的人们生活得富足而幸福。

村中的住民以吕氏为主，据《吕氏宗谱》载，明建文元年（1399），吕氏先祖吕仕慧从贵门白宅墅迁居而来，以养鸭为生，娶上戚庄（今戚家村）戚氏为妻，由此繁衍渐成村落，后代称其为"看鸭太公"。因为"看鸭太公"常在村东北边的黄泥塘放鸭，村子俗名便叫作黄泥塘。明末清初，村子里来了一位塾师叫吕六怀，他觉得这个村名不雅，改黄泥塘为黄胜堂。从此，村子正式取名黄胜堂，到现今有将近480年历史。

村子外围是现代建筑，中间却是小巷庭院、卵石铺道，比较集中地保留了一批清朝以来整体风貌的建筑，清代风格的房屋整齐错落排列，主要古建筑有秀水善院、环水亭、祠堂、卐字街、水井、民居、台门等。

祠堂主要有吕氏宗祠敬义堂，坐落在黄胜堂村村北，落成于清乾隆戊子年（1768）腊月，坐南朝北，耗银300两，历时7年建成。宗祠规模体量较大，整座祠堂金碧辉煌，保存较为完整，结构依次为大门、前厅、戏台、正厅。戏台两侧有厢房。戏台单檐歇山顶，正脊堆塑花草、人物、蛟龙，垂脊和戗脊堆塑瓦将军4尊，藻井八角形，纵16组斗拱分8层收缩至顶，顶心雕盘龙，四柱挂6只牛腿，上雕人物。祠堂里有古戏台，坐南朝北，宽4.8米，深4.6米，离地高1.62米，框高3.3米，原戏台三方置有精致的低护栏。戏台为单檐歇山顶建筑风格，面朝祠堂正厅，顶脊两端饰有龙吻，龙尾似"S"形，富有龙腾之感。垂脊塑有"双羊公主追狄青"，戗脊塑有"和合二仙"，均系建台时的原件。

村中有大大小小的台门数十座，如"居仁由义"台门、"耕读传家"台门、"晓晨云雅"台门、"报本堂"等，都是有上百年历史的老台门。其中有两个相距不远的台门，不仅结构一模一样，连门楣上的题字也是一模一样，上面都题着四个字：履中蹈和。这样一模一样的两个台门，非常罕见，这里面还有一个故事。

光绪年间，吕氏第十四代传人中，有一个叫吕元功的，生了两个儿子，一个叫正秀，一个叫正亨。俗话说"兄弟阋墙"，这兄弟俩的感情有时也不一定好，正秀和正亨也是如此，从小就互相看不顺眼。他们都各自跟着儿子住在外面，很少碰面，但只要一碰面，便什么东西都要互相比试一番。为此他们的老父亲吕元功大为恼火。

兄弟俩一生碌碌无为，生出的儿子却个个都大有出息。这一年将近年关，两兄弟带着儿子赶回家过年。大年三十这一天，兄弟俩都带着各自的家人来到老父亲吕元功的房中，一家人团团圆圆地围坐在一起吃年夜饭，过团圆年。酒至半酣，兄弟俩的老毛病又犯了。

首先是哥哥正秀，他对弟弟正亨说："兄弟你知道吗？你哥哥的四个儿子，个个都是商业天才，老大在甘霖开店，分店开了一家又一家，他的财富可以买下半个甘霖；老二在县城做丝绸生意，是嵊县首屈一指的大富翁，人称吕百万；老三的生意不止在嵊县了，几乎整个浙江省都有他的生意伙伴；至于老四，他最厉害了，他已经准备到北京去发展。兄弟，你的儿子混得怎么样？"

正亨不屑地哼了一声，说："你钱再多又有什么用？碰到强盗把你抢个精光！我的两个儿子，手中掌握的可不是区区钱财，而是权力。我的大儿子，在曾国藩曾总督手下任督军，统率着几万人马，立下了赫赫战功；小儿子中了进士，现在已经到一个县任知事，整个县所有的事都由他说了算。我说老大，你的儿子能做到这些吗？"

正秀当然也不服气，马上反驳说："有钱能使鬼推磨，有钱没有办不到的事。"就这样兄弟两个互相争论起来，都说自己的儿子有出息，成就大，把一个好端端的家庭宴会搞得很不愉快。

吕元功在一边看着，到最后实在看不下去了，一拍桌子，骂道："你们两个都给我住嘴！以前你们都在外地，我没机会教训你们，今天大家都在一起，我要好好给你们说说道理。正秀，你有钱了不起啊，你有钱不讲信义，不做好事，就是为富不仁。正亨，你两个儿子都当官，但要牢记，当官是要为民做主的，不为民办事做主的官，不是一个好官，是一个坏官。古话早就说过，'当官不为民作主，不如回家卖红薯'，到头来，这样的官是要被老百姓揪下台来的。不要老是想着自己有多么了不起，所以我正告你们。经商，就要做个好商人；做官，就要做个好官员。还有，你们两个是亲兄弟，兄弟如手足，这世上没有人比你们还亲的了，你们兄弟不和，叫我做父亲的和你们几个儿子都情何以堪？今天我给你们四个字，你们要记住了！这四个字是'履中蹈和'。"

"履中蹈和"这四个字的意思就是，走路脚不要偏，做事要和为贵，做人要平和。兄弟俩相互对视一眼，想想自己平时的行为，羞愧交加。两人站起身来，齐声说："谨遵父亲教诲！"

这天过后，正秀、正亨兄弟俩果然互敬互爱，团结和睦，同时各自教育自己的子女要正直善良，胸怀仁义。

后来，吕元功为两兄弟各建了一个院落，这两个院落无论是面积、结构，都一模一样，而且特意在两个院落的门楣上都刻上这四个字——"履中蹈和"。

黄胜堂村的先祖虽然以看鸭为生，但他的后代却崇文厚德，仁义为怀，人才辈出，从这个故事上就可见一斑。

（作者：袁孟梁）

金华东阳李宅村

群贤共建大宗祠

东阳李宅，有着六百多年的历史。明清时期的古老建筑，花台门、文昌阁、尚书坊、集庆堂、十台房、大宗祠等，鳞次比栉，遍布于李氏家族子孙繁盛、人丁兴旺的古镇。"南渡名宗"、"忠孝名家"的匾额，展现出名门望族的悠久传统文化。李宅有着众多的大小宗祠，素以"卢宅的牌坊，李宅的祠堂"而享誉东阳。尤为突出的"大宗祠"，其建筑规模之宏大，气势之雄伟，实为江南所罕见。李宅"大宗祠"，实名"毅庵公祠"，村民俗称"大祠堂"，以区别修建于明代的宗祠为"小祠堂"。据《东李宗谱》载，毅庵公是东李始祖李舍十四世孙。当年李毅庵嫌前山故居低洼潮湿，四处寻觅阳宅，某日系马槐树歇息蟾程丛林小庙，梦神授予钥匙说："领钥匙即可在此建造房屋庙宇，安家发族。"明宣德初，李毅庵自前山里迁居蟾程里繁衍生息，后鼎名李宅，为李宅李氏始祖。

大宗祠

据《毅庵公祠碑文》载，大宗祠始建于清嘉庆三年（1798），越三年（1801）竣工。

　　史载"始祖毅庵公后十六世，苦于宗祠狭隘，难容昭穆祖上牌位及求索所有的神而尽祭祀。乃商议扩建新祠，以传承毅庵公尊重儒家，兴盛侠义，怜人之厄，得天之佑"，裔孙族长召集各房头商议筹备，其间涌现了一批急功好义、"富而好礼"的人。他们精心设计蓝图，选址在尚书坊、集庆堂后的中轴线上，父老言之凿凿。他们是五个人，至今皆子孙济济，成为一房之祖，人称"五房头"。他们尽心竭力筹建，却互相约定，不邀功，不图名，不把姓名刻上"毅庵公祠碑"。至今为了考查清楚他们的值得永远纪念的"芳名"，不得不翻遍浩瀚的宗谱，从他们逝世后的传记、墓志中去查找，查了好几天，李申夷在李世苞的大力协助下，终于查清楚了（但族长是谁，何人为首，仍难确定），现按 1798 年时的年龄大小为序，列名于下：

　　李贤聘 55 岁，圭常之祖（毅庵公十三世孙）。

　　李继梧 51 岁，南岐房之祖（毅庵公十二世孙）。

　　李继彩 48 岁，西园房之祖（毅庵公十二世孙）。

　　李能仁 43 岁，锡常之祖（毅庵公十四世孙）。

　　李继彪 26 岁，东陆房之祖（毅庵公十三世孙）。

　　他们的合作方式是蓝图确定后，各自认建某一部分，如继彩、继彪认建寝室（厢房）30 楹；贤聘认建中庭；宗祠地基由继梧赞助，独造门楼 11 间；等等。他们合作得非常默契，都以最佳质量来完成蓝图所提出的技术指标和任务，绝不草率，绝不落人口舌。

　　据父老相传，李贤期原本希望参与大宗祠的建设，当获悉五房头任务分派已定，十分生气，以致卧病在床。五房头因他财力稍逊，且已年老（65 岁），所以没有去邀他一同出力，原是好意，不想竟因此致病，很觉过意不去，便想了一个补救办法——一同去慰问。当李贤期在病床上责问为何看他不起时，大家连忙回答，绝非轻视，而是留下一座很重要的"聚星楼"让他去独立完成，只因事忙，忘了告诉。李贤期闻言，从床上一跃而起，其病若失。所以"聚星楼"是李贤期独资建造，与"大宗祠"同时动工。建成后，也和五房头一样不邀誉、不图名、不刻石记功。

　　施工期间，村民踊跃参加，碑文记载："架栋劂山，甃阶凿壁，来庭建议众口交欣，倾筐倒篋，宣力效勤，白叟黄童，冰霜之妇，虽不能来贺亦以酒乃迨。"其盛况可见一斑。

　　此大型宗祠的院落分前、中、后三进，两侧各有廊庑厢房。不可思议的是它的布局和体量几乎与周原（今陕西岐山凤雏村）一带发掘出的一座西周建筑遗址无大差异。据《东李宗谱》载："吾祖讳舍者，行第三，其先居陇西，厥后徙河南之陈留，五季时一迁于闽，一迁于睦（今严州），舍复自睦迁婺之东阳里仁里。"因此，这是偶然的巧合还是有历史的渊源，有待进一步研究。

瞻观李宅大宗祠，蟹溪绕其东，泗溪流其西，龙山、笔架山、马鞍山矗其南，后山头为其倚靠，与尚书坊、集庆堂处同一轴线。整体建筑严密，布局有序。门楼为七间单檐楼层，前廊高出路面一米多。正间铺七级青石台阶，余为陡板压石，左右分立觚形旗杆基座，堂门左右立抱鼓。额悬"南渡名宗"，板对"陇西右族冠南国；蟾程千里长桂坡"。正间三柱，置月梁，下设陡板地栿立板壁，前廊枋顶施斗栱。

"大宗祠"造型别致，风格典雅，雕刻技艺精良。祠前古道悠悠，自东向西，步步升高。正厅仿制匾额"怡怡堂"，为宋宁宗所赐，旌表南宋庆元二年进士李大有、嘉定十六年进士李大同，赐封翰林学士李大朴，"一胞三凤，济济一堂"。

（文：东阳农办）

┌─────────────────┐
│ 金华东阳市镇西村 │
└─────────────────┘

镇西马上桥花厅

从东阳市东城往东南沿南江溯流而上26公里便可寻到镇西村，马上桥村便坐落于此。马上桥村原名大化，也称千家吕，是一个吕氏聚居的村落，北宋时从山西解州迁入后逐渐形成，今尚存十字街、大化寺、大化桥等遗址。始祖吕邦彦为北宋名士，自山西解州卜居于南宋始，子孙繁衍，吕友能、吕绍德、吕常年祖孙三代为进士，科第绵延，遂成大族。后数传至解元吕望潮，任福建泉州知府，因上奏总兵郭华俊违法事，村遭郭率兵抄杀。吕望潮次子吕仲，寡不敌众，英勇就义，朝廷闻知派将军赵白昌赶赴大化平乱。斩杀郭华俊后瘟疫流行，赵将军不幸染病殉职。村东北有木桥，牛马至此，惊惧而倒，称马倒桥，后改建为石板桥，牛马上桥无阻，遂改村名为马上桥。

马上桥花厅原叫一经堂，曾是当地富商吕富进的一处住宅。后来，当地人还在花厅里办过私人酒坊，让这个充满艺术气息的花厅更多了一重芬芳。吕富进是盐商，一直在苏州一带做生意，赚了一些钱，他一生有四个儿子，他开始建造马上桥花厅时，年仅18岁。

马上桥花厅始建于清嘉庆二十五年（1820），落成于道光十年（1830），道光十九年（1839）增建第四进后堂，共44间，占地1797平方米，建筑面积2793平方米。厅堂建筑呈"且"字形平面布局，前后四进，由门楼、前厅、中堂、后堂加左右厢楼组成，共有272根落地柱。其中门楼院落12间，正厅院落16间2弄，中堂院落13间2弄，后堂院落9间。每个院落既相对独立，又用厢房相互贯通。

马上桥花厅是东阳木雕的经典之作。一走进花厅，如同进入一座艺术的殿堂。花厅内部建筑构件都精雕细刻，把日常生活中所见的鱼虫花草、飞禽走兽等，用寓意、谐音、比兴、象征等艺术手法表现出来，表达了对美好生活的向往。建筑上还雕刻了大量的回纹、龙纹、水纹等纹饰，使整体空间呈现出华丽神奇的氛围。门窗花格的款式多不胜数，各种构图灵活多变，色彩素雅，格调高雅，达到建筑结构、功能和审美的统一。

马上桥花厅还融石雕石刻、淡彩墨画为一体。大门门额上方嵌有"锦丽绮章"石刻，上面是八卦图案石刻，门楼的檐梁为浅浮雕花纹石雕。厅内的墙壁上雕刻有"培兰"、"植桂"等字画，照壁上描有彩墨画，正厅墙壁内侧都是磨砖贴面，光磨砖的花样就有正方形、长方形、平行四边形、六角形等。各厅围墙上方壁檐下，都画有淡彩墨画。整座花厅融建筑设计、木雕、石雕、砖雕和彩墨画为一体，不仅可以看到当年吕氏家族的鼎盛，更可见当时东阳的建筑技艺之高超。

东阳民居是几百代亦工亦农的建筑工匠经过辛勤劳动、不断创新的成果，同时也是民间工艺的杰作。明清时期，木雕广泛运用于建筑装饰，民间建筑与装饰都突破了朝廷的规定和限制。从明代开始，东阳木雕从以前的用于宗教用品向建筑与家具装饰领域发展，将平面浮雕作为建筑雕饰的基本技法，造型粗犷，构图简洁，神形兼备。江浙一带很多衣锦还乡的朝廷命官及一些从商的富绅都会在自己的家乡修建宅园，据记载他们邀请东阳的木雕艺人为其进行木雕装饰。东阳古民居除当时的一部分贫民之外，大都进行了木雕装饰，多精雕细刻，把建筑的每一部件都进行了雕刻。说明在这一时期能竖屋（东阳方言，指造房子）的人都是有一点经济基础的，也基本上都是一些地方的豪绅士族。

近代战争纷扰，许多历史古建难逃劫难。在这一百八十多年间，马上桥花厅几经威胁而幸免于难。第一次是在1941年5月16日中午，一架日本战机飞到马上桥上空，投下12枚炸弹，花厅竟毫发无损。第二次在1943年农历腊月十八，一支日军来到马上桥，用枪托砸掉窗栅从窗户爬进花厅，砸碎各进建筑之间相互连接的大门，却由于遭到了湖溪抗日自卫队的袭击，来不及放火烧花厅，就撤离了。十年"文化大革命"也使花厅不少木雕构件被铲除，好在建筑主体未受破坏。

自1997年8月马上桥花厅被公布为第四批省级重点文物保护单位后，各方先后4次投入资金对马上桥花厅进行全面修复。马上桥花厅是先人留下的宝贵遗产，是手工匠人智慧的结晶，是民间工艺的精华。百年来，它矗立于此，见证着村庄的发展与繁华。

（作者：郭军新）

金华义乌黄山村

木雕殿堂八面厅

黄山村距义乌县城西北约 25 公里，在山环水绕、风景秀丽的岩口水库深处。村庄以船形规划，南北长，东西短，三面环山，风景秀丽。据《石门陈氏宗谱》载，北宋嘉祐年间，始祖陈蟠避居智者里石门，人称石门先生，其六世孙陈岱析居凰山，为义乌黄山始迁祖。上溪黄山村保存着一座精美绝伦的清中期民居——八面厅，闻名遐迩，被称为木雕艺术的殿堂、天成的雕刻艺术博物馆。

八面厅又名振声堂，堂名寄寓了陈氏祖先对后人"弘拓基业，丕振家声"的厚望。古人营造华堂，尤重选址。八面厅坐西南朝东北，前临凰溪，后枕纱帽尖山，东面轩敞，地势高亢向阳，远山峰峦叠翠，近处黄山如屏，门前有玉带水环绕，确是一处背山面水、藏风聚气的风水佳地。

清乾隆年间，有伯寅公讳子宷（1720—1793）者，娶妻楼氏，生三子名金山、静轩、常士，或举业，或从商。陈伯寅以经营火腿起家，其寅字号火腿庄遍及孝顺、浦江、东阳、兰溪，产品远销苏杭。经过祖孙三代的辛苦经营，生意越做越红火，财富的积累呈几何级数增长，可谓日进斗金，当时富甲义乌西乡。

黄山八面厅由陈伯寅孙儿陈正道主持营造，经过两三年精心的筹工备料，华堂于嘉庆元年起工动土，历 17 年落成。用当时人们的话说，黄山八面厅好比天上的宫阙，美轮美奂。可以说，黄山八面厅是数千年来购田置地、光耀门楣的传统封建观念与商业社会下普遍的攀富心理结合的产物。

黄山八面厅规模宏大，布局结构独特。整体平面布局以一条中轴线和两条副轴线相交构成中路建筑和南北跨院，建筑占地 2908 平方米，现存建筑三路六院计 56 间，建筑面积约 2500 平方米。建筑采用主座朝东北、左右对称、均衡布局的平面制式，沿中轴线上依次分布为花厅（花园）遗址、门厅、正厅、堂楼；中轴线南北两侧跨院分别有两个三合院，四座厢厅，共八座厅堂，故俗称八面厅。现除花厅、花园已毁外，其他七座厅基本保存完好。

八面厅建材取精用宏，所需大木如榧木、梓木、银杏、栗木、香樟等多为名贵珍稀木种，从严州三都镇购得，汛期由水路运抵义乌，实属难得。

凝神品读这鬼斧神工般的砖石雕造，俯仰之间，仿佛能听到匠师们使用斧斤刀凿锤击雕作打磨时发出的声音，感受到历史与时光那粗重的呼吸。这些出自深山的顽石和用黏土烧制打磨而成的青砖，经过工匠灵巧的手，变成了一幅幅精美的有生命的图画。整个门厅的立面，犹如一幅巨大的、场面恢宏的幕布，中国五千年的文明在此演绎，跌宕起伏。远自蛮荒时代的神话，近到生活中俯拾皆是的劳动场景，佛道故事、神仙传奇，花草虫鱼、珍禽瑞兽；有寻常动物图案，也有神话中的神兽，如白虎、朱雀、犀象等。在狭小的、尺方的艺术天地中，或如老子出关、文王访贤、舜耕历山、孔子问道、仙人弈棋等人物典故，或如福禄寿喜、龙凤呈祥、麒麟回首、太师少师、梅兰竹菊、瓜果三多、喜鹊登梅、鲤跃龙门、博古图、暗八仙等民间传统的吉祥主题，一出出，一幕幕，无不体现屋主人对幸福美满人生的追求。

迈入大门，高高的门槛代表着曾经门户的高低。大门前曾经还留存着四对旗杆石，虽已残破不堪，但却是当时举人门第显赫地位的象征。

这座五开间以"满堂雕"为特色的厅堂民居，曾经代表了乾嘉时期婺州民居木雕艺术的最高成就，无论是选材、构架，还是雕工，都具有典型的乾隆时期风格。门厅、正厅采用抬梁插柱式构架，彻上明造，非常适合大家族公共集会议事的大空间要求，是陈氏族人举行红白喜事和盛大庆典的主要场所。正厅前檐采用船篷轩结构，满轩施雕刻，极尽豪华。有别于一般的厅堂民居，八面厅靠天井一周的檐柱支撑。为避免檐口斜风雨淋湿，檐柱全部采用马岭石方柱，石雕柱础，更显气宇轩昂。除了柱子和板壁外，梁、檩、枋、椽、雀替、牛腿、斗栱、天花、挂落、花罩、槅扇等几乎所有的木构件都布满了雕刻，使人满目生辉。为了达到完美的艺术欣赏效果，匠师根据视角的变化，灵活采用浅浮雕、深浮雕、高浮雕、镂空雕、锯空双面雕、圆雕、半圆雕、铲阴花等不同技法，极尽雕斫之工，镂刻之美，没人能说清八面厅内雕刻的图案到底有多少。

除了传统的龙凤、狮子、麒麟、祥瑞、花鸟、昆虫、鱼藻、果蔬、山水、亭阁等图案，雕刻还大量地选取诗词歌赋、戏曲典故、神话故事以及反映生产和生活的题材，如八大仙人、十二花神、钟馗镇宅、天现麒麟、刘海戏蟾、叶公好龙、伏虎图、出耕图、归牧图等。正厅明间五架梁下雀替，以唐代诗人张拾的儿童诗《四季》为题材，分别雕刻"春踏芳草地""夏赏绿荷池""秋饮黄花酒"和"冬吟白雪诗"（缺）四幅图画。另外，在移步易景的视觉艺术中，还可以欣赏到霸王别姬、贵妃醉酒、昭君出塞、秦琼卖马、张良拾履、太白醉酒、踏雪寻梅、五凤楼大学士、渔家乐、长生殿、西厢记、牡丹亭、薛家将、杨家将、三国演义等戏曲场景图案。这些木雕好比微观的戏台，将台上的角色定格为永恒，驻足其间观赏则是与散落在时空中的不同面孔的对话。

自正厅出内宅门便到了堂楼。这就是上堂，通常是长辈生活起居的客厅，曾经陈列着工匠们精心打制的木雕家具。女眷通常所谓大门不出、二门不迈，说的便是不出内院，所谓内外有别，尊卑有序是也。

内院天井虽不似前院门庭宽大方正，却更有一种适合人居的温馨。天井中的青石花架上有着岁月磨蚀的痕迹，还长着依稀可辨的苔点。当年的牡丹、芍药、月季、兰花早已枯萎了，养金鱼的花缸也不复存在。那个寄托了花开富贵、金玉满堂的梦想之园，随着陈氏家族的败落时过境迁。人生的境遇无不如此，月缺月圆，分分合合。

出南北边廊，有石库门通两侧跨院。南北跨院各分东西院，对称布局，主要符合家居和会客的功能，一般供晚辈居住。

当年陈氏家族曾经五世同居，上百人生活在同一屋檐下，如此庞大的家庭，除了靠传统的宗法礼制，又是靠什么来维系一家之雍睦呢？从正厅通南北跨院台门上首青石匾上的题书"规环"、"范月"。反复思量，联系南北边廊天花上雕的代表清白家风的青蛙白菜图，以及中路建筑中反复出现的代表清廉、和谐寓意的图案，笔者猜测这大概就是陈氏先祖对住在其中的家庭成员的一种人生训诫：恪守规范，堂堂正正为人，清清白白做事，才能立于天地之间，日月可鉴。

（作者：黄美燕）

金华永康厚吴村

熠熠生辉古建群

永康市仓前镇厚吴村是中国历史文化名村。早在八百多年前，南宋嘉定年间吴姓先祖就迁居于此，子孙繁衍了三十六代。经宋、元、明、清建设，古村在岁月中越发熠熠生辉。厚吴村南北长约 500 米，东西长约 450 米。村落面朝屏山，东临南溪，西望历山，背枕前坑，绝大部分建筑均坐北朝南。直至今日，村落形态基本完整，建筑类型多样，是浙中民居建筑的典型代表。

厚吴村在清至民国初期，商业经济发达。其商业建筑主要依厚吴大街而建，大多保存完整，有的还在使用。整个村分为南北两个部分，南部保存较为完整，而北部已插入部分新建筑。古建筑以起源屋为中心，逐步向四周扩散。村中吴姓长房、礼房前园、射房祖处、智房东园、勇房外田、御房新楼等六大房派的居住区基本保存完整，聚族而居的传统保存至今。纵横交叉的老街是古村的主要交通线，四通八达，以厚吴大街为主干，临街分布有上千间的店铺、药店、古宅、祠堂等；支脉延伸，回旋通畅，古村也被分割成数十个长条形单元。古村处于一块小高地上，避免了洪涝灾害，但缺少水源，为此又人工建造了许多池塘，因而形成了老街纵横交错、池塘星罗棋布的基本格局。

厚吴村至今仍保存着永康最庞大的古建筑群，近百幢明清祠堂、厅堂各有特色，像一个个活化石，静静地向世人述说着历史的沧桑。如果建筑是立体的诗，厚吴就是一部历经八百年锤炼增删而成的诗集；如果建筑是无声的歌，厚吴就是一部回响着天籁之声和人间悲欢的曲谱。

宗祠建筑是厚吴古村的最大亮点，主要有吴氏宗祠、澄一公祠、吴仪庭公祠、向阳公祠、丽山公祠等。吴氏宗祠始建于明嘉靖二十六年（1547），坐北朝南，占地面积约 1220 平方米，砖木结构。中轴线上建有一至三进院落，每进之间有天井相隔，两侧建有厢房。门面中间为牌楼，两侧为五马花墙，中开大门，两侧开有两边门。一进面阔三间，明间进深六檩，次间山面进深七檩，两坡硬山顶。明间梁架为四架梁带后双步用三柱，次间山面为分心前后双步梁带前单步后双步用五柱。二进面阔三间，进深九檩，两坡硬山顶。明次间梁架均为五架梁带前后双步用四柱。三进面阔三间，进深九檩，明次间梁架均为五架梁带前双步后两单步用五柱。两厢均为进深七檩，梁架结构为穿抬混合，两坡硬山顶。此建筑雕刻工艺精湛，牛腿、雀替雕刻有人物故事、狮子、鹿、花卉等，门窗纹饰为葫芦纹等。中堂正中悬挂着宗祠的堂号"叙伦堂"，在厅内左右两旁挂着本族祖先历任的官衔和科举进士等匾额，厢房外侧回廊四周挂有百余块匾额，有因行善施义而得嘉奖者，有孝敬自爱者，均昭示着中华文明的点点滴滴。

吴仪庭公祠建于民国四年（1915），前后三进，左右厢房，前有四柱五楼式门楼，内部装饰美轮美奂。据说当年祠堂建成后，所有的彩绘、木雕都用棉布罩住，只有在重要节日时才能揭开"神秘的面纱"。据资料记载，公祠内的雕刻精湛，人物、花卉、动物活灵活现，梁头刻有龙须，梁上有倒挂龙、宝瓶等雕饰。丽山公祠建于清乾隆十年（1745），民国初重修，四柱五楼式砖雕门面，前后三进，左右厢房。该祠堂是为祭祀吴氏二十四祖吴翰祖而建造的，因吴翰祖的号为丽山，故以其号为该祠堂的名称。据传吴翰祖生前多有善举，经常操持村里活动，并慷慨解囊出巨资扶持村里公益事业的发展。清乾隆年间，当时的永康县令曾向其赠送牌匾，上书"盛世鸿仪"，以褒奖他的贡献。

厅堂精舍也是厚吴古村的精华所在。如建于清嘉庆十五年（1810）的司马第是当时闻名遐迩的仕途之家、书香门第，堂号名"为继堂"。该建筑共三进三天井，29间，入口处设置重门。第一道门为二柱三楼式砖雕门楼，正反面阳刻"司马第"，二道门为月形门洞，三道门由一主二附门组成，门楣分别墨刻"仰瞻山斗""书府""墨林"，檐下题满诗词。一、二进门窗及牛腿等处雕有历史人物、花鸟虫鱼、琴棋书画等图案，绦环板上更是雕出了字字传神的楷书诗句。桂花居建于清嘉庆年间，是村里有名的院子。一是名在院子的主人是个有文化的书香门第，二是名在院内的桂花树，每当桂花开时，其香味能让半个厚吴村的人都能闻到。建于清末的兰花居有百岁历史，院子的主人从院子建成之日起就种植了许多盆不同品种的兰花，小院因此得名。小院的主人已经换了几代人，可爱兰花的雅兴一直都没有变过，每到花开的春天，兰花居就会飘出淡淡幽香。

　　处变不惊的厚吴村在七八百年的动荡战火、冬去春来中始终坚持着宗族勤俭治家、教子有方、乐善好施的好传统。在细雨浥浸的早秋，徜徉在白墙黛瓦间，走在满是岁月苔痕的石板巷弄里，几百年的老宅在无声地诉说它的曾经。窗棂间门板上，四郎探母、鱼跃龙门、喜鹊登梅、代代封侯、三阳开泰这些题材吉祥孝道的精美木雕引导着、护佑着这个世风古朴高淳的村落一代又一代人平实安康。中国历史文化名村，它今天的鲜活、生动、安谧、平实一如过往的岁岁年年。

（文：永康农办）

衢州江山湖前村

"恩荣"牌坊遗古韵

江山市洋埠镇湖前村，是一座有着悠久文明历史的古村落，至今已600年。村里有一座湖前村民引以为傲的牌坊，它是先人胡公廉留下的历史功勋的见证，也激励着湖前村后代子孙以史为鉴，奋发图强。

百年遗韵"恩荣"牌坊

阡陌纵横，清幽小巷，是对湖前村的第一印象。斑驳的青石路，鹤发的老者安坐于两扇剥落的门前，穿梭在整齐的巷弄，偶有鸡鸣传来，不禁使人产生误入桃花源的错觉。

在一条有两座白墙青瓦泥砖房子相对的巷子里，高大的湖前牌坊立于眼前。牌坊有四柱三楼，用坚硬的青石材质建造而成，高约为7.25米，分为明间和次间，保存基本完整。抬头看，背面石匾上，刻着"进士坊"三个大字，字体苍劲有力；正面石匾则刻着"恩荣"二字，圆润敦厚；牌坊正背两面的额枋上雕刻着精致的仙鹤、祥云图案，栩栩如生；直梁上，则刻着一对有趣的"双狮戏球"，两只小狮子活灵活现；次间雕刻着行云般的图案。

"恩荣"牌坊正前方50米处，是一座有着530年历史的祠堂——"尚睦堂"。"尚睦堂"与"恩荣"牌坊组成了一个"尚睦"建筑群，意为崇尚和睦。

明嘉靖十三年（1532）竖立的"进士坊"，村民多叫"恩荣"牌坊。据《汤溪县志》记载，嘉靖年间，湖前村村民胡公廉考取进士，曾经任职当朝刑部主事，南昌府知府。胡公廉治政有方，为官清廉，赢得朝廷的敬重和老百姓的爱戴，他的家乡汤溪县也引以为荣。当朝汤溪县县令郑澄为了表彰他的事迹，以激励后人，于是在他的故乡湖前村立下"进士坊"。嘉靖皇帝知晓汤溪县县令给胡公廉立牌坊的事后，特赐给他"恩荣"二字，刻于牌坊的正面，因而也叫"恩荣"牌坊。

"恩荣"二字既言明胡公廉有恩于国家,有恩于老百姓,又表明他是朝廷和老百姓的荣耀,是皇帝给胡公廉的赞美和荣誉。

牌坊下的故事

胡公廉,字公卿,孝顺明理,为人性刚明仁,刚正不阿,以扶弱抑强为己任,爱"路见不平,拔刀相助",从小便有大志气。

据传,胡公廉十一二岁的时候,家境衰微,常常被人欺凌。一次,胡公廉和父亲有事要过渡船外出,恰巧县里的一个官员带着兵马过渡,平民百姓均不可搭乘船只。不明就里的胡父却上了官员的船,官员恼羞成怒,马上下令将胡父严打一顿。

胡公廉见父亲被打,连忙跑上去紧紧地抱着父亲,嘴里喊着:"要打就打我,不要打我父亲!"官员随意欺凌百姓让胡公廉感到十分愤怒,他羞愤慨地对官员喊道:"总有一天,我要做比你还大的官,看你还敢欺负我!"然而官员只是轻蔑地对他说了句:"你一个穿草鞋的穷小子,就算你穿着铁草鞋也超不过我的。"

重重的棍子落在身上的同时,胡公廉也在心里暗暗地立下一个志向,要努力读书考状元做大官。

从此,少年胡公廉悬梁刺股,夜夜挑灯苦读直到天明,深夜了还能听到他读书的声音,读累了就在桌子上趴着睡去。有时候,阁楼上听不到他读书的声音,爷爷便会在楼下拿着棍子使劲往楼板敲,督促胡公廉读书。

功夫不负有心人,嘉靖年间,胡公廉连中秀才、举人、进士,并在京做刑部主事,官至四品,后又任南昌府知府。

当官后的胡公廉,并没有被当朝贪腐之风腐蚀。任职期间,大力整顿贪污受贿之风,锐意风教,执法刚正严明。为民请命,免除百姓的苛捐杂税,减轻百姓的赋税,还常常拿出自己的俸禄捐助给那些有困难的百姓。他的事迹得到了朝廷的认可和老百姓的爱戴。

在立牌坊的那天,胡公廉的家人把一双草鞋高高悬挂在牌坊顶上正中的位置,纪念贫寒农家子孙胡公廉终于扬眉吐气了。

淳朴遗风犹存

此后,村民人人以胡公廉为荣,将其作为自己求学做人的榜样,淳朴的民风由此得以保留至今。村民们不论是嫁娶、外出求学或工作,都要从牌坊下走一圈。大家希望新婚夫将来生出的小孩能像先人胡公廉那样刻苦勤奋聪明，长大后能够成才；外出求学的读书人能够顺利考取功名；外出工作的年轻人则希望像胡公廉那般为国为民有所作为。

　　"文化大革命"时，"除四旧"要把牌坊毁掉。为了避免拆毁牌坊引起两边房屋的毁坏，村民把牌坊全以泥巴覆盖以此来保护它，直到2012年把泥巴彻底去除。如今，"恩荣"牌坊也越来越受到政府的重视，2004年被列为金华市文物保护点，立碑纪念。村里也成立了专门收集维护古建筑的工作小组，对"恩荣"牌坊进行保护。"恩荣"牌坊是一座精神丰碑，是湖前村一笔珍贵的历史精神财富。这座牌坊不仅仅是湖前村荣耀历史的见证，更是激励着子孙后代志存高远、发奋图强。

（文：江山农办）

衢州江山市源口村

谷口郑氏古村落

　　江山市源口村东的马笼山脚下坐落着谷口郑氏大宗祠。该祠堂肇建于永公，历代宗亲多次修葺，占地面积约 2300 多平方米，建筑面积约为 1320 多平方米，共 45 间。其规制相传为坐北朝南，现今的状貌为明万历二十八年（1600）修建竣工的。时移事易，清咸丰年间爆发了太平天国农民起义和第二次鸦片战争，大宗祠因年久失修，断瓦颓垣，杂草丛生，门锁锈蚀，鸟兽出没，衰败至极，直至清光绪十五年（1889），才重新修缮一新。

　　大宗祠为郑氏族人春秋祭祀、安灵、新娶媳妇"三朝"认祖归宗、族人聚会及接待外宾之用，也为郑氏童年开馆办庠序提供场所。值得一提的是，抗日战争期间，国民县中为避战乱还搬迁到这个大宗祠开课办学呢！

　　大宗祠东边，依山建"寝室五享堂"作为安置祖上灵位用。两庑各建三间二搭厢耳房，南边为"土地祠"，北边为"乡贤祠"，平时也作为堆放祭具和休息用。沿"寝室五享堂"中门而下，筑有 18 台阶，为隆重的庆典仪式"拖族长"（族人扶着族长老人拾级而上的一种礼节）之川。庭前筑有一高台，台左右栽有"金桂""银桂"各一株。每年八月下旬，桂花盛开，十里飘香，路人无不驻足称赞。

　　沿桂花树高台拾级而下是高大雄伟的中堂，五大间共 275 平方米，上搭砖，下路砖，十分考究。粗大的柱子以大石礅为基础支撑，柱头顶着铆梁叠斗，"牛腿"各雕有貔貅、麒麟、狮、虎、鹿等图案，精雕细刻、栩栩如生。

　　从中堂再下三个台阶又是庭前的一片开阔地，两侧植有柏树、罗汉松各两株，参天映日，让人顿觉神清气爽。中间是人行通道，乃大小相称的鹅卵石墁成。路两侧各挖有一个池塘，池塘四周用石板铺就，池中水流清澈，既能养鱼，又是防火的好举措。南北两边各建有九大间厢房，它连接中堂与门厅，把池塘和四株大树围在中间，与北京的四合院极为相似。

西边沿小河建有庄严肃穆的三间门厅，远远望去飞檐翘角，画栋雕梁，仪态万千。中门上方的匾额上"大宗祠"三个大字赫然入目。中门两侧还各开两扇边门，如果大小各门一齐洞开，哪怕千百人同时进出也不觉拥挤。

与门厅平行的南北两侧各建三间用膳房，供各种祭典开宴制作膳食用。

大门前的河面上券有 10 米左右宽的拱桥，桥面也用小鹅卵石墁成。门前两边各摆放着四个大旗杆斗。从整体来看，确实是座依山傍水的风水宝地。

郑氏宗族源远流长，先祖出自姬姓。为周文王十二世孙友，即周厉王少子，周宣王同母弟，今河南荥阳。郑姓一世郑桓公，传至十五代幽公，被韩所灭，国亡后，子孙散居于陈宋间，以国为姓，遂沿袭至今。

谷口郑氏，祖先郑桓五十九代裔郑永，五代梁开平年间，从寿昌高桥回迁九华谷口，故郑氏习惯将郑永尊为一世祖，繁衍至今已历三十九代了。

谷口家谱有记以来已长有 1800 年，现还保存继谱 24 卷（1939 年修）。2010 年 7 月郑氏族民重修族谱，分上下二册，上册为旧谱转载，下册为继上祖沿袭至今。

谷口郑氏是先祖选址于斯，位于两源之口，即大侯溪、妙源溪之口，故取名"谷口世家"（今源口村），并立牌坊一座。源口村实为名副其实的风水宝地，至今还流传着一句俗谚"清水白米饭，一天砍柴有二担（上午一担，下午一担）"。如今到城里一天能两返（即到衢城那时是走路的），所以现代的谷口应该更美更好。潺潺流水穿村过，习习桂香迎面来。

郑氏先祖不但为子孙选好宜居生活宝地，还为子孙留下了宝贵的物质文化遗产。其中大部分已被毁坏，至今保留下来的仅有牌坊、城楼、大宗祠和千年樟树，都已被列为省文保物质遗产。

关于城楼大宗祠还有一则民间传说流传。元末明初，郑氏有一官员在朝廷任礼部尚书一职，他仗着自己有钱有权，想在自己老家建造一皇宫式村庄：把村庄外围用花岗岩大石块砌起城墙，东西南北建四个城门楼，把大宗祠建成五朝门。动工不久，便有人向皇上告发，其尚书一职被罢免，贬为庶民回家。工程停止，只留下建好的南城门楼一座，西边城墙百余米（城墙开"大寨田"时拆了），大宗祠改为弯弯曲曲的五个门，中间三个大门，两边开两个小门。这件事对于郑氏家族来说是一件不光彩的事，也是宗规不允许的不忠不义之事，在家谱上不予记载，无据考证，只是民间流传而已。不过现还有尚书殿留存。

此外，郑氏族人还为后代留下了全市少有的阔叶林"大阴山"林，要不是 1958 年"大炼钢铁"烧木炭被毁，想必今日会像原始森林一样的繁茂。

（文：江山农办）

舟山嵊泗县灯塔村

花鸟岛上四"百年"

花鸟，一个足以引发美好意象的所在。奇花吐艳，群鸟低鸣，世外桃源般的东海岛屿——位于嵊泗列岛北侧的花鸟岛，以其悠久的人文历史、优美的自然风光和丰富的民俗文化，吸引着世人的目光。花鸟岛西北部有一灯塔村，三面环山，一面靠海，村内百姓以渔业生产为生，保留着原生态风貌。灯塔村因花鸟灯塔而得名，建于 1870 年的花鸟灯塔静静地伫立在村子西北侧的山崖上，见证了一百四十余年的风云变幻，岁月沧桑。

徜徉在灯塔村内，山海掩映之间能感受到人文与自然的完美结合，一种穿越时空的气息扑面而来。百年民居依山而建，石墙青瓦，质朴依然；百年古树虬枝苍劲，生机勃发，树影里古道逶迤，青石斑驳，绿苔浮迹；百年灯塔历经风雨变化，见证着历史的变迁，仍光芒四射；百岁老人精神矍铄，爽朗健谈，阳光下的笑脸闪烁着婴儿般的真诚。灯塔村钟灵毓秀，四个"百年"的完美融合，使该村成为一个名副其实的历史文化村落。一花一鸟，动静之间皆成境界。

古树成林

其中最负盛名的便是这花鸟岛的赵氏民居。花鸟岛的先祖，主要来自台州、宁波一带。比较集中的族群移民，使花鸟岛的风土人情相对比较一致而鲜明。体现在民居建筑上，则具有明显的浙东风格。灯塔村内有一处赵氏民居，建于清晚时期，坐东北朝西南，占地面积约250平方米。赵宅由正间和东厢房组成。正间青瓦硬山顶，前屋面开天窗，明间穿斗式梁架，进深八柱八檩，梁架木构简朴，檐柱下垫鼓形石柱础，柱础表面浮雕覆盆状莲花纹，廊下石板拼铺，由石条垒成六级踏跺，东西次间后山墙各开门。东厢房屋顶与正间左库头相交，青瓦硬山顶，通面阔三间，穿斗式梁架，整个建筑山墙大部分由不规则的石块垒砌，外表朴素。赵氏民居是花鸟乡现存较为完整，保存较为完好的木质结构古民居，该建筑的发现为研究花鸟乡村民迁徙、居住提供了实物依据。

花鸟灯塔

除了民居建筑外，灯塔村自然生态保护良好，村内大水坑范围古树成林，枝繁叶茂。据初步调查，灯塔村现有150年以上古树9棵，100年左右古树6棵，树高普遍在5—6米，树围2米左右4棵，分支树围在90厘米左右。一到夏天，古树群浓荫匝地，形成一片清凉世界，附近的村民都喜欢到树荫下乘凉闲坐，聊聊家常。树上则成了众多鸟类的天堂，鸟语啾啾，好不热闹。灯塔村民，一直有护树、栽树的习惯和传统，特别是对上了年月的古树抱有敬畏之心，不会轻易地去破坏或砍伐。有老年村民说，这些古树有近200年的历史，都是灯塔村的先民们亲手种下，能起到改善环境，保护家园的作用。良好的地理条件，加上村民们的保护意识，古树有了绝佳的生长环境。古树群历经岁月的洗礼，形成了独特的自然景观，记录了村落发展的历史。

花鸟灯塔位于灯塔村西北角山嘴上，建于清同治九年（1870），是卫护长江口的三大灯塔之一。花鸟灯塔在中国沿海灯塔中向来以地理位置重要、规模最大、功能最全、设备最先进、历史最悠久著称，被誉为"远东第一灯塔"。花鸟灯塔的重要性，主要体现在它的地理位置方面：灯塔所在的花鸟岛处于中国沿海南北航线与长江口分野交叉之地，是中外船舶进入上海、宁波、舟山等港口的重要门户，也是上海至日本以及经过太平洋的远洋国际航线的必经之地。

花鸟灯塔塔身呈圆柱形，高16.5米，下部为白色，混凝土砖石结构，上部为黑色，材料主要是铁板。灯塔内部分四层楼面。塔顶为铜铸圆顶，装风向板。顶层使用巨大的玻璃作为墙体，安装有光源。其下一层有外置廊台，可凭栏远眺。建筑和装饰均属欧式风格。灯塔有着非常齐全的导航方式，可为不同距离的船只提供不同的导航手段。聚光灯安装在灯塔顶层中央，采用2千瓦卤素灯，周围置四面透镜和旋转机组，每分钟旋转一圈，使聚光灯同时射出四道光线，射程为24海里。灯塔周边建有两座无线电铁塔，提供无线电远距导航方式。雾天时灯塔还提供近距离声波导航，是中国传音最远的气雾喇叭。

清末鸦片战争之后，清政府被迫开放上海、宁波等港口，通过花鸟岛附近海面到日本以及太平洋的航线也日益繁忙。花鸟岛附近岛礁极多，给经过的货轮造成了极大的隐患。当时的清海关总税务司英国人赫德向清政府建议："为了中国沿海贸易船舶的安全……给予船舶以危险的警告，这就应在必要的地方设置灯塔。"赫德的建议很快得到了清政府的回复，于是中国沿海第一批灯塔相继建立，其中便有花鸟岛灯塔。花鸟灯塔由清政府出资，从上海招来劳工建造，于1870年建成。此后灯塔一直由英国人管理，1916年进行了重修。太平洋战争爆发后的1943年，日本侵略军占领了灯塔，国民政府曾派飞机轰炸，但损伤极微。1950年灯塔被中国人民解放军接管，现归上海海事局管理。

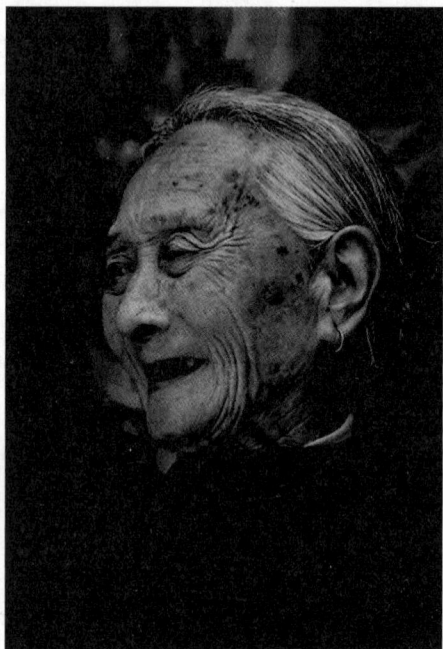

百岁放映师毛阿娥

在花鸟岛，除了百年的灯塔，还有一位"百岁放映师"。提起百岁老人毛阿娥阿婆，几乎无人不知。老人的家在灯塔村龙舌弄，两间建于20世纪四五十年代的旧瓦房。房屋用本地山上产的石头垒砌，屋内墙上糊了层层叠叠的报纸，稍显破败，但收拾得整齐清爽。毛阿婆一头银发，面色红润，笑着说起这份"放映师"的工作。原来，近些年村子里的年轻人相继搬迁到外地，就剩下一些留恋故土的老年人。身边没有子女的陪伴，老人们难免都感到空虚和寂寞。毛阿婆就用自己平时积攒的钱，购置了一台彩色电视机和一台影碟机，为村里的老人们免费放映各类戏剧。百岁的毛阿婆为孤独的老人们建造了一个丰富的精神世界。为此她也付出了很多，甚至拒绝了子女们要接她离开灯塔村的建议。老人心头不忍割舍的固然是对老邻居们的情谊，但何尝不是对于故土、对于这片有养育之恩的山海的深深眷恋呢。

（作者：王丹俊）

$\{$台州天台友义村$\}$

大山中的"桥梁之乡"

友义村，位居天台县西南，地处临海、天台、仙居交界的大雷山东麓，隶属雷峰乡。友义村由下自、坎头上、新桥、上徐等自然村组成，下自、新桥和坎头上为"丁"姓，上徐村民为"范"姓。上坎头村南与临海市接壤，距县城30公里。村民大多姓"丁"，曾统称为"大路丁"村。

该村四面环山，溪水自南向北穿村而过，因树多林密、气候凉爽而得名"凉坑"，后来曾称"淡竹溪"，新中国成立后称"状塘溪"，是"崔峇溪"的主要支流。在状塘溪（上游）两岸，保留有数十幢明清时期和民国年间的古居民，均为依山临溪而建的四合院，多数为石基砖墙瓦顶的两层楼，也有数幢三层楼，古色古香。

踏进凉坑山水，就会惊叹坑上桥梁众多。

下自村村口，第一眼看见的桥叫作"牮桥"。这种样式的桥梁，在天台山以外的地方极为少见。据字典"牮"字意为斜着支撑。牮桥多为单孔桥，主要由3组长条石拼装建成。建桥时，把事先经仔细测量精心加工的多块长条石紧靠溪坑两岸呈八字形并排斜躺着，条石上方再横着平摆上（有相应斜度）一根条石，使作为桥墩的数根长条石成为一个整体，然后把作为桥梁的数根长条石架在两岸的横向条石上，这就构成了"牮桥"。由于两根横向条石增加了桥梁的整体性和稳固性，桥墩和桥梁条石的长度应统一外，其他尺寸可有宽有窄，根数能有多有少，只要每组的总宽度基本相对即可。牮桥美观大方，坚固耐用，在友义村中及附近支流上，前后有6座之多。

"石拱桥"，民间称卷洞桥，是各地最普遍最普通的桥梁，特点是建桥材料可就地取材，特色是桥身曲线优美，桥面隆起，上下有坡度。友义村里，几十年前就建有一座用精致加工过的条石筑就的拱桥，因跨度大，桥身平缓，桥面加铺钢筋水泥，成为平整的公路桥。村东不远处的唢呐坑上，还有一座建于新中国成立初期的石拱桥。在村南里坑中，通向临海的古道上，还有一座石拱桥，始建于宋代，清代道光年间重修。

状塘溪上，名声最响的要数两座廊桥。新中国成立初，天台仅存3座古廊桥（另一座在南山下杨村）。第一座廊桥，原建于清乾隆五十六年（1791），光绪二十一年（1895）重修。第二座廊桥建于清道光年间，也曾在光绪年间大修过。据传，唐时凉坑上就有木桥，后因人口时增时减，村庄时兴时衰，木桥也时好时坏。到了清朝，村庄人口大兴，古道上行人络绎不绝。乾隆年间，木桥重修时，就在两边圆木大梁上栽上木柱，柱上再架设人字形木架，木架上再摆放檩条，然后铺椽盖瓦，使桥梁成为四面透气的廊房。木桥上盖有瓦棚，便于民众行走和休息，又保护了桥面木板和梁木免受雨雪侵害，一举多得。因为上面是廊、下面为桥，称为"廊桥"；又因桥上搭棚，也称"桥棚"。清光绪年间，重修的两座廊桥，又历经120年风雨。2011年，上座廊桥大梁圆木霉变，桥面木板腐朽，村民就拆除了整座廊桥，在原址上再度重建了廊桥。

状塘溪中，另有许多最原始最古老的石桥——碇步。平常时节，渡那些水不太深、坑不太宽的溪流，就在溪中有规则地摆放些高出水面的平整石块，脚步踩着石块过溪，免受身体浸水之苦，这就是最早的桥梁。溪中还有多座原始桥梁——石坝。石坝中间或两头开有小口子供流水用，人要过溪，从坝上行走，方便安全。

春夏季节，状塘溪上还有两种特殊的桥梁，外地人难得一见。一是"竹笕桥"，利用两岸高差不同，用以渡水浇灌农田。二是"藤蔓桥"，村民在溪岸种上几株南瓜、冬瓜或丝瓜，两岸中间搭上数根木杆竹梢，那些日生夜长的瓜藤就会悄悄爬上专门为它们准备的树枝桥梁。盛夏时，绿叶严密覆盖着枝条竹梢，藤茎上有花朵尽情开放，藤叶下有瓜果慢慢变大，花团锦簇，别有风味。而在这些藤蔓桥下，成群的土鸡和鸭子在避暑，它们在溪中嬉水，在滩上觅食，自由自在地快活。

原始的木桥，在村间还可见两座。这种简便的桥梁是把两根粗大的圆木，搭嵌在溪坑两岸的石砌桥墩或是堤岸上，圆木上铺设木板或石板，就是名正言顺的桥梁。靠近人家的那座圆木上铺设的是木板，村边的那座是圆木上平排着6块一米见方的石板。这种木石结合桥，较能经受风雨的洗礼。

村中状塘溪上及周边支流上，最多的桥梁是钢筋水泥平面桥，有三十余座。这些平桥，少数几座比较宽阔厚实的是由集体建造的，绝大部分看上去都比较单薄，那是由各家各户根据需要自行建筑的。因为溪坑西岸的路道较宽，近年改建成康庄公路，东岸路窄无法通车，所以东边临溪居民就自费在溪上架桥，造桥为路，直通家门口。桥上可行走，可停车，可晾晒，可休息，一举数得。

从下自村沿坑而上，千余米长的溪坑上分布着垾桥、西廊桥、石拱桥、木桥、碇步桥、竹笕桥等数十座各式各样的桥梁，数量之多，种类之多，实属罕见，友义村不愧为"桥梁之乡"。

（文：天台农办）

古朴民居蕴乡情

　　张思村坐落于天台县西部，隶属平桥镇。据《天台县地名志》载："张思距城西三十四里，属积石乡三十一都，以村昔张、施两姓居住而得名（此处的'思'为'施'的谐音）。"现在的张思村为陈氏所居。

　　张思的地理位置极其讲究。据宗谱记载，村"周遭坦荡广平，田畴绣错，始丰阃其前如眠弓，然斗峰聚青蟠踞右侧，紫凝鹧鸪拱列画屏，形家所谓黄榜案也"。原先的村庄中间宽、两头尖，形同一艘自东向西的船只。村西祠堂前原有一株古枫树，浓荫遮盖，人称其为"船篷"。村北有一株大枫树，高达数十米，人称其为"桅杆"。村前后有两条溪流环绕，南有榨树砩，北有泉湖砩。这两条溪流是村民日常洗涤与灌溉用水的主要来源，至今还在使用。进出村庄必要过这两条溪流，于是溪上就有了数座石桥。最有名的是石矴桥，旧时村中有"无桥别进村，进村必过桥"的说法。张思村二水相拥，如同一只停泊于始丰溪畔的帆船，所以村也有"船地"之称。

　　明成化三年（1467）早春，居天台城内四方塘圣旨门的陈广清做了个梦。梦中有一位高人告诉他，往西40里，有一处风水宝地，遇一土墩可止，在那儿安家，必人丁兴旺。次日，陈广清与侄子陈嘉赠沿始丰溪西上，至40里处，果然遇一土墩。于是，陈广清与陈嘉赠在此安家，从此务园陈氏迁居于张思村，叔侄两人分别被尊称为下陈与上陈高祖。

　　村中现存有三座祠堂，也留下了十多幢明清风格的院落，还有数幢民国年间的民居。张思村乡土建筑被列为浙江省重点文物保护单位，村本身被列入第二批中国传统村落名录。

　　张思陈氏宗祠，又名上陈宗祠，位于村中心墩头西北面，为务园陈氏第十三世祖浙峰为其始迁张思高祖所建之祠。祠堂始建于明末，后经两次重修，现存建筑为清光绪五年（1879）修建。宗祠建有戏台和正厅，两旁建有厢房，为四合院形式。正厅称"永慕堂"，面宽三间，进深八檩，硬山顶。正厅与戏台之间有 4 米宽的石板皇道街，戏台为歇山顶，四边发角。以前祠堂中挂有多块匾额，褒扬的是陈氏读书人的荣耀和陈氏家族纯孝的传统美德。

村中另一座祠堂为陈氏下祠堂，位于张思村东。陈浙峰明万历二十年（1592）捐出自家的桑园，初建了这座祠堂。之后有过三次扩建，清康熙年间造中堂，与陈氏下祠堂一样，也取名"永慕堂"。乾隆初增建北庑三间，于门内建造戏台。嘉庆十四年（1809）又在后门扩建南庑基址，至此该祠规模上比上陈祠堂还要大。晚清时期，村中开办了文昌阁书院。

村中的龙光陈公专祠位于墩头台之南，它是张思陈氏十八世祖陈龙光专祠。陈龙光于清乾隆初曾议叙监运司知事，其孙陈慕诚于道光十九年（1839）钦授台州府知事。为光宗耀祖，族人商议为祖父陈龙光建造专祠。专祠始建于道光十九年（1839），规模不大，但建筑有其独特的风格。祠堂的石制门楼极具独色，石制斗拱承支石板门盖、飞椽和屋顶。石制雀替为夔龙福纹图案。正面石匾镌"龙光陈公专祠"，内门石匾为阳刻楷书"晴山拱秀"四字。祠堂内的木雕同样精致，柱头雀替分别雕有梅、兰、竹、菊图案，有着读书人的气节与品位。专祠内原有"敕封褒善"匾额一块，高悬于堂内，褒扬的是陈龙光乐善好施的善举。

"上新屋里"民居为陈保相建于乾隆十七年（1752），由一个主天井和两个小天井组成，为传统二层木结构楼房。大门门楣上有"霁景凝辉"四字，边门又有"杏苑春深"的题字。上新屋里楼名为世昌楼，世代昌盛是宅主的希望。世昌楼现还存有二方匾额，一方为"节峻寒松"，另一方为"冰心雪操"。上新屋里大门外的西南面有一幢二层的小院，与主院相连，但有独立的门头进出。这幢小楼是当年主人的书房，小院清静而雅致，是读书的佳处。

"下新屋里"民居为陈慕诚所建，他是陈保相的孙子，清嘉庆十五年（1806）营建了这幢民居。下新屋里中轴线由门楼和前后两个院落组成，建筑极有气势。民居的中堂称颐养楼，得月楼是后一院落的楼名，对着月色，喝一盏茶，吟一首诗，这样的生活才有滋有味。

张思村最为完整的"三透九明堂"建筑位于后新屋里，它的建造要晚于上新屋里和下新屋里民居。道光十年（1830），陈钦泽建造了这座宅院。陈钦泽曾入太学，后从事药材生意，厚德节俭的个性使他在生意场上一帆风顺。宅院由一个大四合院主天井和八个小四合院组成，左右抱屋各有鱼池一口，后天井建有佛堂，大门上有"灵山拱秀"四字，左右两边门分别题"纳翠"和"迎薰"。纳翠意为迎新纳翠，迎薰也就是熏风南来之意，这一切吉祥之语都昭示着宅院的欣欣向荣。谷饴楼的楼名有着浓重的乡土气息，期待着年年的五谷丰登。

　　张思村的古民居，没有雕梁画栋，也没有烦琐的砖雕石刻，一切都显得朴实无华，充分体现了天台农耕社会乡土建筑的特点。

（文：天台农办）

台州仙居韦羌村、枫树桥村

山坳"三透九门堂"

韦羌村枫树桥自然村是永安溪畔一座山清水秀的小山村，位于仙居县中部偏东，现属仙居县皤滩乡。山溪从村前流过，村口曾有一棵枫树，秋霜打过之后，满树的红枫让这座小村充满诗情画意。旧时有一座枫树根自然铺成的桥梁架在溪上，村庄就有了一个很美的名字——枫树桥。

明正德年间（1506—1521），周氏三兄弟从永嘉迁到这里，就是被溪边的这棵枫树所吸引。他们看到此处溪涧环绕，地势开阔，就在此拓荒发祥，周氏后代在这片土地上聚居了近500年，留下许多精巧的营建。其中最富有代表性的古建筑要数"三透九门堂"和周氏宗祠了。它们不仅在设计上颇具特色，环境风貌优雅清致，文化内涵也非常丰富。

"三透九门堂"是村中最有气势的民居，位于村南，始建年代不详，从风格上看，为清代中晚期的建筑。民居保存完好，文化内涵十分深厚。古民居共三进，九个天井。三个大院落，分别叫"春晖集庆"台门、大份台门、小份台门。原有房屋118间，现存98间，总面积2.5万平方米。近百间的屋子连在一起，彼此交叉错落，每透之间有马头墙相隔，不论你走进哪一家，都可以沿着廊檐走到其他任何一间屋。只要上了一间屋的楼梯，沿二楼就可在所有房子的任意一间屋中下楼。村里人说，转遍三透九门堂，只有两步半不在檐下走。

该民居前后左右相连，四面合围，走廊迂回，四侧有厢，房屋檐口、瓦当、斗拱等均有精美雕饰。第一个院落的大门门楣上刻有"春晖集庆"四字，门框为石板结构。正门大梁大多为镂空浮雕，内容为牡丹花、鱼等图案，柱头拱雕饰也十分精致，麒麟、白鹤、人物、景观等十分生动，令人叹为观止。厅堂、厢房的门多为隔扇门，裙板上大多完整地保存着人物、花卉、景观等浅浮雕，刻工精湛细腻，造型古朴典雅，形象栩栩如生，工艺水平精妙绝伦。窗多是实木梼条结构的花窗，有几何形、八卦图、花卉、动物等各种图案，风格造型各不相同，文化意蕴十分丰富。

最引人注目的是第二进厅堂的两扇花窗。花窗中间为太极图，四周饰以阴阳八卦，点缀蝙蝠等吉祥动物。整个花窗不用一枚铁钉，全用实木交条镶嵌而成，造型别致、做工精巧，让人叹为观止。可以说，这两扇配对的太极窗，是整进厅堂雕饰的精华。伫立观赏，我们感受到的是无语伦比的古朴审美的神秘和不离本土生活的民俗风情。

大门口围墙、后壁墙上皆有清晰如新的水墨壁画。门堂天井成方，绝大部分用鹅卵石镶嵌成各种几何形、花卉、动物图案，较明显的有太极图、两狮搦球、蝙蝠展翅等，反映了当时居民的审美情趣和生活愿望，极富人文内涵。

枫树桥村南的"三透九门堂"近年来名声大震，游客如潮。村北的周氏宗祠，却由于平时大门紧闭，少有问津，相对冷落。实际上，无论是环境风貌、建筑风格，还是文化内涵、历史价值，周氏宗祠都有它独特的魅力。

建于清代的周氏宗祠虽然已经历经风霜，而显得冷落荒凉，但它那古朴厚重的历史痕迹依然令人怦然心动。

周氏宗祠，据考证，建于清代中晚期，位于村北即村口处，为三进式建筑。宗祠坐东朝西，四面砖墙。门厅三开间，明间开敞，两次间为封闭式结构。穿过门厅，就见一座小石桥铺于水池上，将池面分为两眼。浮萍泛绿，蛙鸣起伏，颇多生趣。在宗祠内建造水池，台州各地似不多见。走过石桥，踏上前殿。前殿也为三开间，东西檐廊开敞，殿内明亮宽阔。廊柱牛腿上雕刻着凤凰等吉祥物，富丽堂皇。再过一个长方形天井，就是正厅。正厅面阔三间，整座祠堂气宇轩昂。

粗壮的石楹柱上根根都刻有楹联，文字古奥典雅。石柱上有如下两副楹联："祖烈犹存细柳军营夸汉代，孙绳勿替经芝简帖艳清时"；"日暖蓝田军帐媲琳豪闲寄，霜披白简谏垣獬豸迈彝伦"。这里的细柳为古代地名，范围即今陕西咸阳市西南渭河北岸一带，为西汉名将周亚夫屯兵之地，曾存有军营纪律严明的一个典故。由此联可推测周亚夫为枫树桥周氏的祖先。

石柱中还有一副楹联："爱莲著说推君子，观梓垂型重鼓亲"。周敦颐为宋代理学大师，称濂溪先生，对宋明理学影响很大，程颢、程颐都是他的弟子。他一生人品高洁，颇爱莲花，曾著有《爱莲说》一文，以晓喻世之君子。从此联可以看出枫树桥村周氏族人是尊崇周敦颐为先祖的。

读到这副楹联，联系上文提到的大殿前的那两眼水池，我们不妨大胆联想，周氏后裔因非常仰慕先贤周敦颐的爱莲情怀，也特在宗祠内挖池植莲，让人在驻足观览莲花迎风摇曳的清雅风致的同时，学习周敦颐的高洁品行。

漫步于村中的那幢幢古宅和由鹅卵石铺就的小巷，尽情感受枫树桥民居的幽幽古韵，倒也是一种享受。

（文：仙居农办）

台州三门县东屏村

三门建筑活化石

横渡镇东屏村位于三门县城东南 14.5 公里，下辖大岙坑、上角头、水坑三个自然村。因村东有山如帷屏，故名东屏。元朝至正年间（1341—1368），东阳亘溪人陈晋挺，任宁海教谕。其子陈拱辰，游历东屏山水后，认为此地有"林矿之饶，渔盐之利，舟楫通便"，遂择居于此，为东屏村始迁祖。

六百余年来，东屏村频遭倭乱、海禁、大迁徙之难，几经兴衰。族人借山海之利，劝农桑、重商贾、崇文尚武，秉承忠孝守义、和邻睦族之道，一次次从废墟中重新崛起。冶炼锻造、印染、酿酒、木材交易、航运是该村的支柱产业。

村庄地处湫水山腹地，濒临三门湾海口，有控山带海之势、屏山萦水之胜。四围群山耸秀，万壑争流，田畴沃野，美不胜收。村庄选址充分借助了自然环境，以岙里溪为界，东西两边组团式布局，合理运用自然的山系水系，形成前虚后实、前低后高、四面合围的村落格局。

至今，村内仍保留着民国以来各个时期的建筑群落，"华堂三台"、陈氏宗祠等具有典型三门湾风格的明清时期古建筑庭院二十余座，计三百余间，有"江南民居活化石"之誉。

东屏村的民居建筑秉承了明清时期的建筑风格特点，最典型的要数"华堂三台"。"华堂三台"用材讲究、规模宏大、布局精巧、雕作精细、极尽奢华，展示了我国明清时期建筑、雕刻工艺的美仑美奂，述说着一个江南大家族的气派和荣耀。石雕、木雕、灰塑美轮美奂，结构严密，恢宏大气。

历经 200 余年的岁月沧桑，"华堂三台"，一台毁于大火，一台几近坍塌，余下的一台陈于有朋故居（亚魁道地），俗称"上新屋道地"，保存较为完整。这座秉承了明朝建筑风格的古民居，建筑坐北朝南，临街面溪，通面阔 23.09 米，进深 37.35 米。前临水口街，西侧为相对独立的二层二开间临街店铺。东侧为三层三开间楼房，飞檐翘角，豪华精美，是东屏建筑群中唯一的一幢三层楼房。

东屏古建筑群的另一个特点是以园道地为中心，向南边及东西两侧辐射。一个村落，就是一个"小王朝"，将封建等级理念融于建筑之中。

东屏村的宗教祭祀建筑包括陈氏宗祠、镇东堂、金山庙、上泗洲堂、下泗洲堂（猎蛇将军庙）、猎坛将军庙等。

宗祠是祭祀祖先的地方。东屏陈氏宗祠左靠风水墙、前临吞里溪，溪上设石桥。旧时，南溪与吞里溪在此汇合，形成回澜水景观，是村落的重要水口。在众多宗教建筑中，以东屏陈氏宗祠最为精美。时健跳西郭人叶向荣在其《东屏陈氏宗祠记》载："东屏世乏宗祠，仪叟公悚然伤之，爰率合族诸公，创兴斯役。始则购买基址，既则选取木材，随而择匠兴工，又随而竖造堂寝，兼设两庑，今又涂其坦墉，饬以金玉，并名堂户牖，俱无不色色精美。"

东屏陈氏宗祠秉承了浙东三门湾地区最为流行的四合院落风格，布局精巧。前为门楼、戏台，中间是天井，两旁为厢房，后是三间正殿，不仅规模大，而且装饰华丽。其中，石雕、木雕、彩绘特色尤为鲜明。门楼的石础，上面雕有精美的云鹤图案。门楼的廊房精雕细琢，布满吉祥图案。戏台上的梁枋、柱头、雀替、斗拱、栏杆等木构件上布满山水、花鸟、人物等彩绘。彩绘"饬以金玉"，这种鎏金的彩绘方式，具有典型的明代特征，是彩绘的最高等级——和玺彩绘，僭越了礼制范畴。另外，宗祠戏台还大量采用了等级仅次于和玺彩绘的旋子彩绘手法，亦具有典型的明代特征。

另外村内还有位于村落入口的路旁的家庙镇东堂、位于水坑自然村及水口湾的泗洲堂奉泗洲佛、位于眠牛山内的当境庙金山古庙等，其色彩亦有所区别。如镇东堂围墙及建筑外墙为黄色，泗洲堂及当境庙为赭红色，宗祠则是青砖黑瓦，与民居色调一致。

除了民居建筑、宗教建筑以外，还有桥、风水墙、道路等公共建筑体系，以满足生产、生活需求。

东屏村村落建筑主要沿吞里溪两岸分布。旧时，溪上建有七座拱桥，现剩下三座，藤萝倒垂，古朴沧桑。因溪面不宽，桥梁都是一跨过溪。

西面的风水墙，用乱石叠砌，长约 200 多米，高近 3 米，南连凤凰山，北接祠堂水口。不仅弥补了村落西面的空旷泄漏之不足，还在一定程度上阻挡了西北风的侵扰，改善了人居环境。

　　村道是村落建筑体系的一部分。东屏村的村道呈网格状分布，纵横交错，仿佛村庄的经络。人声喧闹，鸡鸣狗吠，牛哞羊唤，使村庄充满着生命力。无论是街巷村弄，村道都呈鱼脊形，即中间稍高、两边略低，利于排水。乱石铺砌的村道，采用拼花方式，有圆形、菱形等几何形，以及香草形、龙鳞形图案等，使街巷村弄显得生动活泼，免去拘谨呆板之嫌。

（作者：刘杭华）

丽水青田县金泉村

垒石成屋金泉村

金泉村位于青田县石溪乡东北部，由考坑村和横路村在1993年合并而成。其中考坑村是浙江省保存最完整的三大石头村之一。考坑村始建于明清时期，最早的村民从外村搬至考坑。因当地没有什么泥巴，勤劳智慧的村民想到就地从溪边搬来石头砌墙，林中砍来木材搭梁，村民们相互帮助修葺石屋。五百多年岁月沧桑，很多房子已不再是当年的模样，保留完整的石屋记录了历史的变迁。

走进村子，街前一条小溪潺潺而过。房舍大都傍山而建，临水而居，在山随水转、水绕山流的绵延中，苍翠出山村自然和谐的秀美风光。小溪对岸稀稀落落的石头房屋吸引了视线。这是一座建于清朝的石头屋，就如大多数石头屋一样，以溪边的卵石为原材料砌墙，用黏性好的黄泥来夯成墙，其中有形状规则不同的卵石，仍垒得平直。该建筑占地200平方米左右，高7米，深12米，宽15米。从小门楼进去，内部房屋呈一字型，5间房。一字型房，早在三国期间便有了记载。在三国期间，房屋有多种户型，如一字型、三合院式、四合院式等。房子内部之陈旧，凡物有着被时光细细抚摸的温感，光线被阻隔在顶部，弧度柔美的窗子外面，只在光滑的石头上留下了一溜狭长的暖色。雨水冲刷后，在青苔隐现的石头缝隙间留下了印记。庭院中有一口古井，井口圆形，凸起于地面，井壁青苔绿纹，井壁深处总是汩汩地冒着甘泉。清冽的水，横亘年月，不疾不徐，永葆那份年轻的荒凉与苍然之态。得知此处有年逾花甲的吴腾飞和吴红波两位爷爷留守，七十多年不曾离开过。古老的房屋就这样静静地伫立在小溪旁，见证了考坑村几百年的岁月沧桑。

村里现存完整的石屋仍有十余座，五六十户人家。房子都是用大小不一的溪石砌筑而成，却不显得凌乱，反而看起来有些乱而整齐的活泼感，又不同于其他地方整齐划一的古板。各家各户的建筑风格也有些不同的，有的人家喜欢四合院式，也有喜欢三合院的，而有些屋主却偏爱一字式的造型，然而不管是哪一种，都有石头村所独有的风格特点。石头屋还有它的另一个特点：即使在炎炎夏日，似火的骄阳烘烤着石屋，屋内也丝毫感受不到炎热，是夏日旅游避暑的绝佳去处。然而在无比寒冷的冬日里，石屋更有保暖的功能，真是冬暖夏凉的胜地。

建于清朝道光年间的古村茶楼，坐北朝南，与村中的其他房子相聚而建，是村中保留比较完整的古老的石头屋之一，历经四百多年历史，至今仍然傲然伫立在村中。该屋占地面积有约250平方米，主要由三幢房子组成一个"凹"字形平面，中间一幢作横的长方形，其余两幢对称于正面的两侧，中间用矮墙连接，构成院子。三合院有正房三间，中间为堂屋，东西为厢房四间。

正房前方屋檐外伸，用来吃饭、歇脚。厢房开间比正房小，两端有围墙相连，墙中间朝南开门，筑有一小门楼，中间有一小天井。天井里必备大缸一只，雨天存蓄"天落水"，用以烹茶待客。这个小门楼显得十分简约、秀气，和这个古老而含蓄的古村庄风格相符。由于经济发展的需要，古村茶楼的主人并不在村里常住，而是常年在外工作或者学习，只有到过年过节才会回家进行一些祭祀活动。

修建于清道光十三年（1833）的吴氏祠堂，面积约300平方米，外墙用大小不一不规则的石头砌成。2007年进行过修缮，但仍然是按照原来的样子进行修补，并未做变化。祠堂中建有老年人休闲娱乐场所，时有老人在此下棋、娱乐。唯有考坑祠堂中的两方匾额依然高高悬挂着，一方为清道光年间的"叙伦"二字牌匾，圣洁的红底色已褪去；一方匾额为"效忠党国"，带有明显的历史印迹。两方牌匾分站祠堂两侧，一侧是孝感化人，一侧是英气逼人，教人好生恍惚。宗祠是家族生命的源头，一切从这里开始，一切也都会在这里安放、容纳，用无声的语言倾诉衷肠。

村里每一座房子都是用各种不规则的溪石砌成，木结构、小青瓦、极具寨味的入口，浓郁的古老乡村气息扑面而来。村内鹅卵石砌筑的街巷纵横交错，和石头房相互映衬，显得自然怡人。房屋四周有水渠相连，既便生活又利防火，构成了浓厚的"古村居"风格。村里群山环抱，溪流环绕，古树叠影，鸟鸣莺歌，是一处天然极佳的桃源胜地，生活在这里的老人健康长寿，故有"长寿村"的美称。村民祖辈靠挑、扛生活，现在仍保留较传统的生活方式。这里远离城市喧嚣，直到1997年才通了公路，古村居保留得非常完整。村内有石柱洞、石柱瀑布、猎狗洞等具有不同风格特色的景点。金泉村的历史之悠久，建筑之奇特，外观之统一，保存之完整，实属罕见。

近年来考坑古村优秀的旅游资源被充分认可，如今按照"修旧如旧，经济适用"的原则对古村石居进行了整修。每年都有各地的游客源源不断来此旅游参观，也有夏令营的学生来考坑以各种各样的主题展开活动。在这里，与大自然零距离，与历史亲密接触，深入了解考坑的历史、风景及风土人情，深刻地体验农耕文化的源远流长、博大精深，我们更加领悟到蕴藏在生活中的美好和情趣。

（作者：陈介武　陈艺访）

丽水云和桃子坑村

琴瑟和鸣桃子坑

"窈窕淑女，琴瑟友之"。将清幽秀丽的桃子坑村比作窈窕淑女，将勤劳勇敢的村人比作琴瑟，实为形象。

正如其名，这是一处远离人世喧嚣的桃源。云和县紧水滩镇桃子坑村位于渡蛟坑源的端点，峡谷之中。青山似黛，潺潺溪流从村脚往南蜿蜒而去，朽而不腐的树干横卧流水之上，古木葱茏，荒草青青，馨花荡漾，斑鸠幽鸣。

《云和地名志》载，桃子坑村由徐姓开基。现在居住的为练姓，在他们到来之时，已无徐姓居民，仅在村前上方的周山寮村存"徐候大王庙"。练乃中国稀少姓氏，未编入宋代《百家姓》。桃子坑练氏来自何方？练氏宗谱源流序称："余族之祖出自轩辕黄帝姬姓，唐贞观十九年（645），东何公智勇超群，跟从李勣将军征伐高丽，献火攻战术，破南苏罗城有功，唐太宗以'精练军戎'封东何为岐山侯，赐姓练氏，加封河内郡。南迁之后，有大纪公任泉州知府，其子三，三子宁昌公徙居浙江龙泉下教，育三男，三子必辉公由下教徙居龙邑仙人。之后，十一世五三公派下，六四公由仙人徙庆邑杨桥村。十二世祖国只公，字寿政，由杨桥徙居龙邑廿二都桃子坑村。见其地僻幽冥，山明水秀，可以安居乐业，图其子孙安妥以裕后计也。"

清科举取消之后，清宣统元年（1909），练时廷由国学生附贡生，有赠诗言："处事当馀与子孙，声名振美古今存；崇筑禹庙祈神祐（桃子坑村水口的平水大王庙由练时廷修建），倡修宗谱溯本源；间里解纷咸感德，乡邻赈恤共推恩；兰孙桂子三枝秀，始信公心衍芳根。"后有练时廷长子练忠啟，字啟松，生于光绪甲午年（1894）十二月，民国己巳年（1929）任村长，并因瓯江水路贩运木材而富甲一方。

土改后，练时廷、练忠啟亲手建造的老屋几经转手，现在为樟树下村赖氏所有。今天，走近老屋，不得不为一百年前的建筑艺术和质量而赞

叹。老屋倚北面南，位处加马艮之山脚。玄武来龙绵延亘长，狗齿参差的
山势落于峡谷出口，构就了盆景式的小风水佳城格局。一座五直两进两厢
房的大屋镶嵌于山谷梯田的翠竹、梨花之中，黝黑的瓦脊不时歇下两行飞
鸟，轻风徐徐的古村，更显寂静幽冥。在"旧村改造"之前，一条平整
的青石大道缓缓伸向老屋，巨型的石制大门镌刻"披云挹秀"，高大的马
头墙仿佛与周围的松竹比高。走进屋内，宽阔视野，让人心旷神怡。细看
其立柱、梁枋、牛腿、格扇、窗棂、神龛、天井、柱础，雕饰精美。正堂
两侧的石制花凳一百年安然如故，也许它是孩童的玩偶，也许它是红裙的
附依，更多的时候，可能它是达官贵人谈笑风生的见证。最神奇的是这里
的水泥地，一百余年，依然光滑如初，不见细微的裂痕。相传，这水泥是
从温州船运而来的，又说，其实当时并不叫水泥地，只是搅拌了滕梨汁的
地面而已。这是一座百年之前的艺术的殿堂，这是一座百年创业历史的丰
碑，它是汀州人建筑的典型代表。

　　琴瑟和鸣的桃子坑村，处处彰显和谐的乐章。

　　"经堂下古道"是典型的先古印迹。这是一条通往佛门的大道。在茂
密的林荫之下，踏着千年的古道，伴着潺潺的流水，可以寻觅千年的古佛
居处。千年古刹"经堂下"，海拔约 800 米，处高山之巅，四周极目，惟
余莽莽，每当雨天，雾气缭绕，仿佛置身于仙界。这里何时始有庙，已无
考。距此一里许，有赖氏村庄"山望排"，系松阳赖姓同一支系，与松阳
城西赖氏为兄弟。相传"经堂下"原为赖氏的随带香火，现存的赖氏祖
宗牌位上书："天地君亲师南无大慈大悲观世音菩萨位。"赖氏谱载，公
赖忠诚，于东晋兴宁元年（363）任虔州（江西）知府，辞官后举家卜居
松阳，闽粤赖氏，均为松阳赖氏之后。相关人士据历史推测，古刹建庙旧
址距今已逾 1600 年。确有史料记载的是清康熙五十九年（1720），周围
两县村民集资建成观音堂正殿。乾隆初年（1736），王增山从福建迁至云
和桃子坑村山望排定居，在此处设"益经堂"。咸丰元年（1851）夏月，
由王增山后人及周围村民集资，在此处重修观音堂。2012 年，在经堂下
北侧的百鸟朝凰村发现了明朝万历十九年（1591）刊造的木刻原版佛经，
该经原为经堂下师父念唱所用。

　　村中留存乾隆元年（1736）建成的平水大王殿两座。艮子背平水大
王殿子山午向，为三直两栋一天井结构，建筑面积约 170 平方米，下设戏
台，其建筑模式、尺村与龙门插花殿（老殿）完全相同，是人们寻找水

下故园的最好去处。桃子杭水口的平水大王殿申山寅向，宽约 14 米，深约 10 米，两边石制大门，筑门前大道及石制栏杆，当年建筑规格较高，现已部分倒塌。

对平水大王（禹王）的信仰，是村民对五谷丰登的企盼。为此，村民们用文字记载这里的神奇：

清乾隆元年（1736），艮子背村刘氏在村后建一丈见方的小庙，供奉地方菩萨平水大王。至民国十三年（1924），重建大庙，奇迹始现。开挖山体丈许时，在无明显缝隙的"麻箍石"中，惊现一尺见方的石牌，用中宋体书"平水大王神位"，无年号可查。当年建庙，村民选有十位头首。选出之初，童弟刘叶增无故降神，曰："十人各增一丁。"当年建成，各家均增一男丁。至民国二十五年（1936），佛身重裱更衣。卜定吉日后，有师傅到来，要价一百钱，问裱否。扶乩曰："不裱，本王自会请师。"临近开光吉日一个月，村民再次扶乩，曰："丁姓师傅三日内到，价不过三十。"至第三日，果有松阳沙坑丁姓师傅到来，村人告知菩萨已知你即将来，甚为惊恐，不敢要价，最后以廿九钱低价重裱。至开光之日，店子新进排村阙赞恩前来求烧头香，他夫妻俩均已五十余岁，膝下无子。当年求子得信，取号名"赐牯佬"，以纪念菩萨赐子。

今天的桃子坑，依然安静幽冥，像阁中的淑女，窈窕芬芳。淳朴的村民正吆喝着牛羊鸡犬，奏响桃花源中崭新的旋律。

（作者：黄育胜）

丽水庆元葛田村

腹地神话引人行

在"中国生态第一县"庆元县西部腹地，孕育着这样一个古村落。那里群山环绕，甘泉汇流，晨钟暮鼓，幽曲通住；那里有幽深神秘的古地道和历经风雨却毅然屹立的古民居、古庙宇；还有充满神话色彩的"台湖山"引人注目，令人向往。苍翠青山将葛田村环拥其间，左右两溪终而汇集流经村中。古寺、祠宇、古亭、古桥、古树依山就势围村而建。青山悠悠，流水潺潺，村中灵气暗浮，清气无边。

青山环抱葛田村

两座古祠宇，三幢古寺庙，醒目最是自然。沿着磨得发亮的石头小道走去，幽曲道往处，古宅的牌坊大门便映入眼帘了。历经百年风雨的牌坊建筑风格与庆元大济村古民居大致相当，大门两侧以成块石作梁柱，大门上方高矗的牌坊，用石雕刻着四个大字"芝兰玉树"，左右石板联语已在"文化大革命"时期毁坏，模糊不清。进入古居内，展现的是一口井和四户人家的屋间，各屋四角的牛腿上雕刻着精美的各类图群，只可惜大部分也同样被破坏。

沈氏古祠宇，建于清朝（同治年间）。古时祠宇是一座十分精美和完整的祠堂，首代姓孟。"文化大革命"期间惨遭毁坏，今日墙上"鱼跃鸢飞"的字迹也已模糊难辨了。

沈氏祠宇至今已发展到十一代（孟到彦），现今村名人沈志伟 1982 年入伍到第二炮兵某部，1984 年考入西安第二炮兵学院，1988 年毕业获学士学位，现为第二炮兵某部正师级高级工程师，大校军衔。

坐落在村边的三处寺庙，昭示着这里曾是佛教盛行之地。古寺庙中当属"梵安寺"（又称和尚庙）历史最悠久、最完美。庙中有佛像、三宝、关公、孔夫子、孟子、俞柱甫阳、猪母子狮、天皇、特道真人、观音、金童玉女、二十四柱天。因葛田村与龙泉、福建松溪相邻，习俗相近，且龙泉、松溪邻村的寺宇没有葛田村的大，所以梵安寺香火不断，既有本地香客，也有邻村龙、庆、松、浦香客，不分四季，络绎不绝。常住寺里的五个和尚时而外出传教，时而诵书绘经，为这个古寺的繁荣与延续奔波化缘。清晨的梵安寺，日复一日地传出浑厚的钟声，似乎要用这晨钟暮鼓来告诉外界这里是佛教圣地。现今梵安寺正在重建之中。

马七夫人庙（又称夫人殿），有佛像马氏真仙、金童玉女，旧时不分四季，常年累日均有香客上香拜佛，每逢庙会也是热闹非凡。而现仅存庙基的和尚庙，将神秘留给后人。和尚庙基底下至今还保留了一古地道，只是随着岁月的冲刷，地道进口塞满了泥土和杂草，而村中老人代代相传的传说更让人不敢去开启这个上百年的神秘古地道。相传，庙里和尚经常到邻村传教，有不少村庄美丽少女被骗进地道淫乐后再加以残害。后来百姓发现后去庙里造反，使和尚无藏身之处而逃跑。此后，因庙无人看管，年久后风雨侵蚀而倒塌。

"梵安寺"不远的山边，巍然耸立着一座大山，名叫"台湖山"。台湖山名称的由来，相传是乾隆皇帝游江南时，从台湖山顶游到绕天湖，他诗兴大发，提笔写下"台上有湖，湖下有山"，后人取名为"台湖山"。该山顶峰海拔逾 1000 米，山势陡峭，怪石嶙峋，沿山区弯曲小道拾级而上，到了山顶，可远眺庆元、龙泉、松溪三县。山顶有两座庙宇，称"林觉寺"和"台湖宫"，庙右下侧有两个银坑洞，称大小岩石洞。大的洞容纳 70 人左右，小的洞容纳 30 人左右。台湖山左下侧有仙床、仙椅、仙桌。

台湖山上还有银坑洞群、乌连银坑洞多处，大鸟岗银坑洞像屋一间，还有仙人岩石墩（仙人墩）等。乌连银坑因深不可测，至今还透着神秘的气息。在1958年"大炼钢铁"时，县里曾经组织大批人员赴葛田村台湖山寻找矿源，兵分两路，到乌连与大鸟岗两处银坑洞探观。当时乌连银坑洞还派人用绳子绑起来带入洞内二十多米深仍不见底。因洞内风声较响，且黑得吓人，只能回到地面上来。该银坑洞据说延伸到黄南村方向，至今尚没有官方机构到此探测，所以岩石洞神秘的面纱依旧撩人心弦。

（文：庆元农办）

丽水庆元上庄村

生态印象上庄村

　　庆元县上庄村山岭起伏，形势险峻。据《周氏宗谱》载，该村始建于清初（1600年前后），由周氏先祖子奉公从后溪（今张村乡）迁置。因村后山形似象，昔名象庄，后世雅用今名。

　　上庄，有古驿道穿村而过，此驿道称上庄古道，是庆元至龙泉古道的一部分，至今保存良好，均为块石垒筑。在当时，上庄古道是连接龙泉和庆元的唯一通道，是庆元县民外出和外地民众进县的必经之路。沿着山麓蜿蜒穿行，道边古树参天、绿树掩映、流水潺潺、巨石林立，构成一幅优美的生态画卷。炎炎夏日，游人行至此，多会歇下脚步，在这青山绿水间游乐嬉戏，好一通清凉。古道周边遗留下了众多古迹，它们在静静地向来往于其中的人们述说着昨日的辉煌。古时的上庄富庶而美丽，勤劳善良的上庄人在村东山麓建起了一座整齐美观的村庄。

　　青山环抱，绿水洄流，风光绮丽，景色宜人。初入村庄便能感受到一份宁静与安详。道间孩童自由自在地嬉戏；老人悠闲地坐在村边沐浴着阳光，聊着过去和现在的故事；年轻人则行色匆匆地赶去做一天的工作。现在的上庄经过建设已渐渐地添上了新色，通往四山乡的公路蜿蜒穿行其间，零星的几座新房坐落道旁。与此同时，其古色古香的韵味却依旧如故。高低错落的古民居，蜿蜒穿行的古道，庄重古朴的祠堂、庙宇，气势恢宏的古桥，安静祥和的古亭，枝繁叶茂的古树，让人神往于古老村落往昔的繁华。这一切，寄托了人们对美好生活的向往和对先祖的敬畏。

　　古民居、古道，在这里随处可见；舞龙灯、唱灯，仍有不少人能信手拈来；这些曾经是松源镇上庄村的一张张亮丽的名片，却随着岁月的流逝，在烟雨中渐行渐远只留下其中些许，向来往的人们述说着昨日的辉煌。

　　古时的上庄富庶而美丽，高低错落的古民居，蜿蜒穿行的古道，庄重古朴的祠堂，庙宇，气势恢宏的古桥，安静祥和的古亭，枝繁叶茂的古树……

上庄民居古道

　　其中，古民居多为清代时期建筑，现存多处保存完好，仍有村民居住其中。据光绪《庆元县志·选举志》载，清嘉庆戊午年（1798）上庄出了位贡生周翰才。现其旧居尚存，但已破败，门前还立有三块纪念的旗杆石。这是史载最早的民居遗存。

　　叶昌才宅位于上庄村 45 号，占地面积约 464.6 平方米，坐东朝西，二层四合院式。沿中轴线由西向东依次排列为砖砌牌楼式大门、前厅、天井、正堂和后厅。天井两侧为左右厢房。地面以三合土铺设，屋面为硬山顶形式，四周夯泥土马头墙。

　　上庄村 30 号宅也是一幢富有特色的古民居，坐东朝西，面积 243.33 平方米。由砖质大门、门厅、厢房、正堂组成。砖质大门，条石门枕门槛，两端施垂带，门楣有铁质乳丁纹装饰。厢房南北各一间，对应面施格扇门（改建），中为天井甬道。

　　周知荣宅位于上庄村 30 号隔壁，坐东朝西，占地面积 242 平方米。建筑由主体建筑和围墙、谷仓组成，自西向东依次排列为照墙、砖砌大门、前厅、天井、左右厢房、正堂、后厅等。后进为附属建筑谷仓，檐柱牛腿、雀替等雕刻较精细，两厢房隔扇门均雕刻花鸟图案，屋面硬山式，小青瓦阴阳合铺，四周夯泥土墙。

　　周氏宗祠位于上庄村会四线公路边，坐东朝西，占地面积 182 平方米；据家谱记载，建于清光绪十年（1844），由主体祠堂和照壁组成。中轴线上依次布局为门厅、天井、正堂等。正堂三开间，悬山顶结构，设周氏先祖牌位。天井两侧设左右厢房，门厅左侧次间靠墙设一神龛，供奉土地神像。三合土铺地，四周夯筑土墙，屋面两坡顶、小青瓦合铺。周氏宗祠是后裔缅怀先祖之地，它也像一位老人述说着周氏家族的荣辱兴衰。

马夫人庙位于上庄村西侧，坐西朝东，占地面积约 260 平方米。建筑沿中轴线由东向西依次为外门亭、内门亭、正堂。正堂南侧为膳房。据各部分梁架上题字可知：外门亭始建于嘉庆十九年（1814），内门亭建于乾隆十七年（1752），正堂和膳房始建于明崇祯二年（1630），正堂三开间，檐柱雀替、斗拱等雕刻较精细。明间设神龛，供奉马夫人神像，两次间另设小神龛，供奉元帅公、吴三公等神像，屋面为硬山顶结构，四周以防火墙合围。正堂右侧是附属建筑膳房、左侧为新建筑。内门厅南侧有一棵百年丹桂，每逢金秋十月，满树桂花，芳香扑鼻，村里有"丹桂十里飘香"之说。

上庄以南沿魏溪两岸，土地肥沃、地势平坦，是庆元县重要的产粮区。几百年来，当地有一句话最能描述当年的富裕：九际五年不动产，上庄三年不用愁。富裕的生活让上庄人民拥有属于自己的特色文化，就像一朵含苞待放的花，等待你我去亲临鉴赏。

（文：庆元农办）

丽水缙云岩下村

岩下生态石头村

在缙云壶镇括苍山脉的深山峡谷中，有个美丽的小山村。从壶镇出发，须先逆流而上，到达雁门山，然后左弯右拐盘旋而行，攀爬数十里蜿蜒峡谷，方能到达。

这个坐落于巍峨挺拔的"百丈岩"下的山村叫"岩下"。全村除外村嫁入的几个媳妇外，全部为朱姓。其血统之纯正，在缙云十分罕见。

据清道光《朱氏宗谱》载，岩下先祖朱国器"有将才，善治军，多立战功"，为"后梁太祖（907—912）时淄州刺史"。后因太祖失政，"降温郡司户"而居温州永嘉。其次子名"时周，娴弓矢，喜田猎，遨游于五云括苍之巅，览南田山川之秀，卜宅而居"，至"十九世祖庆公，再移徙于岩下"。由此推算，岩下建村已有五百余载。

岩下朱氏子孙则传说：当年始祖朱庆太公路过此地，见峡谷群山环抱，小溪清流飞瀑，山崖竹林茂密，斜坡土地肥沃。尤其当他抬头仰望峡谷后面那座雄奇伟岸的百丈岩时，心头突然一震：这不就是我朱氏子孙坚实无比的靠山吗。遂徙居于此。

风水先生对此则另有说法：峡谷入口，两山耸峙如门；山门一侧，有岩蹲守如狮。进入山谷，有斜坡平畴，茂林修竹；双溪夹岸，绿水潆洄；百丈巨岩，如雌雄两狮，亲密骑背。由此观之：外有"天狮守门"，保其平安；内有"双狮打雄"（交配），孕育幼狮；水有"双龙腾跃"，龙门可期；崖飞瀑布，则落玉溅珠，不愁衣食——此乃不可多得之风水宝地。

朱庆公闻之大喜，遂从南田分派，依居百丈岩下，取名"岩下"。

定居之初，朱庆公就地取材，伐木为柱，砍竹作桁，竹爿为门，割茅盖房。继而垦地开荒，刀耕火种，春播夏耘，秋收冬藏，但逢农闲，则延师授课，教子读书，岩下遂成朱氏之乐园。

据岩下朱葛通老先生回忆，祖辈相传，某年岩下突发一件大事，令朱氏子孙进退失据，几陷灭顶之灾。

原来，古时岩下森林茂密，洞壑幽深，毒蛇盘曲，猛兽出没。某年冬天，人们上山砍柴，发现不知从何处来了几个人形"怪物"。

此物身高无尾，厚唇利齿，两脚行走，纵跃如飞。它们不仅摘食野果，而且越涧攀崖，捕食兽类，朱氏称为"人熊"。

人熊出现后，很快打破了朱氏"日出而作，日落而息"的平静生活。它们先是糟蹋山地作物，后则趁夜潜入村庄，活捉猪羊挟于腋下，然后呼啸而去。次日一早，人们发现那些竹木搭建的羊棚猪圈，纷纷被人熊巨爪撕破、推倒！

朱氏族人立即紧急会商，并作"应急措施"：任何人上山种地砍柴，必须集体行动，不得独自外出；各家各户紧急行动，把人熊一推就倒、一撕即破的茅草屋，全部改换成块石砌筑的坚固石墙。

岩下坡地，上半山多土，下半山多石。有幸朱氏草屋，几乎全部盖于沿溪两岸。各家各户说干就干，他们不分男女老少、辈分高低，通力合作，共同盖房。或溪滩捡石，或山地挖石，或畚箕挑石，或四人抬石，一座座块石垒砌的石屋，很快如同雨后蘑菇，一朵朵盛生于溪水之畔。此后，尽管人熊仍不断偷偷潜入村庄，由于有了坚实牢固的石墙，很少再有家畜被捉。

后来，人熊虽杳，但岩下建房，皆以坚硬块石垒砌。石屋不仅坚固耐用，冬暖夏凉。溪中捡石，既可清理河床、疏导溪流；坡地挖石，更可清石留土，方便种植。

而今，岩下这个小小的村落，尚有石屋近 80 幢，约 300 间。乍看起来，这些石屋石墙似乎杂乱无章，有如郑板桥书法——乱石铺街，其实却有非常合理的科学性。比如用来砌马头墙的石头，就颇有讲究：它的三个面必须相对平整，然后一横一直构成直角，左右相叠，互相咬合，非常坚固。而墙面中间块石，则要求不高，但平面必须一律朝外，且每隔一块石头须砌一个窠臼，以便插入下一块石头。就这样，砌一层石头做一层窠臼，再插入一层石头，再做一层窠臼，层层升高。而内、外墙面中间所留空隙，则以黄金泥拌碎石进行填塞、黏合。层层石头叠砌，上下左右咬合牵制，形成坚固墙体。岩下村的泥水匠至今认为，黏性很强的黄金泥干燥后比水泥更耐久。水泥会老化，黄金泥不会。岩下村古老的石屋石墙，即使在数百年后的今天，仍旧牢固如初。虽然许多老屋的木柱、栋梁因虫蛀霉烂而倒塌，但其石墙却依然屹立至今。

　　岩下的石屋高度，一般为鲁班尺二丈四尺，合 8 米有余。墙厚度，底部约 60 厘米，顶部为 40 厘米。若从横切面来看，外墙面基本垂直，而内墙面则向外倾斜。千万别小看这种"外直内斜"的夹角石墙——在缙云山区，常常是山雨欲来风满楼——即使遇到横扫而来的狂风暴雨，雨水也能顺着垂直的墙面迅速流下，不会渗入石墙之中。万一遇到像人熊推屋、风暴地震等灾害，这种石墙即使倒塌，也不会倒向屋内，而是倒向屋外，从而保护家人不受伤害。

　　时光流逝，物是人非；人生有限，不变河山。老一代在岩下男婚女嫁，男耕女织，有如匆匆过客；新一辈又在此地生儿育女，耕读传家。随着人口的繁衍，一幢幢石屋不断增加，把岩下变成了一个颇有特色的坚固石寨。

　　尽管岩下的石屋没有江南大院的飞檐翘角、雕梁画栋，但在深山峡谷之中，它却坚固可靠、舒适安全。如今，岩下村那一幢幢高低错落、长短胖瘦的石屋，恰如戏台上的生、旦、净、末、丑，继续上演着人生的喜怒哀乐、悲欢离合……

（作者：项一中）

丽水景宁深垟村

畲乡深垟有三奇

景宁县深垟村原在开基之初，田垟土浅，取名"浅垟"后经畲汉先民刀耕火种，以石筑堤，垒磡造田，深耕细作，土层渐深，遂更名为"深垟"。据考，深垟村为东吴孙权之后裔于宋末迁入，距今已有七百多年历史，雷姓在深垟黄山头也有三百四十多年。清康熙十三年（1674）二世祖雷孔华率一支族人与五世辈分的雷陈富举家迁入黄山头自然村一处叫处后岗的荒地，开始开山僻地，艰苦创业。黄山头村为黄姓开基，后黄姓衰落，雷、陈姓繁盛，村名沿用至今。

深垟村有三"奇"，奇效、奇形、奇景。

一是畲医畲药有奇效。深垟村畲医畲药五代祖传，具有多用植物药、原生药、单味药、大剂量、巧用药等特点，顺手采来顺收医，药效奇佳，颇具神秘色彩。

深垟畲医畲药的始祖是大相师。《景宁县志》载，清末民国初，该县白鹤乡黄山头村畲民武秀才雷仁祥，又名大相，设馆习武授医，其伤科草药医技名震一时，流传甚广，门徒众多，自成体系，后人称"大相师伤科"。

清朝末年，社会动荡，民不聊生。雷氏族人在深垟黄山头村，勤耕苦作，艰难生活。然而，邻近的福建省寿宁县土匪常到东坑、深垟一带打家劫舍。还有一些外地拳师，到景宁收徒教拳，为非作歹，闹得鸡犬不宁。

黄山头村畲医始祖雷仁见乡邻饱受欺凌，遂立志欲学得功夫"经世济亲"。清光绪二十七年（1901），他只身来到福建莆田南少林寺，苦学三年，不但学得一身好功夫，还得少林医伤秘方真传。光绪三十三年（1907），他参加州府武秀才会考，一举中的。后因"世事浑噩，前程渺茫"，辞去差干，回乡一面授拳传武，护卫乡邻，一面行医积善，扶危济困。

雷仁祥师出少林，身怀功药绝学。他与人为善，护卫乡邻，造福一方，当地畲汉百姓都很敬重他。他目睹很多学武的人武德缺失，危害百姓，于是决心向其后人传医不传武。深垟一带植被丰茂，是天然的药材宝库。大相师根据少林秘方，采用当地药材，不断实践创新，终于自成大相师骨伤科一派，药效奇佳，声名鹊起。

据传，有一位村民上山砍柴，不慎跌落山涧，摔在岩石上，肋骨断裂七八根，内脏受了重伤，吐血不止，气若游丝，昏迷不醒。家人将其抬送到大相师医馆求治。雷大相并不慌张，到后屋灶间煎一大锅汤药，给伤者灌下。不久，伤者即醒能言。随后大相师采来草药数种，放入石臼加糯米捣烂，将伤者肋骨复位固定，将捣烂的草药敷贴在伤者胸腹腰间。此后每两日一换，如此七次。半月之后，伤者竟然康复如初，能正常劳作。大相师一生行医，类似这样的例子很多，但大相师的后人并不喜欢多说。或许是因为他们把治病救人当作一种德行，无须张扬；或许涉及祖传秘方，不可泄露吧。

大相师后代继承医术，秉承"行医积善，扶危济困"的祖训，百余年来为景宁及周边文成、泰顺、青田等地畲汉百姓治病疗伤，福泽一方。

畲医畲药为当地群众带来健康，也增进了民族情感，深垟村新中国成立至今没有发生过一起民族矛盾纠纷。深垟村是景宁县畲汉通婚最早的村庄，畲汉亲如一家人。

二是村形奇特宛若"聚宝盆"。深垟村中心村位于盆底，土地平整，小溪蜿蜒，周边群山环绕，树木葱郁，整个村庄就像一个巨大的聚宝盆。

深垟村也确实是个聚宝盆。清乾隆《景宁县志》载："深垟林源堰，灌垟边田"。这说明当时深垟田庄已经颇具规模了，水利灌溉设施已完善，粮食产量自然不在话下了。在农耕社会，有了这样一片近在村边的沃土，四季轮番种作，瓜果蔬菜自然收获。金秋时节，田野里大豆饱满、稻谷飘香，满地铺金。收割之后家家户户仓廪充盈，人人欢喜。如今，深垟村生态保护良好，稻田依旧年年耕种岁岁丰收。周边群山满目的松杉毛竹，就是取之不尽的财富。新种植的白玉仙茶，更是身价不菲。还有山间的蘑菇、竹笋等野菜成了一道道吸引八方游客的美味佳肴。更何况，深垟村依托绿水青山快速发展的林业产业和休闲产业，让这里到处绽放出蓬勃生机。门前屋后的桃李，菜地瓜架的蔬果，村边的清流，坡上的翠竹，屋顶的炊烟，天边的归鸟，初升的旭日，松间的明月，初夏的杜鹃花，秋后的红柿子，古朴典雅的木拱廊桥，古木参天的好汉林，虽是处处寻常景物，却吸引了络绎不绝的游客。村里的8家"农家乐"天天迎来送往，喜气洋洋，更使深垟成为一块吸金聚财的旅游宝地。

三是石头建筑显奇景。深垟村目前现存古建筑有30多幢，多为木屋石墙。其中，有十余幢保存完好。最早的是建于清代，大多数是民国建筑。房屋为木构石屋，前庭后院，石墙封顶，防火防冻。前庭开阔通透，光照充足。后院天井采光，安全幽深。房前屋后果树掩映，石墙内外花草点缀，别有一番情趣。

深垟人勤劳能干，惜"土"如金，故建屋多用石材。自古家家户户架木为屋，砌石为墙。石匠手艺世代相传，能人巧匠自然不少。现在深垟村建设就地取材，修旧如旧，保持石头特色。徜徉村街，放眼望去，石桥、石屋、石厕、石路、石沟，成了这个深山古村的奇特风景。走进小院，看到石凳、石桌、石磨、石臼、石水缸、石碓，你会为独具匠心的深垟人感到惊奇。游客来到畲族农耕文化展示馆里，饶有兴致地欣赏着畲服、嫁衣、纺车、稻桶、织布机、木马、犁、耙、茶叶焙等各式各样的物件，仿佛走进了久远的农耕时代，闻到了那一股浓浓的稻香和田野气息。

奇特的石头建筑、奇丽的田园风光和奇异的畲族风情，三者的完美结合，使这座深山的古村落散发出来独有的艺术魅力。如今，深垟村已是丽水市美术创作基地，每年都有大量的学生、画家前来深垟写生、摄影或进行其他艺术体验与创作。他们用艺术的形式，使深垟名声远扬——有许多取材于深垟的作品在省、市级竞赛中获奖，还有几幅在深垟取景的油画，在法国获奖。

绿树村边合，青山郭外斜。在建设美丽乡村的今天，深垟村把生态保护放在首位，留住村寨特色，守住一份宁静。

（文：景宁县民族小学）

丽水松阳山甫村

山乡古村演人生

松阳县山甫村坐落于海拔 710 米的小盆地中，四面环山，两面环水，古木翠竹掩映，四时景致分明，就像山间的一方小舞台，徐徐地展示着一个村落的人文故事。

山甫村依山傍水，村庄所在地较为平整且开阔，四周竹林环绕，植被密集，生态环境优越，山体滑坡和泥石流等地质灾害不会危害到村庄。一条小溪贯穿整个村庄，在村庄中间勾勒出一个 S 形弧线，主道沿着小溪蜿蜒，两棵高大中空的红豆杉站在村口，成为舞台不变的布景。

竹林环绕山甫村

村落是舞台的背景。整个村庄沿小溪而建，由西南至东北方向呈狭长形分布。另一条小溪从村东边环绕在村外，两条小溪又在村口交汇，整个村庄显得非常有灵气。现存传统建筑群与周边环境原貌保存完好，整体风貌协调统一。村外有建于元代的社殿岭弄古道和山甫源古道，是旧时山甫人通往外界的必经之路。村中巷道体系完整，路面大多以卵石铺设，土木结构的三合院型房屋紧邻而建。

山甫村的起源最早可追溯到五代后周显德年间，一个叫杨傲的男子打猎至此，觉得此处非常宜居，遂在此处定居。杨氏族人所居之处称为

石制节孝牌坊

"杨宅"。明永乐年间一毛姓人氏来到山甫，当了杨家的上门女婿，从此也开基立业，发脉的后人聚居之处取名"毛家"。南宋绍定年间（1228—1233），松阳斗潭村的徐种五入赘到毛家当女婿，从此山甫合数姓共同生活。

近千年的时光流过去了，山甫的杨姓已经消失在历史的洪流中，村中只留有杨宅路；毛姓已所剩无几，如今村中大都是徐姓。距离徐姓抵达山甫，经历八百余载的岁月。徐氏陆续给村中添置了众多的家当：古树、梯田、古道、古宅、石拱桥、古驿站、徐氏家祠、徐氏宗祠、节孝坊等。以血缘关系构成的族人共同生活在这方水土之上，共同过着日出而作日落而息、男耕女织的农耕生活，并且严格遵循着当时的社会制度，上演着平常百姓人家的故事。

清嘉庆二十四年（1819），山甫村树起了三间四柱三楼的石制节孝牌坊，坊高4.9米，面阔4.9米，为旌表儒童徐成龙原配程氏节孝而立。民国《松阳县志》载："程氏，山甫徐成龙妻。年二十三夫故，子一饶二龄，泛舟誓志孝翁姑，抚孤儿，效欧母书获训子遗事。有玉岩俏生叶延华赠以'心严冰雪在瑶池,夜分灯红为课儿'之句,后子遵母训,弱冠游郡庠。嘉庆二十四年,为母请旨建坊。守节六十余年,寿八十有五。"程氏节孝坊,楼阁式,东南西北坐向,紫砂红石质,悬山顶,柱为抹角方柱,挟杆石刻卷草纹,各间额枋呈月梁状,平板枋上置坐斗承屋顶。明间额枋与平板枋之间置栏板二块,上栏板刻"节孝"二字,下栏板刻"旌表儒童徐成龙元配程氏",平板枋置"钦褒"竖匾。

祠堂和香火堂是先祖崇拜的产物,更是家族精神和英灵栖息的殿堂。山甫村中保存着一幢明朝时期的香火堂,清代陆续建起了徐氏宗祠和徐氏家祠。两个祠堂在同一中轴线上,目前均保存完整。宗祠在村之上方,两进三间,占地面积150平方米,门前有一垛照壁,门口有一对桅杆石。天井卵石铺地,天井四周牛腿木雕古朴美观,精美的砖雕置于门顶,墙上书写着祖先家训,表达了祖先对子孙后代的殷切期望。厅堂内雕梁画栋,内容为动物以及花卉等,表现了主人对生活的美好愿望和审美情趣。

家祠在村中间,门口有九级石阶跨过小溪,石阶两侧青石呈弧型。祠堂是砖石门台,门台为硬山顶;门额四周墨花边,上书"徐氏祠堂";门座砖雕,出檐用花砖叠涩出跳。徐氏家祠面阔三间,二进二厢房,前厅五架梁前双步梁,后厅五架梁前双步后单步梁,牛腿浮雕火炬形,天井为条石铺地,内院墙上有彩绘。

村中建房皆以卵石修砌墙脚、夯土墙,内部以木材构建。卵石来自附近溪流中,石板来源周边山上。传统宅院格局大多为三合院或二层重檐楼房,结构形式丰富多变,力求建筑造型美观古朴。泥墙黛瓦,封火墙迭起,石刻、砖雕、木雕工艺精湛,配置合理,石大门的门额上刻"敦厚安居"等字样。

最为典型的是21号民居。因临路临溪,石头垒起的墙基有几人高,墙基和黄泥墙的比例大致相同。泥墙中有四五眼窗户,因为窗户实在是小,所以只能用眼来形容,有徽派之特点。窗棂是木头做的,有的干脆没有窗棂。正门为木门,门的两角雕刻着寿桃和仙鹤,首进门厅的横枋上刻有丹凤朝阳和镂空的花草木雕,枋上还有两个对称的扇形图案,图案中各为一只喜鹊,意寓"双喜临门"。天井四周的檐柱上雕刻狮子戏球、凤栖牡丹、松鹤延年为主题的精美的牛腿。中堂的横枋上枋心及藻头上皆有雕刻,有雀替。二楼栏杆以直棂为主,间着几个卍字造型。此宅为清末民初所建,当时木雕均为纯手工精细作品,工匠一天雕刻下来不过是一汤勺的面积，仅天井四周的这些木雕作品，费了工匠不少的时光，更是费了宅主不少的银两。21号民居建筑高度体现了当时的工艺美术水平，建筑营造也具有典型的浙西南山区特色。

除了精湛的建造工艺，山甫人在建房时还保留着动土、结顶和上梁的仪式，主要包括三牲宴请众神，众神维持秩序，送走众神，放爆竹，结红绸，摆放千年运、万年青等仪式。

山甫村的村民就是这方舞台上的演员，他们在既有的舞台上，在既有的社会制度内，上演着属于他们的人生。他们循规蹈矩，婚配嫁娶，皆为家族开枝散叶，同时勤劳致富，旨在为后代留下物质财富。

（作者：黄春爱）

六　人文景观

杭州临安龙井源村

绿映仙踪龙井源

　　龙井源，位于浙江省临安市龙岗镇境内，浙西大峡谷谷口西侧。从源口到源头的百亩大草坪，全长约80华里，处处幽雅，奇景动人。因源中有一奇潭叫龙井，故名龙井源。

　　关于这里还有凄美动人的民间传说。那一年，正值王母娘娘八千寿诞，众仙纷纷筹备厚礼准备中秋之夜前去道贺。东海龙王也不例外，四处寻找奇珍异宝。龙王的幼儿小白龙与南海观音神坛下的鲤鱼精之女鲤姑，自小青梅竹马，形影不离。一日，小白龙和鲤姑在后花园玩闹时偶然听得祝寿之事，便吵着要同去拜拜万神之尊。老龙王自然高兴，一来带这对掌上明珠去天宫长长见识，二来也想让众仙夸夸这人见人爱、郎才女貌的一对，听听溢美之词。

　　小两口日等夜盼，时时催促父王早日动身，以便观赏各处风光。龙王拗不过他们，便邀了几个好友，带上小白龙和鲤姑，于中秋前一周动身，驾祥云，飘向天宫。

　　一日，他们路经一处山清水秀，瑞气环绕的峡谷。小白龙玩性大发，趁父王与朋友聊天之时，偷偷按落云头，但见一处深潭白练悬空、彩虹倒挂、碧波荡漾、花枝摇曳。那潭碧水，喝一口，甜透心底。龙宫虽好，怎比得过如此美妙的人间仙境。小白龙不听鲤姑劝告，非要下潭探个究竟不可。谁知这一去，竟三日不归，急得鲤姑心急如焚，失去理智，现出原形，只拿鲤尾伸入潭中一搅，一股洪水漫将上来，直冲下游而去。

　　且说这峡谷口的龙井村，百姓男耕女织，平静度日，哪见过青天白日会来这么一股莫名其妙的洪水，吓得哭声震天，四处逃奔，建在河边的沈、赵两家更是遭受洪水吞没之灾。正在空中巡查的天兵天将，即刻将此事禀报玉帝。玉帝大怒，速派雷公雷母前去行刑。那鲤姑不知利害，还痴痴地望着深潭。待到狂风大作，她觉察大事不妙，刚一退出潭边，却被一道闪电劈下了脑袋。

再说小白龙在好奇心的驱使下，渐行渐远，不知不觉来到了"锦绣潭"。此潭是大禹治水时，因洪水退却缓慢，命随行神龟掘潭泄洪而成。神龟挥动巨爪，掘石如飞，飞石从空中运到昌北上溪一带，堆成山头。直至今日，上溪毛塔前的山头依然是当初倒置着的怪模样：卵石垫底，岩石盖头。而潭底的暗流直通东海，退洪迅速，露出锦绣河山。为了奖励神龟，大禹便把此潭命名"锦绣潭"（老百姓叫它斤线潭），赐给神龟安家。小白龙洞生路不熟，神龟又在外出中，难探其底。待小白龙听见地动山摇的霹雳声后，才猛然回过神来。他赶忙回头，浮出神潭，寻找鲤姑，却见鲤姑已是身首异处，知道是自己贪玩害了她，不由号啕大哭。泪水把鲤姑尸身前的山沟冲出两道瀑布，成了双流瀑。后来鲤姑的三个姐姐也闻讯赶来，见妹妹如此惨状，又相拥在一起，哀泪长流，形成"三仙瀑"。瀑布线、柱、布、披、离、叠、段等百态千姿，别有奇趣。

小白龙乘兴而来却落得如此下场，发誓再也不去天庭，也不回龙宫，愿终生陪伴鲤姑。

三仙瀑

　　玉帝惩罚了聪明贤惠、美艳绝伦的鲤姑后，总觉恍惚，心跳加剧。大慈大悲的观音又怨他拆散一对好鸳鸯，小白龙不离不弃，生死相守。可怜的鲤姑，心有不甘，于是化成一股涓涓细流终年流淌。玉帝更觉惭愧，降旨做了三件弥补之事：一是封鲤姑为鲤神，让她的尸身化作万吨巨石，以"一石盖一谷"的气势亘古不变；二是调出神龟，教观音收徒，把锦绣潭封为龙潭，赠予小白龙，使其与鲤姑永远为伴；三是在潭石之间设立一对鸳鸯门，让所有有情人牵手进出鸳鸯门，白头偕老，永结同心。

　　却说那胆小怕事的老龙王，当时只顾得意，神侃神聊，丢了儿媳也不知情。后来听说她犯了天条受到严惩，也不敢去理论，回到龙宫被老龙婆骂得狗血淋头，不禁思念爱子、爱媳。老龙王于是化作渔翁，撑一叶扁舟，顺着山峡寻觅。他老眼昏花、泪水盈眶，恍恍惚惚寻过了头，竟穿过天滩，来到老鹰岩下，却逢一群叫"山和尚"的鸟在追逐戏耍，不时发出"好玩""好玩"的叫声。老龙王幻听为"父王""父王"，一分神，差点撞上河边的山岩，急忙打桨，只听"轰隆"一声，几千平方米的一块石河床硬生生被划出一道石渠，老龙王惊叫"该死、该死"。这一叫不打紧，随行的鱼精侍女们以为骂的是她们，吓得不敢近前。从此，这条峡谷中的鱼，只到此为止，再上行就没有鱼儿的踪影了。

　　老龙王继续驾船猛冲上一块百米长的大磐石，见一巨大的蝾螈来拦驾，说是走错了。他连忙一边回应"老生晓得"，一边调转船头却搁浅了，只得弃船步行。直到现在，那船桨化作了松树，那条刻着龙王名字的石船还翘首停在崖头呢！而那蝾螈把龙王那一句"老生晓得"听成了"老生小的"，也遵圣命哺育了一批批身体娇小的后代。

　　老龙王一路沿山坡向西坞大岭头走去，总忘不了两个孩子，不断停下张望。他无意中拉着一株柴禾自言自语："掌上明珠啊，我的掌上明珠！"那柴禾似通灵性，从叶子间长出晶莹圆润的珠子，恰似一颗颗"掌上明珠"。

　　老龙王来到岭头，适逢观音于山巅收神龟为徒，仙乐阵阵，十分壮观，更觉悲从心来。观音安慰他说："你的两个孩子，玉帝已封了神，定居于此，你就放心赶快回宫吧，别误了龙宫大事，又生出什么是非来。百丈岭大凸头，那里有个龙池，你一下去，便到东海了。"老龙王将信将疑地下池去，不一会儿，果然回到了东海。

　　置身龙井源，听着沿溪香粉碓里的碓锤敲奏出此起彼落的动听乐曲，欣赏着农家人用龙须草编制而成的龙井草鞋，恍如遁回桃花源，再多沧桑、风雨，抑或尘事与烦恼，都会被忘却。这触动人心的浙西明珠，怎不让人隽永难忘。

（文：临安农办）

温州文成稽垟村

古树老屋百岁坊

绿树丛中见遗风，烟霞深处有新村。稽垟，一个具有六百多年文化积淀的古村落，于今云山苍苍、江水泱泱，廊前千杆树，槛外满地花，已成为宜游宜居的生态美丽乡村。

据张氏、朱氏谱牒载，元至正十六年（1356），张氏先祖在稽垟东庄落户繁衍；明洪武三十五年（1402），朱氏寿九（始祖）由福建长溪历玉壶朱雅角山迁稽垟定居生息。该村明、清属泰顺县，清康熙四十年（1701），归三都二图，辖稽垟、底庄村；民国三十五年（1946），建文成县，属文成县两岸乡。1950 年 7 月，由两岸乡析置稽垟乡。1991 年撤乡并镇，归属黄坦镇至今。

几经沧桑，古村仍保留有完整的地域特色，文化底蕴十分深厚。境内不仅有千年古樟，还有的吴王（吴成七，？—1357）古洞、墓，并尚存民居、寺庙、祠堂、古道、石牌坊等 21 处。其中，明清时期古民居四合院大宅保存完好，民居宅院内牌匾雕梁画栋，生动逼真，栩栩如生。同时，该村还是革命老区，有宝华寺革命纪念址、著名的畲乡中共青景丽县委"底庄会议"革命遗址等。丰富的民间传说更给古村添加了神奇色彩。

古村中层层叠叠、错落有致的古民居，由石头建成房屋与房屋之间那一条条古老小巷，墙壁由一块块鹅卵石砌成，不禁让人关注神往。稽垟村沿溪而建的一幢幢民居石屋，看着那久远的老屋、石墙、石巷、石径与大院小院，倒映在河里一晃一晃游动，所有的记忆都跳了出来。石墙屋为南方最早的古建筑之一，有六百多年的历史。元朝末期，人们开始在此处定居，为了生存便用山上的石块建筑了石屋。早先的一幢石屋建筑面积较大，可居住 30 人左右，随着时代变迁，住在石屋里的老一辈人一个一个地走了，后辈们也逐渐离开了，如今住在石墙屋里的人已寥寥无几。

一进稽垟村，映入眼帘的便是原私塾墙外那棵千年樟树。古樟躯体硕大，苍劲挺拔，像座铁塔般矗立在墩上，它那不可征服的气势与神奇的生命力似乎任谁也无法撼动它。树干上更是布满青苔，无不显示着"江南四大名木"的贵族气派。古樟树高达 25 米，胸围 1040 厘米，直径达 3.75 米，十余人才能栏腰围拢，平均冠幅 20 米，覆盖面积达 1068 平方米。根系满布全村地下方圆几公里，地下随处皆发现那大小不一、纵横交错的根系。相传樟树为宋初所植，树龄已有千年以上。古樟根部原有一大洞，可置一张小方桌，随着生长，后树洞重新愈合。古樟曾遭雷击、火烧，均未死亡，生命之强，令人感叹！

千年古香樟

老屋的前面是一条溪流，溪水清澈、明净，带着山里清新的气息奔流不息。吸引人的是门扇上面那独具匠心的木雕，不仅工艺精致，且内容丰富，有梅、兰、竹、菊、牡丹等花卉，有狮、虎、马、鹿、禽鸟之飞禽走兽，还有各类宝瓶、宝剑、伞盖、丝带、画卷、书卷，以及人物、故事，可谓五花八门，包罗万象，和谐统一，亦相得益彰。

据载，该屋是拳坛（馆）。户主朱孟相曾是一位拳师，相传其孙朱绍培更具传奇之传奇。朱绍培，字铁民，自幼学拳，不仅有一手拳艺，还练就一身百步穿杨、飞檐走壁的本领。擅长用枪，民国时期，曾携有四支手枪，且枪法奇准，亦传脚趾可打枪，具有传奇色彩，闻名周边各地。

稽垟村原有两座石牌坊，一座位于稽垟村坟前。太公名朱孔卓（字维熙，号立夫）卒于清嘉庆丁丑年（1817），因年届百岁，于光绪六年（1880）报准建坊，"文化大革命"时期倒毁。

一座系清咸丰十年（1860）朱宗乾（号健庵，寿登百岁，五代同堂），奉旨建造，于今矗立在城阳村老屋傍，虽历经约 160 年，饱经风霜，光彩依旧。该百岁坊坐南朝北，为单间石构建筑，面阔 4.75 米，进深 2.30 米。方柱前后置抱鼓石，柱头各蹲石狮，中间为通道，台基砌成须弥座式，内部用块石叠砌，外表铺以水磨花岗岩石。柱石上方的阳面上刻有文字与图案，一面刻有龙、凤，一面刻着鹤、鹿，人物、故事和"百岁"、"圣旨"、"奉旨建坊，五代同堂"字样。

吴王洞为县级文保单位，位处村东双尖山前腰间，俗称"豺狗洞"。洞四周山菁崖陡，烟霞平绝，风光旖旎。洞口低窄，要低头弯腰进去。洞内路道时大时小，或上或下，弯曲难分。内有天然石凳、石桌、石蜡台，壁间似天工镌雕，纷呈人、兽各态。传说洞深无底，最深处可听见珊溪港撑船竿响声。元末农民起义军首领吴成七兵败后，只身潜于洞内避难，旋被其甥诱杀。洞外山上另有元末署为龙凤摩崖石刻，远处山顶则为吴成七寨。

《城阳（稽垟）八景诗记》载：城阳者，旧名稽垟也，佑村朱先生聚族而居。岁庚午，延余修其家乘。及至，适余友魁占周先生设帐其间，为余备道八景之胜。余走笔以咏之，其诗曰：

> 莹然玉印自天锺，位置金城体势雄；
> 挺挺双峰冲汉表，弯弯半月照长空。
> 常看瀑布悬崖上，世掌丝纶钓涧中；
> 一鞠仙桥通济涉，万年石将镇抟风。

居既久，天气且清明，复掠余游，次第指点。初从中村而观，环绕皆山也。岭高十余里，行者拾级以登，至于绝顶，复由小岭而下，豁然平坦，广数千亩。然而，万障环绕若城然，故曰"城阳"也。诗曰：

> 团团翠岫似城墉，地造金城岭上封；
> 雪满青山莹细柳，云生白昼在长松。
> 并无劲献惊骑虎，但有春雷起蛰龙。
> 不事玉京天外觅，其中消受最从容。

城之中有田，有石凸起，四面周正，高大约丈余，俨然玉印。余以为天之秀气所钟也，分符合节，其兆此欤。诗曰：

> 天然秀气毓城阳，玉印晶莹锦里光。
> 山带绿霞飘紫绶，树催红叶点金章。
> 分符预兆丹墀上，合璧先钟白屋旁。
> 寄语芸窗勤志士，还须累累挂华堂。

玉印之前潆洄如绶者，为细涧。其源清可以浴，其流长可以钓，垂维纶其间，致足乐也。其诗曰：

> 最爱山溪娟玉流，清泉淡荡景偏幽。
> 源从凤沼村心绕，引出鱼郎水面游。
> 每到斜阳流碧浪，堪随新月下银钩。
> 渭滨千载垂纶欤，表表芳踪欲与俦。

涧与堂环。堂之后，有山倚屋而峙，宛如偃月。从涧上而观，谓之半月浮江也。诗曰：

> 山如偃月碧溪清，倚屋生辉异景呈。
> 半入烟波新宝镜，尚余华彩焕元精。
> 松间掩映群峯翠，江上徘徊遍野明。
> 吟到金风香扑鼻，广寒玉桂散芳城。

自涧顺流而下，石桥横锁。及秋气肃而寒潭清，影入澄波，如合重弓，如见双虹。佳在桥，尤佳在影，佳在影，尤佳在影之侧也。诗曰：

> 他山凿石夺天工，鞠就仙桥宅畔东。
> 为访芳邻联两岸，因防水族合重弓。
> 凤鸣绿草疑朱雀，影入清波化彩虹。
> 莫谓舆梁徒有济，许多陌路总相逢。

如城阳者，已峻极矣，复有高出于群峦之上者，曰双峰插汉。此人文之所以蔚起也。诗曰：

> 巨灵伸臂插双峰，势入层霄孰比崇。
> 卓尔凌云窥塞北，巍然近日照堂东。
> 人踪未许孤高上，天路几希对峙中。
> 磙磙群峦谁与并，共登汉表较雌雄。

此皆其城中所见者也。城之外又有五漈，会山水由石窍中奔腾而下，景曰悬崖瀑布。诗曰：

> 悬崖瀑布起飞泉，深云影里响涓涓。
> 常从空谷闻雷震，每向当阳看雨宣。
> 灿烂红霞千缕泻，奔腾白浪九重天。
> 问渠那得终朝泻，为有潜龙在水眠。

至于护卫金城，又有石障屏藩于北。当北风雨雪，石障御其寒威而风回岭后，余曰大将之御雄军也，因名之为"石将回风"。诗曰：

> 城阳高峙御风寒，雄倚屏藩自北阑。
> 不必土牛详月令，特生石将立云间。
> 孤峰挺挺当前蠢，八面飘飘转后抟。
> 世镇芳村长保障，特晋佳况壮宏观。

其佳况尚目不暇赏，于是夕阳在山矣。虽兴致未尽，相与携手而归。周先生欲余录其诗以传兹八景也。爰愧记之，以就于大方焉。

清乾隆十五年雷清具稿。

（文：文成农办）

水乡东林泉家潭

东临浩荡杭州港，南望敢痕总管堂。
西霞夕照彩虹桥，北闻东岳庙殿香。

东南西北，放眼四方，皆为胜景，聚焦中心，原是那东林泉家潭。泉家潭，现属于湖州吴兴区东林镇泉益村，古称钱家潭。据清《归安县志》载："钱家潭市，在县南六十里，倚水构屋，市廛十数家。"据传，钱姓大户"钱半镇"曾以砖砌潭，故名钱家潭。后因属泉溪乡管辖，习雅化，沿称为泉佳潭，也称泉溪。德清地名志称为泉家潭。

东林泉家潭

因水而兴、得水而美、缘水而盛的泉家潭依托得天独厚的地理优势，成为连接南北的水路交通枢纽。早年间，这里是杭湖锡航道上繁华的货客运码头，有"上海班"在此停靠，土特产与舶来品在这里交汇，小码头连通着大都市。儿时坐在家门口，只见杭州港上来来往往的船只。有迎风远航的大帆船，有两头尖翘的孝丰船，有三桨一橹的快捷船，有称一叶扁舟的划子船，有北来扁头江北船，有南往高大帆风船，有锣鼓喧天的迎亲船，有两船紧并的翘方船，有小舟船沿停满鸬鹚的摸鸭船，还有从杭州到湖州的客运轮船。每天上午卯时到辰时，小镇的岸边泊满了一条条紧挨着的船只，有从四面八方划着船赶来喝早茶的，有带着自家地里种的各种时兴蔬菜和鱼塘里养的鱼虾到小镇上来卖的，有提着篮子到镇上小店来购买生活用品的。络绎不绝的行人，往来穿梭的船只，印刻着泉家潭那一段段繁华热闹的景象。

村分南、北两部分，北至轮船码头的伶婴堂，南至朱家弄堂（是吴兴、德清两县分界的弄堂）。南部属德清县戈亭，就相隔一条弄堂，泉家潭街道宽不过 3—5 米，两旁居民却交错地居住在一起，呈现出"杂居"状态，沿街而居的两县村民和谐相处，时时刻刻洋溢着朴实真情。泉家潭的村民都是朝东面向杭州港而居，街面都是明清年代建的靠街楼。泉家潭有远近出名的大户人家，德清有沈家，吴兴有钱家、泮家、金家。这些大户人家房产有沿街的店面房，里面是仓库，过了仓库就是高墙，高墙门内的里面是大天井。大天井两侧是大厢房，三进落三开间二层楼房，屋顶圆椽幔砖、地面方砖铺地，室内尽是红木家具、富丽堂皇。

每年的农历七月十五日、十月十五日是泉家潭最为热闹的庙会时节，有数百年的历史。据传农历七月十五日是鬼神节，十月十五日是东岳大帝的诞生日，每逢七月十五日或十月十五日，四面八方的人都划着船早早地来到泉家潭。沿小镇的岸边杭州港上泊满了前来赶庙会的船只，北面从潘家浜桥逸，往南一直停到沿斗湾沈家屋前，有时甚至停到南段总管堂前。上午辰时，从小镇北面的东岳庙的河面传来锣鼓声，两条载着菩萨佛身，船上三角彩旗从船头插到船尾，高高的桅杆上飘着三角大龙旗。船沿两侧站着十多位穿着古装、手持兵器的卫士，船头两名撑篙手，船尾有三人掌大橹，船沿翘板上的吊帮者双手攥紧橹帮，全力往河面吊帮，直到吊帮者的头发着水面，他们嘴里大声唱着双臂用力压着大橹，随着密集的锣鼓声、呐喊声，菩萨船缓缓向南驶来，场面十分壮观。镇上每家每户都点起香烛，祈求菩萨保佑平安。河岸两旁的空地上早早挤满了观看菩萨船的人。当菩萨船驶到人们眼前时，岸边所有人双手合十，虔诚祈福。伴随着一声声嘹亮的锣鼓声，一幕幕精彩壮观的吊帮人长发溅水的惊险场面掀起一阵阵高潮，人们簇拥着。欢呼着，水上菩萨船自北往南整整一个时辰，河岸边依旧人潮涌动，热情不减。

时至上午巳时，从东岳庙动身的路上菩萨由四壮士抬着，前面锣鼓开着，两旁八名身穿古装、手执钢叉、后手臂吊着香炉的护闯师载歌载舞，三步一拜，五步一叩首，从北而南行在小镇的两丈来宽的街面上。街上赶庙会的人群退到空地或进店内让道给菩萨通过。

至午时，水上菩萨和路上菩萨才回到东岳庙内。赶庙会的人群便陆陆续续离开泉佳潭，各自划着小船回家，一路欢声笑语。

水乡东林镇，饱含着属于江南那一份独有的诗情画意，印象泉家潭，是一抹浓得化不开的乡愁。那水，那船，那人，那事，都在昭示着我们回到泉家潭，去追忆那些真实、平淡却又浓烈的过往时光，去解开那一抹乡愁。

（文：吴兴区农办）

衢州柯城区墩头村

航埠镇墩头"六桂堂"

墩头村位于航埠集镇以西,"320国道"以北,东与毛村接壤,南与枧陈村隔"320国道"相望,西面为殿前村,北邻常山江。因该村北临常山江,南朝内湖,村庄成为集中在两水域间的土墩,而得名墩头村。该村环境优美,民风淳朴,文化底深厚,现有农户496户,人口1602人,耕地面积约700亩,有古宗祠、古建筑群、古树、古寺和许多动听的民间传说等,是远近有名的文化村和建筑村。

墩头村的村庄结构布局呈"無"字形。站在河对岸从北往南看过来,一撇代表去毛村的路;一横代表墩头湖;四竖代表四条古街道;第三横代表衢江;四点代表四个码头。村庄的地理环境像个孤岛,南面是湖,北面是江,中间大,两头小,形似一条停泊在墩头潭边的巨船,村东头水月庵前的古树罗汉松就是定船桩。

历史上墩头是水运货物贸易的集散地、中转站,商业经济(现服务业)呈现一派繁荣景象。墩头在衢江岸边建有四个埠头(码头)。上埠头用于停泊木排、竹筏;中间两个分别用作渡口和老百姓洗衣、担水等日常生活;下埠头用于停泊商船和装卸货物。

衢州霞浦翁氏本为闽崇安县(今福建武夷山市)人。宋末,翁彦诚仕衢,将抵任而卒,卜藏于临安(江)乡之北山。建炎四年(1130),其子翁时造来衢,庐墓于此。南宋乾道年间(1165—1173),裔孙翁孟麟创兴谱牒。宋末,其后翁仕瑛因避乱,迁徙于衢邑霞浦书院之南,名敦厚里,即今之墩头村。

大宗祠是墩头村现有的古建筑中保存最完好的一座宗祠,它记载了墩头村的历史变迁。大宗祠里面的"六桂堂"出现于距今一千年以前的宋朝初年,追本溯源,都是翁家的子弟。翁氏的来源,提起来光彩无比,因为他们的源流,可以原原本本地追溯到三千年前的圣君周文王,是最值得自傲的黄帝姬姓子孙。据考,"六桂"出自福建。唐五代至北宋间,北方

六桂堂

名人翁乾度，家居洛阳，其夫人陈氏生六子。六子同朝登科，誉声四起，名噪一时，世人誉之"六桂联芳"。"六桂"后裔以"六桂"为堂号便由此而来。桂，植于净土，其花萼清香异于俗。桂有牡桂、菌桂、岩挂、银桂、金桂、丹桂，其数合六。又东晋王嘉《拾遗记》载："宣帝起桂台以望气，东引太液之水。"有一连理桂，树上枝跨于渠水，下枝隔岸而南生。此虽南北异处，而其根自同也。翁氏六兄弟于北宋年间，曾有五人易姓洪、江、汪、方、龚。六人虽异姓，却是同根同源，同朝登科，故世人谓之"六桂"。

入闽翁氏之祖，名轩，仕唐，官朝请大夫，后徙闽莆田而居。翁乾度系翁轩六世孙，五代时为郎中，定居洛阳。北宋战事平息后，翁乾度偕第六子处休居莆田，寿终于此，葬于县之西南黄峰山，钦赐祭葬，勒石为碑，敕封"六桂坊"共 48 个。碑上刻一诗曰："落地三朝语不通，生枝是姓公羽翁。诸子传流分六姓，兄南弟北备西东。枝分南北东西省，六姓原来是一宗。但愿儿孙知同族，婚姻嫁娶无乱纲。"旧时，闽浙一带的翁、洪、江、龚、方、汪六姓有不通婚的习俗，想必与此段历史有关。墩头翁氏系闽"六桂"后裔，故堂号称"六桂堂"。据墩头翁氏简谱载，清代名臣翁叔元、翁心存、翁同爵、翁同书、翁同龢为"六桂"后裔。又见翁氏简谱载，翁氏之先居闽之莆田，至明迁至兰溪到现航埠的姚头山，最后定居墩头。翁氏"大宗祠"也是始建于明万历年间，鼎建康熙，距今已有六百多年的历史。其间大修四次：1964 年首次修缮；1982 年第二次修缮；2002 年第三次修缮，并在梁上留有藏头诗一首：雨露阳光万物妍，财资回归似水源，重创新貌维祖业，修祠美德后人传。2008 年投资 13 万余元进行了第四次大修。从大宗祠订的规矩可以看出，翁氏祖先非常尊重知识，尊重人才，办事公平公正，奖罚分明。

墩头村现有古树三棵，其中樟树两棵，树龄有 450 年左右；罗汉松一棵，树龄有 600 年左右。老人们说，这三棵古树都有着非常的灵气。古樟树位于墩头湖的北边，九房厅的门前。九房厅的祖先看这里风水好，选址这里建造九房厅，并在厅前种下的两棵樟树，从此九房厅人丁兴旺。后来，人们说它是成对的，把这两棵樟树叫作樟树老爹、樟树老娘，谁家小孩子不好养就来拜认樟树老爹老娘，常年香火不断。罗汉松，位于墩头湖东头、水月庵门前左边。罗汉松树皮上长有一种药材，叫猢狲姜，是专治猢狲头病的特效药，药到病除，老百姓称它为神药。

如今的墩头村在秉承传统文化的基础上，探寻到了一条符合现代的发展之路。以"群众主体、四共四分"为核心共建生态家园"墩头模式"和以"古韵墩头礼仪之乡"为主体的文化礼堂建设，为墩头带来更好的明天！

（文：柯城区农办）

衢州常山招贤村

千年古渡赞招贤

招贤村历史悠久，俗称"常山东大门"，五六千年前就有人类在境内繁衍生息。招贤，顾名思义，是招纳贤才之地。名称来历说法有三：其一，相传古代有位贤士隐居于此，后为朝廷所知，招为上卿，故名；其二，古代曾在此设过考场，四方贤能之士集于此，故名；其三，南宋朝廷曾在此设立《招贤榜》，招募贤能之士，故名。如今传说最广的是第三种。

招贤村古渡口石阶

招贤始建于西晋（265—316）年间，据《大明一统志》和清代《常山县志》载："晋代信安旧治在县东常山乡招贤下，今名古县、古县畈。"唐咸亨五年（674），设立县治，始称常山乡古县畈（今古县、古县畈村）。唐广德二年（764）移至今常山县城，设立县治历经91年。明太祖洪武九年（1376）后，今招贤为常山县常山乡；清宣统二年（1910）首次建招贤乡；民国二十四年（1935）设招贤乡；1949年5月5日招贤解放；1983年7月恢复乡建制，招贤公社改为招贤乡；1985年12月招贤乡改为建制镇；2005年11月招贤镇、五里乡合并后建镇至今。

　　自古以来招贤人杰地灵，商贾云集，更有千年古镇之美誉，境内有"樊氏大宗祠""古县遗址""箬溪泉水""招贤古渡"等名胜古迹。

　　招贤古渡位于招贤镇招贤村招贤老街，常山港南岸，南为招贤老街，北为招贤镇五里片，由东、中、西三段码头组成。码头东段位于招贤老街至码头处，有38级石阶；码头中段位于老街至码头原船舶停靠处，有32级石阶；码头西段位于码头常山港上游处，有34级石阶。码头全长350米，东段石阶与中段石阶相距约300米，西段石阶距中段石阶约40米。

　　据《常山县志》载："招贤渡，位于招贤街。系南宋古渡，原为官渡，设施船两只，渡夫两名。"有村民说，平常及枯水季，船舶主要在码头中、西段过渡，涨水季节，船舶在下游码头东段过渡。现除东码头石阶为水泥浇注外，中、西码头石阶基本保持原状。因年久失修，现古渡基本废弃，仅用作村民生产生活，保存较差。该古渡作为研究当地人文历史的实物，有一定的文物价值。2011年12月2日常山县人民政府公布为第七批县级文物保护单位。招贤古渡在唐以前就是官渡，历史上就是衢州至江西、徽州的必经之地，名扬大江南北。

　　常山自古有"两浙首站，八省通衢"之称，是水陆运转、舟车汇集之地。古代的招贤，是渡口也是重要的驿站，所以商贾云集，历代文人墨客留诗遗唱，使招贤增色不少。南宋大诗人陆游曾题诗于此："老马骨口然，虺聩不受鞭。行人争晚渡，归鸟破苍烟。湖海凄凉地，风霜摇落天。吾生半行路，搔首送流年。"还有南宋的杰出诗人杨万里过招贤古渡时，偏逢淫雨连连，常山港洪水暴涨，艄公也停止营运了，他不得不在古渡岸边找一家酒店住宿，酒至半酣，口占打油诗一首："……一生憎杀招贤柳，一生爱杀招贤酒。柳曾为我碍归舟，酒曾为我消诗愁"。清代袁士灏笔下也有多首招贤渡诗作，其中一首这样描述："澄澈空江万里天，渔翁打桨入秋烟，捕鱼初罢腥风散，几个鸬鹚上钓船。"极富田园风光。古渡临街，半连溪，溪边还有不少古树，景观独特，给人留下无限遐想。

　　招贤古渡是定阳十景之一，早在宋代的陆游、杨万里等大文豪就在此留有吟咏。杨万里在《招贤渡二首》中写道："倦游客子日无聊，不是江山景不饶。危岸崩沙新改路，断渠横石自成桥。"这里描绘的便是招贤旧时乡间的名胜风景。古渡连接老街，分别有三处埠头，根据春夏涨水渡船靠岸位置，在上街、中街、下街头各设一个埠头。旧时交通依赖水运的大背景曾使"招贤古渡"盛极一时。

民国时期，盛产柑桔的招贤，通过埠头上船，每年运往衢州、杭州的柑桔达数十万斤，而外面的油、盐、布匹，则也由此装船、肩挑运进招贤，散向皖、赣等地。那时候，招贤一带的姑娘若远嫁上海、杭州，也都是从古渡水路出发，可直接抵达目的地。

然而，如今的古渡已经苍老。沿着石阶逐级而下，只见渡口杂草丛生，史书上记载的临江茶楼和酒肆已不见了踪影，就连早前那条像古董一样的破旧铁船也已无处寻找。此情此景，恰如当年宋代大诗人杨万里在此候船时的无奈："归舟曾被此滩留，说著招贤梦亦愁。五月飞雪人不信，一来滩下看涛头。"

要致富、先修路。改革开放后，国家惠民政策大力推行，常山港上的相关大桥和村镇康庄大道早已引申到了每一个村庄，古渡便渐渐地淡出了人们的视野。而今，站在古渡临江的老街上静静地看，她窄窄的，不足六尺，一眼望去，空荡荡一片，早已没了昔日的勃勃生机。就像一位垂暮的老人，在夕阳下静静地述说曾经辉煌的岁月。

（文：常山农办）

衢州常山江家村

历史遗迹传百年

常山县青石镇江家村毗邻常山港，环境优美，民风淳朴。

历史上的江家村原名枰槠，据新昌乡岩前村《傅岩程氏宗谱》载，北宋时就有程氏先祖迁居到江家。时任常山教谕的程华，自开化蔗溪迁居常山沂渚（后称枰槠，即今青石镇江家村）。明初，江氏先祖打猎由石梁两头塘迁居枰槠，江姓逐渐繁衍发展为一大族。故自清中期地名枰槠逐渐更名为江家，并一直沿用至今。

其间，杨、胡、黄、王、蒋等诸多姓氏先祖也陆续迁居江家，与江氏族人世代和睦相处，共同发展。正是由于江家村有多姓氏族民共居，各姓氏先祖留下了许多历史遗存，较为有名的如江氏大宗祠、胡氏大宅院、黄氏祖宅群、杨氏泥木祖宅、江家大井等。

江氏大宗祠坐落于村中心，坐南朝北，纵长方向，三进五开间，鼓形柱础，三合土地面，正门青石质门框上方嵌青石碑，阴刻楷书"大宗祠"三字。明间两缝五架梁抬梁式结构，顶上施八角藻井，后檐两柱抬梁以下部分为红砂石质圆柱，两石柱有阳刻对联"千秋善恶双眸间，万里悲欢只步中"。次、稍间穿斗式结构，顶上铺望板，屋面飞檐翘角，檐下挂"万古风流"匾。前进设木构戏台，呈凸字形，12 根方柱支撑台面，次、稍间设化妆室。戏台前檐天井两侧有看楼，楼前檐设弧形栏杆。中进前檐设卷棚，铺望板，后进结构与中进类似，但雕饰简单。

据《江氏宗谱》载，"大宗祠"原名"江氏宗祠"，据传始建于明成化年间（1456—1487），三间土木结构简单建筑；明崇祯年间坍塌，清乾隆丙申年（1776）在原基上重建两进宗祠，取名"江氏宗祠"；清光绪年间扩建，加前进部分；1925 年建成后，改名为"大宗祠"。

历史演变至今，江家村内部分古民居保存完好，尚存二十多处大大小小的古民居，还有三百多位村民居住在此。这些古民居大多建于晚清时期，有的还可以从门头的题字上看到修建的年月。

随意进入一处古民居，只见杂草丛生的院落，精雕细刻的门楣，镂空的花窗。伸手触及斑驳的墙体，一种跨越时空的沧桑感便透过指尖在心头蔓延开来。该建筑与江氏宗祠建设年代相同，至今近两百年。进屋后，映入眼帘的是气势磅礴的"八角"大门，上翘下宿，威风凛然。大门由青砖"开线"制成，里面还有一个小天井，小天井四周均有四个"牛腿"。旋即登城，木制楼梯发出吱吱呀呀的声响，仿佛在无声地诉说着往昔的点滴。

附近一处老宅的门厅上嵌着两个跷脚，跷脚下面两只"牛腿"，采用裸雕工艺，雕刻得栩栩如生。据说在古代，这跷脚一般人家是没有资格雕制的，最起码该房屋里有人考取过功名，方能建设。

江家村有口井，传说常喝井水会生双胞胎。

这口井位于古民居聚落之中，为江氏先祖所掘，经光绪二十三年（1897）重修，井深8米，呈"纺锥形"。整座井全由事先雕琢的弧形红砖石浆砌成，至今仍泉水涓涓，清澈甘甜。大井旁还有块青石材质的碑刻，碑文是"大井缘牌"。该碑建在光绪年间重修时，有一米余高，宽半米许。据碑文记载，江家大井自始掘时至清光绪年间已有数百载，历时久远。光绪二十三年，为修理大井四面空漏水之患，江家村60家村民捐助缘钱将井修理清洁。得此，江家大井至今仍保存完好。

江家大井位于村中心位置。以前附近家家户户都是喝这口井里的水，村里有十几对双胞胎，很多人都说是因为喝这口井水的缘故。江家村共有四口井，周围都有古宅聚集。尤其是江家大井附近古宅最多，有十几幢。双胞胎全都集中在喝这口井水的附近两百米的人家。尤其是每年到了蒸谷酒的时候，来这井里挑水的人会更多。乡亲们一致认为，只有这里的井水才能酿出更加醇厚、香浓的谷酒。

这口水井其貌不扬，水深不过三米，常年清澈见底。它的内壁长满了碧绿的青苔，而那厚实的青苔里潜藏着数不清的小米虾。可想，这里的水是多么洁净、环保、无污染。据长辈说，20世纪70年代，有一年，村里遭遇了长达一百多天的大干旱，周边的井全都枯竭了，百姓四处告急。唯有这口井仍旧清泉涌出，长流不止，在默默地哺育着四方百姓，成了当时的"救命井"。

每天来井边打水的人不光是本村的，也有邻村的，甚至还有从更远的地方专程来讨水喝。因为人多井少，人们一大早便挑着木桶在井边排起长队取水。村中有威望的长者，会到井边维持秩序，保证每家每户都能取到"救命水"。

　　井水不枯，生命不止。在很多村民心中，这口井就是个宝。

　　　　　　　　　　　　　　　　　　（文：常山农办）

台州椒江区大小浦村

石屋依崖网罟悬

大陈镇下大陈岛上的大小浦自然村，属于胜利行政村，位于大陈镇下大陈岛中部南侧沿岸的一个小海湾内。大小浦拥有天然而优良的港口，离镇行政中心、商业中心和甲午岩都很近。

因受海洋性气候影响，这里气候宜人。因地处海岛、森林覆盖率高，这里空气质量优良，生态环境优美，鸟语花香，醉人心脾，惹人留恋。

"几家渔户傍山崖，网罟高悬石径斜。落日沧波金万点，归帆阵阵绕飞鸦。"这是在1955年台湾诗人林位东写的《浦口归帆》的诗句。这里的"浦口"，指的就是大小浦港口。

家住大小浦，今年已八十余岁高龄的罗永才老人，向我们回忆起了他的人生故事。老伴黄春领阿婆，则在一旁微笑着静静地听着。老人22岁那年，他带领家人从大陆路桥金清离家上岛，至今已在这里生活了五六十年了。他一直就住在大小浦村的这几间石屋里，这三间石头房子，还是当年他初上岛时公家分给他的，听说就是已经去了台湾的"海上豪客"王先金的外婆家的房。半个多世纪的合家居住和晨昏打理，加之精心养护和多次的改扩建，他对此地已经产生了很深的感情。

1956年，正是一江山岛大陈岛解放的第二年，支持罗永才上岛的"主力"，正是他新婚不久的黄春领新娘。她当时只有21岁，当她听了罗永才天迁居的想法后，干脆地说了一句："那咱们走呗！"他们就这样一卷铺盖离开了家。随他们一起上岛的，还有他们仅有的两位家人——永才的妈也就是春领的婆婆，永才的妹也就是春领的小姑——永才的爸已不在人世。他们就这么一家四口人，义无反顾地来到了与老家金清联东村隔海相望的大陈大小浦村。

五六十年来，罗永才当过民兵连的班长，为部队修筑过营房；也养过牛羊鸡鸭，下过海、捕过鱼；还当过十几年的村党支部书记和主任村长。大陈岛志愿垦荒队长王宗楣多次动员他加入垦荒队，但他都没有同意，认为自己做一个"岛民"就够了。不知不觉间，很快地就到了退休颐养天年的年龄了。

"先人像海鸟一样在岛上筑巢/高高低低连成一片/形成了一个个村落/黄昏，小岛睁开一双双多情的眼睛"。如今，回忆海岛生涯，引人无限遐想……

大小浦是岛上保存最完整的渔家自然村落。临崖而居的石屋，碧蓝的海水，嶙峋的礁岩；曾经高挂的网罟、袅袅的炊烟、高耸的桅杆，阵阵鸣叫的鸥鸟与飞鸦，共同组成了一幅幅自然境界中的世外桃源般的画面。

大小浦村的渔民"石屋"，色调和建筑风格十分的特别。"石屋"以民国时期的黑色瓦片和褐色石墙为主，充分反映了海岛渔村的文化取向和人文价值。一座座坚固的倚崖而筑的"石屋"，虽然粗糙古朴，但无处不透露着传统文化的气息。因为海岛多暴风狂雨，春夏季又潮湿，使用一般材料建筑不如石头结实。而岛上多石头，因地制宜，取之即便，省力又省钱，所以岛民的墙宇便大多是用块块糙石垒筑的。石间的缝隙古时用沙灰粘连，现采用的是水泥拌黄沙，十分的牢固。这就与内地民居有很大的不同，他们的房屋往往是用窑烧的砖头筑墙，称"砖门墙"。而更加粗犷的"石门墙"，便更加坚固，更能经得起反反复复的台风和大浪的侵袭。有了这样坚固的"石屋"，还有像罗老那样的"主心骨"——特别坚强与无私奉献的"头儿"，左邻右舍和村民们仿佛吃了定心丸。房子的牢固与决心的坚强，终于一次次地战胜了无数的风浪和风险，让他们度过了人生中许许多多的愉快或不愉快的、幸福却不轻松的岁月。

早期传统的渔民以近海捕捞为主。由于讨海生活的艰险，需要一定的合作，渔民们便在长期生产生活中形成了许多独特的信仰和习俗，至今还有相当一部分依然存在。有些看似带有迷信色彩，但究其本意，主旨还在于消灾避凶，祈求平安与丰足，体现了尚善求美向上的心理。比如"妈祖"信仰。在大陈岛上，"妈祖"被称作"天后"，"妈祖庙"也就叫"天后宫"。渔船修造下水、出海捕鱼或进港避风，都要进庙供祭。祭祀结束后，船上伙计们便以供品聚餐，认为可以保佑年年出海平安顺畅，年年顺风顺水，满载而归。

"石屋"的选址有两种情况。一是住房大都在沿海港湾的海滩边上或海岬口边。究其原因，为开门见海，出门入滩，便于锚泊船只和装卸渔货与渔网具，便于退潮时下滩拾贝或捕捉浅海鱼蟹之类。二是住房宅址要选择在海岛高山的山坳处，远离海湾和海口。这是因为在悬水小岛，岛小风大，若在海湾边建房，不仅害怕海潮台风袭击，还要提防海盗上岛来抢劫。还因当年小岛海湾里生长着丛丛芦苇，常有海兽和鲨鱼出没，十分危险。长此以往，渔村民居格局与风俗就逐渐形成了。

现在，大小浦渔村已被列为"国家级传统村落"，"石屋"成了海岛上一道亮丽的风景。独特的建筑，宜人的气候，优美的生态环境，淳朴的民风，丰富的海产品，每年都吸引成千上万的各地游客到此来畅游和体验。

（文：椒江区农办）

台州黄岩半山村

半闲人生半山上

富山乡半山村，始建于北宋靖康元年，至今已有近 900 年历史。村庄距黄岩城区约 57 公里，原属黄岩县城十一都、大宁溪乡，后设富山乡辖管，离乡政府所在地 5 公里。紧挨富山大裂谷景区，东为半岭堂村、西为安山村、南依长决线，半山村到周围 7 个村皆是 5 里路程，不上不下，故曰半山。

在肩挑马驮的年代，村庄所在的半山岭是古代台州、温州之间的门户。台温石级古道，势若游龙，穿村而过，遂成旧时商旅要道。古道上石块表面的道道划痕，长长短短，遒劲斑驳。村庄因古道而兴，原是个繁华之地。

半山村的村口，有一个路廊，是古驿道上供人歇脚休憩的所在。路廊的木板记录着半山村的十二姓氏及各自的来源。记有"金、李、翁、黄、许、周、潘、何、梁、胡、姚、戴"，有"半山十二姓"之称。相传祖辈曾到半山，登高瞭望，观看山势：四面有群山环抱，东有云长把关，西有群山挡风，南有夕阳笼罩，北有梯田密集；中间有长蛇取燕，三龟制蛇之龙穴地处括苍南麓，台温石级古道穿境而过。竹林似海，财源昌通，是个兴荣繁华之地，故此各姓氏陆续迁入半山。村庄四面环山，建筑依山就势，沿溪而建，村落与自然环境相互渗透，非常宜居。

斗转星移，台温古道已经湮没在历史的尘埃里，鲜少再有人挑着货担攀上这个高逾四百米的山岭。没有了不绝于途的客人，这个深藏在大山里的村庄，也沉寂下来，却恰恰造成了古村自然禀赋和文化内涵的良好存续。

半山村位于山谷之中，冬暖夏凉。毗邻该村的富山大裂谷景区是浙江省旅游资源中比较罕见的地质崩塌型景观。由于自然地形及用地条件限制，半山村被溪流、水沟阻断，自然形成南北片两个组团，周围群山环抱，竹林似海，山花烂漫，燕舞莺歌。村庄内部树木繁多，尤以老村庭院内梨树最为突出，每年春季繁花似锦，秋季果实满枝，果香四溢。其间溪流淙淙，恍若世外桃源。其院墙多以块石砌筑，攀藤植物沿墙而生，仿佛绿色屏障。现状树种以香樟、翠竹、梨树、板栗、杨梅、桔树、石莲、鼠尾草为主，还不乏红豆杉等珍贵树种。

半山村境内云雾缭绕、翠竹掩映、古树繁茂，可谓处处皆景，步步入画。掩映在松竹林之间的溪边老屋、青石板路，村口站立了千年却依然挺拔的红豆杉，宛如被历史融化的片片色彩，静静地生长在那里。村民自古生活简朴，以农为本，日出而作，日落而息。清晨，俯视清幽谷底，云雾缭绕，犹如置身云端；傍晚，举目肃然丛林，夕阳晚照，恰似处身蓬莱。此时，闭目凝悟，怡然自得，宛若天上人间。

清代学者李密庵著有一首《半半歌》，道尽这"半"字的妙处：

看破浮生过半，半之受用无边。半中岁月尽幽闲，半里乾坤宽展。

半郭半乡村舍，半山半水田园。半耕半读半经塵，半士半姻民眷。

半雅半粗器具，半华半实庭轩。衾裳半素半轻鲜，肴馔半丰半俭。

童仆半能半拙，妻儿半朴半贤。心情半佛半神仙，姓字半藏半显。

一半还之天地，让将一半人间，半思后代与沧田，半想阎罗怎见。

酒饮半酣正好，花开半时偏妍。帆张半扇免翻颠，马放半缰稳便。

半少却饶滋味，半多反厌纠缠。百年苦乐半相参，会占便宜只半。

居半山的人却是早已领会这"半"的精华。处的是山青水绿空气好的地方，住的是传统的旧式庭院，忙时耕上几分田，闲时温上半壶酒。寻了村里的老人聊聊天，听他道几个趣味盎然的古老传说，说说百年的人生感悟；或是泡上一壶好茶，坐在舒适的木摇椅上，任院内种植的梨花缥缈入梦。

半山农耕生活

　　正是这般人杰地灵，造就了半山"长寿村"的美名。半山村人多长寿，八九十岁仍拾掇不停。最年长者今年 104 岁，耳聪目明，一根水烟枪从不离身，看报读书皆不在话下。老人们有个心愿，就是把古村的建筑、文化、手艺传承，让家一直延续下去。

长寿老人

（作者：戴华建）

台州黄岩区坑口村

点石化金仙石山

群山环抱的坑口村位于黄岩西部上郑乡境内，黄岩溪畔，村后是海拔约 770 米，秀美的仙石山。其形犹如一个坐西北、朝东南的弥勒菩萨，西首为凤凰峰，东为狮子峰，中间环抱着一块三面壁立，高达百米，三面长约 250 米的巨岩，上有约 400 平方米色彩鲜艳的黄色图纹和石像，村民称之为"福、禄、寿"三星图。每逢婚寿喜庆，必依山形悬挂三星图，左挂凤，右悬狮，自古至今，世代相传。为此，坑口村也就有"双溪夹流三星地"之雅称。

俗话说，"山不在高，有仙则名"。相传三国时期得道成仙、白日飞升的王方平从北方到今临海、黄岩、仙居一带隐居、修炼，曾在村后山上炼丹、修行，留下许多佳话和遗迹。

王方平又名王远，东汉末年东海（今山东）人，汉献帝时任中散大夫，后弃官学道，能预测天下兴亡，事迹见《广成先生神仙传》《新都志》等。王方平与阴长生先后于"道书七十二福地之一"的丰都县平都山修道成仙而去。后人误读"王、阴"为"阴王"，讹传为"阴间之王"。

著名的"沧海桑田"典故，就出自王方平与其妹麻姑的对话。旧传王方平在蔡经家宴请远道而来的客人，麻姑说："接待以来，已见东海三为桑田，蓬莱又浅于往昔略半也，岂将复为陆乎？"王方平说："圣人皆言，海中行复扬尘也。"《黄岩卢氏家谱》载，卢氏祖先从福建到黄岩寻访王方平的石室，而定居在乌岩成为始祖。明代县志还记载，县西 60 里小坑潘大夫庙旁的田中，农民耕种时发现海船大桅上铁斗，说明"沧海桑田"事实。

坑口村《刘氏家谱》载："仙人王方平修道于黄岩山，化铅成贡，取黄岩之石和银坑之沙，淬激成金，犹钟离（八仙之一）意点石化金之术。道成镌圣迹于潭心。"在仙石山之银坑旁有一流银洞，洞口广 50 厘米，深不可测，洞东为王方平炼丹炉（俗称烹银窟），其形如锅台，上可坐人。当年王方平就在此取黄岩之石、银坑之沙炼丹、炼银。可惜王方平的炼丹炉在1990年村民开采黄铁矿时给毁了，今天只剩下遗址和流银洞及炉前金光闪烁的矿石了。

相传坑口村西边堂门头里住着一个黄胖道士，听说王方平在流银洞旁炼金炼银，一日一夜可炼得一株金冬瓜、银冬瓜，很是羡慕，就去向王方平讨要一些，从此可以不用辛苦劳作，坐享清福。王方平知道他的来意后，就说："我现在还在炼，哪来的金冬瓜、银冬瓜给你。"黄胖道士讨了一脸的没趣，悻悻而归。第二天又准备了丰厚的礼物（一刁老酒、一只猪头、一只大公鸡、一块大豆腐）再次上山。王方平一见他就心里没好气："你看，你看，我今天在造桥呢，哪来的金冬瓜、银冬瓜。"黄胖道士见王大仙真的不给他，心想礼物岂不白送了，就灵机一动说："大仙，我有几头牛想要块山来放放，是否能把西边山划一点给我放牛？"其实黄胖道士说放牛是假，而是想自己炼金银。他心想，王方平能炼得金冬瓜、银冬瓜，自己虽不是内行，也略知一二，难道自己就炼不出来吗？王方平知道黄胖道士的心思，严厉指责他说："你是一个出家人，不应该贪财，更不应该送酒、肉来。"说完一脚踢飞黄道士送的猪头，猪头变成了今天的猪头岩；把酒刁踢到了过桥坑里，酒刁碰出一个窟窿，老酒就汩汩不息流到银坑里。一直到现在，银坑的山水从酒刁流过，清凉甘甜的山泉还带有酒香。

受了这么一通教训，黄胖道士非但不思悔改，还心生怨恨。到了夜里，趁王方平仙游之际，偷偷用棍子往流银洞里捣，想捣出个金冬瓜、银冬瓜来。可是，尽管他很卖力地捣，也始终没有捣出什么来。想到连日来受的委屈，他一狠心，拼了老命地使劲捣，边捣边喊："王方平你非但不给我，还变着法的装扮我，我让你炼，看你怎么炼，反正我要不到，你也甭想要。"就这样，黄胖道士捣毁了流银洞。等他清醒过来，一想不得了："王大仙回来肯定知道是我捣毁的，我又斗不过他，怎么办？"于是他越想越怕，一路磕磕绊绊好不容易回到了家，天未亮就吊死在堂前一棵古松上，后人把这棵古松叫作"仙人吊"。

在山上还有一组仙石，由两块高六七米，四面壁立的巨岩，中间嵌一块三四百斤重的岩块。犹如一高一矮的巨人，抬着一块宝石，屹立山间。中间的岩块，只要用手轻轻一推，就会动一下；但只能推一次，第二次就推不动了。当地民间流传着"仙人卵子嵌门缝"的民谣。

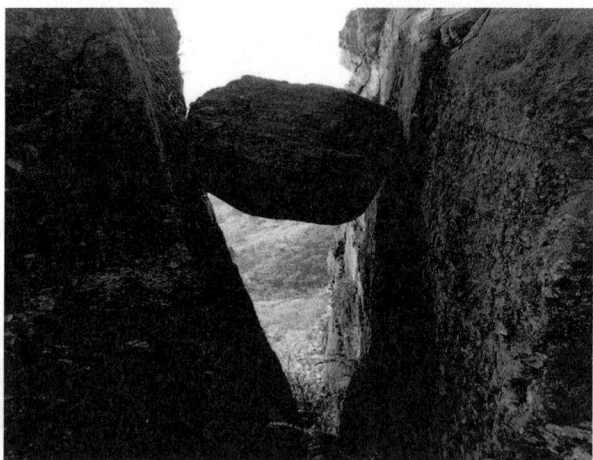

仙石

在仙石山上，还有龙角岩、仙人酒刁、仙人桥桩、仙人麦磨、仙人着棋岩等。更有一知县为了跟王方平学道时丢弃的纱帽岩、金印岩、元宝岩，连财主马岩根送给王方平的猪头岩、豆腐岩都还在。至于大连山和岩杆坑还有深不可测而十分神秘的岩洞，不胜枚举，真乃黄岩奇迹也。

（作者：顾倩楠）

台州天台铺前村

耕读传家铺前人

铺前村坐落于天台县西边，始丰溪支流三茅溪流经村东北，古属太平乡第十二保，今属始丰街道。当年天台通往京城的古道就在村前通过，"泉亭铺"是出天台西城门之后的一个驿站，于是，这里称为"铺前"。数百年之后的今天，当年的古道早已改建，旧时的驿站也随之消失了，只是当年的小村还依旧叫着从前的村名。

铺前村的"张氏三透"民居，在天台县境内名气较大，建筑较为精致，是文人的居所。"三透九明堂"是天台民居中最具规模的建筑风格。中轴线上通常有三进厅堂，两侧建有厢房和小院，门堂套门堂，前后各进都有单独的门楼与外连通。铺前"张氏三透"初建时，只是单进的宅院，扩建之后则是四进的民居。但人们还习惯于称这幢院落为"张氏三透"，或许只有"三透九明堂"的称呼才能体现出铺前这幢院落的气势。

张氏是铺前村的大姓。清乾隆二十三年（1755）的春天，文人张文宗走过自家的麦田，想着自己发奋读书的日子，虽说没取得大的功名，也是知书达理之人，靠着平日茶叶生意，挣了一些闲钱。33岁的张文宗想着盖一幢新宅。之后不久，铺前村就多了一幢普通的民居。新屋只有一个院落，一层的砖屋也并不怎样的张扬，门窗也没有过多的雕花，甚至磉子也是素面朝天。这种朴素的建房风格恰好体现了宅主张文宗"克勤克俭"的生活观点，唯有门头显得精致一些。"师俭堂"为双个门头，大门朝南，向西一折，才见仪门，这样的布局一改传统的同一轴线上一前一后的门头营造风格。这看似漫不经心的一折中，体现了宅主那含蓄与谦让的品质。仪门门楣上的水磨砖磨得光滑，镶嵌于其中的是"清涵玉照"四字的砖雕。

生活中崇尚节俭，是张氏家族世代所推崇的生活准则。在新楼建成之后，张文宗亲自取了堂名"师俭堂"，然后请城里的文人梅人鉴题写了匾额，字敦厚而古朴。匾就一直高悬于堂中的横梁上。"耕读传家"讲的是勤勤恳恳地劳动，认认真真地读书。耕田可以事稼穑，丰五谷，养家糊口，以立性命。读书可以知诗书，达礼义，修身养性，以立高德。所以在张文宗的眼里，耕读传家既学谋生，更学做人。在耕作之余，读读圣贤之书更为重要。张家就在平平常常的生活中，潜移默化地接受着礼教的熏陶和圣哲先贤的教化。

受耕读传家观念的影响，张文宗的二个儿子也是读书人。或许是家庭的扩大，或许是张家又积蓄了一些闲钱，张文宗的儿子将原来的"师俭堂"进行了扩建。这次的扩建使"师俭堂"在规模上扩大了许多倍。他在"师俭堂"的前面建造了两个院落，在后面又增添了一个院落，东西两侧建有抱屋，东侧的两个天井中，各建了一个鱼池，池上架石桥。鱼池既为了防火，也增添了一丝雅兴。"师俭堂"东侧小院中，鱼池上的石桥通向一幢小楼，楼名"桂芳轩"。"桂芳轩"上奉供的是文昌。每年的二月二，张家的大人与小孩都要来此焚香，祈求文运亨通，学业有成。如此一来，原先单个院落的"师俭堂"，成为一幢由四个院落构成的完整民居。就在院落建成之后，村里人将这幢院落从原来的"师俭堂"改称为"张氏三透"了。

新建的"张氏三透"有着大起大落的空间，两侧窄狭而延绵的长廊连接着院落数十间的房屋，迷离曲折的室内分隔和规范方正的庭院空间营造出了大户人家的大家风范。新宅显得殷实和精巧，有点儒雅，更显大气。大门的出入更加的方便，除了"师俭堂"原先的门头之外，又在前进建了门头，称"前透门头"，同样在后进也建了"后透门头"，那么，原先的门头也就自然地被称为了"中央门头"。新建的两个门头沿袭了"师俭堂"双个门头的建筑风格，大门朝南，前建照墙。进得大门，同样是向西一折，才见仪门。风格一致的三个门头，就这样在三透的东侧前后立着，错落有致，风格统一。

难能可贵的是透过新建的三个院落的堂名，我们依然能感受到张氏家族耕读传家的精神风貌。"师俭堂"的前面为"勤业堂"，后面为"履谦楼"。农耕的劳作需要的是勤劳与吃苦，这种精神就反映在了"勤业堂"的堂名中了。读书的目的是成为有德之人，这"履谦楼"体现的就是行事有谦让之德。在院落的最前面则是一个官厅，为接待客人与亲友的场所，官厅前的照墙上写有"朝爽西来"四字。可以说扩建的"张氏三透"是张氏家族勤业精神的一脉相承，也是谦让美德的世代相传。这才是这幢新宅的意义所在，在经过了二百年之后，我们依然能感受到的这种浸透于宅院中的无法褪去的品质。

从每一进堂名中，我们还能感受到张氏一族所奉承的生活理念。从最初的"师俭堂"到后来的"勤业堂""履谦楼"，在宅院建成之后的几代人中，整个张氏家族都依然耕读传家。清道光二十三年（1843）的秋日，张氏家族迎来了最为灿烂的日子，张家的长子张利莘与次子张利森获得了同科举人。暗暗算来，这是宅主张文宗的第四代子孙了，离"师俭堂"的初建也有77年。从此官厅上挂起"兄弟联魁"匾额。在之后的几年中，张氏的另外三位兄弟，三子张利谷、四子张利赓和五子张利珂也考中了秀才，这真是喜上添喜。这样履谦楼上又多了一块匾额，就是"五桂联芳"。

在之后的日子里，张氏五兄弟并没有走上仕途，虽说二位举人也钦加六品衔，但那毕竟只是虚名。这就使他们有机会在私塾的讲台上，继续着儒家思想的传授。或许是这里的田园风光吸引着他们，或许是农耕的生活让他们感到自在，但他们的选择无意间让耕读传家的理念得以延续。在清朝，从这幢宅院走出了两位举人和二十一位秀才。

（文：天台农办）

台州仙居高迁村

天上北斗照高迁

高迁村位于仙居县城西南二十公里处的白塔镇，是江南望族吴氏家族的聚居地之一。其村因有七星塘、七星墩，故称"北斗七星村"。村庄环境优美，吴氏家谱有云："此地有遥岭列翠，近水拖蓝，又有七星拱月，环绕村北，碧玉葱葱，地气佳也。"

高迁是国家级历史文化名村。其村始建于明朝，至清乾隆咸丰年间，其子孙仿照太和殿兴建六叶马头四开檐宅院，形成规模宏大的建筑群。现存明清时期古宅院二十七座，古戏台一个，古街一条，古井三十余口，古河渠池塘十多处，历史建筑一百多处。高迁古村主要特色是二十七座古宅院历史风貌宏伟独特，各种木雕、砖雕、石雕精美，巧夺天工，被业内专家誉为江南雕刻博物馆。其中保存完好，已经开发作为旅游景点的几个宅院尤其值得介绍。

古民居最东面的宅院就是新德堂，它是高迁古民居建筑群中保存最完整的建筑。新德堂是典型的四合院布局，单檐二层楼房，二进厅堂，两堂有厢，门堂套门堂，前后与外相通，共44间。整座房子为双坡顶，坐落朝向十分讲究，为坐北朝南偏东15度。相对清朝建筑的繁细复杂而言，明朝的建筑整体风格比较简洁，线条比较流畅。新德堂展示的就是明朝建筑特有的风格。新德堂的后花园是古村宅院保存最完好的一个。这里的花墩刻有牡丹、荷花、菊花、月季和凤凰，四种花象征了春夏秋冬，凤凰则寓意吉祥如意。

新德堂的后花园正对着的便是思慎堂。思慎，顾名思义就是说话办事要谨慎，也就是凡事要三思而后行。光听"思慎堂"这个名字也许会觉得这个堂的主人是文质彬彬的秀才，其实不然。这个堂是练武世家所居住的，历史上共出过七个武举人。思慎堂的门堂里石板裂缝较多，那是因为武举人在这里长期习武之故，门堂中央有两个石锁，大的有三百多斤重，小的也有一百八十斤重。这是武举人练武之物。据说，武举人一手就可以把这百八十斤重的石锁举过头顶。门堂西北有两条石阶稍为凸出，相传武举人站在这两条石阶上，十几个人合力用绳拉他，人没有被拉下，石阶却因受了力而外移了几公分厘米足可想象武举人的威猛。中堂两侧的上方都放了十四个"龙"形图案的"托角"。这些"托角"，也称"雀替"，它们不仅可以承托住楼板的重量，而且还具有装饰、防火的作用。

西厢房的花窗，据说足足花了三年的时间才做成。这是一扇"喜"字花窗，上面有十个喜字错落有致地分布着，既寓含了十全十美之意，又有"喜从四面八方涌进来"的美好祝愿。这扇"喜"字窗是用楮树做成，花窗下半部分是象征年年有余的鱼形图案，上半部分镶嵌着一朵六瓣花，象征着六六大顺。窗内还镶嵌着蝙蝠、寿桃、聚宝盆、画卷、鸳鸯、鱼、中国结等。整扇窗没有一枚铁钉，木条相交均以木榫头相连，从造型布局、雕刻工艺、审美效果等方面来看，都做到了科学与艺术的完美结合，同时也折射出了主人对美好生活的追求与向往。

子曰："吾日三省其身"。这就是说做人要经常反省自己的言行举止、处世态度和生活观念。相传省身堂的老祖宗吴培洪恪守孔子的教诲，为人忠心耿耿，恪守情操，德高望重。他曾舍身维护朝廷命官，故有熙全皇帝的美称，受人敬仰。他给宅院取名为"省身堂"，就是为了告诫自己和后人要经常反省自己，恪守美好的德守情操。省身堂最有特色的是中堂前方屋檐下柱子上"牛腿"。省身堂的牛腿雕刻的是狮子图案，狮子以东为尊，东大西小。东边威武的狮子是雄狮，它足踩一个球，暗喻镇威避邪；西边表情温和的狮子是雌狮，它温柔地抱着一头小狮子，暗喻子孙后代绵延不断。它们都栩栩如生，极具动感。这里的柱头狮子在"文化大革命"期间曾为黄泥涂抹遮盖，这是当地老百姓在"破四旧"时为保护宅居而采用的巧妙的办法。而今，这些柱头狮子拂去尘埃，又威风凛凛地迎接八方游客。省身堂北门上的浮雕刻有"三娘教子"等富有教育意义的故事传说，说明主人十分重视对后代的德行教育。侧窗的图案也很有意思。最下边雕刻着一只蝙蝠，蝙蝠通常都倒挂过来，意为"福到"；鲤鱼则象征年年有鱼；蝙蝠、莲子就是多子多福、连子连孙的意思；上面是一条龙，这里是兰花和小龙，有鲤鱼化龙之意，因为"化"跟"花"是谐音。另外还有琴棋书画等图案，象征了主人良好的修养和对文化艺术的追求。种种图案和寓意，都传达了古人对美好生活的向往。

与省身堂相连的便是折桂堂。旧时，折桂堂曾出过许多官宦、进士、举人等文武人才，美名远扬。在折桂堂门口，可以看到折桂堂门匾上有"椿树长荣，齿德兼贞"字样。折桂堂内西侧还有官报十余条——折桂之名就由此而来，堂为求上进、博功名之地。折桂堂由鹅卵石铺设的天井干净而整洁。天井中心图案是阴阳八卦图，八卦图东西两侧紧挨着镶嵌有太阳和月亮的图案。以八卦和太阳月亮为中心，向四围扩散开来，分别镶嵌有狮子、荷花、喜鹊、花瓶、鱼、蝴蝶、麒麟、蟠桃、笔、画卷等图案。天井的图案设计是有奥妙的：阴阳平衡，环境和谐，地轴四平八稳，尊崇自然规律。人们日出而作，日落而息，出入平安，生活如鱼得水，幸福快乐。这种天井的布局设计也象征着古代人们对天地自然的敬畏，对和谐美好的环境和光明幸福生活的追求。中堂八扇门从西到东的透雕分别为八仙人物：何仙姑、韩湘子、曹国舅、铁拐李、汉钟离、张果老、蓝采和及吕洞宾，人物形象栩栩如生。门上还雕刻有高山流水、西厢记、梁祝、智取生辰纲等经典故事，可见当时主人喜好博览群书，颇有文化内涵。

"南朝四百八十寺，多少楼台烟雨中"。历经几度风雨、几度春秋，高迁古村苍老的身躯烙记了几个时代的印痕。或许，它已经与现世格格不入了，崭新的高楼顺应新的时代不断地崛起。但是，蕴含着丰富历史文明的高迁古村，却随着时代的久远而弥显珍贵。尊重建筑，便是尊重历史文明！高迁古民居，它尽管苍老，但仍然让人肃然起敬。它雕琢出一个时代文明的价值和尊严，它用建筑的史诗，保留了对那个时代文明的缅怀和记忆……

（文：仙居农办）

台州仙居羊棚头村

括苍问道神仙庄

羊棚头村位于仙居县下各镇东部括苍山主峰米筛浪北麓。全村总人口约 1760 人，耕地 760 亩，山林 4700 亩。羊棚头村已有约 2000 年历史，村名由来有两种说法：一种说法，祖先受仙人指点，并赐于羊种，定居于此，繁衍后代，以养羊谋生，故取名为羊棚头；另一种说法，公元 347 年，仙居首任县令羊忻弟羊愔员外到括苍洞修道而得名。无论何种说法，都说明羊棚头与道有缘、与仙有缘，是谓"神仙山庄"。

全村分为成、王两姓，杂姓很少，有建于清道光七年的古祠堂"成氏宗祠"与建于明万历年间的古祠堂"王氏宗祠"，均被列入仙居县文物保护点。这两座宗祠得到修葺，益显昔日之辉煌。村西南有古桥一座（仅存留一小部分），村内有古井一口，古亭一座，古路廊四座。村落有两千年古樟一株，六百年古樟一株，千年古枫一株。

羊棚头村是道教圣地，村西南一公里处有中国道教第十洞天，当地人称"括苍洞"，洞侧有库容九百万立方米的括苍水库。据载，自东汉起有六位皇帝为括苍洞赐名赐物，传说有十四位修道者在此得道成仙。羊棚头村西山峰顶耸立着仙居"古八景"之一的"麻姑积雪"，当地人称"仙姑岩"，有"三十六小洞天、七十二福地"之称。羊棚头村山清水秀，周围括苍山脉充满神话故事，仙气、灵气笼于山庄。

括苍洞，是中国道教第十大洞天，地处道教名山括苍山主峰米筛浪脚下，坐落在仙居县下各镇羊棚头村福音山，当地人称为四十五洞，相传最深的一个洞通至东海。

东汉（25—220）时期，括苍洞赐称为道教洞天，太极法师徐来勒至括苍洞任职，管辖括苍洞周围三百里，总管水旱罪福。到东晋永和三年（347），仙居单独建县（始名乐安县），首任乐安县令羊忻（湖北襄阳人）的弟弟羊愔在四川夹江县当县尉，罢官后隐居在括苍洞修道，相传后来得道成仙。括苍洞一时名声大震，到了唐宋时期，更是十分兴盛。

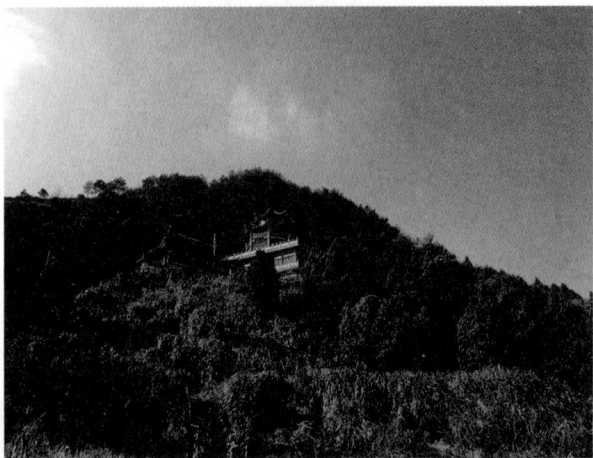

　　历史上有六代帝王对括苍洞赐名赐物。公元 748 年，唐玄宗李隆基得奏括苍洞口出现一种似烟非烟、似云非云，郁郁纷纷的仙宅庆云覆盖洞口，是为吉祥之兆；即颁诏书，建造洞宫，赐名为"成德隐元"。北宋真宗赵恒在位时期，于公元 1018 年重修括苍洞，赐名改称为"凝真宫"；赐括苍洞金龙白璧，并赞叹这是仙人居住的洞天，赐名"仙居"；乐安县因此而改名为"仙居县"。1103 年北宋徽宗皇帝，闻奏括苍洞徐来勒治理成效卓著，应予昭报，追封他为"灵应真人"。北宋宣和三年（1121），括苍洞毁于寇乱，南宋高宗赵构继位后，于 1127 年进行了重建。南宋孝宗赵眘于 1182 年赐给括苍洞道士陈会真道教经典总汇《道藏》等经卷。南宋光宗皇帝赵惇在储宫得到有关括苍洞灵验的奏闻，给括苍洞书赠"琼章宝藏"四字。宋宁宗赵扩在未登位时就赐给括苍洞自己的手画和金铸星宫像。

　　曾在括苍洞修道过的高道、名道有十四位，汉时有徐来勒、王远，三国吴时有左慈、葛玄、蔡经，晋时有郑思远、平仲节、羊愔，唐时有叶常质，宋时有陈会真、马自善、王崇等。相传他们在括苍洞修道，都成为神仙。

　　括苍洞历史上几经兴衰，兴盛时期规模十分宏大。据载 1148 年，南宋高宗赵构时期，括苍洞拥有宫田 1169 亩，宫地 1276 亩，山林 1858 亩，合计 4303 亩，足见其地位的重要。

　　元朝时，括苍洞遭过压制。明清以后，括苍洞道教趋向衰微，明代后期佛教融入括苍洞；明万历年间，僧侣曾在括苍洞建立"凝真禅院讲坛"；清康熙后期，括苍洞道教观宇也废为僧居，但葛玄等道教神像仍然屹然矗立；同治年间，仙居县令余丽元在其任职的三年间（1867—1870）将括苍洞的宫田拨入仙居安洲书院，作为"洞宫学租"。

自民国至新中国成立初期，这个天然古洞存其自然："文化大革命"期间作为"四旧"，洞中佛道塑像等均被破除。20世纪70年代，为了要建括苍水库，当地公社将破败已久的括苍洞略加修整，作为村民建水库时的休息开会场所。改革开放以后，有羊棚头村村民和一位住洞道士自发筹资，对括苍洞进行了粗粗修缮。2007—2009年，经批准重修括苍洞，主洞成德隐玄殿和洞边三清宝殿的主体工程竣工。闻世良道长与十多名道士从事重修工程，后长居括苍洞修道。如今，饱经历史风雨的括苍洞焕发出新的光彩。

括苍洞管辖方圆数十里，宫田数千亩，相传是葛玄真人隐居括苍洞时，施法术向东吴皇上要来的。

葛玄真人，又称葛仙翁，师事左慈，曾在括苍洞修道炼丹，道行高深，法术无边。他喜好云游山水，一次云游途中忽觉肚饥口渴，又一时找不到充饥解渴的食物，刚好一队人马驮着盖了东吴皇上封印献给宠妃的几筐橘子经过这里，葛真人施了点小法术吃了几颗橘子，并故意让锦衣卫发觉逮住，押往京城。本该问罪，因宠妃患腹痛病，且多年未曾怀上龙种，皇上知道葛真人有仙法，还精通医术，就与葛真人说：如果医好皇妃的病并使她怀上龙种，便赐无罪。葛真人用吃橘子的唾沫和仙丹让宠妃服下，腹痛病即愈，两个月后宠妃怀上了龙种。皇上龙颜大悦，要给葛真人加冠封爵，赏赐金银珠宝。葛真人说："我修道之人，只要一席道袍地就够了。"皇上满口答应。葛真人谢了皇恩，祭起道袍，道袍像乌鸦的翅膀展开，越展越大，飞向天空，遮住了太阳，大地一片漆黑，东吴的江山全部被道袍罩住。皇上惶恐失色，自知失言，正欲大怒，葛真人念着咒，道一声"缩"，阴影只罩住了括苍洞四周。皇上转怒为喜，问葛真人为什么要这块土地。葛真人腾云而起，向括苍洞而去，并歌曰："东聚五凤朝阳起，西耸麻姑积雪秀；南骑大牛望四景，北卧独龙守海口。"自此以后，这一带数千亩土地成为括苍洞的宫田，历朝历代在括苍洞修炼的道士们有了生活的依托。

（作者：陈洪考）

丽水龙泉李山头

耕读传家李山头

塔石街道李山头村坐落于八面山北麓，距离市区 14 公里，海拔 540 米。村居呈团簇状。全村有 100 户，370 人，耕地面积 556 亩，山林面积 2513 亩。李山头村自然资源丰富，生态环境良好，五百亩梯田线条优美、弯曲有形，一年四季都有美丽的景色，素有"瓯江源头最美梯田，东海明珠古色村落"的称号。

相传在明朝初叶，有一对老夫妻为躲避战乱，在此搭棚居住，男的名叫李山头，村庄因此得名，李姓为李山头村始居姓氏。李山头虽然是一个偏僻小山村，位于一处山坡上，地势并不平整，但细究起来，却颇具地理形胜。

东有马山，西有犀牛望月，南有美女献花，北有飞凤落垟。马山和犀牛望月的故事大致相当，传说有一匹天马（天牛）私自下凡，东游西荡来到李山头，见此地水草肥美，竟然"乐不思蜀"，忘了归期，回不了天庭，化成了一座马山（牛山）。美女献花和飞凤落垟也没有什么新奇之处，都是一些擅长编故事的农人或者不大入流的文人杜撰出来以资谈兴而已，同时也有炫耀的成分，却从侧面反映出朴素的乡土情结。虽然传说属无稽之谈，但如果站在李山头村细细辨析，传说还真有其合理性，各个元素都可以说是惟妙惟肖。

从现代审美角度来考量，李山头村最具特色的就是梯田。青翠的群山之中。五百亩的梯田集中在一个山坡上，顺着缓缓的坡面逐级而下。细看起来，坡不是个平坡，有些变化，两道岗一个弯，曲线很优美，有成熟女人的款款风情。龙泉有句俗话，活田死屋。我们的先人是很看重田地的，看得比生命还重。田地是一个家族的命根，无论在外做了多大的官，也无论是清官贪官，总要在家乡置一份田产。只要拥有了一份能种出活命粮食的田产，人生才能过得真实、从容。上天是眷顾李山头人的，给了他们这么一块平缓而又有水源的山坡。李山头人是能读懂上天的暗示，他们没有

群山中的梯田

在这块山坡上盖房，而是建了梯田。一村的人在这块田地上劳作，生生不息。

李山头梯田一年四季景观各异，领略李山头梯田魅力的最佳时期是"芒种"及"中秋"前后。"芒种"为当地村民的春耕时节，但见云雾弥漫于梯田间，如镜的梯田中点缀着耕牛、劳作的农人、碧绿的秧苗，绝对是一幅气势磅礴的写意画。"中秋"时节，金黄的稻浪层层叠叠铺陈开去，稻浪间是男人女人喜获丰收的灿烂笑脸。

李山头人是如何开垦出这五百亩梯田的，现在已很难想象。查该村的张氏家谱，关于开垦梯田也没有详细的记载。从几个大姓的家谱推断，这些梯田大部分开垦于明朝。据历史气象资料显示，明代，尤其是晚明，正是小冰河时期，气候极为寒冷，农业生产遭受重创，人口急剧减少。据《龙泉县志》载，明洪武二十四年（1391），龙泉有 26560 户，人口126443 人，到崇祯八年（1635），龙泉有 21320 户，人口 44661 人。244年间，户减少 5240 户，人口减少 81782 人。应该说，在龙泉，这是一个人口繁衍非常艰难的时期。自然灾害、战乱、瘟疫，无时无刻不危及人的生命，稍有不慎，一个家族或许就会遭受灭顶之灾，难以为继。那么，李山头先民是怎样胼手胝足、筚路蓝缕，开垦出这片梯田的？

李山头是一个耕读传家的村庄，没有出过大人物。清代出过两个邑庠生（秀才），还有一个能修编志书的人。这是一个耕种为主、读书为辅的小山村，一个叫张佛祈的人，他的事迹就说明了这一点。

张佛祈新中国成立前从师范学校毕业回乡当了老师，新中国成立后精减机关人员时回原籍当了农民。由于感情上受了一点波折，他终身未娶，且对于那场让他肝肠寸断的感情波折只字不提，孑然一身苦度时光，一直到晚年。老人视教书时的课本、备课笔记如同圣物，绝不容别人染指。按理说，这是一个古怪的老头，但他在生命的最后关头，却做出了一个让所有李山头乃至龙泉人惊讶不已的决定：将平生积蓄的十万元血汗钱捐给了村委会，来修建了一条路——佛祈岭。

李山头村有着深厚的农耕文化。在民居选址上，他们将村庄建在了梯田之上，这样便于农田管理，也有利于粪肥运送，与广西龙胜梯田、云南龙阳梯田极为相似。这种看似简单的选址，是数千年农耕文化的深厚积淀。他们十分注重水利的运用，村里的社庙是禹王庙，20世纪80年代修建了长达十公里的水渠，从上游山际村引水灌田，使五百多亩梯田无旱涝之虞。如今，村里建起了一个农耕博物馆，里面陈列着大量农耕用具，这些农耕用具，诉说着李山头的过往。

由于世世代代都是农民，本本分分地耕耘着这一方沃土，过着与世无争的生活，李山头人没有太多世俗眼光中的轰轰烈烈的故事。其实，李山头人与李山头梯田本身就是一个故事，诉说着人与自然和谐相处，诉说着生态人居的美好。这故事，给今天的人们太多太多的启示。

（作者：蒋世荣）

梦幻溪谷钱江源

住溪九曲回环，自西而来，从村前款款而流，迤逦北去，像一条玉带，将村庄紧紧环绕在怀抱中。溪水清如凝碧，伫立岸上，水中游鱼历历可数；村后群山绵延，莽莽苍苍，一年四季青翠如碧，花木常新。这里就是位于钱塘江支流乌溪江上游的龙泉市住龙镇龙星村。

龙星村位于住龙镇政府所在地住溪村的北面，与住溪村隔河相望；由弯潭、双渡垟、社庙后、山根里、马岙岭、杨家里、潘床口等 12 个自然村组成；现有村民 265 户、915 人；耕地面积 913 亩，山林面积 31800 亩，省级生态公益林 20190 亩；山多地少，是一个典型的山区村落。

住溪环绕龙星村

龙星村原与住溪村同属一个村，新中国成立后才分设龙星村。该村自古就是钱塘江上游的码头，水路可以直通杭州。村民姓氏较多，有杨、张、季、王等多姓，建村年代难以考证。村里有"养浩堂"遗址，据传建于唐贞观八年（634）八月初三，香火相当旺盛。清咸丰年间，一个和尚守不了清规，与相距不远的一个尼姑庵里的尼姑暗通款曲。虽然和尚和尼姑出家前就是旧相识，但毕竟犯了清规。咸丰八年（1858）夏天的一个夜晚，这两个尘缘未了的出家人在"养浩堂"外的大樟树下互诉衷肠，忽地一个霹雳从天而降，和尚和尼姑殒命。城门失火，殃及池鱼，大樟树成了陪葬品，继而引燃"养浩堂"，一方名刹就此消失，让附近善男信女无比遗憾，也警示了不少出家人。有村民据此推测龙星村在初唐时就有人居住，但是苦于找不到实物和文献依据，下不了结论。

据村中老人介绍，该村的项氏等一些先民是清康熙年间因迁界禁海从福建迁徙而来。康熙年间，清政府收复台湾，为让台湾得不到大陆的物资，划定一个濒海范围（从濒海三十里左右，到濒海四十里、五十里乃至到二三百里不等），设立界碑，乃至修建界墙，强制处在这个范围内的沿海居民迁移，有敢不迁移的，杀无赦，有敢越界的，也杀无赦。总之，让距离海边三十至三百里不等的沿海地区成为一个无人区。按照当时人的记载"勒期仅三日，远者未及知，近者知而未信。逾二日，逐骑即至，一时跄踉，富人尽弃其赀，贫人夫荷釜，妻褓儿，携斗米，挟束稿，望门依栖。起江浙，抵闽粤，数千里沃壤捐作蓬蒿，土著尽流移"。

正因为这样的原因，龙星村有一座妈祖庙，与龙泉别的村庄形成了显著的差异。据龙星村委会编撰的一份资料说明，该妈祖庙称天后宫，始建于明永乐二十二年（1424），由福建客商传入并兴建。清光绪十八年（1892），以村民吴一鹤为首，倡议附近百姓募集资金扩建，雕梁画栋，气势宏伟，一时香客云集，热闹非凡。"文化大革命"期间遭到破坏，以至片瓦不存，2004年再度重建，恢复旧制。

相传明朝永乐年间，福建商帮在住龙坐地为商，收购桐油、木材、香菇、木耳等销往衢州、杭州等地，再从衢州、杭州等地购日用百货、布匹等回遂昌、住龙等销售，获利颇丰。商帮货物往来全靠水运，然而住溪水急滩多，常会发生船毁人亡事故。一日，商帮头领张六郎押着满满一船桐油发往杭州。船过郎衣坑险滩时，船舵折断，船笔直朝山崖冲撞而去。张六郎吓得面如土色：跳船吧，水流湍急，也是死路一条；待在船上吧，必将是船毁人亡。正在张六郎闭上眼睛等死之际，一阵侧风从右舷狂扫而来，船来了个急转弯，贴着山崖驶入了水流平稳的深潭。张六郎好生奇怪，晴天白日，哪来的狂风，莫非什么神灵保佑。他举目向天上望去，只见天妃娘娘踏着云头稳立空中，对着张六郎颔首微笑。张六郎正要跪下拜谢，天妃娘娘却倏地消失在空中。

张六郎知是天妃娘娘救了他一命。从杭州回来后，他将路上奇遇告诉了众位商贾，连连称奇，并连夜商议集资修建天妃娘娘庙（妈祖庙）事宜。一年后，气势恢宏的妈祖庙在龙星村落成。从此后，商帮船只往来大都平安。

从地理、气候等条件分析，龙星村无疑是一个非常适宜人居的风水宝地。

如今，该村的双渡垟自然村成了来住龙游客的必去之地。春天里，赏山花，吃农家菜，干农家活，游客们乘兴而来，满意而归，口碑越来越好。夏天，在清澈见底的住溪里畅游，在绿荫如盖的河边小道漫步，在擂鼓山上享受习习凉风。秋天，看漫山红叶，在村外的河滩上拢一堆篝火，或放声高歌，或纵情而舞，让人忘却今夕何夕。冬天，找一农家小院，温一壶农家老酒，与三五好友对坐小酌。据双渡垟自然村碧波居主人介绍，该村一年四季游客不断，而且有越来越多的趋势，龙星村人真正吃上了旅游饭。

（作者：蒋世荣）

丽水云和坑下村

共祭禹王敬山林

坑下村位于浙江省云和县西南，坐落于海拔约 1000 米的洞宫山麓间。坑下村沿一条山涧自高而低，在落差 300 米内依山而建，民居阶梯式层层铺开，多为青石土瓦房，散建于缓坡间。

坑下村是一个原生态的农耕村落，水田菜地分布在房前屋后。穿村而过的涧水，长年径流不息，给村民用水和庄稼灌溉带来了极大的便利。坑下村无旱无涝，春天播种了就有秋天的收获。村内的青石步道将户户相连，心心相通。村民间，或兄弟或亲家或堂伯堂叔，盘根错节。

村尾的那座禹王庙，见证了坑下人亲如一家、齐心协力守护这山这水的心声。

小暑后的第一个酉日，是坑下人迎神祭祀禹王的日子。父母的生日可能有人会忘记，这日子坑下人是不会忘记的，它刻在坑下人的心里。

禹王庙始建于明天顺六年（1457），距今已有约 550 年历史，村民的悉心呵护，历经修缮，至今完好无损。每年小暑后的第一个酉日，村民们不约而同地从外地返回坑下村，打扫庭院，在家里祭贡祖先。午后两点左右，禹王庙不时传来火炮声响，迎神礼仪就在火炮声中不紧不慢地拉开了帷幕。

这天上午，坑下村上空早早地就升起了袅袅炊烟，家家户户都在精心烹制祭祀禹王的贡品。禹王庙内的鼓乐声响起，村民们便把各自的贡品搁置在精制的小篮子内。村民们先后提着小篮子，穿行在村里的青石步道上，朝禹王庙走去。

不多一会儿，禹王庙正中的桌案上，陆陆续续摆上了村民们敬奉的贡品，鸡鸭鱼肉、应时瓜果、米糕等美食珍馐，极为丰盛。村民请来道士充当迎接禹王的使者，恭请神灵，向神灵禀报，村民已经"洁净路道接高真，洒扫殿庭迎圣驾"，请道士代表村民向神灵表白心愿。只见道士口中念念有词："伏请神灵护佑浙江省处州府崇头镇坑下村一年风调雨顺，家家安乐富足，人人平安……"

禹王庙门前，涧水环流，水流淙淙。神庙背靠青山，山势险峻。庙周围，古木参天，树荫蔽日，有红豆杉、香樟、银杏等数十种珍稀树种。庙前那棵温杉，树径四围半，树干挺拔，枝叶繁茂，被很多村民认作"亲娘"。迎神这天，村民们也要向"亲娘"表示敬意。他们在树根周围点燃香烛，叩首致谢，一脸庄严。

坑下人对"亲娘"万分敬重，他们视这片庙林为神林，对这片山林敬若神灵，秋毫无犯。

禹王庙年代久远，历经风吹雨蚀，难免要有修缮之举。林间纵生的树枝向庙顶生长，成了修建庙宇的障碍，修建时必须把这样的树枝砍伐。而砍伐神林，对坑下人来说，无异于对神灵的冒犯。两难之下，坑下人想出一个办法：砍伐之前，村民们烧纸焚香，向神灵呈报砍伐的用意，征得神灵的同意之后再将树枝砍除。有粗心的村民，见神林的树枝横长在道路中间，行路不便，顺手挥刀把树枝砍断。村民这清理路障之举，在别处是桩寻常事，而这在坑下村就是忤逆。那村民在回家的途中，脚一滑，摔了跟头，结果摔断手骨！坑下人笃信，这就是神灵对毁坏山林的惩罚。

这挥刀砍树的粗心人是谁，是哪个年代发生的，坑下人也说不清楚了。坑下人只知道，对山林应该敬若神灵，不能有任何冒犯。

坑下村处于深山之中，高海拔，厚厚的冬雪常常会把树枝压断。山区人家一直就以树枝充当薪柴，煮水烧饭。然而，对于村后这片山林上的断枝，村民们却丝毫不敢取用，任其倒地腐烂。每年春天，山林里会长出各种各样的蘑菇，只有这种野生蘑菇，村民可以进山采摘食用。坑下的山林，在村民的敬畏中年复一年生长着。这片原始森林，成为竹鸡、雉鸡、野鸭等珍禽栖息场所，在此繁衍生息，无惊无扰。鸟儿也许不知道这乐园缘何而来，但从它们欢快的鸣叫声中，听得出对这片天地的喜爱和对坑下人的感激。

在平原地区生活的人来到山里，看见山腰层层梯田，汩汩山泉从山涧涌出，上面种植了水稻，稻田里养着鱼，心里便充满了疑惑：山上的水从哪里来的？坑下村的这片林子就回答了这个问题。

沿坑而建的坑下村，村尾有座禹王庙。禹王以治理大江大河的丰功伟绩而名扬天下。在坑下，展现出禹王不为人熟知的另一面，他俨然是一位工于经营小涧涓流的神灵。"治小水者，始于治山治林"。有了林子，山上的水便蓄积在林地中，雨天积蓄，晴天释出，保证涧水长流，四季滋润，五谷丰登，六畜兴旺。

迎神这天，每一个坑下人都会感觉到，真的请到神了。其实，神灵就活在世世代代坑下人的心中。护好了这片山林，神灵就会护佑处州府崇头镇坑下村风调雨顺，家家安乐富足，人人平安……

天空是块画布，坑下人世代守望着的这片山林，守望绿色，为头顶上的天空涂抹了一笔蓝色。坐在自家的庭院前，仰望蓝天，则云卷云舒，俯视涧边，则花开花落。

守护生态，守望山林，就是守望丰饶。

（作者：吴力耘）

丽水云和桑岭村

福建客家迁桑岭

　　山与山之间，是一弯浅浅溪流，流水的地方，就是村庄。沿着溪流，走进云和县石塘桑岭村，是延绵不断的鸟语花香。大开大合的村落布局，一眼就让人参透了风水。从村口的廊桥开始，呈现出完整的风水形态，村中坐落着斗笠一样的山峰，因为清代官员戴着斗笠帽，所以村里流传着一句俗话："门对斗笠山，一生好当官。"村落两侧是整齐的山峰，如同一双伸展的手臂，抱着水口的朝山。一条清澈的溪流从村落中间流淌而过，仿佛村落的腰带。

　　走在桑岭村蜿蜒曲折的青石板小道上，高低起伏的马头墙，大方而端正。历史和岁月构筑起来的两边高墙，向人们昭示着桑岭村生生不息的人间烟火与曾经经历的故事。就是这一条条细细长长的小巷子，它们穿针引线，将青山绿水间的平常人家，绣绘得如此美不胜收，风雅无比。穿过饰有精巧砖刻门罩的大门走进屋子里，令人意想不到的是，从天上投射下来的明亮幽静的光线，竟朗朗地洒满了整个空间，这时候四周的人似乎在这个空间里一下消失了。站在这里仰视，四周是房檐，天只有一长条，一种与世隔绝的静寂弥漫其中。因为南方多雨，使桑岭村的天井设计四面向里收缩，天井上方的屋檐形成矩形漏斗状，雨水顺着适度的屋檐流进了天井。天井的四个角落放置四口大水缸，寓意着风水上的"四水归堂"。由于屋檐外大内小的形制，起着汇聚光源的效果，光线最大限度地传递到大屋的每一个角落。

　　村中的建筑结合了徽派、浙派、闽派的精华，大多是三合院和四合院的大屋，最大的一幢"济阳旧家"建筑面积达到约 2000 平方米。三扇大门、三个天井、三个厅堂，由江氏三兄弟毗连建成。桑岭大屋沿着中轴线左右对称，前低后高，两翼拱卫，主次分明，收放自如，整体布局产生强烈的空间秩序。照壁、大门、天井、牛腿、雀替、横梁、神龛上均有精美的装饰。随处可见木雕、砖雕、石雕、壁画、墨书、卵石拼花，多以神

仙、古典人物、儒家典故、花鸟虫草、琴棋书画、八宝法器作为饰物。有
建筑必有书画，有书画必有寓意，有寓意必有价值观。整个桑岭村如同一
座繁缛的艺术殿堂，将中国传统文化以物质化的方式呈现。又如同一本本
缓缓展开经书，用那些明暗交替的寓意教化着子孙。桑岭村古民居至今完
整地保存着几十幅题额、题匾、楹联，撰题者都是当时县、州府的官员甚
至是中国的名流显贵。"济阳旧家"正厅挂着一块"五代同堂"匾额，落
款为"国民革命军第二十六军司令部政治部军长周凤岐、党代表兼政治
部主任赵舒"。

桑岭居民来自福建汀州，他们大都于康熙至乾隆年间迁来桑岭村，以
客家人为主，有江、熊、邱、刘、朱、金、沈、胡、顾、缪等诸多姓氏，
其中以江、熊、邱人数最多。桑岭村不是一夜之间建成的，这些勤劳的客
家人含辛茹苦地持家，孜孜不倦地奋斗，有了原始积累之后便开始大兴土
木。随着后世不断繁衍，桑岭村步步为营，不断向外扩张，大批来自松阳
的建筑师傅和东阳的木雕师傅涌入山谷，这些能工巧匠将桑岭变成了一个
露天建筑工地。一幢幢大屋从桑岭里村伸展到了桑岭外村，这里便成了另
一个汀州。

桑岭村以建筑的宏伟态势彰显出各支家族的兴盛，与建筑对应的是让
人惊讶的教育开化程度，其中又以江氏子弟读书之风最盛。据光绪己卯年
《江氏宗谱》载：江氏子孙有庠生 15 人，廪膳生 1 人，附贡生 1 人，武庠
生 1 人，国学生 8 人。教育的兴盛，人才的辈出，保证了桑岭村文脉的长
盛不衰。

桑岭人也将迁徙图刻在门楣、灵位上，让人们对他们的来龙去脉有了
大致的了解。桑岭村现存三十幢古民居，门楣石匾额上书"济阳旧家"
"河南旧家"的石大门就有二十四个，标示着他们的远祖来自山东和河
南，客家人以中原为起点，在不同的时间段落中南迁。在清初的三藩之乱
后，浙南大量居民逃避战火而内迁，造成大批土地荒芜。这些来自福建汀
州的客家人响应政府的移民号召，陆续迁徙到人烟稀少的浙西南山区，在
桑岭村开始了新的生活。

据《松阳县志》载，清康熙四十八年（1709）二月，彭子英在白莲
教神秘的大教主辅助之下，以松阳石仓、云和桑岭根一带为据点，聚合了
大规模的农民队伍。康熙十三年（1674），"耿藩之乱"仍有余波，康熙
皇帝对造反之事尤为敏锐，有反必平，这是他的为政之道。鉴于江南之地

的重要性，他派出了朝廷的重将隆科多赴浙江平反。

　　朝廷官兵以处、温、金、衢四府合兵加民兵，一万余兵力对付彭子英，彭子英即从松阳往云和、龙泉、遂昌方向逃窜，在遂昌奕山坳头岭被擒。宁错杀一万，不放过一个，隆科多在瓯江北岸大肆屠杀。于是，牛头山周围村庄血流成河，尸陈遍野。原土著百姓有被杀的，有逃亡的，造成了瓯江北岸的山村"十室九空、田园荒芜"的惨景。此次屠戮事件，出现了一个怪象：位于牛头山脚的桑岭根村，乃彭子英的大本营，按理应当在朝廷的重点屠杀范围，然而，该村不但未被屠杀，相反，该村在后来的岁月之中，快速地发展起来，富甲一方。

　　在桑岭里村，一座全村最早的江氏老宅给人们留下了一个谜。正面望去，戌山辰向的豪宅，高大宽阔的门墙，厚实的石制大门，门楣特大楷书"济阳旧家"。然走进大门，只有一块宽阔的空地及村民新建的零星小房。老人诉说：在1954年"互助组"时代，老宅已被大火烧毁，原先正堂供着一枝"御赐龙头拐杖"。故事给人们留下了一个历史谜团：也许正是这支龙头拐杖庇护了该村的兴旺发达。

　　　　　　　　　　　　　　　　　　　　（作者：余登分）

丽水遂昌小岱村

三保古松承祖训

遂昌县濂竹乡大竹小岱村的小岱自然村，地处牛头山东麓海拔650米的半山腰。民居依山而筑，高低错落，土木结构，泥墙黑瓦，一派传统的风貌。村后山坡梯田层层叠翠，村前水口古树成林。有上百年的江南油杉、红豆杉、枫香等古树约20种，最有名的是村西山路的"五里古松长廊"，从山冈到山脚的五里长的古道两旁，高耸挺拔的古松夹道，成为当地一道亮丽的风景。五里古松长廊是小岱村祖祖辈辈传承下来的宝贵的物质财富，也是珍贵的精神财富。

小岱自然村有一百五十余户，四百余人口，全村除一户姓徐的以外，其他全部是姓周的。唐开元二年（714），周姓始祖羽皇任临洮（今甘肃省定西市临洮县）知县，因战乱临洮被沦陷，羽皇遁迹至遂昌东乡唐夏（今长濂村一带）。其后代周十五徙居小岱，后裔又分派居濂竹乡的治岭头村和大竹村。

小岱村地处半山腰，村后山峦圆弧呈太师椅圈，村前视野开阔，远处云山叠嶂。古时，小岱村的主要道路从村西的小山岗通到山脚，沿着山沟与外界相连。当地人把这条从山冈到山脚的山路叫"小岱岭"。小岱岭原先是一条砂石的小山路，人们行走既不方便也不安全。周姓的先祖们冒着严寒酷暑，采来山里的块石，把山岭砌成一级级的台阶，从岭脚一直铺到小岱村前，修筑了一条五里长的石阶路；路间还建造一座凉亭，供行人在中途歇息。从此，小岱岭成为通往武义、遂昌、松阳县城的交通要道。大路修成后，为了能给行人遮阳纳凉，祖辈们在大路两旁种下了一排排的松树。数百年来，在一代代村人的呵护下长成了参天大树，形成一道五里长的绿荫长廊，成为山乡村落的一道亮丽的风景线。祖辈们精心呵护着山村的树木，制定了约定俗成的护树民约，形成传统的"分肉"习俗。如果发现有人私自砍伐树木、破坏大路两旁以及村边的古树，村里就要他把家里的猪杀掉，把肉分给村里的每一户人家。如果这个人家没有养猪，就要他去买猪来杀。村里分到猪肉吃的人家，也就是再一次把保护树木的民约铭刻到心里了。几百年来，保护树木成为全村每家每户的自觉传统。

挺拔耸立的古松长廊，记述着小岱村三保古松的故事。

清代末年，松阳县的一位富商听说小岱村有许多成林的松树，便来小岱村看看。途中经过小岱岭，看到大路两边挺拔高大的松树，感到十分惊讶：耳闻不如眼见，这正是他想要采购的上好的木材。沿路他就向行人打听怎么购买，正好也碰到几个小岱村里的人，却都告诉他这小岱岭上的松树是不卖的。富商听了不以为然，到村里找到管事的人再商量。管事的人热情地招待了他。聊了几句客套话后，富商问起购买松树的事。管事的人说，小岱岭上的松树是全村的护路树，是不会卖的。富商再三说："老话说十年树木，树木成材就卖了再种，十年后又成林了。"村里人听说有人想到小岱来买树，这时也聚集了许多人。无论富商怎么说，管事的人都婉言相辞。富商想，是不是村里人想要卖高价，于是说："也不说多少价钱了，我就从从岭脚到小岱村口，一个台阶一块洋钱（银元），把路给铺满，这个价钱总可以了吧！"据说，当时石阶共有 3278 阶，3278 块银元对当时地处贫困山村的小岱村人来说，可谓是一个天价。但是村民们认为这五里古松是祖祖辈辈留下来的，也是小岱的风水树，是无价的。任凭富户怎么坚持，村民也没有答应，最终保住了这五里松树。小岱村便有了代代相传"宁要古松，不要银元"的古朴佳话。

1946 年，小岱村移居外地的一个周某勾结了一伙无赖，雇用五十多人，半夜来小岱岭偷砍古松。当时，国民党抓壮丁，男人基本上逃在外，村里只剩下一些老幼妇孺。闻悉有人偷砍古松树时，全村二百余人点着火把，手持刀枪、棍棒赶到小岱岭，制住了盗贼。此后，村里人轮流值守了好几个月，保住了古松长廊。

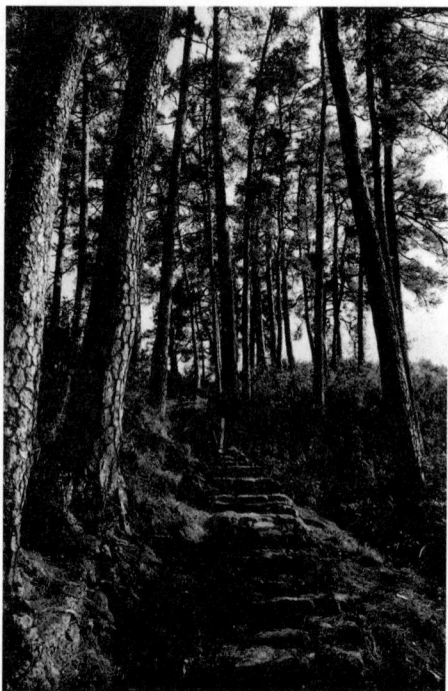

　　1958 年，"大炼钢铁"要收购枕木铺铁路。松树是做枕木的好材料，当时有的人想把小岱岭的松树买去做枕木。大部分村民认为，收购枕木是支援国家建设，但小岱岭的古松必须保护。国家计划分配给小岱村的枕木任务，村里可以在其他的山上砍伐，保证按时完成国家任务。不久，县里在濂竹乡和云峰乡交界的叶油村成立了化工厂。有一些人为了方便获得更多的化工原料，认为小岱岭的古松树龄长，采集松脂的质量好，提出要用小岱岭的古松来采松脂，且不砍古松，只采松脂。然而，采松脂需在树干部把树皮割开，采集从树体里面流出来的含油树脂，会影响松树的生长，严重的会导致松树枯死。村民们得知情况，焦急万分。他们多方奔走，向上级领导说明利害关系，制止了采松脂的行为，再一次保护了长廊的古松。

　　如今，濂竹乡人民政府和小岱村村委把每年的 9 月 29 日定为"古树保护日"，在大竹小岱村举行古树保护节，开展群众认养古树、保护古树活动。濂竹乡和小岱大竹村都制订了保护古树的乡规民约。通过古树保护，带动休闲生态养生养老基地的开发，形成与遂昌金矿国家矿山公园、武义牛头山景区三点一线的旅游生态文化特色村。

（作者：罗兆荣　图：县农办提供）

丽水松阳白麻山村

血脉贯通白麻山

　　白麻山，是丽水市松阳县玉岩镇的一个行政村。坐落于海拔约 600 米的山头上。始迁祖叶泰五在明洪武年间，从古市塘岸迁居而来，村落形成距今六百余年。

　　姓氏族谱是记载一个血缘家族的世系与事迹为主要内容的家族史籍，是以本家族子孙一代一代血肉之躯环环紧扣的生命链条，是血脉贯通、宗亲相连的一条永世割不断的血缘纽带。叶姓始迁祖至白麻山，带来一本《叶氏宗谱》，然"本族之族谱，自泰五公徙居以来早已立于前明，至于清初失之兵燹，至康熙丙子岁，文仁公重修此谱，传至数载又遭回禄……"战乱和火灾造成族谱和家谱不断缺失，造成以血缘关系连接的迁至各地的家族史的断裂。所以，每过几十年，族中人就会通过集资、捐资等方式组织能人对村中族谱进行修编。每一次修编均会写一次族谱序，继康熙三十五年（1696）、乾隆二十八年（1763）、乾隆四十八年（1783）、道光四年（1824）、咸丰十一年（1861）和光绪十七年（1891）修编，白麻山现今保存的民国二十三年版族谱已经是第七次修编的族谱。

　　以血缘关系组织成的家族中，为了保证家族开枝散叶和血缘关系的纯正等，族谱会制订种种凡例。如《叶氏族谱》载："凡族有无子者，须以兄弟同宗者继，倘有异姓之子随母乞食，或孕育夹带者，毋须混入谱内，所以明异姓，不得乱宗也。"

　　祠堂是先祖崇拜与神灵崇拜的产物。"祠堂"一名，始见于汉代，又称"祠庙"或"家庙"，其建筑多修建在坟墓附近。宋代以后，民间立祠堂风气流行，此时的祠堂多建于家族的聚居地或其附近。叶氏迁至白麻山后几世，开始由于发族尚不多，便先置香火堂于宅中，随着族丁的繁衍，便开始筹建祠堂。

　　据村中老人回忆，在白麻山村未建祠堂时，从村中分到根下及大岭脚的叶氏族人每年正月都要到古市宗祠拜祭和守祭，古市的叶氏族人把夜里守祭这样劳累的事都交付给这些风尘仆仆、起早贪黑从山村里赶出来的族人。玉岩的叶氏脾气非常倔，就与古市族人起了口角，一怒之下，玉岩三个村的叶氏族人各从祠堂中拿走一样物件，然后各自回村建祠堂。

　　道光二十年，白麻山开始筹建祠堂。据族谱记载，白麻山祠堂的建造是以叶宗夏为首功，其"置买香火堂前后左右地基共五契捐出建造宗祠……土木工费等项众议将族内祭田售出，凑成钱130千文以作开用，其不敷者亦系宗夏捐出"。叶氏祠堂共有内外两堂，内堂安奉香火，外堂安奉祖先。

白麻山村村貌

白麻山村外梯田

　　白麻山村民主要是以叶姓和钟姓为主。钟氏是在康熙至雍正年间由福建长汀迁入大岭脚，再散居至白麻山。白麻山村的钟氏祠堂建筑轮廓优美，马头墙参差起伏。祠堂内木作朱色，月梁粗壮，斗拱彩绘华丽，牛腿中既和合二仙，又有寓意骨气的竹节，竹节颜色漆成鲜绿色，非常逼真。最令钟氏后人自豪的是正堂上摆放着的硕大的元宝供桌，供桌四个桌脚立面皆是一个栩栩如生的龙头，桌脚脚底则为锋利的龙爪，龙爪上又有活灵活现的小狮子。元宝的侧面是鎏金的图案，上面刻着树、石、人、桥、亭，还有挂着恩荣的牌坊。据说这张供桌是雕刻师用了三年零六个月的时间雕刻而成的。也有一说，开始村民并不满意第一次的作品，推倒重刻后雕刻师倾尽心血，完工后眼睛就瞎了。

白麻山村因处在山之巅，村中无大的溪涧通过，只有小股山泉和涧水流经村中。自古以来村民饮水皆取于村后小山塘，常年不绝，目前仍可取用。

为了节约耕地，白麻山的房屋依山跟着地形走，狭窄急促的地方则搭建吊脚楼来克服地势的局限，几百年来，渐次形成了螺旋上升的有层次的格局。

村中民居在营造过程中讲究传统禁忌，沿用地方习俗，重视房屋选址、朝向，在动土、上梁、搬迁时，都要择吉日、吉时，举行特定的仪式。在村子中，屡屡可见露天的谷仓。为了不与人争夺生活空间，村民的谷子直接收藏在建造得干燥适宜盛放的谷仓中，既不占室内空间，又方便取放。

村中民居为泥木结构，保持着自然色。一半以上民居集中在清末及民国时建造，建筑风格多样，有一字型、三合院式和吊脚楼。房子内部采用木架结构，木头取之于村之周围，既经济又环保，为了采光和通风，一些屋子二楼或三楼的墙面半敞。外墙保持着灵活性，有的用泥土夯墙，墙基为卵石所砌，有的建筑山墙部分为泥筑，有的甚至连山墙也是木板。

（作者：黄春爱）

丽水松阳黄岭根村

十二家训永流传

黄岭根村隶属于松阳县东北部的三都乡，位于吾赤溪上游，与丽水市及武义县接壤，属三县交界之地。距县城三十五公里，坐落在巍峨的马鞍山腹地，是一个气候宜人、宁静秀美的小山村。

据《松阳地名志》载，"黄岭根村因村在黄泥岭脚得名"，村民多为陈姓。据《颍川陈氏宗谱》载，黄岭根陈姓为南朝陈国开国皇帝陈霸先后裔，始祖称二公于南宋开禧年间（1205—1207）经商至黄岭根"见其地山廻水绕，文峰叠巇，可以卜筑而居，遂举家迁此而居，就家于是焉"。黄岭根建村距今已有八百年的历史。

黄岭根村有四座石拱桥，在漫长的岁月中，虽然经过无数次洪水冲击、风吹雨打、冰雪风霜的侵蚀，却安然无恙，保持着初建时的风姿。其中距离村庄约三公里处有一座双孔石拱桥，是旧时通向邻村周山头的必经之地。石拱桥南北向横跨吾赤溪，全长二十米，建造于清代，距今已有三百余年的历史。石拱为半圆形拱券，桥身纯以就地取材的山溪石块垒叠砌筑而成，不见有其他黏合材料为剂，其做工简单古朴，然而牢固异常，确有令人叹服之处。

沿着溪谷，溯流而上，清泉淙淙，一路是郁郁森森的林木。距村口五十米处有一座平水殿，坐北朝南，建于民国九年（1920），供奉着治水英雄大禹。以前吾赤溪常有水患，此殿建成后村庄未再遭灾。每逢过年、初五、十五、清明、端午、七月半、八月半等时节，村民常常聚集于平水殿虔诚祭拜，感谢平水王的福佑，祈求来年风调雨顺、五谷丰登。

在平水殿西南方即东村口，是一片茂盛的古树群，有苦槠、枫树、樟树、松树等几十棵百年古木。走进古树群，但见林木参天、枝叶繁茂、遮天盖地，一片绿荫。这些村口树又叫水口树，水口这个词在古籍中是众水出口之处。古人视水为财源和吉利的象征，非常重视一个村落的水口选择和建设，认为水口是一个村落的风水宝地，一般都要在水口建桥梁、盖寺庙，栽种大量树木。寓藏风纳气、招财进宝之意，"以荫地脉养真气"。黄岭根的先民显然也认识到这一点，在水口位置栽种了树木，建造了一座石拱桥，溪面上修筑了石头堰坝。达到了自然风光和人工建筑的完美结合。

村中最重要的建筑是村口的陈氏宗祠，据《陈氏宗谱》载："清道光九年春（1829），族长陈有顺聚会族众议建宗祠。"宗祠由于建于溪边，为防洪水，其墙基用溪滩石垒了足有四米之高。宗祠坐北朝南，平面呈长方形，二进三开间四合院式，由门厅、正殿及两侧厢房组成。宗祠金柱上有一副楹联："读君陈篇惟孝友于兄弟，遵司马训积阴德于子孙。"上联意指兄弟之间要和睦相处，下联则是对子孙后代修身齐家所提的希望。黄岭根有一本地习俗——上新丁，每年的正月初八便是在陈氏宗祠举行。

黄岭根位于马鞍山腹地的一处幽谷中，村庄面积有四十余亩。村落从地势较低的吾赤溪两侧开始，依自然山势而建，呈合掌状布局。清可见底的溪水穿村而过，将整个村庄一分为二，造型古朴的三座石拱桥为村民的往来提供着方便。独有的高山地形使这里冬暖夏凉，一到秋冬低温季节，吾赤溪水带来的暖湿气流受幽谷阻挡而上升，谷中常常烟岚缭绕，宛如仙境。黄岭根的所有建筑都是夯土墙，青瓦覆顶，层层叠叠，错落有致，就像一幅古意盎然的水墨画。村中保留有二十幢清代民居，由于地势的高差，多以三合院为主，进深较浅，进门就是一个很大的天井。村庄四周群山环抱，日照相对较少，增大天井面积，一方面使民居的采光有了保证，另一方面使空气更好地流通。黄岭根先民因地制宜的建筑思想原来这么科学。

在一幢幢逐级升高的民居之间，是用鹅卵石铺就的巷道。由于长年累月的行走，一颗颗泛着宝石般的光泽。巷道的边上都有一条水沟，由于村民们重视村后的封山育林，沟渠里常年清水潺潺。如果下了大暴雨，沟渠马上发挥排水功能，雨水顺着地势的高低很快就会排干。黄岭根的村民也注重庭前院后的美化，每户人家都栽种着各色的花木，就连闲置的空地也种上几畦青菜。漫步村子，吮吸着清新的空气，闻着迷人的花香，掬一捧清泉，令人心旷神怡。

陈氏祖宗载有十二条家训：一重孝友、一崇忠敬、一敦礼仪、一谨廉耻、一正名分、一敬师友、一慎嫁娶、一尚勤俭、一戒骄奢、一息词讼、一培祖茔、一崇祭祀，现今仍非常有教育意义。在祖宗家训的教导下，黄岭根村历来民风淳朴，邻里和睦。在清咸丰年间，举全村之力，抵御贼寇，保全县平安。抗美援朝时，村里也出了一名烈士——陈明亮，其革命烈士证明书仍高高地悬挂在他的老宅正厅，成了村里的英雄人物，永世受人敬仰。

黄岭根村虽然地处松阳县东北角，交通不便，但因良好的自然生态环境和古朴迷人的原始风貌，吸引了八方游客。

（作者：郑　升）

丽水松阳桥头村

天地人和谐牧歌

依山傍水，古树成荫，小桥人家，田园牧歌。

位于松阳县水南街道白峰尖山麓的一个山间盆地里的桥头村，便是这样一个"世外桃源"。每到春暖花开之时，只见金黄色的油菜在风中摇曳，桃花梨花争奇斗艳；人们日出而作，忙着采摘茶叶；时有孩童在田中戏水抓玩泥鳅，在山野草地放飞纸鸢。小村如一幅美丽的山水画，散发着沁人心脾的芬芳与浓浓的乡愁。

桥头村坐北朝南，山水环绕，呈船型分布，由山冈顶、上黄、坑口塔等三个自然村组成；距县城四公里，交通便利，环境清幽；因山就势、保土理水，并借村边的溪流以"顺流"布宅，以方便村民生产、生活。村前有松阳十景"双童积雪"，村后有石空源，山岩耸立，怪石嶙峋。往源内稍行几里，一条石空飞瀑从陡峭悬崖倾泻而下，落差五十米。石空源往外，就是错落的层层梯田，行走其间，阡陌交通，错中有序。村中有小溪穿过，溪流禁渔多年，鱼类品种繁多；森林禁伐三十多年，动物保护良好，有麋鹿、野牛、山羊、老鹰、松鼠、山兔等数百种动物种类；植物物种丰富，包括国家一级、二级、三级以上名贵树种，竹林上百亩，可谓休闲养生的绝佳之地。

桥头村，始建于北宋，兴于清朝，是县级历史文化名村。村内格局完整，传统风貌保存良好，传统建筑分布连片集中，风貌协调统一，功能种类丰富，有清代传统民居、庙宇、香火堂、驿站、石拱桥等。保存至今尚在使用的传统公共设施有三处：一是毛氏香火堂，为村中毛氏族人祭祀祖先的重要场所；二是古道，古时为通龙泉道路，现为村民们生产生活，往来交通的要道；三是古河道，现为村民洗衣灌溉之用。有保存完好的清代传统建筑群，占地八十余亩，建筑比例占全村建设用地面积的百分之八十，其中潘氏十三号民居列为县级历史文化建筑。

桥头村现存的古民居布局精巧，构架坚固，风格独特，造型美观。多

精湛的木雕工艺

以传统的三合院、四合院式和一字形结构。外立面多采用石砌、土夯等传统筑墙方式，内部以木材构建，辅以木雕、石雕、壁画等装饰，可谓雕梁画栋、巧夺天工。其中潘氏十三古居谓桥头村众多古民居的经典之作：三进七开间楼房，厅楼有四五百平方米，坐西朝东，分为前后两厅，均为五间二客轩一天井，前厅工下檐，后厅吊楼，两厅之间隔着天井过道，内悬"振瞻风高"匾一块。石、木、砖雕精美绝伦，门楼石雕，室内木雕题材丰富，寓意吉祥，工艺精湛。动植物肌理温润，光滑如玉，匠心独具，尤以木雕牛腿最为精湛，具有"华东第一腿"之美称。整体建筑充分传承了浙南山地民居的传统建造工艺，做工精细，装饰精美，体现了很高的工艺美学价值，具有浓郁的地域特色、乡土气息和农耕文化气息。村里至今没有工业设施，没有污染，没有涂鸦；猪、牛、羊、鸡、鸭都进行了圈养；文物、古民居等保护也纳入了《村民公约》。

据《南山毛氏宗谱》载，始祖毛大宣北宋时期从江山迁移到松阳南山定居繁衍，后子孙分居邻近的郑弄口、清路、桥头。其玄孙毛奉祖北宋元符戊寅二年（1099）生于桥头，绍兴戊寅年（1158）终于桥头，因此毛姓祖先最早成为桥头的居民。村里至今还采用石砌墙基，土夯墙体，以木为梁，以瓦避雨的传统建筑形式。与传统建筑风貌相统一，村里家家户户一直传承着传统破土动工拜祭、上梁抛梁建筑习俗和古老的节庆习俗。民风淳朴，崇尚节俭，不事华侈。宗族亲友关系甚笃，保存着互助互济的遗风，具有较强的凝聚力。每年正月十五元宵节那天，桥头村的百姓就会扎篾龙舞龙灯，祈祷神龙的保护，以求得风调雨顺，四季丰收。

空山鸟语、清泉淙淙、田园优美、宁静安详。桥头村，犹如一粒珍珠洒落在广袤的松阳盆地上，虽历经沧桑，却依旧焕发着耀眼光芒。

（作者：蔡卫华　李为芬）

丽水松阳周山头村

"绿谷古居"周山头

从现在的审美视角看，说周山头村是镶嵌在深山里的一颗璀璨明珠，绝非溢美之词；追溯建村历史，说周山头是鬼不拉屎的荒山野地，一点也不为过。

周山头地处松阳、武义、莲都三县（区）交界地带，属三都乡，是松阳县最偏远的山村之一。交通虽不尽人意，但初来乍到者常常惊呼：这是另一个版本的桃花源，是竹林掩映的桃花源。

周山头坐北朝南，平均海拔 420 米，现今全村 115 户、390 人，除江、陈、曾等零星几户外都是周姓人家。一层一层依山势而建的民居，泥墙青瓦，古朴典雅。山石砌筑的村道，或者被踩得磨光铮亮，或者也长些青苔之类，仿佛铺在地上的一页页村史。一条山溪随地势高低，鼓捣出大大小小的一些水潭，腾挪跌宕，穿村而出。民居分列山溪两旁，石拱桥连接。

南边村口，百丈崖上横卧一块巨石，高约二丈，有小路依石而筑。拾级而上，眼前一方平地，村民称其"外岗坛"，一直是聚首休憩闲聊之所。为了保持这方平地的整洁，宗谱规定，不许晾晒谷物，更不许烧灰堆积秽物，犯者公罚。由此可见，这里几乎等同于村民们的朝圣之所。

站在外岗坛向南望去，一座浑圆的小山名叫"钟山"，在一里开外的谷底拔地而起。之所以说其小，是因为在周边连绵起伏的高山峻岭裹挟下，显得不算高大而已。

支撑起外岗坛的那块巨岩，村民们说像极了蛇头，或者也就是龙头。退回停车场仔细察看，感觉到龙头确实有些向左摆，眼角的余光似乎正瞟向溪边的那个岩洞呢。为了改变停车场的局促，部分村民曾经动议，将溪桥往上首延展。其结果是，必然将岩洞涵盖在溪桥之下。是否妥当，请来风水先生一看，说千万使不得。说周山头村以风水见长，不知村民方能安居乐业，山里头的龙如若无洞可钻，情何以堪？于是作罢。

　　岩洞的顶部，一棵粗大的红豆杉在周遭的常绿灌木林里显得鹤立鸡群。如果说这棵红豆杉是一把扇的扇芯，那么大大的扇面，就是沿公路和山溪铺张开来的"前山"。这是一片原始林，以常绿阔叶林为主，一条"横拦路"向东端延伸。山口路边有一棵树龄在350年以上的江南油杉，直径达2米。再前行几步，到了山冈就是原始林的尽头。眼前一丘田，田的那边凸起一座小山丘，上面建了一座庙，庙名"谨慎堂"，村民通常称作"白衣丞相殿"。灵验，年年祭祀如仪。站在殿门口，西南方的钟山竹木葱茏，仿佛触手可及；东南方有一片松树林，树龄在200年以上，笔直、颀长、匀称，颇可观瞻。

　　山溪的水总是那么的清澈，可以看清水底每一块鹅卵石的形状和色泽，石斑鱼时不时摆一下尾巴，小石蛙警惕地蹲在岩洞口。

　　这么好的水是从哪里来的？从村后海拔近公里的"天师尖"蓄积汇聚而下的。天师尖因村人为纪念刘基而在山上建了"天师殿"而名，一度香火旺盛，可求雨，惜已倾圮多年。关于刘基，因其孙女嫁给了周山头的周景霁，所以扯上了关系。而周山头的风水布局之好，据说也是仰仗于刘基之手图。溯流而上，这条山溪在进村前一里许流经悬崖，成了两条20米高的瀑布，之间夹着一座小山，像似双龙戏珠。瀑布下有一块形似猴子的石头，边上还有三棵大柳杉。瀑布、奇石、古树，构成了一幅极富情趣的画面。

　　当然，更远些地方，风光依然无限，如"山兽祠堂"是一个能容百余人躲雨的大岩洞，村西首有"千亩竹海"家堂源等等。

　　江南的小山村，多为外族迁建而成。周山头《钟山周氏宗谱》首编于明嘉靖辛亥年（1551），《源流序》说："周氏派启岐山，源分濂水。"至于郡名"汝南"，是因北宋著名哲学家、宋明理学开山鼻祖周敦颐曾封汝南伯，"从祀郡邑，郡曰汝南由此始焉"。他们以宋代著名政治家、文学家周必大为始祖，以周必大的六世孙周梓为始迁祖。

　　从宗谱上看得出来，早年的周山头周家接连几代人都做官，是不折不扣的高门望族。然而他们却在家族的鼎盛时期，突然转向一次又一次的迁徙，而且一次比一次走向更加偏僻的山区，似乎铁了心地要归隐山林。宗谱中关于迁徙的原因语焉不详，也许是他们故意留下的谜团。

　　周山头巷弄曲折盘旋，大屋高低错落，马头墙傲然挺立，较为完好的清代古建筑房屋就有四十余幢。

雕梁画栋

　　村口的周氏宗祠，为避免与外岗坛的"龙头"相冲，出于风水学等方面的考虑，所以布局成反常的坐南朝北。

　　周氏宗族是一个以三代进士为起点的书香世家，崇学之风一以贯之。山溪东侧的那幢三层高的"钟山书院"，"子曰""诗云"，书声琅琅。一代又一代的学子，在这里饱读诗书，求取功名。宗谱上记录，从始祖周梓起，共有七十多人取得了进士、举人、贡生、廪生等功名，出仕为官者数十人。书院曾是周山头村的最高建筑。1958 年端午节前，被暴雨引发的山洪冲毁。

　　除了崇学之外，周氏宗族的发达多少也借了刘基的影响力。

　　刘基曾作《钟山》十首诗，对周山头大加吟诵——"九月江南叶未黄，空山松柏夜深凉。玄禅且莫催徂景，留取幽兰作晚香。""策杖登山信早凉，山花涧草总能香。扪萝抱木归来倦，不扫苍苔卧石床。"以上摘录的二首，足见刘基对周山头爱之深切。

　　周山头负氧离子达 7000 以上，生态优越，气候宜人，无愧为休闲养生的绝佳之地。

（作者：叶荣亮）

丽水松阳庄后村

庄后人建太保殿

松阳县庄后村坐落于海拔 865 米的山之间，有人说村名的来历是因为村前有两块垂直相叠的钟形的厚石，所以取名为钟厚村，后来才演变为庄后村。

有人说，这两块重岩与徐侯大王有关。与松阳县枫坪乡毗邻的龙泉县道太乡地方有个叫流地的村子，村有个社殿，殿主就是徐侯大王。有一天，徐侯大王去东海访仙友，在路上见到两块石头，甚是喜欢。正好他随身带着一把伞，他就用伞一前一后将两块石头挑着返回流地。当他路经庄后上空时，伞柄突然断了，两块石头就一前一后掉入庄后村的两块石头上。徐侯回到流地，心里还是念念不忘那两块石头。返回庄后，他看到自己掉落的两块石头正好叠在庄后村原有的两块岩石上，又细看了庄后村的风水布局，决定要在此处安身。

夜里，徐侯托梦给族长，族长就在村头建了"兴安社"，专门供奉徐侯大王。每年除夕，庄后村的村民都要带了肉、豆腐、糕点，排排场场地拿到社殿，并在供几上点上蜡烛，插上香火，谓之请年神。初四的时候又来一次社殿请一回。

庄后村差不多人都姓周，庄后的周姓成为松阳县境内最大的聚居之地，村中近 1200 人九成人为周姓。周氏先祖是何时来庄后的呢？

话说，北宋至开国皇帝杯酒释兵权之后，重文轻武，并一直潜伏着"积贫积弱"的危机。钦宗靖康二年（1127），徽、钦二宗被金军所俘，北宋覆亡。康王赵构逃到应天府即位，后定都临安。南方相对安定的社会环境和大量尚未垦种的可耕地吸引了渴望安居乐业的各地人民，大批王族、官员、士民涌向江南地区，归于南宋。此时曾任松阳县尹的周尚赤自福建浦城县迁居于松阳五部村。"仕括松县尹，因宋季之乱，见松之衰溪（今大东坝镇五部村），山回水绕，风淳俗美，遂筑室而居焉。"

明洪武年间，刚经历一个新的改朝换代，出于战时迁徙或避世的初衷，先祖们选址往往中意偏僻之处、险要之所。周尚赤的后裔周新辉、周新明兄弟俩从五部村迁居于庄后。自此，庄后的周氏以家族为纽带，以血统为脉络，发展成一个巨族。

庄后处于深山之中，距西屏、古市和玉岩三镇均有三十里之遥，村民每逢去镇上赶集卖货，都要挑着自产的糙纸、篾篮或柴薪等物，带着干粮、点着篾灯在夜里十二点左右出发。天亮的时候，他们就能早早地占据一个摊位。卖掉自家的东西后，往往就用那些钱购置未来五天或更长的日子里所需的生活生产用品。

庄后村山头多，人丁一直很旺，却缺少深潭来聚财，所以庄后村一直没什么有钱人。不过，周增舜父子可以算是一个例外。

周增舜的生活一直很艰难，平常仅靠一身蛮力赚点苦力钱。由于庄后村毛竹资源丰富，村民以造手工纸为业，所需要的石灰都从山外挑进来。

有一天，周增舜像平时一样从龙泉挑石灰回来，经过枫坪龙虎吞时，就放下担子歇了一下。他看着身前身后长且崎岖的山路，看看天上毒而烈的太阳，想着自己老命都要折在这些累活上，不禁用手中的棍子顿了顿地，然后骂了一句：我是这生世都不来挑了！

周增舜把那担石灰挑到了家里后左思右想，如果不挑石灰，这生世混不出去；如果要挑石灰，这生世也实在不想挑了。第二日，周增舜去菜地拿菜，他的菜地就在祠堂边，被称为"祠堂垆"的那个地方。菜地有上下两级，周增舜抓着一蓬草慢慢下去，不曾想那蓬草被拔了出来，底下露出一罐白银。周增舜见了自言自语道："如果这罐白银注定是给我的，那我就先放在这，以后再来拿，如果注定不是给我的，那自然也会没有的。"于是拿好菜返回家中。

次日，周增舜夜里十二点就出发，天擦亮时才走到县城。庄后村就是这么偏僻，去古市或县城或是玉岩，都有三十里的山路。平常去一堂城里，都是挑着一担东西去卖，回来时也是挑着一担生活所需的东西回来，种种艰辛，周增舜都是尝过的。这次，他用家中仅有的钱去买了一只鸡，想祭了神灵，得到神灵首肯之后再将银子取回家中。

路过叶村的天师殿时遇上大雨，周增舜连忙躲到一棵乌桕树下。不料，一阵龙卷风刮来，将他躲雨的乌桕树给掀翻了，树下露出一窝的白银。周增舜仍然坚持自己的想法：如果注定是我得，我便得；如果注定不是我得，便不是我的。他拿着那只鸡慢慢走到庄后，杀了鸡后才拿到社殿

庄后村概貌

村前村后的两块重岩

拜祭，等他祭拜完，一窝的白银又出现在他眼前。周增舜终于取了银子，然后就开始行善。

周增舜有四个儿子，分别是长佐、长佑、长信和长陞。其中，长信为国学生，从事板行，在杭州的板材生意做得风生水起，因此家中积累渐多。

有一年，正逢古市建太保殿，在集市上张贴布告化缘。周增舜的三儿子周长信穿着草鞋，肩上挂着布搭，站在张贴的布告前尤为醒目。人群中有人不满地说道："你穿得这么破破碎碎，在这里挤什么挤？"周长信说："我要写缘。"那人说道："我倒是要看一看你这个乡下人要写多少缘。"众人退在一边认真地看着周长信拿笔写下他要捐助的数目：十八担白银。

众人皆惊。第二天，理事派了十八人打算到庄后试试真假。十八人到了庄后村，周长信给每人发了一条毛巾，一双鞋，让他们洗了换上，然后让他们挑了十八担银子浩浩荡荡地下山。

太保殿建成后，庄后村以周长信为首的捐助人皆刻入功德碑中。乡人都知道建祠的首功是庄后人，于是每个集日，庄后人就带着他们制作的菜篮子放在太保殿门口卖。在太保殿门口卖东西也成了庄后人特有的权力，即使是庄后嫁出去的女儿也不能拿了东西在门口卖。

（作者：黄春爱）